国家社科基金
后期资助项目
GUOJIA SHEKE JIJIN HOUQI ZIZHU XIANGMU

困境中的挣扎：
嘉庆朝政治与漕运治理研究

Struggling in Difficulties: Discovery on the
Politics of the Jiaqing Reign and the Renovation of
Canal Transportation

袁飞 著

中国社会科学出版社

图书在版编目（CIP）数据

困境中的挣扎：嘉庆朝政治与漕运治理研究／袁飞著 . —北京：
中国社会科学出版社，2019.3
ISBN 978 - 7 - 5203 - 3900 - 1

Ⅰ.①困⋯　Ⅱ.①袁⋯　Ⅲ.①漕运—交通运输史—中国—清代
Ⅳ.①F552.9

中国版本图书馆 CIP 数据核字（2019）第 000260 号

出 版 人	赵剑英
责任编辑	宋燕鹏
责任校对	朱妍洁
责任印制	王　超

出　　版	中国社会科学出版社
社　　址	北京鼓楼西大街甲 158 号
邮　　编	100720
网　　址	http://www.csspw.cn
发 行 部	010 - 84083685
门 市 部	010 - 84029450
经　　销	新华书店及其他书店

印　　刷	北京君升印刷有限公司
装　　订	廊坊市广阳区广增装订厂
版　　次	2019 年 3 月第 1 版
印　　次	2019 年 3 月第 1 次印刷

开　　本	710×1000　1/16
印　　张	20.75
字　　数	372 千字
定　　价	89.00 元

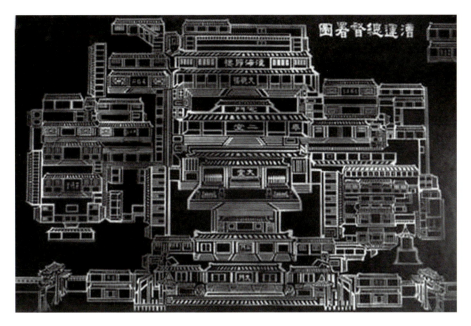

漕运总督署图（2016年2月26日袁飞摄于淮安）

漕运总督署图（2016年2月26日袁飞摄于淮安）

清代量具方升和方斗（2016年2月26日袁飞摄于淮安漕运博物馆）

清代漕粮官斛（现藏于中国京杭大运河博物馆）

漕船图（2016 年 5 月 15 日摄于山东博物馆）

 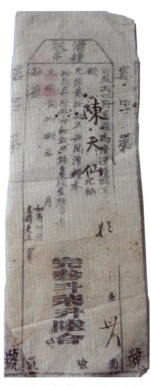

漕粮兑收票据之两种（图片来源：中国收藏热线、宁国档案馆）

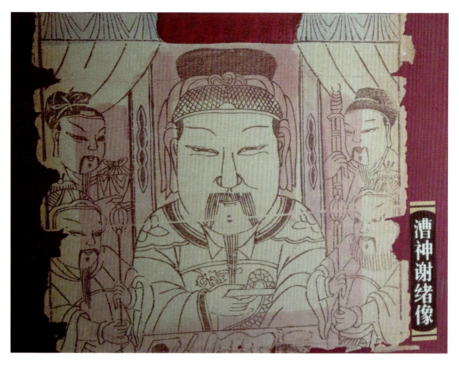

漕神谢绪像（2016年2月26日袁飞摄于淮安漕运博物馆）

杨锡绂像（任漕运总督十二年）（《四知堂文集》）

通惠河漕运图卷局部（图片来源：中国国家博物馆网站）

漕运旧照之一（图片来源：北晚新视觉网站）

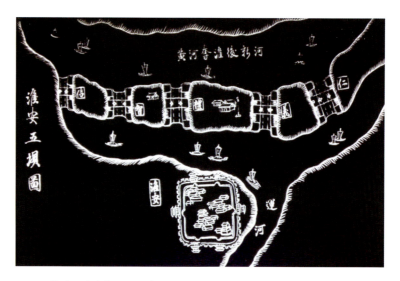

淮安五坝图（2016 年 2 月 26 日袁飞摄于淮安漕运博物馆）

清江闸旧址（2016 年 2 月 26 日袁飞摄于淮安）

黄运交汇处（《帝国掠影：英国访华使团画笔下的清代中国》）

运河水脊山东南旺分水龙王庙旧照（2016年5月15日摄于山东博物馆）

运河与微山湖（《帝国掠影：英国访华使团画笔下的清代中国》）

纤夫拉纤（《帝国掠影：英国访华使团画笔下的清代中国》）

国家社科基金后期资助项目

出 版 说 明

后期资助项目是国家社科基金设立的一类重要项目，旨在鼓励广大社科研究者潜心治学，支持基础研究多出优秀成果。它是经过严格评审，从接近完成的科研成果中遴选立项的。为扩大后期资助项目的影响，更好地推动学术发展，促进成果转化，全国哲学社会科学工作办公室按照"统一设计、统一标识、统一版式、形成系列"的总体要求，组织出版国家社科基金后期资助项目成果。

全国哲学社会科学工作办公室

序

每当学生将其书稿给我并索序的时候，都会让我想起他们在学校期间的点滴过往。袁飞于2003年考入中国人民大学清史研究所，此后随我读完了硕士、博士，如今已经过去了十五年，他已由一个稚嫩的学子成长为一名有识的学者。他的博士学位论文经过数年打磨，并作为国家社科基金后期资助项目，也已画上一个圆满的句号。作为见证他成长历程的老师，我感到由衷的欣慰。

翻开书稿，阅其篇目、论断及纪事，有关漕之兴废缘故，利弊得失之情事，都一一跃然纸上。虽难免仍有稚嫩之处，然字里行间都烙有他学海中苦读求索的印迹。袁飞本科学的是外语，也就是非历史学专业出身，硕士阶段成为他打基础的时期，且逢学制二年的改革，自然吃力且辛苦，但他硬是坚持了下来，并提交了一份有想法的学位论文。而且读书的煎熬非但没能吓退他求学的初衷，在毕业两年后，他又考回学校实现读博的愿望。

入学以后，袁飞已由先时对史学的盲目热情转为自觉的知识积累，他开始博览各种书籍，厚植基础，而确定有厚度的论文选题自然成为研究的第一步。我建议他从政治的角度关注漕运总督与漕政，关注政治过程。于是，一切与"漕"相关的问题都进入了袁飞的视野。清人有曰："漕为天下之大政"，[①]"国家要务莫先漕政"[②]。也正因其重要，是统治者关注的国家大政，学界有关"漕"的研究，已积累了相当丰厚的成果。这对一位功底不够坚实的新学来说，其难度是可想而知，他不仅需要站上巨人的肩膀，还要先去厘清有关"漕"的征收、兑运、交仓、官、船、运丁等相关制度以及运道、水势、气候等相关知识。但袁飞依然

① 包世臣：《剔漕弊》，贺长龄、魏源《清经世文编》卷46《户政二十一·漕运上》，中华书局1992年版。

② 《山东道试监察御史焦荣议陈漕政除弊酌利题本》，《历史档案》1984年第3期。

没有畏难，他抓住国家清史工程启动开放档案的机会，翻阅了几乎所有可能利用的档案，从漕运总督的奏折入手，条理他们在亲临漕运过程中由执政体验提炼出的各种政见，对漕运制度及其实践过程，包括国家政策的颁布过程、漕运总督和各级漕官乃至有漕八省地方官的执政过程、执政过程的偏差抑或问题所在，都作了资料排比。也就是说，袁飞的研究是从档案资料的梳理开始的，档案对照《实录》《会典》，以及《漕运全书》等官书构成研究的基础资料。而该书的特点还在于他的问题意识与研究理路的自觉。作为是书的第一读者，我有这样几点感受。

其一，在资料爬梳过程中，袁飞发现，现有的研究成果，从研究手段、研究对象乃至研究视角都偏重于静态，属于一种平面静态的漕运史研究，没能将漕运制度的实际运行状况以及不同时期、历任漕运总督的治理情况作一个动态变化过程的讨论和阐述，更没有将漕运总督这一掌控"督理漕挽""调度全漕"，与漕运关系最为密切的人物放置在漕运史的研究中。历史是由人去创造的，人的思想及其活动，无疑是决定历史走向最关键的因素。因此袁飞将研究定位为以漕运总督等执政官员为纵向线索，从对他们在任的执政思想与作为的分析入手，以动态与过程的研究作为观察问题的方式。围绕"漕运制度"与"治理实践"两个核心，将漕运制度的静态与漕运治理的动态相结合，在政治史的大视野下，将漕运的实施作为一个政治过程来书写，将政治因素纳入漕运的技术性改造过程中来解读，从历史的变迁中找寻其中的问题与答案。在这一框架下，他提出了自己的观点：官员等执政者的思想意识及其依赖的制度惯性（或可称之为路径依赖）最能直接的推动或者阻碍传统中国的社会变革。而由于漕运关涉国家的经济命脉，对其治理的关注就不仅仅局限于漕运体系范围内，而是凡有具折资格的官员都可就其所见所闻向朝廷发议。由此，有漕八省的官员都介入到漕运治理的讨论中来，漕运治理也就成了一种"国家行为"。而该书通过对漕运制度及漕运治理过程的诸篇阐述，也将国家与各级政府的角色、官员的个人作用由源悉委，逐一抒实。由此构成该书的第一特色。

其二，在袁飞的研究中，突出强调了"漕政"的概念。认为清人将"漕"与"河""盐"并列为"三大政"，统归入与国家财力和民力相关的户政，说明"漕政"及其相关问题的研究上关军国大计，下涉国计民生。虽然漕运之名，或云始自春秋中期，① 或称"自汉初用萧何计户转漕"②，但言"漕政"并频繁使用者，却始于元朝。③ 自元贯通运河，南粮北运成为国家解决京城粮食供应的主要渠道，随后的明清两朝依然建都于北京，依然是国家"财赋转输悉资漕运"，"漕运"便紧扼国家的经济命脉，所谓"三月不至则君忧，六月不至则都人啼，一岁不至则国不可言者"④。"漕运关系国用"⑤，其重要程度不言而喻。而自明人陈子龙与清人魏源先后将有关漕政诸文选入《经世文编》，赋予漕粮运输以"经世"的意义，其深层次的含义，不仅加重了"漕政"承载的力度与价值，更是将"漕政"指向极其广泛的政府行政能力和社会参与上来。也就是说，在清朝前期，当众多的理学官员以经世致用为执政理念去行使手中的权力时，其所谓的诸"政"，已寓意着某些国计民生问题的解决方案与实践过程。

"漕政"，从字面上理解，可以说是与"漕"相关的所有行政事务，它包括漕粮的征收、监兑、挽运、督押、领运，直到运抵通州交仓等诸多内容，而其中的每一项都有很强的规范性与技术性要求。其中挽运，也即"漕运"无疑是最重要的环节，所谓"兵民急需莫如漕运"。而如何保证漕运的顺畅，则成为漕运总督乃至国家最高权力机构思考的常设议题。这其中不仅有面对水域气候及船舶等自然环境与技术设计改造的应对规划，还有人员调配与管理上的制度建设，如何使上述资源配置达到最大合理化，是一基本的前提要求。但最重要则是漕务管理中的人的问题。翻阅清代漕政的历史，不难发现，漕政管理中的制度完善过程与漕弊的累积互为表里，呈共同发展的状态，而"漕弊"不仅有官员、运弁等人的腐败问题，还有许多因"法久生弊"的不合理因素和制度缺漏，尤其是那些经久难除的盗卖漕粮、多收耗米、任意勒索、掺和糠土等隐形漕弊，解决起来不仅要考虑政治层面的国家利益，还需要顾及办漕之民、运弁旗丁、纤夫水手，乃至地方官员等方方面面的要求及生计问题。正如江苏巡抚尹继善所言："凡民间完漕耗费，州县办漕需用，以及旗丁挽运用度。""务期

---

① 彭云鹤：《明清漕运史》，首都师范大学出版社1995年版，第1页。
② 陈子龙：《皇明经世文编》卷51，刘玥：《刘文和集·疏记·镇守千户所记》。
③ 参见杨维桢《东维子文集·海漕府经历司记》卷12，李修生主编《全元文》第41册，凤凰出版社2004年版，第331—332页；郑元祐《侨吴集》卷10，四部丛刊景旧钞本。
④ 傅维鳞：《明书》卷69《志十三·河漕志》，四库全书存目丛书，齐鲁书社1996年版。
⑤ 《清圣祖实录》卷14，康熙四年二月壬辰。

与漕务官民均有裨益，方可永远行之无弊。"① 尽管这只是一个理想的目标，但清代的漕运总督及相关的官员本着经世的抱负，对于漕政的管理一路摸索前行，不断地提出改革的主张及方案。在该书中，袁飞以漕运总督及有漕八省之督抚等官员，从除弊论、严法论、减废漕员论、恤丁济运论，以及海运论等诸项治漕政见中选其要而贩者，辩其宗旨，阐述其经世思想与主张，多有精切确当之语。

其三，该书以《嘉庆朝政治与漕运治理研究》命名，旨在探讨嘉庆一朝政治与改革困境之间的矛盾纠葛关系。事实上，漕运制度的建立与治理，经历康乾百余年的努力，至乾隆中期，无论是组织机构、典章制度还是人事安排上都达到最佳状态。然盛世过后，带走的不仅仅是繁华，还有过往的正常秩序，嘉庆朝继承的盛世余晖中逐渐显现出败絮其中的衰颓之势。袁飞认为，自乾隆晚期以降，漕运制度中长期积累起来的弊端开始爆发，至嘉庆朝时开始陷入危机之中。而这一时期，传统中国在自身还没有做出大的改变且丝毫没有意识到需要改变之前，已面临着前所未有的世界大变局。嘉庆朝作为一个传统与变革的"交界点"，不但承担着使传统漕运制度得以继承和发展的重任，而且更要面对如何突破传统而又无法突破的两难境遇。

以往的研究，通常展限的是嘉庆帝良好的私德与懦弱的执政形象，而在袁飞书中，通过对嘉庆一朝治理漕运的努力和实践的考查，不仅充分表达了帝王至高权力与传统中国改革的内在阻力之间的关系，而且将嘉庆帝的帝王品格及其能力与努力都给予了充分的肯定。通过对嘉庆一朝漕运治理的集中研究，袁飞认为，嘉庆帝的改革虽不及其祖父雍正帝的铁腕来得凶猛剧烈，效果也不及雍正帝那般在短短十几年间便能立竿见影。但嘉庆帝能做的都做了，只是他面临的问题和困局亦非百年之前可比，中国的形势和世界的格局都在变，且后者的变化更是突飞猛进，因此我们不能苛求古人。袁飞研究的宗旨就在于，通过勾勒出上述错综复杂的关系及其解决问题的动态过程，去探索中国最后一个王朝在改革过程中遇到的制度障碍和人事困境。

"漕，天下之重务也。"漕政作为传统中国的一项关乎国运的行政内容，其治理的历程不仅展现出制度变迁的轨迹，更承载着前人对改革与创新的追求与实践。清王朝在解决漕运困境上无法跳出旧制度来寻找新的解决之法。这是"转折时代"所无法摆脱的困境，无论是嘉庆帝还是那些

---

① 尹继善：《厘剔漕事疏》，贺长龄、魏源《清经世文编》卷46《户政二十一·漕运上》。

以经世自勉的官员们都未能做出超越时代的改革努力，这是历史的悲剧。旧制度的突破就是如此艰难。而作为一次付出极大努力而最终失败的改革，反思与总结是发挥历史镜鉴价值的最重要环节，对此，该书可以成为一部教科书，将向时阙如之史事补遗展然，以此而裨漕运研究，也是出新而有益的一件事。

学术研究总是期待新资料的发掘，因为它构成历史研究的基础，这就需要耐得住性子，持之以恒。而捕捉问题的敏锐、独立的思考，以及理性思辨与精准的论断，都还需要在不断的历练中培养，在不断追求中取得，愿与袁飞共勉。

刘凤云
2018 年 2 月春节于旧金山

目　录

绪　　论

一　问题缘起

漕运是我国古代社会中一项重要而特殊的制度，它不仅是封建王朝赋役制度中极为重要的组成部分，也是一项事关封建朝廷生存命脉的政治活动、经济活动和社会活动，在中国传统社会中具有十分重要的地位。正是由于漕运所具有的重要性和特殊性，使它成为人们关注的重点。

据学者研究表明，春秋中期已有了漕运，[①] 从广泛意义上说，这便是我国漕运的肇始。隋朝统一后，借助于"大一统"的政治和军事优势开通了南北大运河，为漕运的建立奠定了坚实基础。之后，唐王朝在此基础上通过不断改革，初步建立了漕运制度。正是由于隋唐两朝对漕运发展所做出的巨大贡献，我国古代漕运的基本框架在这个时期得以基本成形。

明清漕运在我国漕运史上占有不可替代的地位。清代作为由少数民族建立政权的最后一个封建王朝，其漕运制度在继承前朝的基础上，也一直在不断地进行着变革的尝试。清代的漕运与河工、盐政并称为"三大政"，受到每一朝皇帝的高度重视。特别是清朝统治者励精图治，不管是从组织机构、典章制度还是人事安排上，漕运制度在这一时期都趋于完善，[②] 到乾隆中期更是达到鼎盛。其间，漕运各个方面都表现出令人欣喜的景象。特别是此时的漕运总督颇能用事，他们积极地发现、揭露漕运中不合理之处，并寻找解决之法，因而此时的漕运在有清一代问题最少，漕粮运送最畅。然泰极否来，这一辉煌并没有持续多长时间。乾隆晚年以后，"种种趋势的汇集却导致了大清帝国——或许也导致了中国帝制时代晚期的整个秩序——走向灾变。这些趋势汇合在一起，构成了中国政治经济的一种长期性变化"，大清王朝的危机开始显现。"当太上皇驾鹤西去

---

①　彭云鹤：《明清漕运史》，首都师范大学出版社1995年版，第1页。

②　吴琦、肖丽红：《制度缺陷与漕政危机——对清代"废漕督"呼声的深层分析》，《中国社会经济史研究》2006年第4期。

时，他留在身后的是一个已陷入危机的大帝国。"① 而在这场"暴风雨"中，漕运首当其冲，漕运制度中长期积累起来的弊端开始爆发，陷入危机后的漕运仅靠旧有的漕运制度已无法解决困境，亟须进行调整和改革。一种制度的有序运行如果仅靠统治者的智慧和勤劳，那么这种制度是不成熟的，其所体现出的辉煌也只能是暂时的。因此，嘉庆朝作为一个上承传统下启变革的"交界点"，不但承担着继承和发展传统漕运制度的重任，而且更要面对在漕运制度已无法解决现实问题和困境时急需突破传统制度限制而又无法超越的无奈。

为了维持漕运，确保漕粮能够运至京通各仓，嘉庆不得不调动一切可以调动的力量。根据中国第一历史档案馆馆藏嘉庆朝朱批和录副奏折可以看出，嘉庆朝统治阶层为了维持漕运及解决其困境所付出的巨大努力和不懈尝试，在整个有清一代可以说具有典型性和代表性。参与的力量范围和重视程度是历朝历代难以企及的。在这样一个即将改制的前夜，漕运中长期积聚起来的问题在嘉庆君臣之间进行了大范围的详细讨论，并提出了统治者认为可行的解决措施。然而，漕运中一些根深蒂固的问题并不是一朝一夕形成的，更不可能是一朝一夕所能得到解决的。制度惯性、文化传统、利益关涉等各方面的因素纠结在一起，统治者在治漕过程中总是感到捉襟见肘。嘉庆朝的统治者和他的官僚们一直试图尝试一劳永逸地解决，结果证明只是一种幻想。于是在无法彻底解决漕运危机的情况下只能在原制度上进行修修补补，唯求"头痛医头，脚痛医脚"式的速漕济运。虽然最后嘉庆朝治理漕运的努力并没有挽救漕运的颓势，却为道光朝的漕运改革做了前期探索和尝试，以其作为研究对象可以起"一叶知秋"之效。对嘉庆一朝漕运治理进行集中研究不仅能够充分展现清王朝解决危机的生动画面，也可以勾勒出在错综复杂的关系中寻求问题解决的动态过程，这也是本书研究的另一个意义所在。

漕运总督作为清政府派出总理全国漕务的封疆大吏，在漕运体系中有着极其特殊的地位。"总督漕运一人，掌督理漕挽，以足国储。凡收粮起运过淮抵通，皆以时稽核、催攒而总其政令，驻扎淮安。""粮艘过淮后，总漕随运北上，率所属官弁相视运道险易，调度全漕，察不用命者。"②漕运总督在督漕过程中千方百计提出自认可行的办法试图解决当时漕运所

① ［美］孔飞力：《中国现代国家的起源》"导论"，陈兼、陈之宏译，生活·读书·新知三联书店 2013 年版。

② 《清朝通典》卷 33《职官十一》，浙江古籍出版社 2000 年版。

出现的问题。然而，作为封建国家"经济生命线"和"军国大计"的漕运，对其治理的关注不仅仅只局限于漕运体系范围内，而是把整个王朝中的许多官员都卷了进来。因此，除了漕运总督外，其他具有折奏资格的官员都有可能向统治者揭露问题和提出建议。漕运治理的讨论不再只局限于个别官员与皇帝之间的小范围，而是变成了一种"国家行为"，整个国家全面介入漕运治理中来。所以，对"漕运治理"进行研究不仅能清楚地了解清政府在治理漕运这一难题上的困境、决策心态以及漕运总督在整个漕运过程中的真正角色和作用，而且从中更能管窥清代漕运制度的实际运行情况以及制度变迁与改革等方面的种种问题。

二　学术史回顾

"漕运之制，为中国大政。"关于清代漕运的研究，可以从经济史、政治史、农业史、社会史等不同角度展开研究。自 20 世纪 30 年代以来，学术界产生了一大批相关的学术成果，他们从不同视角对清代漕运进行了不同程度的研究和探索。其中以学术论文居多，专著相对较少。

（一）有关清代漕运的总括性著作

这方面的著作大体有中国台湾学者张哲郎《清代的漕运》[1]，作者将清代漕运分为河运期、海运期、河海并运期三个阶段，但研究重点是第一阶段。由于资料、篇幅以及文章立意等多方面的限制，没有对清代漕运展开深层次的分析。

1995 年，李文治、江太新出版了《清代漕运》[2] 一书，该书以清代漕粮河运制度为研究重点，对漕粮的赋税制度、征收兑运和交仓制度、漕运官制和船制、运丁和屯田制度、漕运体制的内部矛盾等诸多方面的问题，在充分占有史料的基础上，高屋建瓴，精细分析，是漕运史研究的力作，同样也是制度史研究的名著。该书的出版，表明中国的漕运史研究，尤其是清代漕运的制度史研究，已向纵深前进了一大步。[3]

彭云鹤所著《明清漕运史》[4] 也在同年出版发行。该书提纲挈领地介绍了明清漕运基本状况，并对清代前期漕运繁荣的原因、漕运河道的管理，以及清廷整顿漕弊的情况进行了一定的分析，这对于梳理清代前期的

---

① 张哲郎：《清代的漕运》，台湾嘉新水泥公司文化基金会赞助印行，1969 年版。

② 李文治、江太新：《清代漕运》，中华书局 1995 年版。

③ 参见倪玉平《清代漕运史研究回顾》，中华文史网，http://www.historychina.net/jj/355549.shtml。

④ 彭云鹤：《明清漕运史》，首都师范大学出版社 1995 年版。

漕运状况，具有参考作用。而李治亭《中国漕运史》① 一书则对中国有漕
运开始的历史进行了一个提纲挈领式的叙述，为漕运史研究的深入提供了
一个极好的框架和脉络。

陈峰《漕运与古代社会》一书，是当时第一本从社会史角度来研究
漕运的专著。② 该书论述了漕运在中国封建时代的政治军事意义、漕运管
理组织和漕运官员和漕运弁丁各方面的活动，最后揭示了漕运对中国古代
社会带来的消极影响。但这种长时段下的漕运研究也只能是一种提纲挈领
的探索，加上该书写作规模不大，内容上有待继续深入。吴琦《漕运与
中国社会》③ 一书也是从社会史的角度出发，试图从宏观上把握社会各个
层面与漕运的关系。作者首先诠释了漕运的含义，阐明了漕运生成的历史
动因，归纳了各历史阶段漕运的特征，并深入探讨了漕运的社会功能、漕
运与社会各领域的关系，这有助于从宏观上用另一种角度把握漕运的社会
作用。

倪玉平《清代漕粮海运与社会变迁》一书是漕运史研究的一部力作。
该书以道光朝开始的漕粮海运为研究对象，并将之纳入晚清社会变迁的宏
大历史环境中加以细致的考察，对漕粮海运制度的产生、施行、规制、运
输工具与当时政治、经济、中外关系等各方面的关系，④ 以及晚清漕粮海
运兴衰和废而不止的因由及由此引发的晚清社会变迁等方面，在充分占有
资料的基础上，运用多学科交叉的研究方法，缜密思考，详细分析，将清
代漕运史和晚清经济史研究，特别是晚清漕粮海运的研究向前推进了一
大步。

在海外，20 世纪 50 年代美国学者欣顿（Harold C. Hinton）的《晚清
漕运制度》（*The Grain Tribute System of China*：*1845—1911*）首先打破了
国外漕运研究的沉寂状态，作者在资料允许的情况下，对晚清这一阶段漕
运的总体运行，尤其是河运漕粮制度及其与运河、黄河的关系，做了尽可
能详尽的勾勒。此后，日本学者在研究中国漕运史方面逐渐占有一席之
地。其中研究清代漕运成果斐然的当属星斌夫。20 世纪五六十年代，他
围绕清代漕运制度撰写了很多论文，同时也出版了专著《大运河——中

---

① 李治亭：《中国漕运史》，台湾文津出版社 1997 年版。
② 根据书的前言和后记来看，陈峰于 1991 年就已完成《漕运与古代社会》一书的写作，
  当时没有出版。而在后记中，作者说今年（1997 年）付梓问世，但不知何故，此书一
  直到 2000 年才正式出版。此处暂以前言为准。
③ 吴琦：《漕运与中国社会》，华中师范大学出版社 1999 年版。
④ 徐凯：《感言》，倪玉平《清代漕粮海运与社会变迁》，上海书店出版社 2005 年版。

国的漕运》①，对清代河运漕粮的运道、水手、坐粮厅、粮食商品化趋势及向海运的过渡等问题，进行了较为深入的研究，一时颇具影响。

（二）有关漕运的学术论文

这一类学术论文都是从某一方面对漕政进行探索和研究。

20 世纪 30 年代，一个名为"杰"的学者首先在《北平晨报·艺圃》上发表《清季漕弊与海运》②，分析清代晚期漕运的各种弊端及试行海运的情况。1940 年，万国鼎撰写了《明清漕运概要》③ 一文，通过对明清漕运的分析，认为学习先辈们的漕运经验，不乏参考之处。

20 世纪 80 年代后，在研究漕运对国家经济影响方面出现了不少较有分量的论文，他们认为漕运的兴衰直接影响到运河沿线社会经济的发展，包括运河沿岸重要城镇的兴衰，④ 每年 400 多万石漕粮北上，大量的土宜北上或者回空携带南下，使南北物资得到了交流，促进了商品流通，活跃了经济，对清代城镇繁荣起到了直接推动作用。⑤ 当然漕运也有其负面作用，陈峰在《论漕运对中国古代社会的消极影响》一文中认为，漕运也间接地给广大人民的生产和生活带来无穷的危害。⑥ 当然除了对经济产生影响外，漕运也引起了不少社会问题，不但导致许多"闹漕"事件的发生，更重要的是促使了许多帮会和秘密宗教的产生，极大地影响了社会的稳定。这方面的研究有戴鞍钢《清代浙江漕政与农民的抗漕斗争》⑦、刘伯涵《漕运船帮中的协作与秘密结社》⑧、陈峰《清代漕运水手的结帮活

---

① 参见《剑桥中国晚清史》（上），中国社会科学出版社 1985 年版。

② 《北平晨报·艺圃》1937 年 4 月 28 日。

③ 《政治季刊》1940 年第 4 卷第 3 期。

④ 戴鞍钢：《清代漕运兴废与山东运河沿线社会经济的变化》，《齐鲁学刊》1988 年第 4 期；冷东：《从临清的衰落看清代漕运经济影响的终结》，《汕头大学学报》（人文科学版）1987 年第 2 期；张强：《漕运与淮安》，《东南大学学报》（哲学社会科学版）2008 年第 4 期；江太新、苏金玉：《漕运与淮安清代经济》，《淮阴工学院学报》2006 年第 4 期；李俊丽：《明清漕运对运河沿岸城市的影响——以天津地区为例》，《中州学刊》2011 年第 3 期。

⑤ 张照东：《清代漕运与南北物资交流》，《清史研究》1992 年第 3 期；吴琦：《清代湖广漕运与商品流通》，《华中师范大学学报》（哲学社会科学版）1989 年第 1 期；吴琦：《清代漕运行程中重大问题：漕限、江程、土宜》，《华中师范大学学报》（哲学社会科学版）2013 年第 5 期；吴琦、王玲玲：《一种有效的应急机制：清代的漕粮截拨》，《中国社会经济史研究》2013 年第 1 期。

⑥ 《陕西师大学报》（哲学社会科学版）1992 年第 4 期。

⑦ 《浙江师范大学学报》（社会科学版）1988 年第 3 期。

⑧ 《史学月刊》1985 年第 4 期。

动及其对社会的危害》①、吴琦《清代漕运水手行帮会社的形成：从庵堂到老堂船》②、周育民《漕运水手行帮兴起的历史考察》③ 等。

随着漕运史研究的深入，对漕运的研究开始细化。如吴琦、肖丽红在《制度缺陷与漕政危机——对清代"废漕督"呼声的深层次分析》④ 一文，以漕运总督为中心，另外他们在其《清代漕粮征派中的官府、绅衿、民众及其利益纠葛》⑤ 一文中，对以往传统的漕运研究开始进行反思，认为漕运研究中一直存在的"控制论"视角是片面的，他们认为在漕粮征派中利益关系是核心因素，同时在利益纠葛中地方社会的主动性也产生了重要影响。马俊亚《集团利益与国运衰变——明清漕粮河运及其社会生态后果》⑥ 一文认为，维持漕粮河运给苏北、皖北、鲁南等地区造成了不可估量的生态灾难，其目的是维护某些特定阶层的私利。吴琦《国家事务与地方社会秩序——以清代漕粮征运为基点的考察》⑦ 一文则通过对作为国家事务的漕运在地方征运过程的考察，分析了引起的矛盾和弊端，以及对地方社会秩序的影响。陈支平《从林则徐奏折看清代地方督抚与漕运的关系》⑧ 一文则通过对以林则徐涉漕奏折为个案进行分析，探讨了地方督抚与漕运之间的关系。周健《嘉道年间江南的漕弊》⑨ 一文则通过对嘉道年间江南漕弊的详细考察，认为漕弊是各种浮费代表的额外财政对额定财政的空前侵蚀。

更值得一提的是，在研究理论视角方面，学者张小也更是突破传统研究的思路，她分别从社会史、法律史和历史人类学的视角下考察由于漕政危机而引发的"闹漕"事件，堪称独到而精深，更是给人以耳目一新的感觉。⑩

清承明制，漕运弊端也全盘因袭。从清初开始，清朝统治者就开始着

---

① 《社会科学战线》1996 年第 2 期。

② 《江汉论坛》2002 年第 12 期。

③ 《中国社会经济史研究》2013 年第 1 期。

④ 《中国社会经济史研究》2006 年第 4 期。

⑤ 《中国社会经济史研究》2008 年第 2 期。

⑥ 《南京大学学报》（哲学人文·社会科学版）2008 年第 2 期。

⑦ 《中国社会经济史研究》2012 年第 2 期。

⑧ 《闽南师范大学学报》（哲学社会科学版）2014 年第 3 期。

⑨ 《中华文史论丛》2011 年第 1 期。

⑩ 张小也这样的论文有：《健讼之人与地方公共事务——以清代漕讼为中心》，《清史研究》2004 年第 2 期；《史料·方法·理论：历史人类学视野下的"钟九闹漕"》，《河北学刊》2004 年第 6 期；《社会冲突中的官、民与法——以"钟九闹漕"事件为中心》，《江汉论坛》2006 年第 4 期。

力整顿漕运，经过康雍两朝铁腕治理，漕运曾一度出现繁荣的景象。乾隆后期漕运逐渐走向衰落，漕政危机更加凸显出来，对漕运进行改革，彻底解决漕弊问题成了摆在统治者面前的一个难题。围绕漕弊和漕运治理，学术界也进行了较多的研究。例如：高春艳《试论清初学者李因笃的漕运思想》① 一文对清初关中著名学者李因笃治漕思想进行了比较全面的探讨和分析。陶用舒《陶澍对漕政的整顿和改革》② 一文详细分析了陶澍进行漕运改革的措施，并充分肯定了这一改革所取得的巨大效果。吴琦《清后期漕运衰亡的综合分析——兼评胡林翼漕运改革》③ 一文认为清后期尽管一些漕运官员对漕政进行整饬和改革（如胡林翼漕运改革），但是，由于从经济基础到上层建筑都濒临崩溃，所以，一切努力都是徒劳的。韩丽娟《腐败问题的制度透视——基于清后期漕运改制思想的分析》④ 一文，对清后期漕运腐败的制度进行了分析，认为漕运改制是治理腐败的思路，漕运改制政策存在一个官僚利益与国家利益变动的政治经济周期。戴鞍钢《清代漕运盛衰与漕船水手纤夫》⑤ 一文则通过对漕运兴废的考察，探讨了晚清社会转型中所面临的困局和难题。漕运危机最重要表现是各种漕弊的大量凸显，并日益严重，成为漕运制度的一个毒瘤。在漕弊研究方面较有分量的论文有彭云鹤《明清两淮盐私和漕运》⑥、陈峰《清代漕运运输者的私货运销活动》和《略论清代的漕弊》⑦、杨杭军《略论清朝嘉道时期漕运之弊及其影响》和《嘉道时期漕运旗丁的若干问题》⑧、倪玉平《嘉道之际的漕弊问题》⑨，等等。他们对漕运过程中所出现的漕弊进行了较深入的研究，对我们认识漕政危机具有很高的参考价值。

　　有关清代漕粮由河运向海运转变方面的学术论文，为数不少，质量也较高，多系就某些具体问题进行的专门研究。其中，具相当分量的论文有，熊元斌的《清代河运向海运的转变》⑩、萧国亮的《清代上海沙船业

① 《唐都学刊》2014 年第 3 期。

② 《益阳师专学报》1990 年第 3、4 期。

③ 《中国农史》1990 年第 2 期。

④ 《兰州大学学报》（社会科学版）2008 年第 4 期。

⑤ 《安徽史学》2012 年第 6 期。

⑥ 《盐业史研究》1991 年第 4 期。

⑦ 分见《西北大学学报》1997 年第 4 期、1998 年第 4 期。

⑧ 《中州学刊》1998 年第 1 期；《河南师范大学学报》（哲学社会科学版）1998 年第 2 期。

⑨ 《石家庄师范专科学校学报》2003 年第 4 期。

⑩ 《江汉论坛》1984 年第 1 期。

资本主义萌芽的历史考察》①、戴鞍钢的《清代后期漕运初探》②、徐元基的《海运漕粮对中国轮运业创立的作用问题》③、易升运的《关于清代嘉道年间的漕粮海运问题》④、李瑚的《清代嘉道年间漕运与盐法改革》⑤、张照东的《道咸时期雇商海运漕粮的得失》⑥、卢伯炜的《清代道光六年漕政改革的意义》⑦值得注意。它们或是进行多学科的交叉研究，或是进行宏观的整体把握，或是就具体问题进行深入分析，均给人以耳目清新之感，得出的结论也颇令人信服，因而取得了较大成绩。特别是倪玉平，他撰写了一系列关于这方面的学术论文。他认为漕粮海运对于清代运输业的变迁，具有不可忽视的作用，最终促使招商局成立，因此在招商局成立初期，漕粮海运成为支撑招商局的重要业务。特别是漕粮海运对清代运河经济区和沿海经济区产生了非常重要的影响。⑧

另外，还有一些学术论文，从特定的时间、地点和更具体的特定角度来展开研究，都不同程度地推进了漕运史研究水平的提高⑨。近年来，一些高校的博士生、硕士生更是以此作为他们的学位论文选题，做出了不少

---

① 《中国资本主义萌芽问题论文集》，江苏人民出版社1983年版。

② 《清史研究集》第五辑，光明日报出版社1986年版。

③ 《中国近代经济史研究资料》，上海社会科学院出版社1987年版。

④ 《华中师范大学学报》（人文社会科学版）1985年第2期。

⑤ 《求索》1983年第5期。

⑥ 《历史档案》1988年第2期。

⑦ 《苏州大学学报》（哲学社会科学版）2005年第6期。

⑧ 倪玉平：《清代漕粮海运与经济区域的变迁》，《石家庄学院学报》2005年第4期；《招商局与晚清漕粮海运关系新说》，《学术月刊》2008年第5期；《漕粮海运与清代运输业的变迁》，《江苏社会科学》2002年第1期；《李鸿章与晚清漕粮海运》，《安徽史学》2007年第1期。

⑨ 邓亦兵：《清代河南漕运述论》，《中州学刊》1985年第5期；殷崇浩：《叙乾隆时的漕粮宽免》，《中国社会经济史研究》1987年第3期；戴鞍钢：《晚清湖北漕政述略》，《江汉论坛》1988年第10期；邓亦兵：《清代河南漕运述论》，《中州学刊》1985年第5期；吴琦：《清代湖广漕运与商品流通》，《华中师范大学学报》（哲学社会科学版）1989年第1期；吴琦：《清代湖广漕运特点举述》，《中国农史》1989年第3期；吴琦：《清代漕粮在京城的社会功用》，《中国农史》1992年第2期；赵践：《清初漕赋》，《历史档案》1999年第3期；倪玉平：《漕粮海运文化中的祭祀活动》，《故宫博物院院刊》2008年第2期；王婧：《明清时期卫河漕运治理与灌溉水利开发》，《河南师范大学学报》（哲学社会科学版）2012年第1期；吴滔：《明清嘉定的"折漕"过程及其双面效益》，《学习与探索》2012年第3期；洪均：《危局下的利益调整——论胡林翼整顿湖北漕政》，《江海学刊》2012年第6期；袁飞、任博：《清代漕运河道考述》，《中国农史》2014年第2期；李庆华：《农业生态与漕运兴废——以鲁西为个案》，《南京林业大学学报》（人文社会科学版）2014年第3期。

探索。

　　总体而言，现有的研究成果，出于研究手段、研究对象和研究视角等方面的原因，偏重于静态的漕运史研究，没有将漕运制度的实际运行状况以及治理情况作为一个动态过程进行一个较为充分的研究，更没有多少以漕运总督为中心的漕运史研究，因此还有很多的拓展空间和研究余地。

三　研究思路与主要论点

　　在考察清代漕运史的过程中，不难发现，漕政的发展与漕弊的累积如影随形，两者是一体两面的关系。随着时间的推移，当漕运制度"绩效"超过其边际后，制度对社会和政治的正面作用就开始递减，取而代之的是以落后的面貌出现，并开始成为社会发展的一种阻碍因素。进入 18 世纪末 19 世纪初后，传统中国进入一个新时代，面对前所未有的世界大变局。在新形势下，漕运制度作为传统中国政治中的一个代表并没有因为新形势的到来或世界所发生的巨大变化而产生改变。嘉庆朝时的中国承"康乾盛世"之余晖，却已如一艘巨大的"破败不堪的旧船"①，随时都有解体的可能。虽然统治者已经意识到漕运制度的困局，也付出努力予以拯救，最终仍是枉然。站在今天理性的高度来看，其中有很多值得借鉴的经验和教训。

　　本书选取嘉庆朝这一传统与变革的交界点作为研究时间段，对当时清朝统治者治理已陷入危机后的漕运进行仔细考察和探讨，试图寻找和管窥政治制度（以漕运制度为例）的运行及其治理实践的动态变化和发展，以及制度创新所面临的困境和阻碍因素。本书结构主要有：

　　第一章，对顺、康、雍、乾四朝的漕运状况进行了大致的梳理，分析和探讨了每个朝代漕运中存在的隐患和积累起来的弊端。正因如此，嘉庆朝漕运积重难返，最终陷入了危机。

　　第二章，详细梳理了清初以来治理漕运的各种代表性思想和议论。

　　第三章，分析和探讨了全球变局中的中国与西方世界的不同变化，以及嘉庆朝漕运积重难返之状。

　　第四章，漕运与河工是清代之大政，两者互为表里，密不可分。嘉庆朝漕运河道经常不畅的状况对漕粮运输产生了极大的阻碍，特别是嘉庆九

---

　　①　马戛尔尼来华归国后提出了这种看法，参见［法］阿兰·佩雷菲特《停滞的帝国——两个世界的撞击》第 77 章，王国卿、毛凤支等译，生活·读书·新知三联书店 1995 年版。

年大淤阻和十四年冻阻作为非常典型的情况，使整个朝廷上下都在筹议解决的办法。不仅如此，嘉庆朝统治者几乎年年都要忙于筹商漕河不畅的问题，并试图通过河工的治理最终解决漕运的困境，以嘉庆为首的统治阶级一直想彻底解决这一痼疾，然终嘉庆一朝都没有如愿。

第五章，嘉庆皇帝掌权后漕运总督蒋兆奎提出津贴旗丁的办法以治理漕运，由此在当时引起了关于津贴旗丁的大讨论。但在津贴旗丁的呼声下，也有许多官员强烈要求若要整饬漕务首先必须革除漕弊，并先后在全国掀起了两次大的革除漕弊的议论与行动。虽然最后津贴旗丁和革除漕弊也取得了一些成果，但由于没有从根本上解决漕务中的痼癖，漕运危机依然如故。

第六章，就现在所能查找到的史料来看，清前期漕运中并没有大的贪污案件发生，但小贪污却是层出不穷。这一状况到嘉庆朝时恶化，此时漕运体系中开始出现大的贪污案件，贪污人员上自漕运总督下至胥吏，贪污过程从漕粮征收一直到京通交仓。为了整饬漕务，确保漕运的顺利畅通，杜绝贪污索贿，嘉庆对其中一些舞弊之人进行了严厉的惩处，试图通过这种手段来制止官僚体制中的不正之风。

第七章，面对问题重重的漕运，有些有识之士提出了"海运"这一完全不同的办法以解决漕运困境。然从提议到最后议办海运夭折这一反反复复的过程，影响漕运的各种因素纠结在一起，特别是在制度惯性和传统社会的生产方式的左右下，在河道勉强还可以通航的情况下，漕粮海运的尝试最终不可避免地夭折了。

第八章，嘉庆试图通过上述措施来解决漕运危机，但最终结果证明并没有达到统治者的愿望。为了确保漕粮年年顺利抵达京通各仓这个目标，既然无法完全彻底解决漕运困境，统治者只能对漕运所出现的弊端进行"头痛医头，脚痛医脚"的修补，以求漕运不致中断。

余论部分主要是阐述在分析和探究嘉庆治理漕运过程中所产生的新看法和新观点，并进一步对此进行具体的解释和说明。

四 史料说明

占有丰富的史料是进行史学研究的基础，也是准确把握研究对象的基本保证。本书以漕运治理为主线而展开，重点探讨了嘉庆朝君臣的治漕行为与过程，因此所用史料以奏折档案为主，同时为了研究的全面系统而兼采其他相关文献史料。大致而言，核心资料主要包括以下四类：

1. 清代档案。主要包括中国第一历史档案馆藏《朱批奏折》（含已出版)、《军机处录副奏折》《上谕档》以及中国台湾出版的《宫中档乾隆朝奏折》、中国社会科学院经济研究所藏《题本抄档》等档案资料。档案作为第一手资料,具有无可比拟的原始性而成为本书研究最主要的支撑。

2. 官书。主要包括清代各朝实录、(光绪朝)《大清会典事例》等。

3. 漕运专书、专志。作为清代大政的漕运,不仅遗留下了大量私人记载,清代官方更是每隔一段时间便专门修纂专书,用以指导漕运。如《漕运全书》系列和《漕运则例纂》《漕运议单》《漕运昔闻》等,它们均有极高的研究和参考价值。

4. 水利专书、专志。漕运与河工相为表里,漕运的整饬离不开河工的治理,相关水利专书、专志中保留了大量涉漕史料,为本研究的展开提供了很好的史料支撑。其中如《治河全书》《行水金鉴》《江北运程》《漕运河道图考》《山东运河备览》等。

5. 方志。清代是传统志书编修的高潮时期,成就巨大且连续不断,构成了一个独特的资料体系。有漕八省(因江南省包括江苏和安徽之缘故,或称"七省")皆系传统文化发达之区,志书编修非常活跃。在这批重要文献中,无论是各省的"通志",还是各府州县所修志书,无不对"漕运"进行详细记述。因此作为重要的地方性史料,地方志的作用是不可代替的。

另外,本书还采用了一些文集、奏议、正史、起居注等史料,并参考了一些今人的研究成果,此处不再一一列举。

第一章 清前中期漕运概述

漕运作为有清一代之大政，不仅维持着封建政权的经济命脉和生活来源，更是事关京城安定和整个国家统治中心稳定的"国家大计"。如果漕粮不能按时运达，就会直接影响到京城甚至整个王朝的安定，前人曾对此重要性有过精辟的描述："漕为国家命脉攸关，三月不至则君忧，六月不至则都人啼，一岁不至则国不可言者。"① 清朝统治者深谙其中利害关系，一直秉承"国家要务莫先漕政"的方针，② 始终把漕运放在重要的位置，极其重视。

第一节 顺治朝确立漕运制度的雏形

进入北京后顺治朝虽然还未完全控制全国，但仅就其统治下的京师而言，对粮食的巨大需求与其他朝代毫无二致，甚至这种需求由于大量八旗子弟的入关而更胜于前朝。这些巨大的粮食需求皆来源于漕粮供给，"漕米一项，上自玉食，以至百官俸廪、各役养赡咸于是赖"③，甚至"兵民急需莫如漕运"。因此随着清朝军队向南扩大统治范围的同时，漕粮的征收也开始了。然承新创之后漕运制度基本崩溃，无法正常进行，面对诸多问题："江南旧额四百万石，今或因灾变蠲免，则额数宜清；运法原用军旗，今运户改为编氓，则运法宜定；修船每岁一举，迩来逃毁殆尽，则修造宜急；运道旱浅溢冲，则捞沙筑堤宜豫。"④ 亟须重新整顿并确立一套完整的漕运制度。顺治朝的漕运状况可以从以下几个方面窥见一斑：

---

① 傅维鳞：《明书》卷69《志十三·河漕志》，四库全书存目丛书，齐鲁书社1996年版。
② 《山东道试监察御史焦荣议陈漕政除弊酌利题本》，《历史档案》1984年第3期。
③ 《户科史书顺治十八年十月初五日谌名巨题本》，《历史档案》1999年第3期。
④ 《清世祖实录》卷17，顺治二年六月戊午。

　　首先，漕运官制上的变化。顺治朝漕运体系中的官职还没有现成的制度规定，废立较为频繁，因而官制及相关制度变化很大。顺治元年（1644）按照明代制度设立漕运总督一人，驻扎淮安。① 同时也设巡漕御史一职。② 三年（1646），设总理漕储满洲户部尚书。③ 四年（1647），又设满洲侍郎一人，与总漕同理漕务，名为总理。七年（1650），裁巡漕御史。④ 八年（1651），裁淮安总理漕运侍郎。⑤ 十二年（1655），复设总理漕务满洲侍郎一人。十八年（1661），又撤总理漕务满洲侍郎。⑥ 另外，增设护漕游击一员、中军守备一员、千总二员、把总四员、兵一千名。⑦ 在通州设满洲理事官二员、笔帖式二员，专司兑粮入仓，催攒回空漕船。⑧ 漕运造船事务也由都司、行都司分辖。⑨

　　其次，在漕粮的征收和运输方式上为有清一代的漕运确立了基本方针，并一直遵守至漕运的废止。有漕各省漕粮根据旧例是军民交兑，但军强民弱，运军往往勒索扰民，弊端重重。顺治九年（1652），定官收官兑例，"酌定赠贴银米，随漕征收，官为支给。民间交完粮米，即截给印串归农，军民两不相见，一切浮费概行革除"⑩。

　　最后，重典惩治漕运中的违法行为。顺治朝吸取了前明的经验教训，对漕运中不法行为的惩罚是非常严厉的。前明腐败所导致的覆国灭朝的场景历历在目，顺治朝统治者惩前朝之失，屡次颁布谕旨宣称："贪婪官役，法当重惩。"⑪ 遵循这一原则，对漕运中的不法行为也作了严厉的惩罚规定。顺治帝在规定十恶等死罪不赦外，又规定"拖欠钱粮漕粮、侵盗漕粮员役亦在不赦"⑫。把拖欠和侵盗钱粮的危害性提高到与"十恶"

　① 《皇朝政典类纂》卷48《漕制》。
　② 《清朝通典》卷33《职官十一·漕运各官》。
　③ 《清国史》第3册《食货志·漕运》，嘉业堂抄本，中华书局1993年版。
　④ 关于裁巡漕御史一职的时间说法不一，《清世祖实录》认为是顺治十五年，而《清朝通典》和《皇朝政典类纂》却认为是嘉庆七年。综合《清世祖实录》中顺治七年以后关于巡漕御史的信息却没有出现这一材料，此处认为顺治七年裁巡漕御史较为符合历史事实。
　⑤ 《清世祖实录》卷54，顺治八年闰二月己巳。
　⑥ 《清会典事例》卷23《吏部七·各省督抚》。
　⑦ 《清世祖实录》卷38，顺治五年闰四月庚申。
　⑧ 《清世祖实录》卷95，顺治十二年十一月丁未。
　⑨ 《清世祖实录》卷28，顺治三年十月乙未。
　⑩ 赵慎畛：《榆巢杂识》上卷《漕粮征收》。
　⑪ 《清世祖实录》卷107，顺治十四年二月壬午。
　⑫ 《清世祖实录》卷108，顺治十四年三月癸丑。

相等的级别，可见统治者对漕粮的重视程度。顺治帝几次下诏赦免一些死罪，明确指出：拖欠漕粮、侵盗漕粮俱在不赦之列，而其他死罪可以减一等。另外，官员在漕运中所承担的责任也分别规定了奖惩标准，并制定了考成则例。

顺治一朝是漕运制度的恢复和初创时期。由于制度的不完善及统治的不稳定，统治者对漕运的关注只能是心有余而力不足，弊端很多，在一定程度上可以说是处于杂乱状态。顺治朝统治者在继承明代漕运制度的基础上对其中某些不适合之处进行了力所能及的改革和补充，奠定了清代漕运制度的雏形。

第二节　康熙朝漕运制度的继续完善

顺治朝十几年的努力改变了明末以来漕运的破败状况，虽然初步建立起漕运制度，但漕运状况还是令人担忧，方方面面的问题很多。亲政后的康熙把漕运作为施政的工作重心，曾将漕运作为其当政的三大事之一，"夙夜廑念，曾书而悬之宫中柱上"[1]。为了改变漕政窘况，康熙首先提出了漕河并治的方案，将改善漕运与河工治理结合起来。因为河工自明末以来便一直废弛，运河两岸"居民日患沉溺，运艘每苦阻梗"[2]。康熙深知"漕运之事，莫先于运道"[3]，治理河工即是确保漕运。他先后任用靳辅、王新命、张鹏翮等人为河道总督，自己也先后六次南巡，亲赴河工视察。在康熙君臣的努力下，河漕并治的方案取得了很大的成效，漕运因河工的治理而得到巨大的改善。靳辅在康熙的支持下"开中河，以避黄河一百八十里波涛之险，因而漕挽安流"[4]。之后，总河张鹏翮又开新中河，"将旧中河筑拦河堤一道，改入新中河，则旧中河之上段与新中河之下段合为一河，粮艘可以通行无滞矣"[5]。清口一代采用高筑高家堰、蓄清敌黄、束水攻沙等办法使淮水得以畅流敌黄，"黄、淮故道次第修复，而漕运大通"[6]。黄河入海口一带由于长期淤垫，致使黄河水不能及时入海，因而

---

① 《清圣祖实录》卷 154，康熙三十一年二月辛巳。
② 《清史稿》卷 127《河渠二·运河》。
③ 任源祥：《漕运议》，《清经世文编》卷 46。
④ 《清圣祖实录》卷 229，康熙四十六年三月戊寅。
⑤ 《清圣祖实录》卷 201，康熙三十九年九月丙寅。
⑥ 《清圣祖实录》卷 229，康熙四十六年三月戊寅。

阻碍了漕运的畅通，经过治理，"清水畅流敌黄，海口大通，河底日深，黄水不虞倒灌"①。另外，对运河古浅之处常常疏浚挑挖，确保漕运河道的畅通，这些措施取得显著效果，为漕运的通畅提供了一个坚实的前提保障。

此外，康熙还加强对漕运事务的管理，建立和完善漕运的相关制度。顺治朝漕粮官收官兑已经作为规定确定下来，但康熙朝时浙江却还有民兑的情况，而且还"另立私截之名，困苦百姓"，康熙得知后立即禁止这种民兑方式，并要求对不遵行者即行重惩。②而各省漕粮耗米必须征收本色，然后给予运丁，如有不征本色折银者，漕运总督察参治罪。为了进一步加强对漕务的管理，确立"漕艘过淮，总漕随运述职"的制度。③

漕粮的运输途中最容易产生各种弊端，所以康熙朝统治者一再严禁水次附载、沿途包买和运官串通奸商作弊，如有此种肆行无忌者，"督漕各官并该地方官一有见闻即行参奏，务将官丁严提，治以重罪；若知而徇情不奏，督漕各官及地方官亦从重处治"④。为了补助旗丁的费用，每船允许携带土宜60石，载在漕运议单，以恤运丁劳苦；漕运重船原令各关盘诘夹带私货，但关口甚多，处处盘诘，必定误运，为此规定只于仪真、瓜洲、淮安、济宁、天津五处地方严加盘查。⑤如果"违例多载及拴扎木筏过关者，将货物入官，该管粮道、押运官弁一并题参治罪"⑥。

为了确保漕粮到达的时间，对漕粮运输途中的官员和旗丁"严定处分之例，以警积玩"。但"定例过严，期限迫促，经管文武大小各官及旗丁人等不无苦累"。因此，重新确立了宽严适中的办法。⑦漕粮抵通后如果有挂欠，那么追赔漕米将会逐帮分计，派作十分。欠粮之本旗旗丁名下追赔一半；其余一半由总漕粮道及监兑、押运、佥运等官一体分赔。⑧若旗丁挂欠白粮，"革运追赔外，仍照监守自盗律治罪"⑨。当然，有罚必有赏。康熙对做出贡献者也予以褒奖，"凡有领运照数全完者，应令总漕奖

①《清史稿》卷127《河渠二·运河》。
②《清圣祖实录》卷100，康熙二十一年正月辛未。
③《清史稿》卷123《职官三·总督》。
④《清圣祖实录》卷7，康熙元年八月丙午。
⑤《清圣祖实录》卷9，康熙二年八月甲寅。
⑥《清圣祖实录》卷285，康熙五十八年八月壬寅。
⑦《清圣祖实录》卷103，康熙二十一年六月戊子。
⑧《清圣祖实录》卷243，康熙四十九年八月乙酉。
⑨《清圣祖实录》卷160，康熙三十二年十月丁丑。

赏；若于额定粮数之外有多交者，计算米数，并领运次数议叙，授以职衔”①。以调动旗丁尽力于漕运的主动性。

一般来说，无论何种情况“漕粮例不因灾蠲免”②，但遇到有漕州县遭灾的时候，康熙并不墨守成规，而是根据实际遭灾情况实行蠲免漕粮漕项，以减轻百姓负担。特别是运河一线的州县由于水旱灾害而导致的年岁歉收，除了下令“蠲除额赋，并动仓谷赈济”外，一般还要截留漕粮，“分贮沿河镇市冲要之地，散赈而外即平价发粜”③。

康熙朝中后期以后，漕运形势呈现好的走势，期间任用的几任总漕尽心漕务，为漕运的建设做了不少贡献。如郎廷极、桑额、施世纶等，他们在担任漕运总督一职时都尽心漕运治理。

三藩之乱后，有几个有漕省份卷入战争中，因而这些省份的漕运目的便转变成为战争服务了，相应地漕运制度也由于战争的巨大需要而暂时改变。三藩之乱平定后，战时的漕运政策也开始恢复旧例。

总之，经过康熙君臣的不懈努力，漕运在各个方面都取得了很大的改善，尤其是制度的建设和发展卓有成效，因而在康熙晚年出现了漕运较为畅通、仓储充裕的局面，漕运状况比顺治朝有了巨大的转变，“京城通州仓内贮米甚多，各省运至漕粮亦无亏欠。在仓内堆积，恐至红朽”④。

第三节　雍正朝严厉整饬下的漕运

经过康熙朝的发展，漕运状况有了巨大的改善，但这并不等于说漕运没有弊端。从康熙晚年开始，吏治疲软，腐败现象越来越多，漕运事务也开始衰微。⑤ 雍正朝时这种不良倾向在漕运中有明显体现，如粮道任意克扣旗丁钱粮，“金军之都司、监兑之通判又多诛求，及至沿途武弁借催趱为名百计需索，又过淮盘查徒滋扰累，运丁浮费既多，力不能支，因而盗卖漕粮，偷窃为匪，无所不至矣”⑥。总之，官侵、吏蚀、民欠三项渐成

---

① 《清圣祖实录》卷 229，康熙四十六年五月戊寅。

② 《清圣祖实录》卷 32，康熙九年正月己酉。

③ 《清圣祖实录》卷 217，康熙四十三年十月辛巳。

④ 《清圣祖实录》卷 283，康熙五十八年正月壬寅。

⑤ 参见中国第一历史档案馆编《康熙朝满文朱批奏折全译》，中国社会科学出版社 1996 年版，第 749 页。

⑥ 《清国史》第 3 册《食货志·漕运》，嘉业堂抄本，中华书局 1993 年版。

普遍现象。面对这种状况，雍正严厉规定：以后各省粮道给发钱粮，不许克扣分厘，沿途武弁不许借端需索，运丁除包揽抗违外，所带些许货物亦无容苛刻盘查。更有甚者，雍正还了解到经管修造粮船的浙江船政同知对旗丁"侵渔尤甚"，认为"此官于漕政毫无裨益"，最后雍正下令立即裁去这一官缺，以免继续剥削旗丁。① 漕运中的种种弊端已开始影响漕运体系的发展，雍正不仅与大臣们积极商讨，还特别花大力气建立相关漕政和监督制度。四年（1726），要求漕运总督从江苏两位粮道内每年派一人押运漕船一直到山东八闸，等江南粮船全部过淮后立即回任，以强化对重运的稽查。七年（1729），雍正特设巡漕御史四人，专司稽查，其中二人前往淮安，二人驻扎通州，不许官吏向旗丁额外需索。不仅如此，所派遣的巡漕御史还要承担稽查漕船有没有夹带私盐及违禁物品的责任。② 州县在征收漕粮时也经常出现勒索、侵蚀漕米的情况，甚至一名征收漕粮的经承侵蚀漕粮达二三千石之多，最后"该州县详参审究，按其米数，照监守自盗律治罪，并将金派收书之员题参议处"③。到通之后，旗丁"于销算时卖补买补，交通各书吏，需索分肥"。各省粮道对漕运官弁或旗丁也有勒掯情弊。种种弊端，须严密监督，雍正制定相关稽查办法，同时令相关官弁和总漕稽查参劾。④ 另外，为了防止挂欠漕粮，对负责征收官员制定了考成定例。

对运河一线各湖泊开始加强管理。资助山东运河水源的各湖泊自古就有水柜之称，因历年黄河水淤，湖泊周围积有肥土，附近居民垂涎湖地，或私种，或开垦，"以致水少，不能引以济运"，规定：嗣后"凡沿河近地已经成田者，不必追究；其未经耕种者，当湖水稍落速宜严禁，不可仍令侵占"。而且各湖堤岸必须修筑坚固，各引河闸座也须按时起闭。⑤ 除此之外，运道浅涸漫阻的情况时有发生，甚至有些河段淤浅甚多，时常阻滞粮艘，为此加强了对运河的疏浚和挑挖。其中资助运河水量的水源除了自然降水外，还有一个重要来源即依靠附近州县的泉水，然后汇集入湖济运。然泉源时常闭塞，泉水无法及时汇归运河济漕。四年（1726），特设管泉通判一员，以专管泉源事务。无论是泉源还是运河，雍正要求总河、总漕和地方督抚"严饬各泉源所属州县挑浚疏通，汇归运河，务使漕艘

① 《雍正朝汉文朱批奏折汇编》第 3 册，第 204 页。
② 参见《清朝通典》卷 33《职官十一》；《清世宗实录》卷 77，雍正七年正月癸丑。
③ 《清世宗实录》卷 41，雍正四年二月壬辰。
④ 《清世宗实录》卷 51，雍正四年十二月戊寅。
⑤ 《清世宗实录》卷 7，雍正元年五月戊戌。

前进，并多募民夫协力挽运抵通"①。此外，徒阳运河历年以来都是由丹徒、丹阳两县百姓负责挑浚淤浅，"工役物料俱出民间，殊属偏累"。雍正对于此种"杭、嘉、湖、苏、松、常六郡共济之河，而独累两邑之民"的情况深为同情，要求立即改变这种状况，并提出了解决的办法。②

由于陋规、运河等因素，旗丁驾运北上时的费用明显增加。为了补助旗丁费用，康熙朝时规定：重运北上，每艘漕船可以携带土宜60石，以资旗丁用费。七年（1729），雍正体谅旗丁长途运输之辛苦，在原来规定携带60石土宜的基础上再增加40石，这样每船可以携带土宜100石，并且"永著为例"③。次年，又增加携带土宜的数量，规定：漕船头舵工人（每船规定两人），每人准带土宜3石，每船水手合带土宜20石，这样共计可带土宜126石。④此外，漕船在途中也时常遭遇意外情况，如漕船的漂没和旗丁、水手等人员的伤亡，除了按照规定豁免部分损失外，雍正也会根据实际情况给予临时性的赏恤。

经过雍正朝的治理和整饬，特别是自养廉银、耗羡归公等制度推行后，"吏治稍得澄清，闾阎咸免扰累"⑤。漕运中因袭而来的不良风气得到了一定程度上的抑制和整肃。至此，历康熙、雍正数十年间，吏治整肃，漕运由征收、起运到交仓，环节虽然十分烦琐，但运行却基本正常，是漕运的极盛时期。⑥

第四节　乾隆朝漕运的辉煌及危机的显现

承雍正严厉整饬之后，乾隆皇帝即位后的漕运一片辉煌灿烂的景象，其中虽有不和谐的音调，但瑕不掩瑜。即位后的乾隆在这一片繁荣景象的基础上继续发展和完善漕运，革除漕运中的"瑕疵"。

雍正朝的严厉政治虽然遏制了漕运中许多不合理的地方，但弊端却是除而不尽。乾隆刚即位后，所得到的关于漕弊的奏报涉及漕运的各个方面，诸如有盗卖漕粮、多收耗米、任意勒索、掺和糠土、踢斛淋尖，等

① 《清世宗实录》卷8，雍正元年六月丙辰。
② 《清世宗实录》卷19，雍正二年闰四月己亥。
③ 《清世宗实录》卷81，雍正七年五月甲子。
④ 转引自江太新、苏金玉《漕运与淮安清代经济》，《淮阴工学院学报》2006年第4期。
⑤ 《清世宗实录》卷157，雍正十三年六月乙亥。
⑥ 参见李文治、江太新《清代漕运》前言部分，中华书局1995年版。

等。即使有诸如此类的弊端，也没有影响到这一时期漕运的良好状况，因为这些弊端在漕运中却是隐蔽不彰，相对漕运的大好形势来说只能算作细枝末节了。即使这样乾隆也没有放松对漕政的关注。为了进一步加强对漕运的稽查和管理，二年（1737），乾隆最终将巡漕御史制度确定下来，设巡漕御史四人：一驻淮安，巡察江南江口至山东界；一驻通州，巡察至天津；一驻济宁，巡察山东台庄至直隶界；一驻天津，巡察至山东界。至清末漕运制度结束，一直未改。① 漕船过淮进行签盘时，"其间伸缩盈虚，易滋弊窦"，为此规定以后漕船过淮签盘时，漕运总督必须亲自率领善算之人赴船细核，如有串通滋弊者立即严拿究处。② 另外，卫河在河南境内一段为"漕农交赖之要区"，每年漕粮经过之时也是农田灌溉之际，两者之间有着尖锐的矛盾，为了不妨碍两者的水源需求，乾隆规定了卫河水的分配原则："一分灌田，二分济运"，后来更是做出了具体而明确的规定："重运过时封闭民渠，俾众流入卫。五月后，二日济运，一日灌田；六月后，听民自便。"③ 虽然漕运中的各种弊端不少，但由于乾隆朝君臣的高度关注，前朝遗留下来的良好的漕运形势得以继续发展。二十二年（1757），杨锡绂被任命为漕运总督。在其随后十几年漕运总督任上，他根据漕运的实际状况，或奏准调剂漕运诸事，或严格管理漕运官弁、旗丁，或奏请改变某些州县的漕粮交兑地点，或设法疏浚河道，"办理诸务甚为妥协"，尽心尽职地整饬漕务，为漕运的发展做出了巨大的贡献。在这十几年里，漕粮及时抵达，京通各仓的漕粮数量、质量也都有保证，漕运出现了前所未有的良好局面，以至于乾隆告诫继任的漕运总督，漕运诸务要"一切悉仍杨锡绂之旧"，"果能恪守成规，漕政自无旷误"④。甚至在几十年后，新皇帝嘉庆依然赞赏杨锡绂的治绩："从前杨锡绂在漕运总督任内办理漕运一切章程俱属妥善，迄今数十年，旗丁尚受其益。"⑤ 同时，杨锡绂还根据历代漕运规则及其治理漕运的体会，撰成了《漕运则例纂》，系统总结了漕运从征收到交仓这一过程各个方面的经验教训，成为后世漕运官员必读之书和行动指南。经过乾隆君臣对漕运的大力治理和发展，漕政得到肃清，漕运畅达，漕粮充足，正因为有此保证，乾隆朝才信心十足地先后三次对全国的漕粮进行了轮蠲。此外每年出于各种原因还

① 参见《清朝通典》卷33；《清高宗实录》卷48。
② 《皇朝政典类纂》卷48《漕运一·漕制》。
③ 《清高宗实录》卷74，乾隆三十年七月丁亥。
④ 《清高宗实录》卷863，乾隆三十五年六月乙未。
⑤ 《清仁宗实录》卷58，嘉庆五年正月癸酉。

不时对一些州县的漕粮进行豁免，仅就漕粮而言，乾隆一朝所蠲免的漕粮数额十分巨大，是以前任何朝代所无法相比的。在顺、康、雍三朝的基础上，乾隆朝继续对漕运进行治理和完善，并最终使漕运达到了有清一代的最辉煌时刻，一直为后人所称道。

然泰极否来，乾隆中晚期以后，吏治日趋败坏，弊窦丛生。征收漕粮积弊甚多，州县每委之吏胥，任其需索勒掯，苦累粮户，渐有浮收加耗，包揽折色。如句容县粮书侵用钱粮案、高邮假印冒征案、湘乡县粮书勒折重征案等，甚至在金丁的时候"各省旗丁内多有卖富差贫，以致贫乏之丁，误公滋事"。有的州县更是"一遇金丁征津等事，视同膜外，任听胥吏高下其手，卖富差贫，迟延拖欠，种种滋弊，竟成积习，牢不可破"①。而且各种杂派名目繁多，"江右漕粮杂费之苦，较正项而倍甚。开仓有派，修仓有派，余米有派，耗米有派。每年征米，或委县佐，或差本官，仆役经承俱有常例，名曰漕费"。"过淮监兑有派，修船使费有派，官役规例有派，他如踢斛、淋尖、垫仓、扬簸种种名色，以致截头、水脚使用，多寡不一，故应纳粮一石必需用数石，应折银一两必需费数两。"②甚至运弁侵吞丁银，违例演戏，嗜酒争殴等。

乾隆晚年和珅专权后，"任河督者皆出其门，先纳贿，然后许之任，故皆利水患，借以侵蚀中饱，而河防乃日懈，河患乃日亟"③，漕河的状况也因此越来越差，运河淤浅的情况越来越多，粮船阻滞严重，而相关官员们面对漕船严重被阻的状况并"不思设法筹办"，而是"茫无主意，徒思回护掩饰"，"坐视迟延，徒怀忧畏，竟一筹莫展"④。且漕船抵通"历年俱衔尾前进，从未有脱空数日之事"⑤，从三十八年以后，由于运河状况和人为因素而导致的漕船脱空也出现了，而且有的帮船甚至脱空超过半月之久。抢盗漕船、抢闸滋事、闹漕等暴力事件也频繁发生，旗丁费用不敷，疲丁积欠累累。总之，漕政每况愈下，漕弊积重难返，至嘉庆掌权之前，漕运"自州县经征起至运通交兑止，处处陋规，层层勒索"，"无处不以贿为通融"⑥，漕运已经完全陷入危机之中。乾隆皇帝逝世后，面对完全显现的漕运困境，嘉庆开始了整饬漕运的努力。

---

① 《清高宗实录》卷1186，乾隆四十八年八月庚申；辛酉。
② （乾隆）《漕运全书》卷12《征纳兑运·历年成例》。
③ 萧一山：《清代通史》，华东师范大学出版社2006年版，第214页。（下同）
④ 《宫中档乾隆朝奏折》册60，第774页。
⑤ 《清高宗实录》卷932，乾隆三十八年四月庚子。
⑥ 《朱批奏折》，嘉庆四年九月十五日江苏巡抚岳起奏，档号：04-01-35-0191-029。

第二章　漕政镜像：清初以来治漕论举要

众所周知，入关后定都北京的清政府同样需要从东南各省征缴漕粮，以供京师之用，因此明朝的漕运制度被清政府承袭，也就是学界常说的"清承明制"。然而，形成已久的漕运制度暴露出越来越多的弊端，不但累官累民，更是直接威胁到对京师的漕粮供应。顺治初年，已有不少大臣就其中存在的问题提出了异议，指出漕运中"奸弊丛生，不可穷诘"，特别当时南方向北运送的漕粮"拖欠多端"，亏缺严重，如顺治三年（1646）亏短漕粮 30 万石，次年又亏短 70 万石，[①] 而这种"积欠成风"，"甚至十分之中反亏七八"的情况虽然随着统治日渐稳固的新王朝所进行的大力整顿而有所改善，[②] 但漕弊产生的根源却没有得到解决。随着时间的推移，漕运中潜伏的各种各样的弊端便会此起彼伏地出现，即使在被称为盛世的康雍乾三朝中，统治者及其整个王朝都不免花费大量精力、物力和财力来处理和解决漕运中出现的种种弊端和困难。正因为这些层出不穷的弊端一直萦绕在漕运制度的周围，始终是清王朝无法消除的一块心病，并促使时人一直努力探索和寻求解决之法，于是围绕"除弊保漕"这一中心问题提出了诸多观点和方案。纵观这一段历史，虽然绝大部分方法都没有被统治者所接受，但它们所表现出来的探索意识和创新精神却为后世留下了不可磨灭的启示。

第一节　废长运论

何谓"长运"，顾名思义即"长途运输"，漕粮从起运到交仓的过程

---

① 题本抄档，杜立德：《题为据参通漕官吏大弊仰祈严敕究察以清漕弊以裕国储事》，中国社会科学院经济研究所图书馆藏（下略）。

② 题本抄档，户部尚书巴哈纳等：《题为敬陈挽漕剔蠹事宜以裨新运事》。

皆由特定的人员和帮船负责运输，无论远近，其间即便有远至六七千里的水程，中途也不得有所变动，必须由起运时的人船一仍到底，直达京师的粮仓，且年年如此，所以又被称为"长运"，漕船则被称为"直达纲"。①这种长运的漕粮运输方式自明"嘉隆之际，漕事渐敝"，"启祯时，已不胜其患矣"。至清人关后因"漕法独沿明季秕政"，"因袭不改，以致公私交累，军民同困"②。于是，在这种情况下，时人纷纷提议，要求改革这种通过河道运输漕粮直达京师的漕运方式，取而代之以转运、海运、采买等方法，从而革除其中的积弊和困境。

一 改转运论③

既然这种通过河道运输漕粮直达京师的方式有着诸多弊端，那么就需要改变这种长途运输的方式，可以避免或消除其中的弊端。如何改？在有识之士众多相关治理漕运的议论中，将长途运输漕粮的方式改成转运（或称转输、转般等）一法则是当时影响较大的一种漕运治理思想。要改革这种长途运输方式的必要性最为典型地体现在漕船运输的水程上。众所周知，江南、浙江、江西和湖广等省承担整个清王朝的绝大部分漕粮任务，但这几个省份却又离京城最远，"近者不下三四千里，远者至六七千里"，而在这"一往一还之间几于万数千里"的情况下旗丁运弁"非穷年累月不能竣运"。路程远，时间长，运输途中便产生了各种各样的问题和弊端。既然是因为长途运输产生了这些问题，那么要解决这些问题自然是要改变这种运输方式，这也是当时的一种共鸣。从入关后的顺治朝开始，不断有质疑这种长途运输漕粮方式的声音出现，同时强烈要求将长运改成转运。

顺治年间的漕运总督蔡士英在亲身经历了漕运过程中的种种弊端后指出，由于长途运输，路途中必然要经历风涛浅阻，漕船和漕米往往会遭受损失；由于路途远，必然时间久，则又导致了漕米的腐烂和盗卖行为，往往稽查不及。针对长运的弊端，蔡士英在其《请罢长运复转运疏》④中详细地提出了他的办法：

---

① 王芑孙：《转般私议》，《皇朝经世文编》卷47。
② 郑日奎：《漕议》，《皇朝经世文编》卷47。
③ 所谓转运，不局限于水运，还包括陆运，即"水深则舟行，水浅则陆运"。而陆运受到的制约因素相对来说比水运还要多，因此陆运一说在清代渐渐被忽略，不被人采信。
④ 《皇朝经世文编》卷47。

今一易为转运,仿唐时刘晏之遗意,江船不逾淮,淮船不逾济,济船不逾卫,卫船直抵于京、通。远者不过千余里,近者止六七百里。月月经行之地,程途皆所谙习。自江发者识险阻,自河行者避淤塞,而遭风阻浅之患可无虑也。为程既近,递为催挽,弥月之间足以竣事。水脉未达,不先时而与之争;百川灌河,不后时而待其涸。敲冰守冻之苦可无虑也。此固不期速而自速。

且运次既分,时日有限,沿途催押者迫不容其停泊,盗卖何自而滋奸乎?况未及数旬,又复交盘验数,使有升合不足,彼接运者断不肯代人赔偿掛欠,更何自而积弊乎?若此之程程有稽考,节节有防闲,固不杜欠而自无欠。

凡淮以南各水次,江运之船每岁以三四运为率,冬底受兑,便可开帮,不致苦于冻浅,计正月内外,头运即能到淮,由是而再运三四运,不过六七月,而岁运可毕矣。淮以北接兑短运之船,二月河开以后,舟楫可通,内河牵挽,每岁以四运为率,计两月一往还,亦不过九月十月,而额粮可尽抵于通矣。一岁之间尚有数月余闲,以为修船休暇之地。

蔡士英更是认为:"法似无善于此者。此法行则漕运速,而仓督不必有疾声之呼;天庾充,而残丁可免勾追之厄。转运足以通行,为永利者此也。"在《请罢长运复转运疏》接下来的部分中则更加清晰地论述了蔡士英有关改革的具体操作办法,旨在论证和证明转运之法切实可行,是解决漕运弊端的不二选择。而建立在这种问题意识基础上对漕运进行几乎相同的历史性考察,然后提出并秉持着的观点在金之俊①、徐惺、郑日奎、蔡方炳②、李绂③、王芑孙等有识之士之间竟如出一辙。在他们来看,转运之法将原来长运分段转运,"江船不入汴,汴船不入河,河船不入渭"④,如此不仅解决了漕运积弊,更不会对现行漕运体制造成动荡。因此,总的

---

① 金之俊在《漕务八要》(《皇清名臣奏议》卷1)一文中明确表明:臣以为须仿唐臣裴耀卿、刘晏董漕故事,缘水置仓,节级转运,如江船不入汴,汴船不入河,河船不入渭之说。今日江南之船,止须抵济而返,由济运至津通。另造驳船又作一节转运,其船要底平仓阔,多不过载二百石,受水六掔而足,以四五人牵挽便可日行百里,必无冻阻露积之虞,且大船不入济,则回空甚早,又不误新运。此至便计也。

② 蔡方炳:《漕船支运议》一文中明确提出反对长运的看法,并提出将长运改成支运,而此处蔡氏所提支运一说,实即为转运。

③ 李绂:《请截漕递运札子》,文中李氏所指递运即为转运。

④ 金之俊:《漕务八要》,《皇清名臣奏议》卷1。

来看，转运较之长运其利弊大相悬绝的观点其实就是转运论支持者们的心声，诚如郑日奎所肯定的那样，如果实现了转运，漕运弊端就会消失，而各种积极因素自然就会逐渐增加。他还将其中的好处总结为以下三点：①

> 程途既近，则日月经行，在在谙熟，运于江者识险阻，更无守冻之苦；运于河者避淤塞，且无搁浅之患。便一。且也程途既近，则运行亦疾，交兑亦速。当其交兑，稍有欠缺，谁肯接领自贻赔累？稽查不事，侵盗自无。便二。且也程途既近，则限期亦迫，趋事者必敏，告竣者必早，略计一年之内尚有数月之闲，官得以从容为修艘之地，卒得以休息谋俯仰之需，私累无忧，而公事亦毕。便三。

转运有如此多的好处，只是停留在理论上，是不是缺乏现实可操作性？很多人不免如此质疑和担心。其实，转运并不只是停留在口头或书面上，其在漕运体系中并不是不存在，相反这一方式一直都在实实在在地发挥作用。王芑孙在《转般私议》中明确指出：

> 近岁驳船之设，始为偶行，继成常例，不得已随地置仓，由是而天津有仓矣，临清又有仓矣。是转般之法虽未显立其名，实已用之于北也。今筑御黄坝，恐误江广回空，即就清江增驳运，是转运之法又已用之于南也。

既然转运已应用于部分漕运过程中，而且局部效果也颇为明显，那么将长运改成转运不但有理论依据，更有现实事例，王芑孙等人高举改转运的大旗，大声呼吁统治者能够采纳他们的建议和方案。即使整个漕运体系不能立即进行改革，至少也能够将之试用于部分地区或部分阶段，如李绂，他清楚地明白要想彻底改变漕运的运输方式是很难做到的，因此提出"自津抵通，似可仿其意而行之"的局部改革的期望。②

二 改海运论

由于船只受河道的影响非常大，在一些人看来转运无疑也不是理想之法。比如河道如果出现淤塞、决堤等状况，无论什么样的船只都无法顺利

---

① 郑日奎：《漕议》，《皇朝经世文编》卷47。
② 李绂：《请截漕递运札子》，《皇朝经世文编》卷47。

通行,漕粮的行程自然会受到极大耽搁,而这种情况又是当时制约漕运的一个主要因素。如果不解决漕运中的这一难题,就无法从根本上彻底保证漕粮的通行安全和准时。当然,要做到这一点是绝对不可能的,既然做不到,不如避开,而海运正好是避开这一难题的绝佳选择,且古人早已有之,鉴于此,当时的有识之士相应提出了海运论。

雍正元年(1723),户部尚书,山西阳城人田从典针对康熙一朝隐隐呈现的漕运隐患而向刚即位不久的雍正所上的奏疏中,提出将部分漕粮进行海运的尝试,然后根据结果来决定是否将漕粮全部改成海运。他在奏疏中对海运的有利性和可行性进行了较为详细的分析和论述。据田从典说,要解决河道对漕运的阻碍,须用海运漕粮之法。其可行性有:其一,古人早有海运漕粮之法,且获利颇丰;其二,当时闽粤之客商贩货由海北上,且参加科举的士子也乘海船北上京城科考。由此,田从典则肯定地向雍正建议可以将漕粮通过海运的方式运抵京通各仓。为了打消雍正的疑虑,确保漕粮的万无一失,田从典退了一步,建议可以将部分漕粮通过海运的方式运抵京城,"借以观海运之利弊"①。

当然,很多反对海运的人指出漕粮在海上航行,会有覆溺之险。熟悉海上情况的福建漳浦人蓝鼎元根据自己多年观察进一步强调了海运的可行性。他首先指出长运漕粮的办法有诸多弊端:第一,运河经常出问题,特别是山东以上之运河水小,输挽维艰;第二,漕粮在运输途中,有剥浅之费,有挨次之守;第三,行程较慢,花费太巨。② 因此,需要采用一种"节劳省费"的漕运方式,将这些弊端尽可避免,蓝鼎元指出海运漕粮就是符合条件的理想选择,进一步增强了田从典关于海运的说服力。不过,蓝鼎元自小生长在东南沿海,对海运的认识要比田从典详细、具体和更有说服力。

在蓝鼎元看来,那些反对者认为采用海运可能会导致漕粮覆溺海中的看法是经不起推敲的,除了海运之法在元朝时就已经被采用外,现如今"商贾造舟置货,由福建厦门开驾,顺风十余日即至天津,上而关东,下而胶州、上海、乍浦、宁波,皆闽、广商船贸易之地,来来往往,岁以为

---

① 《雍正朝汉文朱批奏折汇编》第 1 册,第 841—842 页。

② 上面有关长运漕粮的看法,据《雍正朝汉文朱批奏折汇编》第 33 册如下记述:"窃惟京师民食专资漕运,每岁转输东南粮米数百万,由江淮运河以达通州。百官禄廪、满汉军民之饔飧,无不仰给充裕,储积饶多,美矣!盛矣!顾臣观山东北直运河水小,输挽维艰,有剥浅之费,有挨次之守,军夫尽日牵挽,行不上数十里,其为力甚劳,而为费甚钜,大抵一石至京靡十石之价之不止。"

常。天津现有闽船可问，亦罕有漂溺者"①，更何况"海人行海，犹陆人行陆，闽、粤之人尝以航海致富矣，未闻苦覆溺也"②。因此海运漕粮完全可行。为了打消统治者的疑虑，蓝鼎元提出可以先试行海运，还进一步设计出了详细的操作步骤：

> 请先拨苏松漕粮十万石试之，遣实心任事之臣一员，雇募闽广商船由苏松运到天津，复用小船剥载通州，视其运费多寡与河漕相去几何。若试之而果可行，则将江南浙江沿海漕粮改归海运，河南、湖广、江西、安徽仍旧河运。特设总督海运大臣一员，驻扎上海崇明等处，兼督三省水师军务，将江南浙江山东水师官兵改归统辖调遣，巡哨诸洋。三省海洋盗案专其责成，裁去崇明总兵官，设海督标中军副将一营，左右前后游击四营，分拨弁兵。押运以二月半春分前后运起，八月而止，各运至天津交卸。其运船以闽广赶缯为主，赶缯尖底之船，由崇明三沙放洋东行尽山花岛，在五沙头直放黑水大洋，入界河，以至天津。顺风不过八九日，若用江南沙船，则由崇明沂淮胶皆是内洋行走，内洋多沙洲浅角，惟平底沙船可行。沙船所载甚多，但用布帆止可顺风驾驶，若迎风逆涛则寸步不能以进，倘一年间运一次亦可用也。臣又有臆创之见，沙船可行之道则台湾舢版头船，于此处最为相宜，其船式短阔，止载六七百石，入水不深，轻快稳便，不论内洋外洋、不论风涛顺逆俱可无虑，欲运漕粮数多，此船似不可少，宜于江南开厂造船，招募闽广舵工水手，给以军粮，令其驾运海船。与河船不同，河船畏浅，宜于轻。海船畏飘，宜于重。河漕室家妇子团聚舟中，海漕舵工水手皆只身，数千里外不能无内顾之忧，须于每船载满量留一二百石余地许舵稍搭载私货，体其情而恤其劳，自无不踊跃从事，且南方货物皆可骈集京师，而回空之船亦可载北货，以资江浙，上下海关俱可多征税课，尤益国裕民之道也。每船安置大炮子母炮数位，鸟枪火药搭钩牌刀足用，若遇贼船便可顺手擒获。③

蓝鼎元在充分认识到海洋（或海运）重要性的基础上提出的这个详细方案不仅仅为海运漕粮保驾护航，如果当时的统治者能够采纳他的建

---

① 《雍正朝汉文朱批奏折汇编》第33册，第813—815页。
② 谢阶树：《改运议》，《皇朝经世文编》卷47。
③ 《雍正朝汉文朱批奏折汇编》第33册，第813—815页。

议,与海相关联的一系列活动将要展开,还可以扩大和增强海上的军事力量,肃清海盗,更重要的是大力发展海上贸易,这些具有前瞻性的思维已经叩响了近代化的大门。然而,令人遗憾的是,这一前瞻性远见却没有获得统治者的赞赏和社会各阶层的共鸣,很快便消失在历史的回响中。

直到嘉庆朝时,因漕运陷入重重危机中,海运之议不得不再一次被提上议程,而这已经距田氏、蓝氏之议有七八十年了。然而这么长的时间并没有让统治者和统治阶层对海运的作用有一个充分的认识,依然延续着七八十年前的一个循环。这部分内容将在第七章中进行详细论述。

三 改折色采买论

当然,无论改转运还是海运,漕粮的损失是存在很大的可能性的,因此如何规避政府漕粮风险,将官府的成本降到最低限度,成为当时有识之士探索漕运改革的一个出发点。既然他们的目的是降低政府的成本,那么最容易想到的办法就是将漕运途中存在的大量风险予以转嫁或规避,因此改折色采买一法便成为当时一些人极力要促成的办法。所谓改折色采买,即将百姓所要缴纳的漕粮按照一定的价格折算成银两,百姓只需向官府缴纳相等价的银两,然后用这些银两在京师周边或粮食充足交通便利之处购买米粮,以充京通各仓。

从微观程度来看,折色采买一法其实在漕运中的使用由来已久。如果将观察的广角镜头下移到具体的有漕州县时,我们就会发现很多地方因为种种原因漕粮(即本色)被迫改成折色,按照一定的价格折算成银两,以银两缴纳漕赋。其中,因为灾荒而导致歉收,无法征收本色,只能改征折色,这种情况常常都是暂时的,这是在灾荒中对漕运进行补救的一种措施,这种因灾的暂时性改折在漕运中的出现频率最高。在统治者看来,如此既可以暂时缓解百姓的压力,更重要的是不会损失漕粮。但也有的改折是永久性的,也即永折,享受这种优惠政策的州县往往都是水路交通不便、地处偏僻等。"折色采买"其实涉及"折色"和"采买"两个方面,对暂时性的改折来说,这两个方面并非必须结合在一起,只需将折银解送户部即可。但对永折来说却有着不同的意义,折色、采买必须统一起来,必须将折色后的漕粮均摊到其他州县去采买,或在特定的地方购买粮食以充当漕粮,总之漕粮总额不能减少。[1] 这是统治者所持的基本立场,即折色、采买两者必须统一起来,否则就会危及作为"国家命脉"的漕粮的

---

[1] 范承谟:《请改折漕粮疏》,《皇朝经世文编》卷46。

安全，从而威胁到统治的稳定。

这样的例子在文献中记载很多，比如江西省建昌府所属之泸溪县就是其中一例。泸溪县地理位置非常偏远，僻在深山之中，不通舟楫。此县有漕赋2852石，百姓每年挽运漕粮十分艰难。鉴于此状，乾隆二年（1737），御史王文璿奏请将泸溪县漕粮改征折色，每石折银6钱，然后于省城水次采买起运。后因折价不敷，官府赔垫。后将折价增至每石折银8钱，官府仍然赔补。乾隆七年（1742）四月，江西巡抚陈宏谋奏请将泸溪县2852石漕粮按照一定之价格永折成银，然后解交户部，停止在省城采买。而户部则以"天庾出入有常，未便缺额"之由，以及更担心"将来他省踵而效之，所关甚钜"，最后给出的结论是"断难准行"。后经过江西省的努力，最后达成了一个折中的办法：漕粮在开征之时，粮道就近将省城米价确查核实，按照米数从藩库中借银，于省会水次即便购买，同时将粮食时价和应征银两由司道发布告示，百姓照数纳银还库。①

从上可以看出，要折色必须确保能够采买到漕米，否则单独的折色很难得到批准。虽然折色与采买不能决然分开，然而在实际操作中却有了很大的变通，将某一地区改折后的漕粮分摊到其他州县，由其他有漕州县进行采买。因此，折色采买在漕粮中使用也由来已久，只不过是局部存在。随着漕运逐渐陷入危机，局部的折色采买也渐渐被提升到全局的高度，被时人提出用以作为整饬漕运的办法。至嘉庆朝时，这种呼声开始强烈。

当时著名文人及官员谢阶树记载了当时一些人要求采用改折采买的办法，其依据为：

> 彼五省之民之纳米者，各听其乡一时之市价而折银，尽递寄与近京之省，令官审年岁之丰俭，以为采买之多少，则居奇之徒皆闻风而趋利若鹜矣。且关东土地肥饶，闻每岁常运，其有余以鬻于江浙闽广之间，则至京师为尤近也。采买便。②

---

① 《户科题本》胶片，乾隆七年十一月十八日大学士兼管户部尚书事务徐本、议政大臣协理户部事务讷亲等题，档号：02-01-04-13432-002，中国第一历史档案馆藏（下略）。

② 谢阶树：《改运议》，《皇朝经世文编》卷47。

正如时人所指出的那样,若使漕粮采用折色采买,漕粮折算成银两必须根据"一时之市价",也就是说折算价格不能固定,必须根据当时的市场价格。否则,不是伤民,就是伤国。然后根据京城周边各省的年岁情况来确定购买的数量,让商人来承办。同时,令关东一带的粮食也运销京城。如此,将征收漕粮改成折色,然后再用银两就近采买,这是当时认为比较理想的办法。

对清代统治者来说,"折色采买"一法最重要的不是如何将漕粮折算成银两,而是如何解决采买的问题。具体来看,"折色采买"其实需要一个必不可少的前提条件:商品的市场化,让市场发挥其资源配置的作用。只有粮食作为一种商品,能够按照市场供求来进行自由流通,才能从根本上解决采买的问题。当然,其中还隐藏了一个前提,即农业生产的保证,而这一点在任何一个时代都不是一个关键问题,这从历代王朝的发展过程中可以得到证明。另外,每年征缴的漕粮达四百万石,如果将如此多的漕粮全部改行折色采买,作为"国家命脉"的漕粮一旦出现任何闪失,清帝的统治和社会的稳定将直接受到威胁,清代统治者绝不可能更不敢轻易涉险,给自己的统治带来一丝丝危险。

第二节　除弊论

清代漕政,漕弊这一问题始终回避不了。顺治年间,清朝政权初建,因袭前明后期漕政,漕运体系中的弊端被保留了下来,漕弊积累较多。后经过康熙、雍正两朝的治理和经营,漕运有了很大的起色。特别是雍正通过严厉的手段革除漕弊,达到了暂时的漕政整肃。乾隆朝中晚期后,漕弊开始集中暴露,由于没有得到及时有效的遏制和革除,至嘉庆朝漕政中的"积弊已难以挽回"[1]。无论是雍正朝治理后的漕政整肃,还是乾隆中晚期开始的漕运日益败坏,"漕弊"是它们的一个共同点,更何况漕弊是漕政中的最大显像。因此,围绕"漕弊"而展开的各种议论一直是整饬漕运的最强音。

完整的一次漕粮运输大致可以由四个阶段(或部分)构成,即漕粮征收、漕粮运输、漕粮交兑和漕船回空。每个阶段都存在各种各样的弊端,而且有些根深蒂固。正是基于这样现实基础,时人提出了通过革除漕

---

① 李文治、江太新:《清代漕运》,中华书局1995年版,第290页。

运积弊，以达到整肃漕务的目的。

一　革除漕粮征收中的积弊

在漕运的起点——漕粮征收过程中，处于弱势地位的平民百姓备受盘剥和压榨。州县官吏从漕粮征收中贪污浮收，中饱私囊；各级官员往往层层需索，有的官员除了向州县索要，还向运丁大肆索取，这种现象在顺治年间非常普遍，可以说"各衙门人役皆以漕为利薮"。其中以江南地区为重。顺治十三年（1656），苏松粮道张懋忠在松江府征收漕粮时住有月余，贪污和索要了巨额钱物，民间称他"不是粮道是强盗"①。当然，这还只是漕粮征收过程中的一个普通案例，类似的情况在漕粮征收中可以说数不胜数，"凡有相干衙门无不视为奇货，需索诈骗，积弊相沿"②，"奸弊丛生，不可穷诘"③。基于漕粮征收过程中的种种弊端，"弊之所流，必有其源在"。作为统治者的顺治帝也深悉其中诸弊，指出："收粮官吏勒掯需索，满其欲壑方准交纳。若稍不遂，必多方延挨，刁难日久，以致河水冻阻，船不能行，耽误运期，所携有限盘费何以支持？一路怨声沸腾。"④而这种情况直至康熙朝前期仍没有太大的改观，仍有"各省粮道因漕务而婪赃者至数十万"⑤。于是从顺治朝开始不断有人提出要遏制住漕粮征收这一源头中的漕弊。

顺治二年，广东道监察御史牟云龙根据自己的观察，针对漕粮征收过程中出现的问题提出了两点建议：漕白折干之弊当除；劣生包揽之害宜革。⑥兵部右侍郎金之俊则提出：在征收的过程中为了避免贪腐发生，不可委派县丞胥吏办理，一定要地方主官亲自负责。⑦当时的一些官员如库礼、车克、杜立德、巴哈纳等人也针对漕粮征收中的漕弊提出了自己的见解和办法。同时，清廷先后于顺治九年、十二年、十三年、十五年、十六年颁布相关法规，重申或加大对漕粮征收中舞弊行

---

① 清档，户部尚书车克等题，转引自李文治、江太新《清代漕运》，第 288 页。
② 题本抄档，巴哈纳等奏，顺治六年八月二十四日。
③ 题本抄档，杜立德奏，顺治六年八月初八日。
④ 《清世祖实录》卷 54，顺治八年闰二月丙辰。
⑤ 徐旭龄：《厘剔漕弊疏》，《皇朝经世文编》卷 46。
⑥ 《清世祖实录》卷 83，顺治十一年四月乙丑。
⑦ 《清世祖实录》卷 18，顺治二年闰六月辛巳。

为的处罚。① 然而,由于顺治朝时的社会环境,这些建议大多就消弭在稳定和构建初建政权的选择中,即使有些也付诸实践,也没有得到强有力的执行。

至康熙朝,这种情况得到了极大改善。康熙将漕运作为国家的三件大事之一而予以高度重视,随之而来的是朝野上下对漕运的关注,以及纷至沓来的各种建议和方案。

给事中徐旭龄向康熙提出要革除漕粮征收过程中的各种附加钱粮,使贪官污吏无利可图。② 然而,徐旭龄的提议有一个致命的缺点,那就是他并没有提出具体的操作办法,只提出了问题之所在以及解决问题的大方向。这个未解的问题很快得到了回应和答案,很多地方,尤其是漕弊最严重的江南地区,针对本地区漕粮征收中的弊端纷纷制定了相关办法。镇江府知府高得贵提出两条办法:③(1)按照征收地丁赋税之法收纳漕粮,漕粮即来即收,不许胥役染指其中,同时加强巡查监督,一经发现不法行为,严惩不贷。(2)在征收漕粮之前,将花户需要缴纳的数额清楚明白地刊刻在单据上,同时要贴出告示告知百姓。④ 太平府知府黄桂列出了征

---

① (光绪)《钦定大清会典事例》卷207,《续修四库全书》本,上海古籍出版社2002年版(下略)。

② 徐旭龄:《厘剔漕弊疏》,《皇朝经世文编》卷46。

③ 丁兆基等:(民国)《金坛县志》卷4《赋役志》,第43—44页。

④ 镇江府知府高得贵着重解决漕粮过仓之弊和私加偏扣之弊,为此他详细解释了其解决之法,全文如下:"一、花户自输漕,弊虽多,源清则绝,立法不善,终至奸生。查各属往岁漕粮花户不能自行输仓,粮长有包当津贴之利,粮完不即给票,小民有重完赔补之殃,进仓不即官收临兑有过廒掯勒之苦。民仓不改,官仓终存,先上私廒之计,种种弊源未剔,何能彻底澄清?今后循照征收地丁之法,花户粮米听其自备输仓,每里责成粮长一名,止供催办销算应比,不许染指兜收,县官预将印串多发,粮官收存,凡粮户运到之米一经进即便眼同经承斛手盘斟,官仓不拘多寡,照数给串归农,不许羁留守候,各里旧设私仓一概改编官廒字号,不许仍注某坊某图名色,私仓一改是粮户已无私处可收,过廒之弊永杜矣。俟收兑之际本府不时密差访察,如有官胥抗玩紊规不遵法则,官以违禁揭报参拿,役提处死不贷。一、给单征比,派征米麦,科则虽载会计由单,然头绪繁多,则愚民易为奸蔽,可以任意私加存留。支给轻粮,每有不肖官胥混征耗赠,豪强坐扣,苦乐失均。今后每届漕粮未经启征之始,该县纂刊简明小单,将会计额、该田土并应征起存米麦总目及验定科头实刻于首,后将一里田地查照县总著令经承逐一登填,算明米麦,要见该图共征正米若干、轻粮五米若干、麦若干填注三总上,盖县印,定于八月内送府核确,随发颁布坊图并官儒民户晓谕,输将一目了然,永杜私加偏扣之弊。如官吏不遵定限,先期给单及科算参差,或察出,或告发,官以私征揭报,经承正法,追赃不贷。"

粮除弊十四条①禁款和兑粮上船除弊十二条②禁令。③ 当然，其他官员也提出了不少建议，康熙根据众大臣的建议也颁布了一些规定。例如，康熙四年（1665）州县收漕时多取余米，否则督抚严查题参；三十年（1691）规定州县官以各种名目侵隐漕项银者题参治罪，其上司以失察罪交部议处。经承若盗卖漕粮者依法治罪，州县官以失察议处。五十一年（1712），规定监兑官坐守州县收漕，粮道亲到现场稽查。若仍有征收弊端出现，将当地州县官及领运官革职，监兑官降两级调用，粮道降两级留任，舞弊之钱粮照数追赔。④ 在康熙君臣的努力下，康熙朝的漕运得到了

---

① 具体内容为："一、仓内墙垣应修理者修理，不许经承藉称修理，苛派里粮。里粮亦不许苛派花户。如违拿究。一、开仓，不许经承借称花红喜钱各色苛派里粮，里粮亦不得苛派花户。如有故违，立拿处死。一、征粮往例，每每官役里粮巧立名色，指称上司衙门使费，加收银费，或多收漕米。一切苛敛，尽行痛革，如有故违，官则揭参，役拿处死。一、征粮务要米色一红九白，干圆洁净，不许掺和糠秕，以致临期挨兑。违者，即许该县申究。一、征粮，务要漕粮并行粮粒粒进仓，不许经承拘同里歇窝囤私家，致滋盗折，如有故违，立拿处死。一、征粮，不许经承多差役借称押粮骚扰仓前，并案粮米打发等项，如违重究。一、征粮不许经承仓皂斗级藉称先取样米，苛索分肥，违者重究。一、征粮不许经承在仓藉记收粮数目册簿，勒索漕米，如有擅得颗粒，查出按脏治罪。一、征粮奉文不许绅衿棍徒在仓包揽充当粮里，违者即许该县申究。一、征粮奉文不许里歇包揽粮里，擅冗仓前，违者即许该县解处死。一、征粮每里粮长逐日收过花户米数若干登记明白，以凭申查，如有疏漏，定行重责。一、征粮不许仓皂斗级淋尖踢斛，私置斗升加收以及苛索粮米，违者立拿处死。一、征粮不许粮里藉称仓内完粮费用名色苛派花户，如有故违，查出定行重究。一、征粮毕，上年经承设立各里进仓漕米并上运各数即刷一单名曰水程差押，各里向经承取掣，每里勒索银一两或七八钱不等，今不许经承仍踵弊习需索，如有违犯，立拿处死。"

② 具体内容为："一、兑粮不许运官借称押粮差役擅拥仓前骚扰兜牧粮米，违者拿究。一、兑粮不许拦头拿舵纲司借称插筹打印小画会需索，如有故违，拦头诸人立拿重究。一、兑粮不许运官并屯丁借称兑画会单票并酒席等项，需索抗兑，违者揭究。一、兑毕不许运官借称出通关需索，阻船开行，违者揭究。一、兑粮不许设立浆米、样米、无筹米等项名色需索，如有故违，定行重处。一、兑粮不许淋尖踢斛，百般需索，违者重究。一、兑粮奉文禁革生员领运，亦不许生员擅入仓前临兑，如有故犯，许县令运官立拿申黜究治。一、兑粮务要大粮行粮粒粒上船，不许窃挑窝囤盗折买补，查出重究。一、兑粮不许运官屯丁藉称米色晒□百般阻扰，不肯受兑，违者揭究。一、兑粮不许奸丁县胥拘拴，复令粮里会面苛索，如有军民会面定将县官运官一并揭处，奸丁县胥立拿重究。一、兑粮不许屯丁及各水手借称开仓开斛需索喜钱兜收样米，如有违犯，立拿处死。一、芜繁二邑多设一总催各色系是县差，往往把持仓前，征粮时，则需索粮长进仓样米并打发等项；兑运时，拘拴屯丁勒全粮里会面，百般需索，民命奚堪？今尽禁革，不许设有总催拥入仓前滋弊，如有故犯官揭役究。"

③ 黄桂：(康熙)《太平府志》卷37《艺文》，第624—626页。

④ (光绪)《钦定大清会典事例》卷207。

一定程度上的改善。但好景不长,康熙后期开始"漕运事衰微"①,这种
状况一直持续到雍正即位。

雍正即位后,拉开了轰轰烈烈治理漕运的序幕。曾任户部尚书的史贻
直指出,有漕省份州县,特别是江南地区,在开仓征粮之前预点仓书十数
名,每名馈送各州县主官银数百两,然后被派往粮道衙门领漕斛,然而
"自粮道知府及管粮同知通判各有规礼,俱仓书分送。又有不肖衣衿地方
光棍视为利薮,从中分肥,遂有春元钱、公费钱各样名色不等;仓书领
斛,到本地私将斛底拆开放大,除旧规明赠之外尚要斛面加浮,所以民间
上米每石至加三四,又有漕赠脚费银两,任意重耗收足,然后给与官票归
农,苛刻小民,莫此为甚"。为此,他提出"每于征粮之时,着布政司会
同粮道较准部颁斛式,令各州县仓书当堂验领。至斛底用铁皮包镶,四面
用灰补油漆上加花押镂刻,民间上米用此斛自行量交,其漕项银两俱编入
地丁内征,不得另立漕赠脚费名色,道府厅官陋规尽行革除,州县亦不得
私受仓书馈送,仍着督抚大吏不时查察,如尚有贿嘱情弊,立即指参,从
重治罪"②。针对漕粮征收中因为各种需索而导致种种弊端的出现,山东
巡抚陈世倌提出:"每石额征正耗米外加耗羡二斗",按照当时的米价,
大概为一钱五分,"以为帮贴旗丁运弁盘费",并以此为标准,"嗣后米若
更贱,则为量加米;若价贵,则为递减,总以一钱五分为准,如此则规条
画一,弁丁官民俱各有所遵守"③。顺天府府丞刘祖任由于运丁的赠耗及
行月钱粮被"粮道克之于先,备弁克之于后,及付之丁卒者十存七八,
从而浪费浮靡,无所顾忌",从而导致漕粮亏缺,因此要解决这一难题,
他提出必须禁止"在南粮道不许克扣,将应给之银酌给安家,余者俱交
押运文官沿途支放,十船编为一保,互相纠察,亏者连坐"④。在雍正朝
当时大治理的环境下,有关漕运治理的很多建议提了出来,其中最有代表
性的当属尹继善,他建议"禁革漕粮征收中的积弊",针对当时漕弊产生
的一个重要原因为"费用不敷"的情况而提出了具体的解决办法:"酌定
每石费银六分,折收制钱五十四文。半给旗丁,为沿途盘剥之需;半留州
县,为修仓铺垫及漕记人役纸张饭食等用。又每石止许收水脚钱五文,仓

---

① 中国第一历史档案馆编:《康熙朝满文朱批奏折全译》,中国社会科学出版社 1996 年版
(下略),第 749 页。

② 张书才主编:《雍正朝汉文朱批奏折汇编》第 33 册,江苏古籍出版社 1989 年版 (下
略),第 552 页。

③ 张书才主编:《雍正朝汉文朱批奏折汇编》第 3 册,第 421 页。

④ 张书才主编:《雍正朝汉文朱批奏折汇编》第 2 册,第 730 页。

离水次远者，每十里加钱二文。"① 这一方案在雍正的支持下很快便在江南地区得到了贯彻执行，取得了很大的效果，漕务"大为振饬，一切需索浮挡之弊，洗涤无余"②。有了尹继善治理江南漕务的示范作用，加上雍正大力推进以及众多官员的效仿和探索，使漕政呈现出欣欣向荣的景象，甚至被认为"前明漕政积弊基本革除"③。

然而，"漕务肃清者凡四十余年"④ 后的乾隆中期开始，漕政又日趋败坏，议论漕政之声又开始甚嚣尘上。针对收漕时所出现踢斛淋尖、明加暗扣、浮收折干、包揽需索、米色不洁等积弊，相应的解决办法也纷纷被提出来。如工部侍郎范璨针对额外需索的问题提出："通饬有漕地方官，于开仓之际刊立木榜，大张晓示，毋许额外需索。令粮道知府等员不时密访。如有刁难折扣等弊，即将官吏一并揭参。至于大漕完竣之后，征收兵行局恤等项，遴委干员，暗加查察，稍有违犯，亦即禀究。"⑤ 浙江巡抚福崧提出：（1）责成该管道府严加查察，并将缙绅巨户某庄某人名下应完额粮若干，于粮册内逐一注明。倘有倚恃父兄官爵，擅交丑米，及强行代纳者，随时揭参，并饬印官遵例驻仓，秉公监兑，严禁折色纳钱诸弊。（2）严饬州县，将旧充漕总，查明年貌住址，据实禁革。其幕友长随概行屏绝。倘上司徇情嘱荐，许州县揭参。⑥ 漕运总督顾琮则认为，必须要求州县官亲自监收漕粮，以免胥役藉端累民。⑦ 署浙江布政使归景照建议：收漕时，由藩司详请，派隔属贤能道府分赴各处督察，并于丞倅州县中择其诚实廉干者，派往协同监收。倘查出弊端，据实禀揭。⑧ 湖广道监察御史冯钤所奏更是直接指出"各省收漕，如踢斛淋尖、刁蹬讲贯、里折外加、仓有余米即以银钱折色各弊，请敕漕臣严察示惩"⑨。众所周知，乾隆中期以后整体政治环境开始恶化，这时有关漕务整饬的议论虽然颇多，都无法改变漕运日益恶化的窘境。嘉庆即位后，新统治者面对漕运困境，开始了新一轮治理，于是围绕如何治理漕务又引发了一系列的讨论，这是本书的研究主题，将在后文详述，此处不再赘述。

---

① 张文虎等纂：(民国)《南汇县志》卷5《田赋志》，第543页。
② 龚炜：《巢林笔谈》卷4，中华书局1997年版，第89页。
③ 李文治、江太新：《清代漕运》，第289页。
④ 赵翼：《檐曝杂记》卷2，中华书局1997年版。
⑤ 《清高宗实录》卷242，乾隆十年六月丁未。
⑥ 《清高宗实录》卷1181，乾隆四十八年五月辛亥。
⑦ 《清高宗实录》卷177，乾隆七年十月乙卯。
⑧ 《清高宗实录》卷1365，乾隆五十五年十月丙子。
⑨ 《清高宗实录》卷301，乾隆十二年十月乙亥。

二 革除漕粮运输中的弊端

漕粮受兑上船后,便按照一定的顺序从水次离岸,就近进入漕河,一直至京通漕仓,最远水程可达3000余里,如此长距离的漕粮运输,途中还有一次芜杂的总漕盘验,便成了漕弊滋生的温床,更是漕务治理的一个难题和关注点,时人曾清楚地指出:"历来漕政之弊莫甚于过淮盘验之时,其次则在沿途弁兵之需索。运丁费繁力疲,因而盗卖漕米,夹带私盐。种种弊端,俱由此起。"① 如何解决漕运途中的这些弊端?康熙初年的漕运总督林起龙提出了自己的一些想法。他将关注点放在"人"的因素上,试图通过禁止"人"的不法行为以杜绝漕运途中存在的"营私舞弊",其设想为:(1)革除沿途包买之弊。(2)革除运官通同之弊。(3)革除奸商搭船之弊。(4)解除阻滞粮艘之弊。如何达到这四个目标?林起龙提出的具体操作办法为:首先,要求专责押运通判催趱漕船中途不许停泊,而且每一帮前后漕船要不时稽查。如有违反规定者,立刻申报题参;如有稽查不严,催趱不力者,通判治以纵容循隐之罪。其次,专责押运官员要严加钤束旗丁,遇有奸顽者不服管辖,敢揽客货者,要于途中司漕衙门据实揭报,如此可免其过。如隐匿不报,实系受赃卖法,一经查出革职,加倍究拟,仍照新例治罪。再次,对奸商胆敢混入粮船漏脱国课者,拿获定行正法,家产全行入官。最后,在漕运途中,除了紧急公务或重大事务外,其他一切船只都不得阻挡漕船,更不能要求漕船让道。② 正如林起龙所指出的那样,导致漕运出现的因素是在于有人联通上下,盗卖漕粮或利用漕船运货牟利,从而导致漕粮亏缺、掺和、漕船延误等种种弊端。针对漕运中的这一痼疾,在当时虽然也有不少有识之士随声附和,在众多建议的推动下,清廷也相应颁布了一系列的规定,③ 最终都未有效地加以解决,因而至康熙末年,在漕粮运输途中,问题依然很多,其中有些仍非常严重。康熙五十八年(1719),芜湖关监督赫昌奏言指出:每年江西、湖广粮船北上,粮船上皆满载私货,船尾栓扎木筏,旗丁以"漕粮"为借口不许官吏上船查察,为此,请求严格遵行定例,除60石土宜外,不许多载私货,如有违例多载及拴扎木筏者,将货物入官。另,各粮道及押运官弁要亲身稽查,否则将一并治罪。④

---

① 《朱批奏折》,乾隆六年三月初三日巡视淮安漕务吏科给事中周人骥奏,档号:04 – 01 – 35 – 0140 – 017。

② 林起龙:《请宽粮船盘诘疏》,《皇朝经世文编》卷46。

③ 这些规定在光绪《钦定大清会典事例》中都有详细的记载。

④ 《清圣祖实录》卷285,康熙五十八年八月壬寅。

雍正初年间，漕粮开兑之时，给发的"钱粮任意扣克，运丁所得十止八九。而金丁之都司、监兑之通判又多诛求，及至启行，沿途武弁借催趱为名百计需索"，因而导致"运丁浮费既多，力不能支，因而盗卖漕粮，偷窃为匪，无所不至矣"①。漕船所带私货越来越多，甚至出现所带私货"有倍于正数而不止者"。为了防止中途淤浅，旗丁以剥浅为名"各带驳船一只"，以备驳运私货。所载私货逾千石的旗丁还编木作筏，以随船后。② 针对漕粮北运途中出现的种种弊端，仓场侍郎法敏等人提出："运丁正副不许包丁代运；挑浅添夫按日派给钱文，不得如前索给食米，以致借端盗卖；雇用水手，给发工价。开帮之后不许勒添工食，应饬令漕臣通行晓谕。又各仓监督俟一年差满，遣大臣一员会同仓场侍郎稽察，米好数足者议叙升用；短少涩烂者从重治罪，以示惩劝。"③ 为了预防和杜绝运丁折干盗卖，监察御史张坦麟在强调禁止运丁诸多不法行为的基础上从"连带"的角度试图为漕弊再加上一副"紧箍"。由于"舵工一人经管一船，出入皆其经手，运丁之折干盗卖未有不悉知者，乃以身无责成，每视正供之益亏为漠不相关之事，是以向来挂欠累累。"由此，他提出："漕臣衙门饬令各帮运官于开兑之日取具舵工全粮入船甘结，如抵通有欠，除该丁仍照旧例追比外，责令运弁即将该舵工严加惩治，回南之日另募承兑，庶本工知儆而奸丁亦有牵制，互相谨守粮船。"④ 雍正九年（1731），漕运总督性桂就漕粮过淮所出现的弊端也提出九条意见⑤，分别

---

① 《清世宗实录》卷20，雍正二年五月甲辰。
② 《雍正朝汉文朱批奏折汇编》第6册，第373—374页。
③ 《清世宗实录》卷16，雍正二年二月乙巳。
④ 《雍正朝汉文朱批奏折汇编》第3册，第569—570页。
⑤ 漕运总督性桂提出漕粮过淮事宜九款，具体内容为："一、帮船到淮，原有津贴饭食之费。嗣后各帮请照例将银呈缴给发，不许私相授受。一、各省漕船有米数丁舵姓名等册，向来旗丁倩人代造，科派册费，嗣后请饬行各帮自行缮送。一、漕船抵淮，应随到随收，饬吏役不得留难需索。一、总漕出署盘验，米数短少，应行捆责，令中军官约束行杖人役，毋许索诈分文。一、江浙粮艘由镇江出口，方□桅篷。从前令催漕之员就便查看，恐藉端需索，嗣后请俟过淮时漕臣亲加点验。至扬州之三岔河系各省粮艘总汇之所，应委廉干之员前往弹压。一、漕船渡黄，如汛地弁员不顾风色水势混行催趱，请照例议处，或有疏虞，加倍治罪。一、漕船渡黄之后白洋河及台庄八闸，俱系逆流水急，必须添雇人夫，往往弁兵串同人夫勒索，请于重运北上之时将宿迁营游击委驻白洋河，徐州营副将委驻台庄八闸，稽察约束，傥有徇纵，一并参处。一、各省制造漕艘务将价料照数给发，毋许需索使费，如造不合式，将监造官参处。至空船南下，漕臣逐加查验，谕令归次速领三修银两，上紧加修，接济新运。如旗丁有以朽腐漕艘，撞触民船，借端勒索者，将该帮弁丁究处。一、漕船出运，各卫金定正副二丁赴次交兑，如有革丁衿监等窜身入帮，即行拏究。运官不行查拏，一并究治。"

从旗丁津贴、漕粮盘查、人员管理等方面着手,试图堵住产生弊端的漏洞。①

　　针对漕粮盗卖的情况,乾隆五年东河总督白钟山和巡视南漕御史侯嗣达指出要从源头上杜绝盗卖漕粮的行为。白氏、侯氏认为要解决盗卖行为必须清理售卖余米的来源,解决的核心是明确旗丁所卖余米的一切详情,避免旗丁假借合法售卖余米之机盗卖漕粮。具体做法:漕臣签盘时要明确旗丁应卖余米数额,粮道造册三本,然后印发押运官弁收贮,并分送前途巡抚、巡漕转饬沿河营县查照。粮船北上时,押运官弁须酌定何处售卖余米,其他未列明之地"毋庸概令售卖,徒致漕运迟延,并启奸猾囤户远迎接买之弊。该管官弁酌定集镇地方,亦即预先关会该处营县查察。售卖之时如已卖足,该地方官即将验票收缴,转呈漕臣查核,不得仍存旗丁之手,以免影射多卖。如尚未足数,该帮官弁即于验票内注明已卖米石数目,以便前途地方官弁查验续卖。若押运官弁卖多注少,致将正耗米石侵盗亏缺,经漕臣并仓场侍郎臣查出严参究追。若沿途兵役有借端需索掯勒羁迟等弊,该管官即行拿究详报。如该管官失察故纵,经上司查出,即将该管官一并严参。如此,则旗丁实在余米地方官弁既有印册可查,其已卖未卖米数又有验票登注可稽。应卖余米之根源已清,则影射多卖私盗漕粮之弊窦可除"②。当然,这还只是对一种漕粮盗卖行为的杜绝,漕粮盗卖何止于这些。而且,如果仅仅是盗卖行为,或许通过"头疼医头、脚疼医脚"的办法还可以暂时予以制止或抑制。问题是,在漕粮北运途中,夹带私货是与盗卖漕粮"如影随形"的漕运弊端,不仅影响漕运体系,更是影响到国家的税课收入,一直作为漕运中的一个痼疾而受到重视。因此,强调不许夹带私货,一定要按照规定办理,否则将加重处罚,便成为当时许多人的强烈要求,同时也提出了具体的预防措施和操作方法。协理山东道监察御史宫焕文提出:"兑粮开行之日,即着该押运官弁查明各船所带土宜,出具核实甘结,申报该官上司。至过淮盘粮后所到地方,除应带土宜准其零星发卖,以济中途费用。如有车装船载至数百石以上者,即系揽带客货,许该地方官弁即时盘获,丁商一并按律究拟,仍将出结该运官弁交部议处。"③ 除了夹带私货外,宫焕文还指出了其他弊端:混杂漕

---

① 《清世宗实录》卷103,雍正九年二月己酉。

② 《朱批奏折》,乾隆五年四月十六日东河总督白钟山奏,档号:04-01-35-0139-042;《清高宗实录》卷115,乾隆五年四月丙申。

③ 《朱批奏折》,乾隆四年八月初九日协理山东道事山东道试监察御史宫焕文奏,档号:04-01-35-0139-018。

米，漕粮以少报多，漕船进停随意。相应的建议为：漏湿漕米，不得晒干掺和好米，由仓场侍郎负责把关；汛兵需索不得，不顾风色，催趱前进。如有馈赂，听其停泊。由总漕转饬沿途各官严禁需索，是停是进严格按照定例办理；过淮签盘，蠹役受贿，以少报多，须总漕亲率善算之人赴船细核。① 漕运总督托时、和硕和亲王弘昼等提出杜绝盗卖漕粮行为的六条建议，② 修补了漕运途中一些被忽略的漏洞。另外，漕船过淮盘粮，往往弊端百出，漕运体系中的官吏借机营私舞弊，甚至他们的家人仆从也从中大肆牟利。漕运总督顾琮说"淮安向有漕蠹积棍，需索各帮册费"，他提出一方面重新设定文册，让各帮自行呈投文册，另一方面加紧密查积棍诈索，从两方面入手预防和杜绝过淮盘粮过程中的积弊。③ 巡视淮安漕船户科给事中陆尹耀则提出通过"更番迭换，互相纠举"之法让不法行为无处藏身，具体为："当漕船到淮之时，檄调附近卫备兼委文员协同漕标营将等秉公签验，更番迭换，互相纠举，人力既多，耳目难□，再定以劝惩之法，如帮船之中或签得米数太多，或签得米数太少，凡有可疑者另委别员覆加签盘核定数目，将签盘不实之员汇题，交部议处。其有意娄索，以多报少，或受贿嘱以少报多，查出题参，从重治罪。如有能举发弊端拿获奸蠹者，漕运总督量加嘉奖；若举发拿获案件多至数件、十数件以上者，漕运总督分别具题，请旨议叙。"④ 此外，还有漕运总督常安、御史欧阳正焕、给事中朱若东等人就需索诸弊提出了解决思路相同而具体操作细则稍异的办法。

过淮盘粮过程中出现的各种弊端虽然一直以来都始终存在，甚至有时积重难返，但过淮盘粮这一活动毕竟只是漕粮北上途中的一个点，是一种固定的时空存在，是相对静止的，与此不同的是在南北长达两三千里的漕程中漕船却是运动不息的，因此在漕运途中出现的各种弊端应该说要比在过淮盘粮中出现的更难解决。在如此长的程途中时时处处都可能出现弊端，但无论何种不法行为，总逃不出在漕粮上做文章，因此在漕运途中确

① 《清高宗实录》卷 100，乾隆四年九月丙辰。
② 《清高宗实录》卷 83，乾隆三年十二月庚子。漕运总督托时、和硕和亲王弘昼等人就如何剔除漕弊向清高宗弘历奏上两折，在折中提出如下建议："一、奏请严定私卖食米之禁。一、奏请酌定营汛官兵赏罚。一、奏请定小船偷载之罪。一、奏请严头舵连坐之罪。一、漕船舱口用栅栏封锁以杜盗窃。一、严禁漕船货买别帮余米、抵补交仓之弊。"
③ 《清高宗实录》卷 183，乾隆八年正月甲申。
④ 《朱批奏折》，乾隆七年二月十八日巡视淮安漕船户科给事中陆尹耀奏，档号：04 - 01 - 35 - 0141 - 016。

保漕粮的安全乃漕运体系的第一要责。漕粮的安全有三个指标,即漕粮的数量、质量和期限。只有确保的这三个方面都达到了规定标准,完整的一次漕运才算圆满完成,否则整个漕运体系的官、吏、丁、民就会受到不同程度的处罚,其中漕运总督及相关责任人更是免不了惩罚。为此,在漕粮北上途中加强对动态漕粮的监管,以确保漕粮安全将是漕运体系的一个最主要的环节。而在这个环节中,要确保漕粮的数量和质量,最主要的办法就是杜绝盗卖漕粮。漕粮被盗卖后,于是出现种种作弊手段,如掺和、发涨等不法手段,以此来凑足被盗卖的漕粮数额,从而导致漕米质量无法得到保证。为了便于盗卖和作假后的漕粮能够顺利交兑,需索、贿赂等各种腐败行为公行于时。当时的一些有识之士正是看到了这一点,纷纷提出要杜绝漕粮北上途中的盗卖行为,认为盗卖漕粮乃各种腐败行为的源头,更是漕政腐败的根源,遏制了盗卖行为,也就从根本上切断了腐败之源头,所以整顿漕政必须从杜绝盗卖行为开始,由此革除漕粮北上过程中的弊端,尤其是杜绝、遏制和预防盗卖漕粮行为的发生便成了整顿漕运的一个主要观点和手段,被众多时人所强调和强烈推荐,引起了不少共鸣和反响,在当时发挥了颇多积极作用。

三 禁革漕粮交卸过程中的弊端

经过长途跋涉的漕粮抵通后,要分两处交卸。交京仓的正兑漕米在石坝卸船,于此交由经纪沿通惠河运至大通桥,然后经大通桥监督抽查无误后交由车户从陆路运进仓廒。而运交通仓的改兑漕米则在土坝卸船,交由车户运进通州各仓廒。各种弊端在漕粮交仓过程中层出不穷。漕粮抵通之前,各帮漕粮需要抽签决定所交仓廒,吏役乘机需索,或与运丁共同舞弊。漕粮在土石坝卸船时,吏役、经纪、车户等往往乘机牟利。运丁为了能够顺利过关,需要从上到下进行打点,上对管理衙门中的官员进行孝敬,下至各个吏役车户皆须打点。其中如茶果银一项,是运丁到通后需要支付给仓场各种人员的额外费用。茶果银一项原为漕运中一陋规,雍正元年(1723)坐粮厅监督图临奏请将茶果银收归国家公用,[①] 遂成为一种公开的"陋规",以此用作北漕的办公经费。[②] 据记载:仓场满汉侍郎每年各2400两,坐粮厅各2200两,大通桥监督各500两,笔帖式4人共1800

---

① 《朱批奏折》,乾隆十四年九月十一日仓场侍郎书山奏,档号:04-01-35-0892-006。
② 《朱批奏折》,乾隆九年九月十九日漕运总督顾琮奏,档号:04-01-35-0544-032。

两，通济库使 200 两，库吏共 120 两。① 当然，不仅仅只有茶果银，还有个儿钱和经纪、车户、各仓廒、闸坝胥吏之需索等，康熙朝官员王命岳曾一针见血地指出漕粮抵通后，旗丁要忍受各种需索盘剥，王氏归纳为五苦，它们往往导致漕政紊乱。"五苦"具体为："其一为投文之苦。船一抵通，仓院、粮厅大部、云南司等衙门投文，每船共费十两，皆保家包送书办，保家另索每船常例三两，此一苦也。其一为胥役船规之苦。坐粮厅总督仓院、京粮厅云南司书房各索常规，每船可至十金，又有走部代之聚敛，其不送者，则禀官出票，或查船迟，或取联结，或押取保，或差催过堂，或押送起米，或先追旧欠，种种各色，一票必费十余金。又一苦也。其一为过坝之苦。则有委官旧规，伍长常例，上斛下荡等费，每船又须十余两，而车户恃强，剪头偷盗，耗更不赀。又一苦也。其一交仓之苦。则有仓官常例，并收粮衙门官办书吏、马上马下等等名色，极其需索，每船又费数十两。又有大歇家、小歇家需索。虽经奉旨题革，今又改名复用，小歇家改名雇长，大歇家改名住户，借目取保，每船索银四五两不等。有送者可得先收，无送者刁难阻冻。又一苦也。其一为河兑之苦。河兑法本两便，但间有践踏、偷盗、混筹、抢筹种种难言之弊⋯⋯此又一苦也。"② 漕粮抵通交仓是整个漕运系统的最后一个环节，每年漕粮的完成最终于此把关，因此"鱼龙混杂"的漕粮交兑之地一直便是各方牟利的角力场，弊端层出不穷自然也就不足为奇。

正因如此，一直以来就存在将革除漕粮抵通交卸中的弊端作为漕运整顿手段之一的呼声。康熙朝时署理仓场事务刑部侍郎阿锡鼐等人针对漕粮抵通所出现的偷盗漕米情况，奏请"设立官船运送，则车户额外之费可省，且偷盗之弊亦易于稽查"③。当然也包括各种需索，至雍正初"粮船抵通，石坝经纪勒索斛费，每船至三十金"④，"该管衙门、官吏胥役人等额外需索陋规，以致繁费甚多，运丁重受其累"。雍正"特命御史前往稽查，禁革苛索等弊"⑤，并根据官员奏请颁布法令，规定："嗣后粮船抵通，除应加耗米外不得借斛费名色索取银两，亦不得淋尖踢斛，以致正粮亏缺，苦累旗丁。傥有违者，必严加治罪。"⑥ 如上所述，漕粮抵通之际，

① 王庆云：《石渠余纪》卷四《漕费茶果银》。
② 王命岳：《漕弊疏》，《皇朝经世文编》卷46。
③ 《清圣祖实录》卷283，康熙五十八年正月辛丑。
④ 《清世宗实录》卷45，雍正四年六月庚午。
⑤ 《清世宗实录》卷81，雍正七年五月甲子。
⑥ 《清圣祖实录》卷283，康熙五十八年正月辛丑。

处处皆可被用来牟取私利。例如，铺垫仓廒需用松板，旧例令各省粮船随带，到仓交纳。产木之省，全交本色；不产之地，本三折七。这一规定不久便被官役用来向弁丁敲竹杠。胥役便与通州木商勾通包揽，每松木板一片较折色之数用银多至四五倍，运丁不免苦累。后俱改成折色，令各粮道汇解通济库。① 类似的情况在京通各仓处处皆有。"旗丁押运到通，每省每帮各有一人常住通州，谓之守候旗丁"，这些旗丁往往"于销算时卖补买补，交通各书吏，需索分肥"。在仓场侍郎托时看来，这些皆是产生各种弊端的根由，为此奏请"嗣后凡漕粮抵通之时，令本帮运官造具旗丁花名清册，投送坐粮厅，候粮米交清，照册所开丁船名姓立押回南。如有一丁潜住营私者，即将押空官弁照疏纵例治罪"。另外，严禁有人在旗丁之三升八合回空米粮上营私舞弊，否则"或经仓场察出，或被旗丁首告，仓场立即题参。如应行南追给者，坐粮厅取具完欠，各丁互结，行文各省粮道，于欠丁名下追银给还，取具有余帮丁收领申报"②。

乾隆朝时，乾隆帝也深悉"仓场积弊甚多"③，大臣提出的整顿之策也多有采纳。乾隆十四年（1749），为了杜绝"浮开之弊"，避免"常额之外另项动支"，仓场满汉侍郎书山、彭树葵奏请订立了茶果银报销章程，以达到"毋许任意加增，参差朦混"之目的。④ 虽然仓场有其一定的规则，但官吏杂役等还是有舞弊需索的空间。各省起运漕粮，总漕派发全单，上面写明船米数目，抵通交卸之后，领运千总需要将清单上交户部查验，乾隆朝之前并没有规定查验清单的期限，这就为需索舞弊开启了大门，相关衙门官吏夫役等人往往借机勒索，如果不遂其意，就让相关帮船苦苦等候，弁丁花销增加，漕船回空延误，来年的漕运肯定不能如期进行。这也就是前文中所说的投文之苦。为了不耽误回空，弁丁不得不满足他们的各种需索。乾隆十七年（1752），有官员奏请设立投文期限，以杜绝需索贪腐之弊，具体为："嗣后完粮之后于三日内将全单呈明仓场，仓场于三日内移送户科查验，户科于五日内移送户部，户部于五日内验明钤印，令该弁赴部，当堂给发。至造写大小完呈并架册，概行停止。"⑤ 同年乾隆一改之前巡视通州漕务只派科道一员惯例，而是在此基础上增派大

---

① 《清世宗实录》卷90，雍正八年正月己亥。
② 《清世宗实录》卷51，雍正四年十二月戊寅。
③ 《清高宗实录》卷408，乾隆十七年二月庚子。
④ 《朱批奏折》，乾隆十四年九月十一日仓场侍郎书山（等）奏，档号：04 - 01 - 35 - 0892 - 006。
⑤ 《钦定户部漕运全书》卷55《收受粮米》，故宫珍本丛刊，海南出版社2000年版。

臣前往巡查，规定之后"所有一应收兑新漕，支放米石，俱著该给事中等就近稽察。至在京各仓，虽经派有专员，亦著一体留心查察，务期诸弊肃清"①。后通州普济闸船户车喜儿等人偷窃漕米案发，让乾隆再一次意识到各相关衙门吏役工夫之间都有着利益勾连，往往是"瞻徇贿嘱"，并不实心办事，必须再加大监督力度，为此颁布命令，规定："嗣后漕粮抵通时，若仍令该管衙门查察。恐有瞻徇贿嘱情弊，著都察院每年奏派满汉御史各一员前往严密抽查，如有弊端，据实参奏。"② 此外，为了避免出现"既当运动员，又做裁判员"的局面，御史永清、邱文恺奏请，缉捕偷漏等弊之人员必须改由其他地方酌派，绝不能从仓场中任命，如此可避免出现"以本处之人查本处之弊，仍不免串通朦混"的情况。③ 另外，为了缓解旗丁回空费用拮据的困境，乾隆放开例禁，允许运丁在"漕米均已不致挂欠，而例应官买之余米亦皆交仓事毕"的情况下，"其所有余剩食米自可听其在通出粜"，"可免领照验票之烦"，如此不但便利了旗丁，有利于漕船回空，而且可以想象的是减少了对运丁的需索。④

总之，漕粮抵通后，漕粮交兑各处皆有积弊。作为天子脚下的京通各仓，漕运在这里结束，仓储于此开始，因此京通各仓中所出现的种种弊端一直是时人所热议的焦点。如何革除仓场中的各种积弊，不仅涉及封建官僚应守的"儒家道德标准"问题，更重要的是因为事关京师甚至整个帝国生命线的粮食安全问题，而这本身又是历史赋予漕粮的传统责任，因此这种热议自然也成了整顿漕运诸论中的一个重要组成部分。

四　禁漕船回空途中的弊端

漕粮抵通交卸后，漕船需立即南下回空，尽早归次，准备来年的新漕。旗丁往往并不让粮船空着南归，而是设法装载一些货物南下销售。然而，根据规定，漕船回空是绝不容许私自装载货物的，官方将私自装载货物的行为称为夹带。一般来说，漕船回空时都会顺便装载一些北方物品，沿途或归次贩卖，以弥补日渐不敷的费用。如此一来，不仅延误了漕船回空，从某种程度上说也扰乱了某些行业的秩序，滋生了弊端。运丁夹带的货物往往是形形色色，各色各样，其中以私盐最多，也最为引人关注。因

---

① 《清高宗实录》卷408，乾隆十七年二月庚子。
② 《清高宗实录》卷1292，乾隆五十二年十一月乙丑。
③ 《清高宗实录》卷1298，乾隆五十三年二月丙午。
④ 《清高宗实录》卷566，乾隆二十三年七月丙戌。

为在食盐专卖制时代，盐税是封建国家的一大税源，绝不容许私人染指，由此制定了非常严厉的规制和法律。然而，正因为这种官督商销的食盐政策，使行销私盐的利润空间非常巨大，绝不是一般商品所能企及，这是旗丁在漕船回空时为何千方百计夹带私盐南下贩卖的原因，清政府更是想方设法予以杜绝。可以肯定的是，漕船回空南下途中以夹带私货为漕弊之大宗，私货中以私盐为最。

清初至康熙中期，回空漕船虽也夹带私盐，但无论范围还是数量程度上较小，因此并没有引起多大的热议。康熙中晚期开始，运丁夹带私盐的问题开始显露，甚至出现了运丁夹带私盐抗拒官兵的情况，这引起了时人的关注，包括康熙皇帝。针对这一状况，康熙立即意识到"倘不严察惩处，则运丁恣意横行，必致重为民害"，要求漕运总督桑额对涉案运丁进行重惩，以儆效尤。并告诫漕运总督，对运丁不可过宽。[1] 然而，康熙晚年漕运状况并没有得到多少改善，同样夹带私盐的情况也没有因为康熙重惩的个案而得到遏制，夹带私盐之弊反而日益严重。雍正二年（1724），在雍正严猛政治下，漕运总督张大有鉴于严重的弁丁夹带私盐的情况提出了严法治理夹带私盐的主张，奏请订立规定："如回空粮船夹带私盐，拒捕杀人，将为首者立决，为从者边卫充军。其闯关闯闸，将船丁舵户枷号充军；为从者，杖徒。押运等官不行约束，知情故纵者，革职。"[2] 次年，雍正再一次指出私盐"乃大干法纪之事"，而夹带、行销私盐的情况并没有得到有效遏制，回空漕船包揽货物依然如故，雍正认为这些系"地方官不行严查之故也"，令漕运总督张大有等人酌商，提出解决办法。[3] 不久，漕运总督张大有等人提出："一、长芦两淮产盐之处，奸民串通灶丁，私卖私贩，伺回空粮船经过，搬运上船，地方官稽查不及，请严行禁止。违者，官弁、运丁、贩卖人等俱照私盐例治罪。一、粮船回空时，请于瓜州江口派委瓜州营协同厅员搜查，以杜夹带私盐之弊。一、运司等官挐获夹带私盐，请照专管兼辖等官例议叙。一、随帮官专管回空，有能挐获首明私盐三次及该帮船三次回空并无私盐事故者，该管上司咨部，以千总推用。一、运粮船每船量带食盐四十斤，多带者照私盐例治罪。一、粮船准带土宜六十石，如有夹带并包揽商船木筏者，查出照漏税例治罪，货

---

① 《清圣祖实录》卷231，康熙四十六年十月丙戌。
② 《清世宗实录》卷19，雍正二年闰四月丙申。
③ 《清世宗实录》卷33，雍正三年六月丙戌。

物入官。"① 张大有等人的办法经雍正批准后颁行全国。当然官员是否实心执行是其中最为关键的因素，因此雍正一再叮嘱相关官员及委派巡查的御史，一定要实力稽查夹带私盐之行为。② 按照这一思路，漕运名臣杨锡绂认为禁止回空粮船夹带私盐必须订立实力搜查之章程，要求从职责明确、责任追究的角度予以明确规定："搜查私盐宜有一定衙门也。扬州经过回空漕船既有督、盐二臣委员搜查，乃复有地方文、武各衙门兵役，纷纷滋扰，徒致羁迟，应将扬州盐厅查盐专听督、盐二臣委员实力查办。其淮扬道及扬州将备、江、甘两县金查兵役一概停止，仍令此后粮船一到，承委之员，随即搜查，不得托故他往，致令守候。大帮限一日查毕一帮，小帮限一日查毕雨帮，即促令开行，倘有指称文武衙门藉名搜盐，故为羁阻，及于查毕后复称奉委拦船搜查者，令委员随时严查重处。""领运千总宜一体在帮也。向例粮船查出私盐，如重运千总不在帮内，则专参押空之弁，而重运免议，于是重运之员往往托故逗留，巧图规避，应请嗣后领运千总交粮后除例应引见及委办公事不能赶帮者，遇有私盐事故仍准免参，其余托故逗留者，无论在帮与否，一体参处。"另外，杨氏还强调一定要严禁巡查人员利用搜查私盐之名吹毛求疵，扰累运丁，也相应立下规定："食盐不应作为私盐也。定例每船准带食盐四十斤，查盐时摆列船头，听官查验，乃喜事之员往往以船头之盐为数稍多，或混以私盐具报，应请嗣后饬令委员等除船内查出数石数十石私盐照例详报外，至实系摆列船头查验，每船或多不过二三斤者，不得以私盐混报邀赏。"③ 乾隆中晚期后官盐日渐滞销，而造成这一状况的原因就是私盐泛滥，乾隆指出回空粮船夹带就是造成私盐泛滥的一个重要原因，并重申要"实力搜查，务将夹带透漏各弊防禁肃清"④。

回空漕船除了夹带私盐外，其他货物也在夹带之列，只不过利润空间要比私盐小得多。一般情况下，只有在严禁夹带私盐的风声较紧或执法力度较强的时候才会不得已选择。由于运丁经费不足的问题一直是漕运体系中的痼疾，因此针对旗丁夹带其他货物，在不影响漕船回空归次的情况下，清政府往往是睁一只眼闭一只眼。而盐政是封建时代的国家大政，盐课又是国家的主要税源，因此对漕船夹带私盐的禁止并没有放松，而具体

---

① 《清世宗实录》卷43，雍正四年四月甲子。
② 《清世宗实录》卷77，雍正七年正月癸丑。
③ 《清高宗实录》卷714，乾隆二十九年七月丙辰。
④ 《清高宗实录》卷1303，乾隆五十三年四月丁巳。

落实到操作层面却又是另一种景象，往往与大环境、大气候紧密相关。当然，禁止回空漕船夹带私盐是一条明文规定的法律，在治理漕政的过程中，这一点是全国上下皆知的共识，因此对这一层面上最重要的并不是谈论是否禁止回空漕船夹带私盐的问题，而是如何在实践中使这一条禁令得到认认真真的贯彻和执行。由上可知，封建时代的君臣秉持"有治人，无治法"的理念，治理漕运中夹带私货（私盐）的问题依靠官员的作为，使法制规定在操作层面具有随意性和不稳定性，也就不能从根本上解决漕运弊端。

第三节　严法论

在整顿漕运的众多呼声中，严法论其实与除弊论紧密联系在一切，两者之间息息相关，相互包容，相互配合。然而两者毕竟是漕政治理中所出现的两种不同声音，因此它们之间的区别就在于立场和侧重点的不同，除弊论的关注点在于漕弊，目的是通过措施来预防和杜绝漕弊的发生；而严法论的侧重点则在于事后惩罚，是一种震慑机制，通过严惩重罚的手段达到弊绝风清之目的。本节内容主要是探讨清初以来以严法重处来杜绝漕弊的各种思想。

通过对众多严法论思想的梳理和分析，可以看出清初以来所出现的严法重惩思想中的着眼点不外乎两种：一种是对漕运体系中的管理人员未能及时预防、发现或制止漕弊发生，追究其管理缺失之责任，予以重惩；另一种则是对涉案官吏及旗丁工役等人的重惩。事实上，这两种立场是相互嵌合在一起的，所以各种立论往往是两者的结合，只不过是着力点稍有区别而已。

顺治朝由于政权刚刚建立，各种制度皆承袭明朝，各种弊端并未得到革除，反而在鼎革之初的新王朝中有严重之趋势。顺治朝漕运中的一个最大问题是由于盗卖漕粮而导致漕粮缺额挂欠，而且非常严重。顺治朝君臣无暇分身来制定完善的法律制度，而是直接通过相对较易的严法以达到止弊的目的，正如第一章中所述，用重典惩处漕运中的违法行为。其中当属仓场总督王永吉的办法最具代表性，他向顺治帝奏请订立更加苛刻的条规管理漕运，并得到批准。其内容为："运官领运之后，将漕米盗卖侵蚀，发追不完，欠一分者，革职；二分者，杖一百，徒一年；三分者，杖一百，徒三年；四分者，发附近卫所充军；五分者，发边远卫所充军；六分者，绞；七分者，斩，俱监候。八、九、十分者，立决，籍其家产人口。"① 甚至将拖欠、侵盗漕粮之罪放入不赦之列。众所周知，古代中国有十种有违纲常伦理的罪恶不被宽宥，也就是我们通常所说的"十恶不赦"。在帝制中国，最高统治者在特殊的时候为了表示其"仁君"的形象，往往会赦免全国罪犯，除了"十恶不赦"外，其他均会按照一定的比例或减刑或赦免。而顺治朝将拖欠、侵盗漕粮之罪与"十恶"一样列入不赦之列，可见漕粮挂欠的严重程度，以及统治者对拖欠、侵盗漕粮问题的忧心和无可奈何。② 所指对象主要是涉案人员。康熙五十年，漕运总督赫寿提出：（1）在征收、兑运漕粮时，若有漕粮折干折取等弊，将州县官、运官照私折漕粮之例革职，并将所折之米照数追赔，其监兑官降二级调用，粮道降二级留任。（2）随帮押运官，漕粮挂欠一次，降一级留任；欠两次，降两级留任；欠三次，降三级调用，并将所欠米石照数分赔。（3）将漕船每帮十船拴在一起，相互巡察，若有在河岸折取、盗卖等事，因隐匿不报而犯事，则将犯事旗丁照例治罪外，余九人亦一体杖惩。（4）旗丁由千总、守备签派，道、府、厅官员审核。若旗丁挂欠漕粮，则其千总、守备照定例治罪外，若一帮船欠米，则府、厅官员各罚俸一年，粮道罚俸半年。数帮欠米，照此增加罚俸。（5）重运北上过淮、漕船回空过淮皆有时间限制，违限一二月者仍照定例治罪外，违限两月以上或七十日或八十日、九十日，则计日不计月，分别治罪。③

雍正即位后，对康熙晚年以来的颓废政治进行了大力整顿，取得了非常显著的成效。从整饬漕运来看，这种力度是非常大的。加重惩罚漕船夹带私盐的行为，"如回空粮船夹带私盐，拒捕杀人，将为首者立决，为从者边卫充军。其闯关闯闸，将船丁舵户枷号充军，为从者杖徒，押运等官不行约束知情故纵者革职"④。而且将夹带私盐之官弁、运丁、贩卖人等俱照私盐例治罪。运粮船每船所带食盐超过40斤者，即照私盐例治罪。⑤ 从漕粮的征收一直到最后的交仓，雍正朝君臣皆通过严猛政治予以治

---

① 《清世祖实录》卷92，顺治十二年六月癸亥。

② 据《清世祖实录》记载：顺治十三年七月和十二月、十四年三月、十五年正月、十七年正月先后多次强调重申拖欠、侵盗漕粮之罪在不赦之列。

③ 中国第一历史档案馆编：《康熙朝满文朱批奏折全译》，中国社会科学出版社1996年版，第749—751页。

④ 《清世宗实录》卷19，雍正二年闰四月丙申。

⑤ 《清世宗实录》卷43，雍正四年四月甲子。

理。在雍正的支持下,尹继善在江南大力整顿漕粮征收,革除诸多弊政,订立处罚章程。此后,针对漕粮征收过程出现的弊端,还陆续加重或订立处罚规定。漕运总督张大有提出对旗丁官弁及漕运途中的不法之事制定出较前更严厉的处罚,即使是比较细小的地方也不放过。例如,在漕粮运输途中,影响漕运是否顺畅的一个重要因素是旗丁、头舵、水手等人的驾船技术。漕运总督张大有发现了这一情况后,向雍正提请订立相关规则:漕艘挽运,全用本军子弟驾运,应先令头舵、水手数名教习。自雍正三年为始,一年内不能教习,过淮时查验,仍用雇募水手五分以上者,笞责,并记大过一次,运弁以上参处。① 此外,还有河道总督、直隶总督、山东巡抚等人也就漕船水手是否能驾运漕船提出建议:"有新换水手之粮船觊借称新充,不能撑驾,希图延挨时日,该管官查明严究,并将押运官员题参。"② 对漕粮交仓过程中的弊端,上文已有述及,不过在设置各种预防漕弊的具体措施外,加重处罚力度、追究连带责任,这也是预防和杜绝漕弊的一种方法和设想,这一点在《清世宗实录》和相关大臣的奏折中都有非常多的记载,此处不再赘述。

雍正朝的治理为乾隆朝社会的发展奠定了一个坚实的基础,乾隆朝的漕政因为有了雍正朝所打下的底子,因而其前期整个漕运体系达到了前所未有的良好状态,当然其中也有乾隆君臣对漕政的修修补补。乾隆君臣因袭前几朝所订立的各种规章制度,此外还对之前一些被忽略或没有被重视的地方进行了弥补和补充。例如,运河水源闸座的管理直接影响到漕船的运行,这在之前很少给予重视。河道总督白钟山指出,"沿河厅员俱有管理闸座,查察属员之责",而在之前却"未定处分"等相关规定,因而这些人"并不实力稽查",从而极大地影响了漕船的畅行,为此订立章程:"嗣后遇有闸官越漕启板,泄水误漕者,将该管厅员议处。""除闸官混行启放应斥革外,厅员不行稽查者,降一级留任。回护徇隐者,降三级调用。"③ 漕运总督杨锡绂也就类似的问题提出了处罚办法:"河底桩石起除不尽,宜验实参处",将专管河务之文武各官"照沿河堤岸预先不行修筑,以致漕船阻滞例降一级调用"④。河东河道总督白钟山奏请追究和加大相关人员的连带责任,他主张:"漕船盗卖米石至五十石以上者,地方

---

① 《清世宗实录》卷29,雍正三年二月壬辰。
② 《清世宗实录》卷31,雍正三年四月丙戌。
③ 《清高宗实录》卷47,乾隆二年七月丙午。
④ 《清高宗实录》卷617,乾隆二十五年癸亥。

官降一级留任。一百石以上者，降一级调用。查旗丁沿途盗卖米石，大抵零星出售，是以定例重运入境，责令该管道府州县巡查，如失察盗卖一起者，罚州县俸六个月，道府俸三个月；二起者，罚州县俸一年，道府俸六个月；三起者，州县降一级留任，道府罚俸一年；四五起以上者，州县降一级调用，道府降一级留任。"此外，还针对旗丁贿赂催漕弁兵以盗卖漕粮，该管千总将备及押运官员并没有处分的问题，提出："嗣后有催漕弁兵需索旗丁，旗丁贿赂催漕弁兵者，分别治罪，领押官员与该管上司分别议处。"① 乾隆十七年（1752），给事中朱若东提出对盗卖漕米的行为应该在原有的治罪基础上递加处分，"一人盗买及一帮盗卖至百石以上者，将盗买及盗卖为首之人枷号两月责放。失察运弁，自数石至数百石，同一处分"。"旗丁盗卖漕粮不及五十石者，将运弁捆打四十。五十石以上者，降一级调用。一百石以上者，降二级调用。二百石以上者，革职。"② 费用不足的旗丁若不能盗卖漕粮来弥补往往会选择脱逃，而这种情况却普遍存在于湖广漕运中，为此漕运总督杨锡绂主张："各卫如有逃丁，将原金卫守备向例降一级调用改为降二级调用，不准抵销。旗丁潜逃，除再犯三犯分别军绞外，其初次逃丁从重杖一百，枷号一个月，面刺逃丁二字。"③ 乾隆三十九年（1774），严法重典治理漕运达到一个新高度。这一年，船户刘治等人偷卖漕米案发，此案中有旗人参与其中。当时审理此案的直隶总督周元理定谳，主犯船户刘治发配烟瘴之地充军，从犯中旗人判折枷鞭责，而其他从犯则判流徒之刑。判决上奏后，乾隆发谕旨，命令取消从犯中的旗人所享受的特权，按照一般民人接受处罚，并规定：之后"住居屯旗人及各处桩头并驻防之无差使者，其流徒罪名俱照民一例实遣，著为例"④。

总之，无论是实实在在的法律规定，还是行业性章程，从根本上说无疑表达了用严法来整顿漕运的主张，这一点可以从历朝修撰的《会典》上得到明显的体现。随着朝代的更替，对漕运的认识在加深，同样在治理漕运过程中所体现出来的严法重典之思想也在日益严密。

---

① 《清高宗实录》卷86，乾隆四年二月己丑。

② 《清高宗实录》卷412，乾隆十七年四月壬辰。

③ 《清高宗实录》卷676，乾隆二十七年十二月壬辰。

④ 《清高宗实录》卷970，乾隆三十九年十一月乙卯。

第四节　减废漕员论

自清初以来,各种治理漕政的办法纷纷被提出,然而随着清朝政治的发展,以及对漕政、漕弊等方面认识的深化,出现了一些不同于传统认识的新尝试,开始从制度本身思考和探索漕运的治理,虽然这些呼声还没有突破旧有的制度窠臼,力量和呼声还比较弱小,却代表了一种试图突破陈规的新趋势。这种趋势最初的目的在于维护制度本身的合理性和稳定性,随着制度滞后性的显现,维护制度的这种初步尝试从最初的减少或废除漕运体系中的冗员,发展到最后发出"废漕督"的呼声,不经意间开始触及制度合理性的问题,为漕运治理提供了一个方向和一种可能。

由知县擢升为山东道试监察御史的焦荣因为有着基层管理经历,使其对漕运中的冗官现象十分了解。康熙十二年(1673),焦荣奏报漕粮体系中存在不少冗员,并举出他任知县时的江右县为例:一是都司,二是部分守备、千总、百总。对于都司,焦荣指出"各县所征屯粮,俱由布政粮道催解,都司无屯粮之辖矣",在漕粮征收中,"亦不过虚有此名而已"。既然如此,那么"虚设此官何为哉"?对于部分守备、千总、百总,焦荣指出江右县漕船领运守备、千总共28人,而实际上每次出运守备千总只有14人,剩下的14名守备千总并不领运,只不过拿俸禄而已。此外,还有随帮土弁百总28人,每年也只有14人随帮,而这些土弁百总全属虚设,因为"在次领运由粮道借委,在通回空,则令总督仓场臣行委代押",因此"此随帮土弁百总二十八员","裁之更无不可也"。既然"任无专司,则旷官即是冗员。委属土弁则无益,兼且有损",虚设这些职位只不过"岁糜廪禄,诚属冗员,裁之无不可也"①。虽然焦荣的题本还只是就某一特殊案例而展开的讨论,他在题本中的所指也仅涉及寥寥无几的层面和冗员,但从理性的高度来看,我们不得不承认这种触及未尝不是对旧制度弊端的叩问,一种对治理漕运新模式的渴望,从中可以看出时人在关注非根源性问题治理时开始了初步的制度性思索和探讨。

上述这种声音虽然不强,却始终没有中断。雍正元年(1723),漕运总督张大有向刚刚即位不久的雍正帝上奏。通过对漕运系统的观察,他意识到漕政中冗员太多导致其他一系列漕弊的出现,提出裁撤和淘汰冗员的

---

① 《山东道试监察御史焦荣请裁冗员裕国利漕题本》,《历史档案》1984 年第 3 期。

建议，他说："臣查十余年来粮船挂欠者仍复不少，则是押运官多，未见于粮船有益，而且多一官则多一官之费，所带家人衙役食米盘费俱要旗丁备办，是非徒无益而又有累矣。臣思自水次兑粮，以至抵通交卸，皆系千总专责。千总果得其人，自足驾驭旗丁、防范稽察，使粮全完无欠，又何必多添官役，以为旗丁之累。"① 漕运体系中本设有江浙船政同知一职，负责经管修造粮船。然而此职不仅"于漕政毫无裨益"，反而"侵渔尤甚"，影响漕政。二年，雍正即着手改革，将此职裁撤，以清漕政。② 众所周知，雍正朝的种种改革被冠以"严法猛政"，与此相比，上述漕运中的两个例子实在不值得一提。既然如此，我们不禁要问雍正朝为什么在漕运上没有创新性办法或突破性措施出现？笔者认为，雍正朝漕运制度的内在张力还有比较大的伸展性，还没有达到制度极限，漕运制度还可以释放出一定的空间，让制度自身得以发展或适应，还没有到万不得已的地步，因此雍正朝无法出现创新性措施也就理所当然了。

进入乾隆朝，漕政各方面的发展取得了不少成就，同样也暴露出很多弊端，尤其是乾隆中晚期，漕运体制所暴露出的弊端日益严重，开始消释漕运制度所累积起来的"红利"，并逐渐在漕运中体现，已影响到漕运的正常进行。原来漕运制度的张力也渐渐达到极限，变成了封建社会发展的一种阻碍，若不再改革和创新，漕运制度必将陷入危机，最终会动摇封建制度的根本。然而，传统中国往往是对原来制度的修补，而漕政的修补已无济于事，无法挽救已病入膏肓的漕政肌体。时人已经看到了这种趋势，朝廷上下也提出了不少漕政改革方案，有改海运者，有改漕丁者，有废浮收者等。③ 其中就有"废漕督"呼声，虽然当时应者寥寥，也没有能引起社会和统治者的重视和反思，但却显得十分显眼和尖锐。提出这一主张的人为乾隆朝晚年的王芑孙。他提出应该裁撤漕运总督，理由有二：一是"漕务绵七省，漕督一人，仅驻一处，呼应既有不灵，稽查亦所难遍，居恒坐啸，虽贤者无由自异，及其出运，鞭长莫及"。况且，"名为漕所总汇，其实下无不由于州县，上无不归于督抚，漕之误与不误，仍在督抚州县，总漕无能为也"。"总漕一官，设可也，不设可也。"二是虽然多设总漕一职"无裨于漕，犹无损于漕"，但是因总漕设立而多出来的一个漕运

---

① 《雍正朝汉文朱批奏折汇编》第 2 册，第 56 页。
② 《清世宗实录》卷 20，雍正二年五月甲辰。
③ 吴琦、肖丽红：《制度缺陷与漕政危机——对清代"废漕督"呼声的深层分析》，《中国社会经济史研究》2006 年第 4 期。

总督衙门,其一整套人员是一个非常大的数目,这一大批冗员都依附漕运为生,因此"多一总漕之衙门,非惟无裨,又有大害"。基于上述两点,王芑孙发出了"废除漕督"的呼声。此外,王氏还指出押运漕粮的卫守备、千总也应该裁撤。他说:"卫守备卫千总犹之营守备营千总也,今以不堪营用者,畀之卫职,其人自知升进无阶,聊复虱于其间,寄衣食焉,征粮理讼,小分州县之权,裒带肩舆,略无骑射之责","天下冗官,无过于是",因此亟须将这些冗官从漕运体系中裁撤,"省其职而并之州县便"①。虽然王芑孙的呼声在当时并没有得到多少回应,但我们可以肯定的是漕运制度至此已经开始有所动摇,已经开始有人怀疑漕运制度。正如吴琦等所说:王芑孙所失望的并不是漕运总督个人,而是整个漕运制度。②换句话说,王氏疾呼废漕督只不过是废漕运的隐喻而已。作为一种庞大的国家制度,漕政不可能轻而易举地被废除,更何况漕粮关系着国家的稳定,又没有替代物。但官职设废却不一样,可以因时因地而设,并不影响已经运行的官僚制度。作为漕运制度的一种符号,漕运总督若被裁撤,整个漕运体系下的官僚体制必然重新洗牌,甚至会崩塌。王芑孙或许不一定会有这种深意,但他的呼声实际上已经向漕运制度发起了挑战,也启迪后人在这一问题上的思索。

第五节 其他治漕论

由于漕政在各个时期的表现不同,各种整顿思想也相应体现出各自的侧重点。自清初的"清承明制"至乾嘉时期危机局面的发展历程中,治理漕政思想除了上述几种呼声外,还有一些曾经喧嚣一时却未能对漕运发挥大作用的言论,而这些言论由于种种原因未能在漕运体系中取得话语权,虽然颇受时人关注,却未能促使漕政的改善。本书将用一小节来探讨在漕政史上留下过痕迹的一些思想。

与漕运息息相关的当属运河,如果运河不畅,漕运自然无法保质保量地完成,因此"治河速漕论"便相伴漕运制度始终。在传统中国社会,水利(或河工)可以说与王朝的统治关系紧密,除去魏特夫所说的"治

---

① 王芑孙:《转般私议》,《皇朝经世文编》卷47。
② 吴琦、肖丽红:《制度缺陷与漕政危机——对清代"废漕督"呼声的深层分析》,《中国社会经济史研究》2006年第4期。

水社会"外，我们不得不承认"治水"对中国历代王朝所具有的重大意义。康熙甚至将"河工"作为其统治国家的三件大事之一。重视河工的原因如下：一是河工不修，易发水旱灾害，会导致社会动荡和政权不稳，甚至瓦解。二是影响国家财源和税收。三是破坏漕运的正常进行。这些原因让清朝历代统治者无以复加地重视河工。漕运离不开运河，漕运与河工紧密联系在一起，时人常说"国家之大事在漕，漕运之务在河"①。统治者更是明白两者之间的关系，康熙指出"河道关系漕运，甚为紧要"②，所以封建时代的统治者都明白"理漕与治河尝相表里"的道理，③ 因此在治河众论中都有治漕的论调，无论是治理漕运专论还是在探讨如何治理河工的声音中，"治河速漕论"便有了非常大的市场。上自帝王，下至一般士人，每当论及治河，其中便有治漕之目的。诸如清朝历代帝王的治河论，便是想通过治河达到漕河两治一举两得的效果，其中康熙最具代表性。此外，河道总督、漕运总督、有漕省份大员等皆有类似的论调和讨论。这种"治河速漕论"在当时的广泛性还有一个突出的表征，即大量治水著述的产生。既然如此盛行，为何只用如此小的篇幅进行探讨？笔者认为这种论调虽然在清朝一直很盛行，但却不是为了治漕而导致治河，换句话说，治河并不是治漕的手段，因此治河论一直以来虽盛行不衰，却在漕运史中并没有引起多大的反响。譬如，清代有关治水的著述非常丰富，虽谈不上汗牛充栋，但其数量也得成百上千。如此众多的治水著述毫无例外地把治河与漕运联系起来，在探讨治河方法时总免不了解释对漕运的影响，这就容易造成一种错觉：治水就是为了治漕。但事实上，虽然漕运和河工紧密联系在一起，但两者毕竟不是同一事物，所涉及漕运的河工也只是"治河"对象的一部分。在绝大多数情况下，"速漕"只是治理河工的"副产品"，某种程度上是一种话语权的争夺，因此在漕运治理史上，这种声音在漕运体制内并没有多大的市场，更不可能留下很深的印迹。

在漕运诸多难题中，旗丁（或运丁）费用不足历来是一个普遍存在的问题。导致这一现象产生的一个主要因素就是漕运中的各种陋规，统治阶层对此也十分清楚，因此在整顿漕运过程中出现了各种革除弊端的议论和呼声，在漕运史上几乎占据了半壁江山。当然，革除包括陋规在内的各种漕弊，或许可能暂时缓解运丁的经济压力，但却不能最终解决这一问

---

① 徐越：《敬陈淮黄疏浚之宜疏》，《皇清奏议》卷17。
② 《清圣祖实录》卷116，康熙二十三年七月乙亥。
③ 任源祥：《漕运议》，《皇朝经世文编》卷46。

题。在整顿漕运的大舆论中，仍有"津贴旗丁"这样细微的声音出现，虽然在当时显得那么另类，也不可能得到统治者的同意，却代表了一种从财政制度上寻求突破的新趋势。康熙年间，针对"运丁困苦挽运甚难"的现状，康熙虽然要求对旗丁"宜加意轸恤"，提出的办法是放松旗丁按照规定携带土宜的限制和稽查。① 雍正年间，雍正的解决办法依然是在旗丁携带土宜的问题上做文章。雍正"思旗丁运驾辛苦"，将所携带的土宜"于旧例六十石之外加增四十石，准每船携带土宜一百石，永著为例"②。这种不痛不痒的办法无法解决旗丁入不敷出的难题。乾隆三十八年，粮道林文德深知运丁经费严重不足，极大地影响了整个漕运的正常运行，为此他向清政府提出给旗丁增加津贴，以缓解旗丁的经济压力，但最后还是被否决。③ 清政府当时的普遍做法是帮助旗丁节流，而随着社会发展、物价上涨、突发事件等因素，更何况陋规是不可能完全杜绝的，无论怎么节流，仍不能解决旗丁的经济负担，还必须开源。而在清政府"量入为出"的财政政策下，统治者绝不可能从有限的财政收入中拿出银两来增加旗丁津贴，更何况这还是个非常巨大的数字，这也决定了此办法在清王朝是行不通的。即便如此，作为解决漕运困境的一种选择在嘉庆朝时又引起一场更大的讨论，后文将有详细讨论，此处不再赘述。

漕运系一国之命脉，"漕，天下之重务也"④。漕运在古代中国社会中具有不可替代性，统治者在漕运这一问题上自然是万倍小心，因此，虽然有些漕运治理思想在当时颇受关注，由于不符合统治者的利益和需要而被排除在外，无法纳入统治者的政策安排中去。清初著名学者李因笃认识到漕运对历代统治者的极端重要性，坚持漕运不可替代的前提下提出了自己的一整套漕运治理思想，后人将其归纳成"三要""五举""六说"⑤。李氏的这一套思想是从整体上来考虑漕运的治理问题，因此治理之法不仅仅局限于漕运本身，还包括其他与漕运息息相关的部分，如"五举"中的开渠、垦田、屯采，"六说"中的水利河道治理等。仅就漕运本身的治理就让统治者感到十分困难，难以找到良方，更何况还要把很多棘手的难题集中到一起，其难度可想而知。李氏之论虽然有其独到之处，但是可惜体系过大而稍显"空泛"，对统治者来说可操作性难度太大。因李氏的这种

① 《清圣祖实录》卷97，康熙二十年八月庚午。
② 《清世宗实录》卷81，雍正七年五月甲子。
③ 《清高宗实录》卷940，乾隆三十八年八月辛丑。
④ 李因笃:《受祺堂文集》卷1。
⑤ 高春艳:《试论清初学者李因笃的漕运思想》，《唐都学刊》2014年第3期。

治漕言论在理论上的"完整性"和"统筹性"，在之后的百余年中类似的思想时有出现，但也都因不具有可操作性而销声匿迹。

　　当然，有关漕运的议论远不止这些，在漕运史上还有许多微弱的声音，虽然没有引起当时社会的响应，却代表了某种角度和立场，如改漕丁、整顿旗丁屯田等言论，遗憾的是它们皆如"无源之水"，不能真正解决问题，最后如昙花一现罢了。

第三章　王朝的现实：全球变局中的嘉庆中衰

　　传统中国社会发展①的脚步从乾隆中晚期开始放慢速度，而这个时候的世界却以日新月异的速度改变着自己，特别是欧洲诸国，"诸欧治定功成，其新政、新法、新学、新器绝出前古，横被全球"，它们凭借这些新的社会推动力让自己开始超越了"东方"，"欧人用以囊括四海，席卷大宇"②，逐渐"爬上亚洲的肩膀"。18、19世纪的世界正经历一场前所未有的变革，处于其间的大清王朝犹如一艘厚重的古老大船正沿着固有的轨迹和航道步履蹒跚地向前航行，虽然没有停滞，与世界的发展速度相比却明显慢了下来。19世纪的到来，刚即位的嘉庆帝需要面对一个全然不同的新形势下的旧王朝和旧观念中的新世界。然而外部的新世界不仅要给旧王朝带来巨大影响，而且旧王朝本身也出现了整体剧变，林满红称之为"中国的整体秩序变动"，③ 彭慕兰也提出1800年以后东西方的发展开始"分流"了。如何来认识和厘清这些影响和巨变以及在新变局中的中国和国门外的世界，显然是了解嘉庆中衰的一条主线，也是本书主题所在。贡德·弗兰克在研究1400—1800年世界经济时曾设想通过"生态—经济—技术、政治—军事、社会—文化—意识形态"三个维度作为其理论建立的基础，试图体现在其名著《白银资本：重视经济全球化中的东方》（以下简称《白银资本》）中。④ 笔者在本章中将以弗兰克的三个维度设想为

---

① 本书不局限于经济方面的考量，而是从包含经济、政治、文化等构成的一个整体进行审视。

② 康有为：《进呈突厥削弱记序》，《康有为政论集》上册，中华书局1981年版，第299页。

③ 林满红：《银线：19世纪的世界与中国（1808—1856）》，江苏人民出版社2011年版，《导论》，第2页。

④ 陈燕谷：《重构全球主义的世界图景》，［德］贡德·弗兰克《白银资本：重视经济全球化中的东方》，刘北成译，中央编译出版社2008年版，第8页。

框架，把大清王朝所处的困境以及大门外的世界变化展现给读者，从两者的对比中可以让我们充分了解到东西方的差别和不同，以及身处其间传统中国的艰难走向。

第一节 旧观念中的新世界

1792 年，即乾隆五十七年，英国马戛尔尼使团带着促进对华贸易之使命，万里迢迢来到了东方中国，并在启行之前向清政府致函告知。然而在传统宗藩关系思想指导下，英人转交的信函被广东官员认为是下对上、番邦对天朝的禀帖，① 不再是英人所认为的平等的外交文书，英人的信函也自然被翻译成一种下对上的谦卑请求："今闻天朝大皇帝八旬万寿，未能遣使进京叩祝，我国王心中惶恐不安。今我国王公选妥干贡使马戛尔尼前来，带有贵重贡物，进呈天朝大皇帝，以表其慕顺之心，惟愿大皇帝施恩远夷，准其永远通好。"② 禀帖上满是如"天朝""大皇帝""叩祝""进呈""慕顺""施恩远夷"这样的谦卑之语，已然是一副下对上的口气。乾隆收到经"改造"的英人"禀帖"及广东官员的奏报后甚为高兴，并颁谕旨给直隶、山东、江苏、浙江、福建等沿海省份督抚大员及长芦盐政：英人禀帖"情词极为恭顺恳挚，自应准其所请，以遂其航海向化之诚"③。在乾隆眼中，英国使团的到来只不过是番邦向化而已。事实上，乾隆君臣的这种观念正是"由历史过程得来的感知"，也就是诺思所说的"先存的心智构念"，它帮助大清王朝的君臣民们"处理信息、辨识环境"，"解读环境并解决所面对的问题"④。乾隆君臣带着这种旧观念接待了英国使团，最后"东西方"的接触不欢而散，马戛尔尼使团带着没有完成的使命回去了。马戛尔尼使团来东方的同时及之后，世界正在发生着巨大的变化。而几年后即位的大清新皇帝所面对的不再是过去乾隆君臣心目中的那个旧秩序，已然是一个全新的世界了。

18 世纪以降至 19 世纪，世界发生的变化实在巨大，尤其是欧洲。按照弗兰克的三个维度来看，我们就会发现大清王朝国门外的欧洲在跨过

---

① 王开玺：《清代外交礼仪的交涉与论争》，人民出版社 2009 年版，第 175 页。
② 故宫博物院掌故部编：《掌故丛编》，中华书局 1990 年版，第 614 页。
③ 同上书，第 619 页。
④ ［美］道格拉斯·C. 诺思：《制度、制度变迁与经济绩效》，杭行译，格致出版社 2011 年版，第 27 页。

"近代化"门槛后,以"机器速度"用了很短的时间赶上并超过中国。如果把弗兰克的三个维度分开来看,其中弗兰克在《白银资本》中所强调的"生态—经济—技术"之维度则与布罗代尔《15—18世纪的物质文明、经济与资本主义》的论述有异曲同工之处。然而弗兰克只是强调了这一维度中的经济层面,布罗代尔则花了相对较多的篇幅弥补了弗兰克的缺憾,虽然布氏未必准确。以下则分别予以简论。

(1)生态。人类社会的生态当然以"人"为核心,因此在谈论生态时,人口数量和生存质量理所当然是最明显的例子。在欧洲,自18世纪以来,人口问题便成为社会理论的焦点之一。[①]然而由于资料的缺乏,人口数量的统计一直以来都被历史学家、社会学家视为最头疼的问题之一,但不管如何,有一点是肯定的,那就是人口数量是在不断增加的。以下是两位西方学者的人口估算:

表3—1 　　　　　　　　贝内特的估算 　　　　　　　(单位:百万人)

地区	1650 年	1700 年	1750 年	1800 年
欧洲	100	115	140	188
美洲	9	10	11	29
亚洲	319	402	508	612

资料来源:转引自《白银资本》,第159页。

表3—2 　　　　　　　　克拉克的估算 　　　　　　　(单位:百万人)

地区	1650 年	1700 年	1750 年	1800 年
欧洲	90	106	130	173
美洲	13	13	15	25
亚洲	311	420	484	590

资料来源:转引自《白银资本》,第161页。

从表3—1、表3—2中可以看出,全世界的人口是逐渐增加的,而从18世纪晚期开始,人口数量急剧增长。人口之所以在这个时期加速增加,李中清、王丰认为"世界人口的这种急剧增长缘于18世纪后期开始的人

[①] 李中清、王丰:《人类的四分之一:马尔萨斯的神话与中国的现实(1700—2000)》,生活·读书·新知三联书店2000年版(下略),第4页。

口死亡率的逐渐下降和生育率的上升"①。如果以欧洲为例来说明上面的数字变化，那么从 18 世纪后期开始人口死亡率的下降和生育率的上升离不开饮食、生活的改善和提高，肌体免疫能力的增强，医疗卫生条件的改善以及应对饥荒能力的提高。正因这些构成生态的各个要素产生了巨大的积极变化，布罗代尔对这个时期的欧洲给予了极大的赞誉，称赞其为"条件优越的欧洲"，并想象丰富地指出：如果回到这个时候的欧洲，"人们就像熬过了漫长黑夜那样感到苦尽甘来的宽慰"②。我们可以更进一步看到，这些积极变化与文化科学技术的发展是紧密联系在一起的，这一点将在后文继续探讨。

（2）技术。以理性为主的近代科学在欧洲的兴起，使得欧洲出现了专门进行科学实验和研究的人员，这些人不再是业余的爱好，而是作为一种职业。③ 而理性的系统科学的出现和发展也导致了欧洲工业革命的产生。正因为科学技术和工业革命的发展不仅促使了新的阶层——资产阶级——出现，而且还使社会生产力以几何级别的速度增长。极高的生产力生产出数量巨大的产品后，需要更广袤的销售市场和极大的原料产地。而在资产阶级追求利润的推动下，当科学技术发展可以满足全世界贸易的需求时，欧洲便开始了更大规模的海外殖民，同时也将其产品运销全世界。其中，科技的发展和工业革命使英国在世界工业体系中形成优势，从而使英国在世界贸易中一度处于垄断地位。其产品如棉花，18 世纪 70 年代初，每年加工制造的棉花约 500 万公斤，到了 19 世纪 40 年代初，每年增加到 5.3 亿公斤。英国凭借其科技优势，使其商品保持无人与之竞争的地位，运销到世界各地的穷乡僻壤，并强制各国都要为其商品敞开大门。④ 当然，18 世纪欧洲技术进步并不是一下子就爆发出来的，而是有很多是在此前 150 年中发展起来的，⑤ 也就是说欧洲社会在这段时间里一直在进行理性科学的积累，最后通过量变至质变的变化，并最终体现在工业革命及其对整个欧洲社会的推动上。

---

① 李中清、王丰：《人类的四分之一：马尔萨斯的神话与中国的现实（1700—2000）》，第 1 页。
② ［法］费尔南·布罗代尔：《15—18 世纪的物质文明、经济与资本主义》（第一卷），顾良、施康强译，生活·读书·新知三联书店 2002 年版，第 85 页。
③ 申漳：《简明科学技术史话》，中国青年出版社 1981 年版。
④ 林举岱：《英国工业革命史》，上海人民出版社 1979 年版，第 83 页。
⑤ ［美］彭慕兰：《大分流：欧洲、中国及现代世界经济的发展》，史建云译，江苏人民出版社 2004 年版，第 49 页。

（3）经济。世界其他地区尤其欧洲经济的发展得益于科学技术的提高和国际贸易的发展。重要领域中的技术进步，诸如机械力代替人力，极大地提高了劳动生产率，机器生产使工业生产的增长速度大大高于机械化生产以前。18世纪10—80年代，世界工业生产指数提高了近2.3倍，而1802—1812年到1870年提高了5.1倍多。① 而船舶技术方面试验、导航仪器和海图的改进、应用天文学以及关于海风和海流知识方面的发展，以及在欧洲内部相当迅速的技术扩散，导致19、20世纪全球贸易的极大发展，尤其是"国际贸易在西欧经济的发展中起到了至关重要的作用，而它在亚洲或非洲的历史中却远没有那么重要"②。以英国为例，工业革命早期（1780—1801），英国经济年增长率为1%多一些。1801—1851年，英国经济进入了前所未有的高增长时期，年增长率为2%—2.5%。1801年的国民生产总值估计为2.32亿英镑，到1851年增至为5.232亿英镑。③西方经济的巨大成就很快超过了近代早期让西方人羡慕的"东方"，特别是欧洲在1800年以后蒸蒸日上，如日中天，④ 于是到了1850年，现代的巨大断裂让全世界明白：西方的巨大发展很快就使它在全球占据了主导地位。⑤

从政治—军事和社会—文化—意识形态之维度来看，西方世界与东方中国之间的差别已开始有了天壤之别。18世纪末欧洲进入了革命时代，不仅有发端于英国的工业革命，还有滥觞于法国的资产阶级民主革命，两种革命让西方世界彻底改变了面貌，斯塔夫里阿诺斯说："19世纪欧洲对世界的支配不仅建立在欧洲工业革命和科学革命的基础上，也建立在欧洲政治革命的基础上。"资产阶级民主革命结束了欧洲各国封建势力一统天下的历史，"结束了人类分成统治者与被统治者是由神注定的这种观念"⑥，封建势力开始退出历史舞台，代之而起的是新兴的资产阶级势力，

① 高德步、王珏：《世界经济史》，中国人民大学出版社2001年版，第238页。
② ［英］安格斯·麦迪森：《世界经济千年史》，伍晓鹰等译，北京大学出版社2003年版，第5页。
③ ［英］马歇尔主编：《英国历史统计》，转引自徐滨《18—19世纪英国劳工生活水平的变化》，《世界历史》2005年第2期。
④ ［德］贡德·弗兰克：《白银资本：重视经济全球化中的东方》，刘北成译，中央编译出版社2008年版，第36页。
⑤ ［美］傅礼初：《整体史：早期近代的平行现象与相互联系（1500—1800）》，董建中译，《清史译丛》第十一辑，商务印书馆2013年版，第35页。
⑥ ［美］斯塔夫里阿诺斯：《全球通史——1500年以后的世界》，吴象婴、梁赤民译，上海社会科学院出版社1999年版，第322页。

并确立了权力结构上的三权分立原则，在此基础上建立"现代民主"的国家政权。19 世纪，经这两种革命的洗礼后，西方国家纷纷建立或进入了"现代社会"，最终以"现代社会"取代了"旧制度"。① 即便如此，西方世界，特别是欧洲存在众多的政治实体，而这些政治实体由于政治竞争经常导致武装冲突，所以各国统治者都建立了较强的武装力量，② 而且工业革命也让强大武装力量的建立变成一种现实。18 世纪中晚期开始，西方国家的军事力量在工业革命的催化下飞速发展。从军事技术装备上看，由黑火药到高爆炸药，由前装滑膛枪炮到后装线膛枪炮，由球形枪炮弹到圆锥形枪炮弹，由风帆驱动变为以蒸汽为动力，由木质战舰变为钢铁战舰，军事通信技术的发展使战舰之间的联系摆脱了旗语的严重束缚。军队规模日益庞大，兵种构成、组织编制也日趋复杂，有关战争的军事理论也有了创新，并形成了新的理论体系，产生了许多著名的军事家和军事理论著作③……凡此种种，每一项成就都是在原有基础上产生的质的飞跃。

民主革命、工业革命对 18 世纪末以后的西方社会在社会—文化—意识形态方面产生了极大的影响，促使其改变，具体体现如下。西方社会的人口增长、财富激增，消费社会开始出现，大量农民在工业化兴起后涌入了城市，城市化出现。新的社会阶层——资产阶级和无产阶级——产生，特别是资产阶级开始参与并主导国家政权，资产阶级的力量日渐壮大，其思想越来越被社会精英所接受，并逐渐主导社会的舆论和风气。18 世纪中期之前的西方世界，尤其欧洲社会对东方的中国充满了"好奇"和"羡慕"，伏尔泰说："在欧洲，我们没有一个民族的古代文化可以被证明是能和中华帝国的相媲美的。"④ 正如费正清等人总结所言，当时的"欧洲大盛'中国风'，他们不仅对儒教的理性思想、伦理道德和仁君思想予以理想化，而且中国的建筑风格、瓷器、家具和室内装潢亦风靡一时"⑤。然而从 18 世纪晚期以后开始，"欧洲启蒙运动的亲华倾向和'中国式风格'热潮都已走到了他们的自然规律路程的尽头，令人完全失去了动力。

① ［美］科尔顿、帕尔默、克雷默：《近现代世界史》，刘北成译，商务印书馆 1990 年版，第 462 页。
② ［美］王国斌：《转变的中国：历史变迁与欧洲经验的局限》，李伯重、连玲玲译，江苏人民出版社 2010 年版，第 89 页。
③ 史仲文、胡晓林主编：《世界全史》卷 63，中国国际广播出版社 1996 年版。
④ ［法］亨利·柯蒂埃：《18 世纪法国视野里的中国》，唐玉清译，上海书店出版社 2006 年版，第 127 页。
⑤ ［美］费正清、赖肖尔：《中国：传统与变迁》，张沛译，世界知识出版社 2002 年版，第 281 页。

昔日震旦的辉煌锦绣，由于嘲讽者的不断抨击，由于鉴赏力不可避免的转移，还由于对中国的真正了解的不断积累，而受到磨损和撕裂"①。于是"欧洲人对中国的钦佩开始消逝……开始对中国的自然资源比对中国的文化更感兴趣"②，欧洲社会一改其流行的"中国热"，转而开始轻视甚至是鄙视中国文化，其中社会精英态度的转变是其风向标。孟德斯鸠认为中国的政体是一种暴政，法国思想家沃尔内也把中国政治概括为棍棒专制主义，法国作家德·萨德描写道："中国皇帝与官吏不时地采取措施，逼迫人民造反，然后从中获得血腥屠杀民众的权力。"③ 卢梭说中国人"整天说个不停，但都是没用的空谈，他们富有思想但是却没有一点才能，虚有其表……把所有应尽的义务挂在口头上，对所有的道德装腔作势，不知道其他的人性，他们所谓的人情交往只不过是行曲膝礼"。狄德罗不但指出当时的清政府是缺少仁慈的残暴，甚至提出了征服中国的问题。④ 而此时的西方为了追求利润，渴望全世界都是开放的，全世界各个国家的市场都是自由的，可以让西方的商品随时随地进行自由贸易。体现在自由贸易上的自由主义更是让西方社会深深地体会到脱离"神权时代"和"封建时期"的甜蜜成果，而这种"自由"也是西方世界反抗"封建""神权""专制"最有力的武器。18世纪末，西方社会另一个思想主流便是马尔萨斯提出的人口理论，他认为人口增长会限制经济增长和社会福利，并进一步扩展到对生态的忧虑。这一理论在西方社会中发挥了巨大的功效，影响了个人决策，"小家庭的增多、识字率的提高、西方个人主义的滋生和蔓延以及市场经济的日益渗透"。因此很多学者指出，"欧洲人口转变的起源、欧洲个人主义的根源、甚至19世纪欧洲资本主义发展，都紧紧地交织在一起，并根植于欧洲的家庭与人口文化之中，而这种文化促进了这些革命性的社会经济变化"。正如王国斌所说的那样，当时的中国史作为"非西方的父权制、社会形态和经济过程，都被归入一个世界性的二元对立体系中本质上反现代的'另类'"中的典型例子。⑤ 当然，西方社会出

① ［英］雷蒙·道森：《中国变色龙》，常绍民等译，时事出版社1999年版，第186—187页。

② ［美］斯塔夫里阿诺斯：《全球通史——1500年以后的世界》，吴象婴、梁赤民译，上海社会科学院出版社1999年版，第234页。

③ 金梅：《18世纪末，欧洲开始轻视中国》，《环球时报》2008年12月4日。

④ ［法］亨利·柯蒂埃：《18世纪法国视野里的中国》，唐玉清译，上海书店出版社2006年版，第132页。

⑤ ［美］王国斌：《转变的中国：历史变迁与欧洲经验的局限》，李伯重、连玲玲译，江苏人民出版社2010年版，第5页。

现诸多"现代性"的思想、潮流、文化、观点等，西方已经确立了现代性精神结构，而正是由于西方社会建立了完整统一的现代性文化体系，"中国形象"在西方社会已经一落千丈，此时西方文化的主流精神是一种自信向上、排外霸道的资产阶级意识形态。[①]

第二节　新形势下的旧王朝

　　18世纪末至19世纪初，正是清乾嘉两朝易代之际。清代社会经过持续百余年和平安定的社会环境，以及鼓励垦荒、"滋生人丁，永不加赋"、地丁银制度等诸多因素的综合作用下，人口急剧增加，从18世纪初期的1.5亿人，至18世纪末嘉庆即位时人口已接近或达到3亿人，19世纪上半叶，人口增至4亿之多。[②]人口持续快速增长，而耕地及其增长却是有限的，因而带来了一系列社会问题。在巨大的人口压力下，清政府的主要办法就是鼓励开垦土地，但正如乾隆晚年所说的那样：哪有那么多土地开垦啊？18世纪前半期，能开垦的土地基本上都已垦殖，之后增加的无非是田角地头、屋前房后等零星土地，然后就是砍伐森林、围湖造田等利用破坏自然环境和生态环境的方法来增加耕地，土地及森林等过度开发导致了严重的生态后果。嘉庆二十四年（1819），《直隶南雄州志》中的记载可以作为过度开发导致生态破坏的典型案例，其记载为：山岭高阜之地"近四五十年日渐增植……一经垦辟，土性浮松，每成水患。"[③]但以土地为主的自然资源无法承载过剩的人口，以致乾隆末年，酝酿已久的社会危机便爆发开来。[④]

　　18世纪末以降，清政府的经济面临诸多难题。首先是白银内流而导致的通货膨胀，物价上涨，社会物价总水平涨幅达300%，而僵化的传统财政体制不能够应对这样的变化，受到全面冲击，关系清代国计民生的重

---

①　周宁：《天朝遥远：西方的中国形象研究》，北京大学出版社2006年版，第340页。
②　有关清代人口史方面代表性的研究有：梁方仲《中国历代户口、田地、田赋统计》，赵文林、谢淑君《中国人口史》，何炳棣《明初以降人口及其相关问题（1368—1953）》，葛剑雄《中国人口史》，姜涛《中国近代人口史》等。至今为止，有关中国清代人口的统计虽然还没有一个完全清楚和准确的数字，但随着文献资料和统计方法的日渐丰富和完善及学人们的不懈努力，对古代中国人口的估算正不断地接近历史原貌，更使我们得以一窥古代人口的大概面貌。
③　黄其勋：(道光)《直隶南雄州志》卷9《物产》。
④　张岂之：《中国历史》（元明清卷），高等教育出版社2001年版，第354页。

要经济支柱漕运、盐业、铜矿遭到强烈冲击，陷入困境。即便如此，从"长时段"的观点来看，这个时期的经济总量还是在增加，或者说总体上经济是在发展的，只不过速度比较缓慢。如果把视角下移到更加具体的范围内，那么不同的地区就有不同的情况，其中江南地区更是与众不同。到了19世纪初，江南大部分地区的经济发展很快，而且出现了"工业的地位已与农业不相上下，在经济最发达的江南东部，甚至可能已经超过农业"的状况。① 此外，手工业和工矿业有了更明显的发展，经济作物进一步推广，产量也有了大幅度提高。传统商品，如生丝、茶叶、瓷器等出口居高不下。虽然这种经济增长方式还很原始，科学技术水平几乎没有明显的进步。正如西方学者所说的那样"人口增长趋于抵消生产的任何增加"，"生产基本上完全是为了消费，陷入刚好维持人民生活的无休止的循环之中"②。但不可否认，直到嘉庆二十五年（1820），中国的GDP依然占世界经济总量的32.4%，③ 这一时期的中国依然是世界经济发达的国家。④ 因此，生产和经济数量增加，在一定程度上消弭了人口膨胀所带来的巨大压力，以及许多其他方面的社会问题所带来的巨大副作用，使得清朝统治即使陷入重重危机也不至于立即崩溃，而此时作为经济上"巨人"的清帝国只不过是虚有其表罢了。

　　人口的增加与有限的土地资源之间产生了矛盾，虽然清政府并没有彻底解决这一问题，但清朝统治也并没有因此而崩溃，其中除了上述所说的清代经济仍在发展的因素外，农业技术的提高也是一个不可或缺的因素，如多季稻的种植，美洲物种的引进和推广，经济作物的种植，水利技术的改善，等等。从近代科学的角度来看，这些农业技术的提高也只是一种低水平的改善。18世纪20年代，法国人皮埃尔·普瓦沃通过对中国农业的观察，一针见血地指出中国农业增产的秘诀"也就只是合理地施肥、犁地较深、及时播种和因土质不同而种植合适的作物，而最重要的是不同种

---

① 李伯重:《江南的早期工业化（1550—1850）》，社会科学文献出版社2000年版，第31页。

② ［美］费正清、赖肖尔:《中国：传统与变迁》，世界知识出版社2002年版，第266—267页。

③ Angus Maddson, *Chinese Economic Performance in the Long Run*，转引自黄启臣《中国在贸易全球化中的主导地位——16世纪中叶至19世纪初叶》，《福建师范大学学报》（哲学社会科学版）2004年第1期。

④ 黄启臣:《中国在贸易全球化中的主导地位——16世纪中叶至19世纪初叶》，《福建师范大学学报》（哲学社会科学版）2004年第1期。

类作物的轮作"①。虽然这只是在农业方面的表现，但以农业为生存基础的古代中国，作为"生存基础"的农业发展都如此缓慢，更不用说与实际生活相差较远的其他科学知识了。尽管 17 世纪的康熙朝统治者对西方的科学知识非常感兴趣，大量的传教士也进入中国，把西方的科学知识传到了中国，但这并不说明西方科学知识就在中国落地生根，实际上并没有促进中国科学知识的发展，中国的科学知识依然在原来的轨迹上"行走"，这是"因为受到了历代中国社会中同样抑制了科学发展的那些因素的影响"②。之后，清朝统治者为了稳固其统治，大兴文字狱，大大地禁锢了知识分子的思想，加上一直存在且牢不可破的抑制科学发展的诸多因素，使知识分子只有埋头于故纸堆中才最安全，乾嘉学派便兴盛起来，科学技术的发展受到了限制，更远远落后于西方世界。19 世纪 50 年代，一位生活在中国的英国人通过观察指出了中国的科技发展是如此落后，他说："中国的农业、织造业和运输业仍然普遍使用过去的方法，这不仅是二十年以前的，而且是一百年或几百年以前的方法，与西方各国不同，中国从未因引进机器、以蒸汽代替人力或改进运输工具而使生产成本有所降低。除了沿海使用了轮船之外，运输工具还是像有史以来一直使用的那种工具。"③ 总之，中国长期积累起来的诸多发明创造，在封建专制主义的高压政策下，或被埋没，或被扼杀，或被遗忘。18 世纪末 19 世纪初，整个中国科学技术在西方科学技术普遍繁荣的年代却是全面落后，陷入了停滞状况，甚至可以说是空白一片。④

上述很多现象与当时的政治状况有着紧密的联系。18 世纪后半叶，即乾隆中期以后，吏治败坏，贪污盛行，陋规泛滥，贿赂成风，"各省督抚中廉洁自爱者，不过十之二三"⑤。至 19 世纪初的嘉庆朝更加严重。各地钱粮亏空严重，官吏从上到下普遍腐败，"州县惟知以逢迎交结上司为急务，遂置公事于不问，视陋规为常例，以缺分美恶，得项多寡，总思满载而归，视民生为膜外。而督抚司道等亦只知收受属员规礼……而胥吏等

---

① Pierre Poivre, *Travals of a Philosopher, or, Observations on the Manner and Arts of Various Nations in Africa and Asia*，转引自马立博《虎米丝泥：帝制晚期华南的环境与经济》，江苏人民出版社 2012 年版，第 280—281 页。

② ［英］李约瑟：《中国科学技术史》第一卷《导论》，《中国科学技术史》翻译小组译，科学出版社 1975 年版，第 152 页。

③ 李必樟编译：《上海近代贸易经济发展概况：1854—1898 年英国驻上海领事贸易报告汇编》，上海社会科学院出版社 1993 年版，第 796 页。

④ 郝侠君等主编：《中西 500 年比较》，中国工人出版社 1989 年版，第 277 页。

⑤ 《高宗起居注》，乾隆六十年八月。

又利于案悬不结，可以两造恣其需索，以致拖累多人，日久尘积，上下相蒙"①。而且贪污舞弊呈现出数额巨大化、官吏集团化和手段极致化等特点。② 官僚体制一旦腐化堕落，必然导致行政职能的销蚀和无效。虽然嘉庆对政治上的腐败有很深的了解，甚至期望通过整肃吏治来挽救颓势，③ 然"盛世不能重造，他的意志并没有阻止社会的颓势。更多本来隐伏的问题从罅隙中冒出来了"④。政治上的腐败引导着社会风气的迅速败坏，金钱崇拜盛行。整个社会已不思进取，唯贪图虚荣，唯求荣华，因循苟且，"人心惯于泰侈，风俗习于游荡，京师其尤甚者。自京师始概乎四方，大抵富户变贫户，贫户变饿者，四民之首奔走下贱，各省大局岌岌乎皆不可以支日月，奚暇问年岁！"⑤ 知识分子们往往是"口耳之外无学，名利之外无事，妻子之外无人"⑥。官场上，"上都通显之聚，未尝道政事谈文艺也；外吏之宴游，未尝各陈设施谈利弊也；其言曰：地之腴瘠若何？家具之赢不足何？……内外大小之臣，具思全躯保室家，不复有所作为"⑦。在这样的风气影响下，平民百姓"由于他们的生活缺乏情趣"和希望，而整个国家处于一种"单调和沉闷状态之中"，便迫使人们吸食鸦片。据记载，乾隆末年中国各地居民开始染上了吸食鸦片的恶习。⑧ 据学者研究，19 世纪前期，鸦片市场事实上已经延伸至内陆地区。⑨ 不仅士农工商开始吸食，作为保卫国家安全的军队也不能幸免，据西方人记载：两广总督曾派出 1000 人的队伍去平定粤、桂、湘交界处的叛乱，后带兵将领遣回 200 人，因为这些士兵沉湎于鸦片，根本不能胜任平叛之责。⑩ 整个社会的颓废最后造成的状况是"人才迄今日，销磨殆尽矣！以模棱为晓事，以软弱为良图，以钻营为取进之阶，以苟且为服官之计"⑪。

---

① 《清仁宗实录》卷 61，嘉庆五年三月丙辰。
② 袁飞：《论嘉庆时期漕政的腐败》，《社会科学战线》2012 年第 9 期。
③ 袁飞：《略论嘉庆朝漕运治理的困境》，《淮阴工学院学报》2011 年第 2 期。
④ 陈旭麓：《近代中国社会的新陈代谢》，上海社会科学院出版社 2006 年版，第 45 页。
⑤ 龚自珍《西域置行省议》，《龚自珍全集》，上海人民出版社 1975 年版。
⑥ 姚莹：《东溟文集》，转引自任灵兰《嘉道时期士大夫的学术风尚》，博士学位论文，北京师范大学，1998 年。
⑦ 龚自珍：《明良论一》，《龚自珍全集》，上海人民出版社 1975 年版，第 30 页。
⑧ ［美］E. A. 罗斯：《变化中的中国人》，公茂虹、张皓译，时事出版社 1998 年版，第 146—148 页。
⑨ 林满红：《银线：19 世纪的世界与中国》，詹庆华等译，江苏人民出版社 2011 年版，第 82 页。
⑩ 《中国丛报》（Chinese Repository），Vol. 1—5，1832。
⑪ 赵尔巽：《清史稿》卷 356《洪亮吉传》。

政治上的腐败、社会风气的颓废等使清政府的军事力量日渐削弱。至嘉庆即位后，八旗绿营战斗力已大为削弱。八旗将领生活腐化，终日沉湎于声色犬马之中，已将整顿营伍、习练骑射等军务抛之脑后。而八旗兵丁则过着太平生活，不事生产，游手好闲，浮华奢靡，生活逐渐贫困，甚至典卖兵器装备，靠借贷生活。嘉庆帝指出："今满洲兵丁，不但远逊当年，且不及绿营，以至人皆不愿带领。"① 而绿营兵丁的情况也很糟糕，军纪废弛，生活腐化，不事操练。将领们贪污营私，克扣军饷，吃空额，甚至还用兵丁从事买卖。有些地方更是有名无兵。时人对此有过清晰的记载，从中可见一斑。据载："陕南兴、汉二镇，商州一协，有营无兵。汉中镇额设马步七千余人，今乃并无一人；看城门者，系营中现雇，日给百文，否则亦无人受雇。……榆林一镇，兵如乞丐，军械早已变卖糊口，闻遣则现雇闲人，无非希图口粮，及临敌则狂奔而已。"② 不仅如此，军队的武器装备也基本上没有多少改进，有些方面甚至还停留在清初的状态。清军装备大部分是冷兵器，还有一部分是旧式火器，主要是火炮和鸟枪。这些旧式火器射程短，耗时长且使用极不方便。即便如此，至嘉庆朝时，姑且不论技术上没有进步，火器的数量也是少得可怜，嘉庆一朝25年里只铸造了55门火炮，更不用说不被重视的火枪了。嘉庆年间来华的英国人亨利·埃利斯亲眼见证了这种落后的装备，他用蔑视的口吻记下了当时的情形："我们看到了一队士兵，他们大多数人身着全副盔甲或是镶着嵌钉的长衣，或许可以把他们和侠义时代的骑士们相比，都想依靠他们的重量来打败对手。他们的武器是刀剑和弓箭……少数几个人持有火绳枪。"③ 而这种状况到鸦片战争时仍未改变。鸦片战争中，道光皇帝从江西、湖南向广东调拨火炮支援，江西巡抚沈葆桢回复江西当时的火炮情况为："江西原设一千斤重铁炮29尊，二千斤重铁炮27尊，俱系康熙十五年以前制造，历年久远，施放难期。"湖南的情况也是让人惊愕，火炮皆"断折锈损，不堪使用"④。而此时西方国家的军队早已全部装备火器，而清廷却还坚持"枪箭并重，不可偏废"的迂腐观念，远远落后于时代发展，也大大落后于西方国家。⑤ 战斗力的下降和武器装备的落后使清军不仅无法

---

① 《清仁宗实录》卷47，嘉庆四年六月甲辰。
② 张集馨：《道咸宦海见闻录》，中华书局1999年版，第352页。
③ ［英］亨利·埃利斯：《阿美士德使团出使中国日志》，刘天路等译，商务印书馆2013年版，第206—207页。
④ 转引自《中国历代军事装备》，解放军出版社2007年版，第342页。
⑤ 刘子明：《中国近代军事史研究》，江西人民出版社1993年版，第14页。

与西方具有先进装备的军队相抗衡,甚至连维护统治稳定的基本责任也无法担负了。

政治上的严重腐败导致了清王朝统治能力的急剧下降,更导致社会矛盾的严重激化。18世纪后期乾隆末年,清代社会进入了极度不稳定的阶段。[①] 乾隆末年开始湘黔地区的苗民因不满压迫纷纷起义,起义虽然只发生在少数民族聚居的地区,但大小起义此起彼伏,直到嘉庆十二年(1807)清政府才最终将苗民起义镇压下去。嘉庆元年,川楚陕白莲教大起义震撼了整个清王朝。这次起义历时9年,波及湖北、四川、陕西、甘肃和河南5省。清政府为了镇压农民起义军,调动了16省数十万军队,耗费白银达2亿两之巨,相当于当时清政府5年的财政收入,造成了清政府财政的严重空虚,[②] 同时也暴露了表面看来十分强大的清朝军事体系令人吃惊的虚弱。[③] 此次起义被视为清朝由盛到衰的转折点。[④] 正当清政府调兵遣将镇压白莲教起义之际,广东、江西一带的天地会也起来反清。而发生在嘉庆十八年(1813)的天理教起义,规模虽然赶不上白莲教起义,其影响,尤其对嘉庆的震撼有过之而无不及。天理教的李文成、牛亮臣等人率教众攻下县城,直隶大兴的林清率教徒200余人攻进了清王朝的权力中心——紫禁城,极大地震撼了最高统治者,嘉庆皇帝惊呼此"乃汉、唐、宋、明未有之事",并为此下罪己诏,[⑤] 由此有人认为"自是之后,清廷纲纪之弛废,臣僚之冗劣,人心之不附,兵力之已衰,悉暴无遗",甚至提出"是役为有清一代兴亡关键"[⑥]。除了内陆各省的不稳外,西北边疆的分裂势力也开始蠢蠢欲动;在东南海疆,有海上的抗清斗争,有日益猖獗的海盗活动,有日益集结的海外势力,等等,诸多不安定因素已经为嘉庆朝敲响了警钟。

---

① [美]孔飞力:《中华帝国晚期的叛乱及其敌人》,谢亮生等译,中国社会科学出版社1990年版,第51页。

② 杨东梁、张浩:《中国清代军事史》,《中国全史》卷17,人民出版社1994年版,第63页。

③ [美]孔飞力:《中华帝国晚期的叛乱及其敌人》,谢亮生等译,中国社会科学出版社1990年版,第37页。

④ 张岂之主编:《中国历史》(元明清卷),第366页。

⑤ 《清仁宗实录》卷274,嘉庆十八年九月庚辰。

⑥ 铁庵:《临清之变》,转引自李尚英《清代政治与民间宗教》,中国工人出版社2002年版,第49页。

第三节　两个世界的再撞击

乾隆五十八年（1793），西方头号资本主义强国英国派出了以马戛尔尼勋爵为首的使团，以祝贺乾隆皇帝八十寿辰的名义前往东方古国中国，由此开启了中英两国及东西两个世界之间的第一次正式接触，自此"东、西"两个世界的撞击开始了。① 使团在热河被召见，马戛尔尼带着使团的二号人物乔治·斯当东，以及斯当东年仅 12 岁的儿子（习惯称为"小斯当东"）和一位翻译共四人觐见了清高宗弘历。1816 年，小斯当东 35 岁，已经是英国东印度公司的代理人，他正为英国使团第二次觐见中国天子准备着。此时的中国皇帝已不再是乾隆，而是他的儿子嘉庆。使团的二号人物也不再是乔治·斯当东，而是他的儿子小斯当东。② 这一年是嘉庆二十一年。

马戛尔尼使团回国没多久，乾隆便将皇位禅让给他的第十五子颙琰，年号嘉庆。在中英两次"撞击"之间的二十多年里，两国之间的非正式"碰撞"其实一直并没有间断。嘉庆五年（1800），英国兵船"天佑号"水兵无故向中国民船开枪，造成 1 人受伤，1 人落水溺亡。中国官府向英人索要凶手，英人拒不交出，后其事最后不了了之。两广总督吉庆等被迫摘录 6 条相关法律条文，送交东印度公司广州商馆特选委员会，让其按此约束商人、水手。③ 嘉庆七年（1802），英属印度总督韦尔斯利（Wellesley）乘葡萄牙忙于战事之际调派兵船 6 艘，载兵 1000 余人驶至伶仃洋，伺机夺取葡据澳门。当时在清廷钦天监任职的葡萄牙人索德超和汤士选将英国的这一图谋立即向清廷汇报，清政府得知消息后，命广东地方官员"饬谕英吉利夷船回国，毋许登岸"④。索德超等人在禀帖中还指出了英人的野心和企图，他们说"英吉利者，其在西洋，素号谲诈，近数十年来常怀蚕食之志，往往外假经商之名遂其私计"，而且由于清政府没有满足马戛尔尼使团来华所提出的要求，英国人"终不撒手，每有窥伺之意"，"其设法欲遂前求固非一日"，因此英吉利"外虽式（示）好相助，然内

---

① "两个世界的撞击"系借用佩雷菲特语。
② ［法］佩雷菲特：《停滞的帝国——两个世界的撞击》，王国卿等译，生活·读书·新知三联书店 1993 年版，第 16 页。
③ 吴义雄：《鸦片战争前英国在华治外法权之酝酿与尝试》，《历史研究》2006 年第 4 期。
④ 《清东华录全编》第 10 册，学苑出版社 2000 年版，第 160 页。

实诡计千般，未能一心相信"①。不可否认，其中也有夸张的成分，但也揭露了资本主义英国蠢蠢欲动的野心，当然也让英国人的形象在清政府眼中大打折扣。嘉庆十二年（1807），英国军舰"海王星号"在广州寻衅殴斗，打伤居民多人，打死1人。虽然清政府已送给6条法条，但英国方面并不遵行，而是极力袒护凶手，仅以过失杀人罪，缴纳4英镑罚金得释。次年，英国以法国侵夺澳门为借口派海军少将度路利（Drury）带领兵船9艘侵入广东香山县属鸡颈洋洋面上，并派兵300人在澳门登岸，占据澳门三巴寺、龙嵩庙及东西炮台。两广总督吴熊光立即命"该国夷船停止开舱，派员剀切晓谕，俟夷兵退出澳门，方准起货"。但如果"该夷人若再延俟，即封禁进澳水路，绝其粮食"。此时的嘉庆对英人的做法已经非常愤怒，指出英人的做法"实属桀骜可恶"。虽然吴熊光的做法还算及时，但"所办太软"，告诫吴熊光"边疆重地，外夷敢心存觊觎，饰词尝试，不可稍示以弱"，同时指出英国人的野心，"看来竟系尔国夷人见西洋人在澳门贸易，趁其微弱之时意图占住"。最后，嘉庆严厉地警告他们"即速撤兵开帆，尚可曲恕尔罪，仍准尔国贸易"，否则不但停止贸易，封禁进澳水路，断绝粮草，还要调兵围捕。② 最后，英兵撤走，没有造成双方激烈的军事对峙。嘉庆十四年（1809），英国水手在广州刺死1名工人。鉴于英国人的种种不法行为，清政府于同年制定了《民夷交易章程》，试图对在华英国人进行管理。嘉庆十八年（1813），经常在广东一带游弋的英国军舰"脱利斯号"在中国的领海内先后两次抢夺美国商船，清政府对英国的行为表示出了不满，认为这是一种侵犯中国主权的举动，并要求英国军舰立即离开。③ 中英之间的"非正式"接触，让清政府对英国人的印象越来越差，甚至影响到中英之间的贸易。

为了消除清政府对英国的不好印象，改善中英之间的贸易关系，扩大在华的各种权益，英国派出了以阿美士德勋爵为首的使团来华，开始了中英两国之间的第二次正式接触。嘉庆二十一年（1816），阿美士德使团来到中国，此时的中国对整个使团中其他人来说是新鲜的、陌生的，而唯独对使团的二号人物小斯当东来说中国已不再陌生，而是非常熟悉了。和他们的第一次来华使团一样，英国人在觐见皇帝的礼节上再一次遇到了难

---

① 《录副奏折》，为英吉利欲得澳门恳求大人转奏预防事禀文，嘉庆七年八月初一日，档号：03 - 9985 - 008。
② 《清仁宗实录》卷201，嘉庆十三年九月己丑。
③ ［美］马士：《中华帝国对外关系史》卷1，生活·读书·新知三联书店1957年版，第62页。

题。嘉庆和其父乾隆一样，要求前来"进贡"的英国使团必须行三跪九叩首之礼，并派理藩院尚书和世泰、礼部尚书穆克登额前往通州迎接，要求阿美士德等人在觐见时行三跪九叩首之礼。但在使团出发前，英国政府给阿美士德的训令中说道：要他熟悉中国政府，他是受到尊贵的摄政王之名，在这方面（礼节）要依据马戛尔尼勋爵先例。而到了中国后，使团接到了英国东印度公司管理委员会的信，信中对英国政府的训令做出了解释。信中说：特使认为便宜时，只要对使团完成使命有利，就可以自行决定行叩头礼。两种意见产生了矛盾，而熟悉中国情况且又有第一次来华经历的小斯当东改变了这种矛盾下的平衡。小斯当东在关键的时候力主：即使我们不去考虑我们本来就反对的这种礼节，相对于马戛尔尼使团的先例做出让步，① 做出与其相反的行动，屈从于中国礼节，这不仅对国家的尊严和国格是一种牺牲，也会对东印度公司在广州的贸易和利益造成伤害。因此，他对阿美士德坚称：尽管拒绝行礼可能会令使团面临被完全拒绝的危险，但我坚定地认为，屈从这一主张是不可取的。② 中英双方虽然经过反复交涉都无法弥合双方之间关于礼仪问题的分歧，最后嘉庆皇帝对阿美士德使团的表现怒不可遏，愤然颁布谕旨："中国为天下共主，岂有如此侮慢倨傲，甘心忍受之理？"下令将该使团"即日遣令归国"，该国国王表文也不便进呈，仍由该使臣赍回。该使团所带"贡物"，嘉庆认为皆是一些"奇巧之器"，"天朝不宝远物"，"亦不视为珍异"，着该使团一并带回。③ 阿美士德尚未开始履行英国政府给他的使命就被迫离开了中国。清廷在给英王的敕谕中提出：英国距离中华路途遥远，来往不便……嗣后毋庸遣使远来，徒烦跋涉。

清廷以很"大度"的口吻断绝了英国人再派使团来华的企图，也打碎了英国人欲进一步打开中国大门让其进行自由贸易的美梦。诚然，这是一把"双刃剑"，抵制别人的同时也伤了自己。清廷拒绝英国人的同时，也重重地关上了自己的大门。正当此时，美洲银矿的生产骤减，全球白银供应出现了严重短缺，英国无法弥补巨大的贸易逆差。英国期望通过阿美士德使团来华，改变其在中英贸易中的不利地位，扩大其在华贸易市场，改善贸易逆差，然而最终却是事与愿违，阿美士德使团并没有达到英国所

---

① 关于马戛尔尼使团来华是否行三跪九叩之礼，清政府的记载为马戛尔尼等人行了三跪九叩之礼，而马戛尔尼使团向英国政府的报告中说行单腿跪地礼。

② ［英］斯当东：《1816年英使觐见仁宗纪事》，侯毅译，《清史研究》2009年第2期。

③ 《清仁宗实录》卷320，嘉庆二十一年七月乙卯。

期望的目标。于是,英国对中国的鸦片贸易成了他们弥补逆差的极好手段,鸦片贸易也日趋扩大,直至林则徐销烟,鸦片贸易变成了两国战争的导火线。中英两国也由"和平"接触,成了"你死我活"的军事冲突。

无论是中英两国间的"非正式"摩擦,还是两国政府间的"正式"官方接触,实际上此时的中国已经是西方资本主义国家对外扩张的前沿阵地。只要中国不能满足其对资本利润最大化的要求,无论使团所得到的结果如何,中西之间的武力冲突终不能避免。我们知道,传统中国的治理和发展依靠的是儒家所提倡"内圣外王"的政治理念,儒家传统不能在政治上提出民主自由的观念,也就不可能使古代中国走上西方式道路,正如张灏所说,这是整个儒家义理的结构所造成的。① 不可能走西方发展道路的传统中国渴望的是一位"内圣外王"的统治者,能够带领中国沿着固有道路继续创造"美梦"。而这种情况在 18 世纪末已经变得遥不可及,正如第一次来华的马戛尔尼回国后一针见血地指出:此时的"中华帝国只是一艘破败不堪的旧船,只是幸运地有了几位谨慎的船长才使它在近150 年期间没有沉没。它那巨大的躯壳使周围的邻国见了害怕。假如来了个无能之辈掌舵,那船上的纪律与安全就都完了"②。之后历史的发展未尝不是马戛尔尼预言的实证。

第四节 嘉庆朝的现实及漕运危机

1796 年,乾隆将皇位禅让于其第十五子颙琰,是为嘉庆。但这种禅让并没有改变原来的权力格局,整个帝国至高无上的统治权力仍牢牢掌握在太上皇乾隆手中。自称"十全老人"的乾隆虽然为被史家所称颂的"康乾盛世"做出了巨大贡献,但在其"盛世"的统治中却是"乱机即伏于隐微之中",最后"徒贻嗣君以全国紊乱之内政也"③,为其继任者留下了盛世而衰的困境,而作为"康乾盛世"鼎盛阶段的乾隆朝同时也是清朝衰落的开端。④

---

① 张灏:《幽暗意识与民主传统》,新星出版社 2010 年版,第 71 页。

② [法]佩雷菲特:《停滞的帝国——两个世界的撞击》,王国卿等译,生活·读书·新知三联书店 1993 年版,第 523 页。

③ [日]稻叶君山:《清代全史》,但焘译,上海社会科学院出版社 2006 年版,第 19 页。

④ [美]菲利普·李·拉尔夫等:《世界文明史》(上卷),赵丰等译,商务印书馆 2001 年版,第 1018 页。

嘉庆从父亲那里继承而来的其实并不是繁荣，而是一连串的麻烦。①
此时的王朝是一幅吏治腐败、军事废弛、风气日下、动荡不安的衰落场
景。社会矛盾加剧，大规模的社会动荡，这些问题的集中表现就是国内频
发的起义和武力对抗（包括海盗行为、闹漕等）。对统治者来说最大的危
险就是其统治受到巨大的威胁和挑战。因此，为了确保其统治的稳固，统
治者不得不采取频繁的军事行动进行镇压，国库积蓄由此被消耗殆尽，造
成了严重的财政空虚。当然，各级官员贪污腐败也是造成财政空虚的重要
原因，特别是军事活动、河工治理等花费巨大的事项更是贪污腐败滋生的
沃土。虽然财政不足从乾隆朝晚期就已经开始，但到嘉庆统治的19世纪
更为严重，这已经是一个不争的事实。② 由于中央财政的匮乏，各地暴露
出来的严重的钱粮亏空也无法由国库来弥补。统治者曾一度要求各级官员
摊派，然官员俸禄极其微薄，只能通过贪污腐败来弥补亏项，但最终还是
落到百姓的肩上。其后，还采取了一些办法，事实证明统治者的各种治理
整顿国库的措施最终也是不成功的。③ 人口膨胀、物价上涨给整个帝国带
来了沉重的负担。河工的频繁治理更是让本已拮据的中央财政雪上加霜，
但河工却还是日见敝坏。八旗生计日艰，八旗军队战斗力下降，民族矛盾
和阶级矛盾也日趋尖锐。另外，社会奢靡之风屡禁不止，学术文化以考据
为主，缺乏创新精神，漕运陷入困境。种种问题对王朝统治构成了巨大的
威胁，这个时期的清朝只是一个"躯壳中空的巨人"，已百病缠身，但为
了维护其统治，不得不设法来应对这前所未有的社会矛盾和统治困境。

然盛世余晖下的嘉庆朝并不是停滞不前。它也有发展，但更多的则是
困境、危机、矛盾和积弊；有机遇，却最终因逃脱不了历史的宿命而
错失。

处在这一时期的世界却发生了翻天覆地的变化，地球正在变为一个新
的、经济上不同的工业世界。④ 西方国家纷纷开始产业革命，棉纺织业中
首先采用了各种高效率的机器，接着蒸汽机的普遍推广和应用，技术革命
扩及工业生产的各个领域。近代工厂普遍兴起，机器生产开始代替手工劳
动，生产力突飞猛进，极大地促进了技术的进步和经济的发展，大大推动

① ［美］孔飞力：《中国现代国家的起源》"导论"，陈兼、陈之宏译，生活·读书·新知
三联书店2013年版。
② ［美］韩书瑞、罗友枝：《18世纪中国社会》，陈仲丹译，江苏人民出版社2009年版，
第219页。
③ 朱诚如主编：《清代通史》（嘉庆朝），紫禁城出版社2003年版，第278页。
④ ［美］魏斐德：《大门口的陌生人》，王小荷译，新星出版社2014年版，第3页。

了资本主义世界的发展，对全世界产生了深远的影响。走上工业革命道路的西方各国为了得到更广大的原料产地和商品销售市场，积极推行对外侵略和扩张政策，地大物博、人口众多的中国自然成了首选目标。由于传统中国社会对外来商品的需求非常少，而中国的商品却在国外大受欢迎，这种贸易上的逆差使得西方国家每年都有大量白银流入中国。这对资产阶级来说是不能容忍的。为了扭转这种困境，一方面他们通过正规接触试图扩大中国的市场，结果证明是徒劳的；另一方面却在通过罪恶的鸦片贸易获取大量白银，以减少贸易中产生的逆差。虽然清政府严禁鸦片贸易，却未能奏效，最后甚至被用来作为侵华的借口，中华民族也由此走上了屈辱的近代史历程。

在这种严峻的国内和国际环境下，嘉庆时期的中国之所以幸免成为西方国家的"刀俎之肉"，还能实行完全统治，其中的一个重要原因是，嘉庆时期是世界环境下的夹缝期。这个时期，西方无暇东进。欧洲的拿破仑战争使英国和法国筋疲力尽，一时无力向东亚扩张；亚洲的日本德川幕府实行闭关锁国政策，也无意问津中国。因此，此时"中国的外来压力得以缓解"，"中国也没有遇到其他强大的对手"，可以集中全力来解决严峻的国内问题以维持其统治。[①]

那么国内的问题到底严重到何种程度？实际情况又是怎样？我们需要更加具体、真实地还原历史场景。为了洞悉嘉庆朝的统治状况，下面我们把目光转移到本书的研究主题上来。

作为清朝"三大政"之一的漕运此时已充分暴露出重重弊端，完全陷入了危机之中。从漕粮的征收到最后的发放，每一个过程、每一个环节都可以被贪官污吏用来渔利。州县征收漕粮时，经征官员和地方官吏往往浮收勒折，"各州县任意浮收，有一石加至数斗，甚至加增一石，浮收不已，从而折色"[②]。如果百姓不肯将漕粮折色，州县就会想方设法让花户付出更大的代价，征收官员会将花户"稽留以花消其食用，呈验以狼藉其颗粒，使之不得不委曲听从。虑上司之参劾也，则馈送之。又虑地方讼棍之控告也，则分饱之"[③]。承担漕粮供应大半的江南地区，即使经统治者前期的大力治理，情况却未见改善，反而更加严重。各种浮送最后转嫁

---

① ［美］史景迁：《追寻现代中国——1600—1912 年的中国历史》，黄纯艳译，上海远东出版社 2005 年版。

② 《清仁宗实录》卷 220，嘉庆十四年十一月寅。

③ 《清仁宗实录》卷 40，嘉庆四年三月丁卯。

到花户身上，最终花户要么联合起来反抗，进行闹漕；要么为减轻一些受剥削的程度，求助于生监代纳漕粮。而这种情况直接导致了两个严重的社会后果，大量闹漕"群体性"事件出现，造成了社会的严重不稳；大量包漕群体出现，而这个群体往往是有身份的绅士，他们以包揽漕粮为利薮，稍不如意也是群起而闹漕，而且所造成的影响很大。嘉庆十年（1805），苏州府吴江县生员包揽漕粮，索要漕规不成，三百多名生监联合起来闹漕，他们"挟制官长，吵闹漕仓，强索规费"。嘉庆帝直白而又无奈地指出"今吴江一县分得漕规生监已有三百余人，其余郡县可想而知"①。可以说，有漕省份各地的情况都是"州县之浮收未减，生监之包揽渐众，旗丁之帮费日多"②。

各种帮费、陋规名目繁多，应有尽有；各级官员玩忽职守、贪污勒索更是层出不穷。漕船从前"每船不过帮贴一二十两，后则加至一百数十两及二百余两"③。运丁的负担日益加重，之所以这样，主要是由于各个官吏的贪污勒索所致。"每办一漕，以中数言之，门丁、漕书各得万金，书伙以十数，共二三万金；粮差正副三五十人，人二三百金，又一二万金；粮书二三百人，人一二百金，又三四万金。"④ 另外，漕务官员的幕友、长随、书吏、差役、斗级等，以及临时委派的漕委，人数众多。仅就漕委一项，每年滥派甚至可达一百四十多人。⑤ 这些人员盘踞漕运的各个环节，用各种手段从旗丁身上进行搜刮牟利，使旗丁的负担更加窘迫。这还仅仅只是丁胥差役的陋规，各级相关官员所得陋规要比此多得多，嘉庆针对此况也不得不承认"有漕省分只知加派漕规，全不以漕务为重"⑥。另外，在漕粮征收和交兑过程中还有淋尖、踢斗、脚米等宿弊。漕船受兑开行后，过淮抵通、沿途提溜打闸等各种费用也需很多，而这些都是由旗丁来承担，但他们收入有限，且其中也有一大部分是用来养家糊口，根本无法承受如此多的费用，由此便常常出现"竟有连年坐运以致家产尽绝者"⑦。

---

① 《清仁宗实录》卷144，嘉庆十年五月己酉。
② 《朱批奏折》，嘉庆十年正月二十四日江苏巡抚汪志伊奏，档号：04－01－35－0199－043。
③ 《清仁宗实录》卷49，嘉庆四年七月下丙子。
④ 冯桂芬：《显志堂稿》卷5《与许抚部书》。
⑤ 《清仁宗实录》卷357，嘉庆二十四年闰四月壬辰。
⑥ 《清仁宗实录》卷47，嘉庆四年六月癸卯。
⑦ 《朱批奏折》，嘉庆四年十一月二十九日安徽巡抚荆道乾奏，档号：04－01－35－0192－006。

　　面对经费严重不足的困境，旗丁只能通过其他途径来弥补费用的不足，因此在受兑、运输和起兑的过程中盗卖漕粮的现象层出不穷。而旗丁、船户为了掩盖偷盗行为，用掺和漕米的办法进行弥补。有掺和沙土碎石、石灰、糠秕等物，也有将水或发胀药物加入漕米之中。其中将水加入漕米之中的办法更是名目繁多，令人惊诧。偷盗漕米较少的旗丁、船户，根据向漕米中加水办法的不同，分别有："三（层）接、夹沙糕、打针、开天舱、自来润、发汗。"而偷盗漕米较多的，其搀和办法"则于将及抵次夜间，舱之盘动，以水拌米，名曰大翻方"①。除此之外，还有夹带私盐、私货的行为也比较盛行。虽然这种行为在一定程度上增加了旗丁、船户的收入，但最终不仅损害了国家的税课，更是直接阻碍了漕船在运河上的运行，拖延了漕米抵通的期限。当旗丁、船户或花户无法承受漕运负担时，往往会发展成暴力的抗漕行为。而在这些暴力活动中，我们发现秘密社会组织已发挥了很大的作用，已经成为嘉庆朝一个严重的社会问题。种种不法行为还造成了一个严重的问题，即漕粮潮湿霉变。如果是过淮盘粮时发现漕粮霉变，旗丁或许被罚赔偿。但在绝大多数情况下，漕粮潮湿在过淮盘查时可以蒙混过关，或者是在过淮盘查之后漕粮才开始被掺和发涨药水，至京通交仓时仍未出现霉变，通过贿赂，使不干净或潮湿漕米得以交仓，不久漕粮霉变不可避免。而像这种情况，在嘉庆朝可以说非常普遍，为此嘉庆一再要求各相关官员对此进行治理。

　　此外，漕运以运河为基础，"漕之利病在河，河不治则漕不通"，运河若不能畅通，则漕运无法进行。然嘉庆年间的河工却不再是如以前那样畅通，虽然"国家治河之费岁五六百万，而河无数年不决"②，可以说"河工弊坏已极"③，运河处处阻浅，处处淤垫，"以致运道节节梗阻，有碍船行"④，为了使漕运能够畅行，不得不靡费无数的帑银来进行治理，但"办河工则河工日见敝坏"⑤，清朝统治者更是"无一日不言治河，亦无一年不虞误运"⑥。然而"当时治河之人，毫无建树，既不审大势以规划久远，复好贪小功而贻害目前，故河工甫竣，辄有蛰塌淤垫之事，而辗

---

① 《录副奏折》，嘉庆十四年八月初七日江西巡抚先福奏，档号：03-1751-105。
② 孙鼎臣：《论漕一》，《皇朝经世文续编》卷47《户政十九·漕运上》。
③ 《清仁宗实录》卷236，嘉庆十五年十一月甲子。
④ 《清仁宗实录》卷226，嘉庆十五年二月壬子。
⑤ 《清仁宗实录》卷215，嘉庆十四年七月壬申。
⑥ 《清仁宗实录》卷226，嘉庆十五年二月壬子。

转之间，乃靡金至于无算矣"①。

种种情况表明，嘉庆朝漕运无论是其制度本身还是相关的外部环境都已弊端重重，积重难返，可以说已完全陷入了危机之中，时人曾说："故漕之病，不独在民，而兼在国。"② 然作为军国大计的漕运每年又不能不进行，甚至是容不得半点迟延。面对这一困境，嘉庆君臣不得不开始寻找解决漕务危机的办法和良方。

总之，处于 19 世纪的嘉庆朝已不再是孤立于世界的"世外桃源"，而统治者却仍然以"天朝上国"自居，拒绝近代化进程，更无法找到解决传统制度所造成困境的办法。此时的西方世界则已经开始了工业革命，并纷纷走上了资本主义道路。嘉庆统治所在的 19 世纪上半叶，"诸多重要趋势要么终结，要么萌生"③。当然，处在新的百年——19 世纪——中，嘉庆朝不再是"盛世"辉煌的继续，更多的则是日益严峻的统治困境，这一切表明一个时代的结束，另一个时代的开始。

---

① 萧一山：《清代通史》第 2 册，第 214、216 页。
② 孙鼎臣：《论漕一》，《皇朝经世文续编》卷 47《户政十九·漕运上》。
③ ［美］孔飞力：《导言：走近十九世纪》，《清史译丛》（第九辑），浙江古籍出版社 2010 年版。

第四章　难以祛除的痼疾：治理漕河运道

大运河是我国人工所开凿的第一大川，自通州起，贯穿山东、江苏、浙江三省，直至浙江杭州为止，清代的漕粮便经由这条大运河运抵京通各仓。"运河自京师历直沽、山东，下达扬子江口，南北二千余里，又自京口抵杭州，首尾八百余里，通谓之运河。"① 计长共三千多里。其中"山东、河南、淮北之粟米既各由近道以达于京"，不需要经过淮安漕运总督盘验。而"浙西之粟由瓜洲以达扬，湖广、江西及上江之粟由仪征以达扬"②，这样"江南、浙江、江西、湖广等省之漕运于水次受兑后依限开帮，经长江，进瓜仪，入扬州运河，衔尾过淮"③。这些漕船进入扬州运河后，汇合到一起，按照各自的先后顺序依次开行。

有漕八省中，除河南、山东以及苏北部分地区的漕粮不需要通过淮安外，其他省份和地区的漕粮则需要在一定的期限内通过淮安并抵达通州。其中"河南之漕由卫入，山东之漕分由临清闸内外入，安徽、江苏之漕在江北者各就附近支河入，在江南者暨浙江之漕渡江由瓜洲入，江西、湖北、湖南之漕沿江由仪征入，嗣亦由瓜洲入"④。"天庾正供"通过各自的漕运河道源源不断地送抵京师。然有清一代河患频仍，漕运时常受到威胁。为了保证漕运的畅通，清政府不得不花费巨大的财力、物力和人力以治理运河。

第一节　漕运水程及河道⑤

为了便于讨论，本书将整个漕运河道大致分为六大漕运河道区，即浙

---

① 赵尔巽：《清史》卷127《河渠志》，第53页。
② 《钦定户部漕运全书》卷40《漕运河道》。
③ 傅泽洪：《行水金鉴》卷143《运河水》。
④ 董恂：《江北运程》卷1，《中华山水志丛刊·水部》，线装书局2004年版，第3页。
⑤ 本节已作为先期成果发表于《中国农史》2014年第2期。此处已作修改。

江漕河、江苏漕河、上江漕河、山东漕河、河南漕河和京津漕河（南运河）。① 将这六部分连接起来，便是一幅完整的清代漕粮运输路线图。

一 浙江漕河：漕道南起"杭、嘉、湖"

有漕八省中，浙江省是漕粮"大户"之一，也是漕粮行程最远的省份。清代浙江省下辖十府，其中杭州、嘉兴和湖州三府有漕粮之责。由南迄北，浙江省省会杭州府则是大运河的起点，从杭州府开始至江浙交界之吴江这一段运河系浙江漕粮北上的第一程主干水路，在《钦定户部漕运全书》中有明确记载：从杭州府起，出北郭务至谢村，"又过北陆桥，入石门，过松老抵高新桥"，"绕石门城南转东北，至小阳桥"，"北至皂林驿"，"过永新入秀水界。自赵桥镇至陆门镇"，"又北由嘉兴府城西转而北出杉青闸，至王江泾镇"，"又北过平王镇入江南境"。② 浙江省杭、嘉、湖三府漕粮在各自的水次漕仓受兑后就近进入大运河，会合后的漕船即按照一定的顺序依次北上。而在进入大运河会合前，漕粮（或漕船）是通过哪些水道进入大运河的？不仅历史文献中没有明确记载，而且学术界也没有相关研究。要回答这个问题，需要对每个有漕州县的水路进行具体而微的考察。

杭州府下辖九县，即海宁、新城、於潜、昌化、富阳、余杭、临安、钱塘、仁和九县。

海宁县漕仓在长安镇运河西岸东关，在此受兑漕粮后漕船便由庄婆堰北达石门县，以会于运河。③ 新城、於潜、昌化、富阳四县漕仓在杭州府湖墅地方，④ 即府城南自武林门至北新关一带，而这一带紧邻上塘、下塘和新河三塘河，⑤ 是商旅运货的必经之地，也非常有利于漕粮的运输和漕船的通行，这四县的漕船也最早从这里开始起锚。余杭县漕仓有两处：一在县治东3里的东关外；一在县东12里城西桥之东的塘河边。两处皆紧

---

① 此处漕河运道的划分并非按照传统的划分方法，因为本书将会涉及更具体的河道水路，所以传统的分法不太符合也不能完全涵盖所有的漕河水路，因此笔者根据实际的水道网和行文需要作了上述划分。

② 《钦定户部漕运全书》卷41《浙江运河考》，故宫珍本丛刊，海南出版社2000年版，第12页。

③ 金鳌：《海宁县志》卷2《建置志》、卷5《食货志》。

④ 潘秉哲等：（民国）《昌化县志》卷3《建置志》；王文炳：（光绪）《富阳县志》卷11《建置志》。

⑤ 高鹏年：（光绪）《湖墅小志》卷1；王文炳：（光绪）《富阳县志》卷11《建置志》。

邻水道，易于漕粮运输。① 余杭县境内除本县漕仓外，还设有临安县漕仓一处，在余杭县治东 15 里（一说 10 里，宣统《临安县志》）的仓前（镇）地方，② 此地离临安县治约 50 里，因此临安县各花户须先肩挑陆行或用竹筏、小舟等由苕溪东行将漕粮运至漕仓所在的仓前（镇）交兑。③ 余杭、临安二县的漕船受兑后经塘河东行 45 里至杭州府北之运河。④ 钱塘县漕仓在北新桥南，西塘河西岸，⑤ 仁和县漕仓则与钱塘漕仓隔岸相对，在西塘河东岸，⑥ 两县漕粮受兑后就近入西塘河。最后府属各州县漕粮在水次仓受兑上船后，漕船便按规定次序从城北"武林驿开行，历湖州府德清县境，东过北陆桥"，入石门界。然后"绕石门城南，转东北至小高阳桥，东过石门塘北，至皂林，过永新，入秀水界"⑦，然后从赵墙铺至陡门镇，"经嘉兴府城西，绕北出杉青关，会嘉兴府粮船至王家泾"，"东过莺脰湖，湖州府粮船入焉，又东北会于吴江县之北塘河"⑧。

嘉兴府在省城东北，下辖七县。其中石门、桐乡、秀水和嘉兴四县紧邻运河，其仓均在运河旁。⑨ 石门县漕船自运河东皂林驿漕仓受兑后开行，沿运河北行 40 里至桐乡县皂林镇，此处是桐乡县漕粮受兑地，并与装载桐乡县漕粮的漕船于此会合北上，再行 40 里至嘉兴府西水驿，与嘉兴、秀水二县漕船在府城之通越门会合，然后再行 5 里至杉青闸。其余海盐、平湖、嘉善三县漕仓离运河较远，海盐县漕仓在西关，平湖县漕仓在县西水次；嘉善县漕仓在县城西 200 步地方，所以此三县漕船开行后，各自就近从水路进入运河。⑩ 海盐县漕船在水次受兑后沿招宝塘西行至尚胥桥，转而北行 50 里达海盐塘（又称横塘），入鸳鸯湖，循府城迤北过北丽桥，至杉青关。⑪ 平湖县漕船从水次仓出发，沿汉塘西行 50 里，过双

---

① 张吉安等：（民国）《余杭县志》卷 3 《乡里》、卷 11 《水利》。
② 褚成博：（光绪）《余杭县志稿》之《乡里补遗留》。
③ 赵民治、许琳：（乾隆）《临安县志》卷 2 《积贮》；董运昌：（宣统）《临安县志》卷 1 《舆地志》。
④ 张吉安等：（民国）《余杭县志》卷 11 《水利》。
⑤ 聂心汤：（光绪）《钱塘县志》之《纪制》。
⑥ 沈朝宣：（光绪）《仁和县志》卷 2 《封畛》。
⑦ 杨锡绂：《漕运则例纂》卷 11 《漕运河道》。
⑧ 李大镛：《河务所闻集》卷 1 《黄运两河图考》。
⑨ 黄之纪：《河工摘录》卷 18 《漕程》。
⑩ 傅泽洪：《行水金鉴》卷 154 《运河水》。
⑪ 樊维城、胡震亨：《海盐县图经》卷 3 《方域篇》；王凤生：《浙西水利备考》之《杭嘉湖三府水道总图》。

溪桥入鸳鸯湖，循府城城河出北丽桥，至杉青关。① 嘉善县漕船从县西水次开行后，循东郭湖塘（《重修嘉善县志》中称为冬瓜湖）入相家湖，西行至府治城北之北丽桥，出杉青闸。② 最后，七县漕粮于杉青闸会合，行15里至金桥铺，再行15里至苏州府吴江县界之王江泾，又行30里至平望驿。③

湖州府纳漕州县有六个，漕粮数额共22万石。其中，德清漕仓在县南三里，武康仓在县西30步，长兴漕仓在县东门外，安吉仓在梅溪乡渌口，而乌程、归安二县漕仓俱在湖州府城南门内。安吉、长兴两县漕粮循苕溪东行，绕郡城东南稍折入碧浪湖，东行与乌程、归安二县漕船会合出迎春门，东行驶入东塘，沿塘东行70里过南浔，至江苏平望驿。④ 武康县漕船经余英溪，东行至沙港，东北折入阜溪，沿阜溪过湖州府之安定门，入霅溪，东行出迎春门，循东塘东行至平望驿。⑤ 德清漕船自县南漕船开行后，沿余不溪东行入塘（又作唐）楼河，行5里过武林渡，入下塘河，西行入石门县界，入嘉兴府运河。⑥ 湖州府漕船从府城东开船后，行70里至南浔镇，"镇之东栅外即苏州府吴江县曹村，自曹村十里至震泽巡司，八里至双杨桥，十八里至梅堰，十二里至平望驿，二十里至八尺，二十里至吴江县松陵驿，二十里至长洲县尹山桥，二十里至苏州府盘门，三里至胥门姑苏驿"⑦。"经苏州府城东鲇鱼口"，北至枫桥，"由射渎经浒墅关，过常州、镇江二府浮于江，入运河"⑧。

总的来说，浙江省三府漕粮，从最南端杭州府开始出发，"出临安、余杭，经德清、海宁、石门、桐乡、嘉兴以达于江南吴江县"。然后进入江苏漕河丹徒运河段。⑨

---

① 彭润章、叶廉锷：（光绪）《平湖县志》卷2《地理·山水》。

② 王凤生：《浙西水利备考》之《杭嘉湖三府水道总图》；江峰青：（光绪）《重修嘉善县志》卷1《区域志》。

③ 傅泽洪：《行水金鉴》卷154《运河水》。

④ 凌介禧：《东南水利略》卷4《东南水利总说》。

⑤ 疏筤、陈殿阶：（道光）《武康县志》卷4《地域志》；王凤生：《浙西水利备考》之《杭嘉湖三府水道总图》。

⑥ 宗源瀚：《浙江全省舆图并水路道里记》之《钱塘道区》；侯元棐、王振孙：（康熙）《德清县志》卷1《舆地考》。

⑦ 傅泽洪：《行水金鉴》卷154《运河水》。

⑧ 杨锡绂：《漕运则例纂》卷11《漕运河道》。

⑨ 允禄等：（雍正）《大清会典》卷202。

二　江苏漕河：江南六省的漕运枢纽

官书或其他相关文献将江苏省境内的漕河分为五个部分，即瓜仪运河、丹阳运河、苏州运河、高宝运河和淮安运河，这种区分主要以大运河为其记载主体，缺乏对大运河这一主体运道之外水路的旁及和记录，使我们对漕粮运道的理解只能停留在粗线条上，无法把一个完整的具体的漕运路线图展现出来，更无法洞悉为漕粮运输带来便利条件的江南错综复杂的水路这一历史信息。为了还原这些缺失的历史信息，下文试作补缺。

本部分将江苏漕河以黄淮交汇之地的清口为分界点，大致分为清口之南的里运河、江南运河以及清口以北的一段运河三部分。其中江苏漕河北段，即清口以北的中河以及清口以南的高宝运河是江南漕粮的必经之道，高宝以南的瓜仪运河是"江安等诸府州县及湖广江西二省通江入运总会之要路"①。最南端的丹徒运河，则主要是苏松粮道辖下州县和浙江全省漕船的航行要道。浙江漕船至两省交界处的吴江县进入丹徒运河，并与苏松常三府漕船会合，直趋扬州。

（一）清口以南漕河

清口以南的漕河大致可分为两部分，即江淮之间的里运河及长江以南的丹阳运河，系苏南各府以及浙江全省漕船必经之要道。对苏南各府州县来说，当漕粮装船后即"由各州县水次开行"，"自吴江县西北塘河西行，至苏州府城阊门，松江府太仓州粮船由娄江来会。新泾墅关北行，会常州、镇江二府粮船，至京口闸渡江，北入瓜洲运口"②。这是苏南各府州县漕粮所经由的大致路线。苏南各府属州县漕船从各自的漕仓到入丹阳运河这一段水路的具体清况如下。

松江府属之上海、南汇和川沙厅漕船由黄浦西行入泖湖至青浦县之北大盈浦。③ 青浦县则就近入大盈浦。④ 华亭县为府治所在，其漕仓在西郊跨塘桥之内，秀州塘之南，⑤ 其漕船则由黄浦入金山之横潦泾，与娄、奉贤和金山三县（三县漕仓皆在金山县朱泾镇水次）漕粮会合西北行入青浦县之北大盈浦。⑥ 于青浦县北大盈浦会合的松江府漕船沿吴淞江西行入

---

① 黄之隽：（乾隆）《江南通志》卷58《运河》。
② 李大镛：《河务所闻集》卷1《黄运两河图考》。
③ 《国朝名臣奏议》卷1，北京大学出版社1995年版，第31页。
④ 孙星衍等：（嘉庆）《松江府志》卷8《山川志》。
⑤ 叶梦珠：《阅世编》卷3《建设》，上海古籍出版社1981年版。
⑥ 王显曾等：（乾隆）《华亭县志》卷2《建置》。

娄江，过昆山县南门，与太仓州漕船于此处会合。然后西行至沙湖堤与和塘，过永康、永庆和永宁三桥至苏州府娄门，行 10 里达于阊门，西北行 30 里到浒墅关，行 15 里到望亭，[①] 北行 50 里过无锡县城南转西北行 10 里至高桥，于此入无锡运河。[②]

苏州府之昆山、新阳二县漕船从县城水次出发，西行 20 里至巴城巡司，[③] "十里至唯亭，又三十里至府城娄门，又十里至阊门"。常熟、昭文二县漕船则从县城出发后需行 50 里至吴塔，再行 20 里至长洲县之治长泾，又 10 里为漕湖，又 10 里至望亭。望亭北为常州府无锡县。北行 20 里达新安，向北 30 里经县城南，引而西北行 10 里至高桥。

常州府之江阴县漕粮自县南 10 里经蔡泾闸（又称南闸、下闸），沿芙蓉湖南行 27 里至青阳镇，入五泻河（芙蓉湖下流）南行 30 里，出高桥入江南运河。无锡、金匮两县漕粮原多从绕城之西城河通行，后因城西水急，粮船改从城东的东城河行走。[④] 粮艘从北水门东行出北门桥，又绕城南经东门桥，又南转西至南水门外，过墙桥，下南门塘，入运河。[⑤] 引而北 10 余里至高桥，又北 20 里为洛社，又北 20 里达武进之横林镇，又引而东北十里迳戚墅堰，10 里迳丁堰，20 里达常州府城。[⑥] 宜兴县漕粮自县北门三里桥行 50 里至钟溪，过五洞桥入常州府南运河。[⑦]

镇江府溧阳县漕仓在县城南门外，收兑漕粮后漕船从漕仓开船东行 10 里至渡济桥，[⑧] 由氿湖绕宜兴、荆溪，出西蠡河，至东关口会宜兴、荆溪漕船入运河北行。金坛县运河自荆城港出珥渎河至七里桥，又北 10 里至县城南，40 里直达新丰，又 27 里至丹徒镇，又引而西北达镇江府，又稍迤东北 5 里出京口闸，涉大江，入瓜洲口，北行 25 里至三汊河口，为瓜仪运河。

江宁府上元、江宁二县漕仓在南京观音门外靠近大江，便于收兑，因

① 李大镛：《河务所闻集》卷 1《黄运两河图考》。
② 钱熙泰：（咸丰）《金山县志》卷 7《仓谷》。
③ 雍正二年（1724），昆山县分置新阳县，与昆山同城分治；从武进县中分出阳湖县，两县治同城，为常州府治所在地；雍正四年（1726），析常熟县东境置昭文县，两县治同城；雍正四年（1726），析无锡县分为无锡、金匮两县，两县治同城，1912 年金匮仍并入无锡。
④ 裴大中等：（光绪）《无锡金匮县志》卷 3《水》。
⑤ 秦瀛：（嘉庆）《无锡金匮县志》卷 3《水》。
⑥ 顾祖禹：《读史方舆纪要》卷 25《南直七》。
⑦ 阮升基、宁楺山：（嘉庆）《重刊宜兴县志》卷 1《营建志》。
⑧ 李景峄等：（光绪）《溧阳县志》卷 6《食货志》。

此漕船可以循直渎入长江，[1] 北行过江而至六合县瓜步镇，与江浦、六合两县运船在此会合，然后向北行 10 里至礬山，35 里至青山。句容县运漕船自龙潭渡江，会于扬州府仪征县治，又东行 72 里出三汊河口入运河。

泰州漕仓有两座即西仓和凤米仓，西仓在州治北门外社稷坛东，凤米仓在州治北门外西浦。其中凤米仓在乾隆三十二年（1767）东台设县后才开始作为东台县收兑漕粮的仓廒。泰州漕船自受兑后皆由茱萸湾（湾头）出入，即漕船受兑后行 60 里至宜林地方，行 50 里至（扬州）府城东门，又北 15 里迳茱萸湾后由仙女庙镇东出口至外河，入高宝运河。[2]

泗州之天长县本属皖省管辖，但其地理位置与苏北州县交错，且与运河相近，因此其漕船一般不需等待皖省漕船同行，而是受兑漕粮后即就近入高宝运河。这些漕船顺天长县运粮河北行，过护城桥及了口镇至大王庙口停泊，然后至高邮湖抵高邮境，再进入高宝运河，水道长 200 余里。[3]而兴化县漕船自西出通湖闸口过高邮州北 20 里，再转向东北行 25 里直达清水潭，又北行 15 里至六漫闸，又东北行 20 里直抵界首驿，又东北行 20 里至氾光湖口，又稍转东北再折而西北共行 45 里至宝应县，又折而西北行 20 里为黄浦双闸，在此处入淮安府山阳县境。又西北行 10 里过泾河闸，再行 10 里过平河桥，又折而东北行 50 里直达杨家庙，再行 10 里达淮安府，在淮安府进行漕粮盘查。

淮安府下辖六县，濒海之安东县漕仓原先设在清河县境内，后来其漕粮改折。[4] 盐城县漕仓在离府城东门外 1 里的涧河南岸，[5] 阜宁县漕仓则在府城南角楼的涧河东岸，[6] 两县漕船受兑后直接由涧河出发，经淮安府城北，又折而西北稍迤东北，行 15 里过板闸，又迤东而北 15 里为清江浦，又西北 30 里为天妃闸，折而东出清，过黄入运口。[7] 山阳县是淮安府治所在地，其漕仓在府学志道书院东，漕粮就近入运。[8] 清河、桃源二县漕粮在乾隆二十七年（1762）改成民折官办，由官府先从司库中领银

① 汪士铎等：（同治）《上江两县志》卷 11《建置》。
② 王有庆、陈世镕：（道光）《泰州志》卷 7《公署》、卷 4《河渠》。
③ 江景桂：（同治）《天长县志纂辑志稿》之《河渠志》。
④ 金元烺等：（光绪）《安东县志》卷 2《建置》。
⑤ 刘崇照等：（光绪）《盐城县志》卷 4《食货》。
⑥ 阮本焱等：（光绪）《阜宁县志》卷 2《建置》。
⑦ 黄之隽：（乾隆）《江南通志》卷 58《运河》。
⑧ 卫哲治等：（乾隆）《淮安府志》卷 11《公署》；张兆栋等：（同治）《山阳县志》卷 2《建置》。

购买米粮就近从府城兑运，就近入运河，然后再由花户补齐银两。① 总的来说，淮安府境内的运道自宝应县西北 20 里为黄浦双闸入山阳境，又西北 10 里为泾河闸，又 10 里为平桥河，折而东北 40 里，径杨家庙达府城，又折而西北迤东北 15 里为板闸，又迤东而北 15 里为清江浦，又西北 20 里为天妃闸折而出为运口。

而从清口到瓜洲之间的里运河是苏南、浙江、安徽、湖广、江西等省漕粮通行的必经之路。由北向南看，这段水路"自清口对岸入天妃闸，南下六十里达于山阳，折而西南经黄浦八十里达于宝应，逾氾水越清水潭百二十里达于高邮，沿邵泊湖堤折而西流，历金湾、茱萸湾百有十里达于江都，又折而西南十里，由三汊河分二派于瓜洲、仪征，入江"②，"为粮运正道"③。

（二）清口以北漕河

漕船过天妃闸后曲折北行出运口，此处即是江苏省境内运河的分界点。漕船通过此处，即进入中运河，也就是本书所说的清口以北漕河。黄河自西横绝而东，淮自西南挟七十二溪之水奋涌出清口，与黄河汇合后直注大海，势若建瓴。粮舟过甘罗城，过惠济河祠折而西北，入杨家庄运口从清河县旧治北通过，又西北到三垒，17 里入桃源县境，5 里至来安集，又西北入宿迁县境，④ 这一段水路即中运河。

安徽段淮河一带南北两岸的寿州、凤台、怀远、定远、六安、英山、霍山、阜阳、颍上、霍邱、亳州、蒙城、太和十三州县的漕粮分别在怀远、临淮、寿州、正阳关四处受兑上漕船。⑤ 其中亳州、蒙城两地的漕粮需先将漕粮通过涡河运至怀远县城南淮河岸边的漕仓，与怀远县漕米一起受兑上船。⑥ 阜阳、颍上两县漕粮直接从颍河南行之正阳关漕仓受兑，而太和县的漕粮则需先从沙河东南行入颍河，然后南行至正阳关兑漕处。凤台、寿州紧邻淮河，两地兑漕地在寿州城北近淮水次。六安州及所属之霍山漕粮则先由淠河运至正阳关受兑，霍邱靠近淮河，漕粮由淮河运至正阳关，而英山距离较远，或用车陆路运送，或走水路；若用船，则需从东西

① 杨锡绂：《漕运则例纂》卷 8《征纳兑运》。
② 蔡复午等：（嘉庆）《东台县志》卷 36《艺文上》。
③ 姚文田等：（嘉庆）《扬州府志》卷 14《河渠六》。
④ 吴昆田等：（光绪）《淮安府志》卷 5《河防·运河》。
⑤ 钟泰、宗能徵：（光绪）《亳州志》卷 6《漕运》。
⑥ 于振江等：（民国）《重修蒙城县志》卷 3《河渠志》。

两河出两河口入涓河,①北行至正阳关;定远漕粮则需先陆路运送至临淮
受兑。②这些州县漕粮在受兑之后,从水次仓沿淮河东行入洪泽湖,然后
出清口入中运河。灵璧、泗州及所属五河水次漕仓在浍河边,其中灵璧漕
粮需要在城南 90 里的浍河之滨的九湾集,泗州及五河则在五河县浍河
北;③盱眙紧挨淮河,县境内河汊纷歧,水道便利,其漕粮水次仓根据方
志中的记载可以肯定应该就在县城内,然后沿淮河入洪泽湖,再由清口过
黄河入中运河。④

　　徐州府所属丰县、沛县三县漕粮需集中于运河旁的沛县所属之夏镇水
次交兑上船;⑤萧县和徐州府附郭铜山县漕粮都在府城附近交兑,其中铜
山县漕粮在府城南 2 里左右东临河干的广运仓交兑,萧县则在府城南广运
仓东交兑漕粮,⑥此处水路便利,漕粮可由奎河、黄河进入荆山口河至微
山湖入运河。⑦而徐州府属宿迁之水次仓在旧治项王城南灵杰山前,此处
"前阻运河,连冈马陵",处于黄河与大运河之间,水路便利,漕粮由漕
仓受兑后直接进入运河北行。⑧睢宁县漕粮需到城北 50 里的羊山水次兑
运,然后从旧黄河东行至宿迁境入中运河北行。⑨海州及其所属沭阳县漕
粮须在淮安府买米交兑,其中海州的兑运仓在淮安府南门外南所坝,有瓦
房 7 间,草屋 6 间,而沭阳县却没有固定仓廒,每年兑漕时都是租赁民房
存放漕粮,漕粮上船后就近入运河。赣榆县兑运水次仓在沛县夏镇,需要
先至徐州府购买漕米,然后运至夏镇租民房存放,交兑上漕船后沿运河
北上。⑩

三　上江漕河:四省漕道

　　上江漕河包括安徽、江西和湖南、湖北四省的漕道。因这四个省的漕
粮运道都要经过长江,且都在瓜仪长江之上游,因此统称为上江漕河。相

---

①　徐锦:(民国)《英山县志》卷 1《地理志》。
②　参见武同举《淮系年表》之《淮系全图》。
③　叶兰等:(乾隆)《泗州志》卷 2《建置》。
④　郭起元:(乾隆)《盱眙县志》卷 6《廨宇》。
⑤　姚鸿杰:(光绪)《丰县志》卷 2《营建类》;于书云:(民国)《沛县志》卷 5《建置》。
⑥　石杰:(乾隆)《徐州府志》卷 6《公署》。
⑦　吴世熊、朱忻:(同治)《徐州府志》卷 10《山川考》。
⑧　李德溥:(同治)《宿迁县志》卷 8《山川志》、卷 10《河防志》、卷 13《营建志》。
⑨　刘如旻:(康熙)《睢宁县志》卷 2《山川》、卷 3《公署》;侯绍瀛:(光绪)《睢宁县
　　志稿》卷 4《山川志》。
⑩　唐仲冕:(嘉庆)《海州直隶州志》卷 17《食货考》。

关文献（或官书）中对上江漕道的记载其实就是记述了漕船在长江上的行驶路程，特别是漕道的记录是以省会为记载起点，缺乏对漕粮（或漕船）如何抵达省会的详细记载。下面分别对每个省进行详细考察，以求完整地勾勒出当时完整的漕粮运输路线图。

安徽各州县的漕粮主要是在江安粮道辖下征收，漕粮受兑后则从附近的水道进入长江。总的漕路大致是："江南江安粮道属漕船由各州县水次开行，出江历安庆、池州、太平各府境，经西梁山之麓，由采石矶顺流入江宁府之龙江关，北行二十里渡江"①，行 30 里至龙潭驿，又东北行 50里则至北新河仪征坝，入仪征运口。②

具体来看，太平府距离长江最近，其漕粮的运输相对较易，其辖下的当涂、芜湖、繁昌三县水路交通比较发达，因此漕粮受兑后花不了多少时间就可进入长江，直趋淮安。其中当涂县为太平府府治所在地，其漕仓在南津门内大街之东，北出采石河 25 里入江；③ 芜湖县仓在县东南迎秀门外，西行 7 里入江；④ 繁昌县仓略有改建，一开始在县东 30 里的峨桥镇，后改至澛港镇，最后改建在三山镇，而这些地方都是靠近长江，漕船开兑后直接入江，⑤ 50 里至东梁山，又 40 里至采石镇，又 50 里至江宁府之江宁镇。

宁国府之宣城、宁国、南陵、泾、旌德、太平六县漕粮受兑装船后，在宁国府治北湾址河汇合，然后向北出扬清口，从黄池出水阳河入江。江口即太平府之东梁山。

池州府属之贵池县漕粮自广济河入江；建德县漕船自尧城渡经东流县入江；青阳县漕粮自大通镇入江；长江在铜陵县西里许，⑥ 铜陵县之漕粮就近入江，县境西与东流县交界处之铜陵及东流漕船入江后，需沿江东行135 里至池口驿，然后又行 85 里才到铜陵县治，再行 60 里至太平府繁昌县之荻港驿。

庐州府属之合肥、舒城、巢三县漕粮都是从巢湖经运漕镇，由漕河出和州之裕溪口入江。⑦ 庐江县及无为州之漕粮则沿黄洛河运行，经过运漕

① 李大镛：《河务所闻集》卷 1《黄运两河图考》。
② 蔡绍江：《漕运河道图考》之《上江运道考》。
③ 朱肇基：(乾隆)《太平府志》卷 7《建置志》。
④ 余谊密等：(民国)《芜湖县志》卷 15《建置志》。
⑤ 曹德赞等：(道光)《繁昌县志书》卷 3《营建志》。
⑥ 朱成阿、史应贵：(民国)《铜陵县志》卷 1《山川》。
⑦ 赵灿：(康熙)《含山县志》卷 5《山川》。

镇后出裕溪口进入长江，然后东行 10 里至太平府之西梁山，入太平府境。

安庆府属之怀宁县靠近长江，因而漕粮就近进入长江。潜山、太湖二县漕仓在怀宁境内，其漕粮受兑后从漳葭港河入江。桐城县之漕船则从枞阳河入长江；望江县地处在安庆府西南，距长江 15 里左右，其漕程与潜山、太湖二县相同，亦从漳葭港河（土名老河）都是就近入江。① 宿松县漕粮则由大官湖出北口入泊湖，② 过望江县之吉水镇入江，自望江江口东北行 90 里至安庆府的同安驿，然后行 10 里至桑园，再行 20 里趋池州府贵池县之黄溢，又行 70 里至池口驿。

以上诸府州县之江运漕船根据距离的远近逐渐相互会合，最后都要从龙江关北 20 里渡江至瓜步，再东北方向行 60 里至北新河，入仪征境，过四闸达三汊河，从扬子桥迤西折而东北行 15 里达扬州府城。③

江西省承担漕粮的州县厅共有 50 个，其中约有 7 个县靠近河道水路，交通比较便利，因此这 7 个县的漕粮就近交兑上漕船。其余的 40 多个州县厅则多是多山僻远之地，漕船难以抵达，因此各地都要将漕粮运至府城或省城交兑。④ 当然，也有州县除了在省城设立漕仓外，还在府城设立漕仓，花户先在府城将漕粮交给官府，然后再运至省城交兑上漕船。而清朝中后期以后，将漕粮运至省城交兑的情况完全改变了，各县"并不将所收米石解省，只令积惯包漕之家人携银赴省，向米铺贱价购买"⑤。当然这是后话，此处不作探讨，本书只做一般性的讨论。

赣州府在江西省最南部，其治下只有赣县一县有约近 500 石的漕粮之赋，⑥ 因其离省城及长江路途遥远，顺治年间就将这一县漕粮抵兑南米，因此赣州府没有北运漕粮的麻烦。⑦ 此外，宁都直隶州原是赣州府辖下的宁都县，乾隆十九年（1754）升为直隶州，辖瑞金、石城二县，此二县没有漕粮负担，虽只有直隶州直接治理下的乡镇才有漕粮负担，但由于宁都漕粮也与赣县一样改折成兵米，所以也没有运输的麻烦。⑧

抚州府濒临鄱阳湖，汝水和赣江支流贯通其境，其中汝水是抚州各县

---

① 裴宗锡：《抚皖奏稿》册 1，第 201 页。
② 邬正阶等：（道光）《宿松县志》卷 2《舆地志》。
③ 黄之隽：《江南通志》卷 58《运河》。
④ 《朱批奏折》，嘉庆十五年正月二十四日江西巡抚先福，档号：04－01－35－0210－015。
⑤ 《录副奏折》，嘉庆十四年五月初四日山东道监察御史李鸿宾奏，档号：03－1751－026。
⑥ 钟音鸿：（同治）《赣州府志》卷 27《田赋》。
⑦ 褚景听：（民国）《赣县志》卷 17《食货志》。
⑧ 杨锡绂：《漕运则例纂》卷 1《漕粮原额》。

的水路主干道，因此所属各县漕粮或从各县征收拨运，或从府城交兑，都要从汝水西北行至省城南昌。所辖七县中有临川县、金溪县、崇仁县、东乡县在省城设有水次受兑漕仓，① 其中金溪、东乡二县也设便民漕仓于金溪县的许湾镇，② 此两处漕粮需先用拨船运至省城漕仓，船沿金溪驶过疏山后至府城，③ 从许湾镇至府城水路约 40 里，④ 然后进入汝水行约 240 余里至南昌。⑤ 宜黄县没有漕粮负担，⑥ 乐安县也没有漕粮负担，只有协济漕运银 341 两，⑦ 这两县没有运输漕粮之事。

建昌府辖五县，其中泸溪县漕粮已于乾隆二年（1737）改征折色，其余四县自南而北首先广昌县漕粮从县治前入盱江（即抚河上游），沿江行 50 里至南丰县境，南丰县漕粮于县西城入江，然后南行、东行、再折而北行约 120 里至府城，南城、新城两县漕粮于此入江，又东北行 60 余里入抚州境，再沿汝水行至省城。⑧

吉安府下辖九县一厅，漕粮从地方漕仓用小船起运后从各自的水路向赣江前行。总体来说，吉安府漕运河道从偏远的莲花厅开始，漕粮要过 70 里险路入永新县禾水，⑨ 历禾水十八滩至万安县，向东行 60 里过泰和县，沿江向东北行过墨潭后下吉水，至吉水陈家山装载漕米之小船换载大船入赣江。行 40 里至临江府新淦县之金川驿，行 105 里到达樟树镇，过镇后行 20 里至扬子洲，又行 60 里水程过瑞州境，然后与瑞州漕船会合，再行 120 里到达省城南昌府。⑩

饶州府辖七县，其中鄱阳、安仁、余干和万年四县在省城设立了水次受兑漕仓，其中万年⑪、余干、乐平、浮梁和德兴五县还在府城另外设立了漕仓，花户缴纳先将漕粮运至府城漕仓受兑，然后再用船只将已经收上来的漕粮运至省会水次仓交兑上漕船。其水路大致为，装运漕粮的船只从

---

① 谢煌：（光绪）《抚州府志》卷 30《漕运》。
② 《清高宗实录》卷 787，乾隆三十二年七月丙子。
③ 杨文灏等：（乾隆）《金溪县志》卷 1《建置》。
④ 李云：（道光）《金溪县志》卷 1《疆域志》。
⑤ 谢煌：（光绪）《抚州府志》卷 2《疆域》。
⑥ 札隆阿：（道光）《宜黄县志》卷 10《田赋志》；《钦定户部漕运全书》卷 10《水次派运》。
⑦ 胡芳杏：（同治）《乐安县志》卷 3；《钦定户部漕运全书》卷 10《水次派运》。
⑧ 邵子彝、鲁琪光：（光绪）《建昌府志》卷 1《山川》。
⑨ 李其昌、张树萱：（同治）《莲花厅志》卷 4《建置志》。
⑩ 定祥、刘绎：（光绪）《吉安府志》卷 3《地理志》；刘坤一、赵之谦：（光绪）《江西通志》卷 1《地理沿革表》。
⑪ 项珂等：（同治）《万年县志》卷 3《食货志》。

府城鄱江门外饶河出发,向西行5里至祝君坽地方,然后再沿支河向南行25里至表恩,入鄱阳湖后沿湖入省城水次漕仓。[①]

广信府各州县漕粮都需要先用驳船运至省城交兑。各县漕粮各自就近进入信江,南行至河口镇,然后转西南经舒家滩、周公滩等40里至黄沙港,然后下西风滩、晚港滩后至弋阳县境,南行至叶家滩折而西90里至贵溪县南门码头,西南行至潭湾渡折而东北行至后河滩,转而西南行过九鸟滩、鹰潭镇70里至饶州之安仁县,再行360里水路至鄱阳县界,然后进入鄱阳湖入省城。[②]

瑞州府领高安、上高、新昌三县,此三县除了在省城设立了水次受兑漕仓外,在各自境内也设立了便民仓。此三县漕米也需要先后驳船运送至省城,路途最远的新昌县便民仓一个在棠浦的浦桥之西,在棠浦江水次,漕粮驳船由此入棠浦江,东南行出安塘河口后入蜀江;[③] 一个在县城,漕粮驳船若从县城出发沿藤江东南行出上高县的凌江口,在此上高县驳船入,过凌江口后转东入蜀江,经府城东(高安县驳船就近入蜀江)入清江,再入鄱阳湖,沿湖至省城。[④]

南康府在省会南昌东北,其辖下三县有漕粮之供,水次受兑漕仓设在省城,每年漕粮征收完毕后即用小船分载,"逆水行舟"南行由"山河以达大江",[⑤] 经鄱阳湖运至省城漕仓受兑。[⑥] 临江府之峡江、新干两县漕粮沿赣江行至清江县北20里处与沿袁江西来之新余县漕粮及清江县漕粮会合,然后北行入清江,沿江北行入鄱阳湖至省城。[⑦] 南昌是江西的省会,也是南昌府所属州县的府城(即省城),其下辖各县漕仓在府城章江门外,[⑧] 漕粮交兑上船后开行入鄱阳湖。

在省城会合后的"江西粮船自省城南浦驿大江开行,经扬子洲,历新昌、都昌二县境,入鄱阳湖,至湖口县出大江,经梅家洲入彭泽县境,顺流与安徽省粮船会"[⑨]。即"盖自章门以入于湖,由湖口出得江,顺流

---

① 石景芳等:(同治)《饶州府志》卷2《地舆志》、卷首《序》。
② 李树藩等:(同治)《广信府志》卷1《地理》、卷3《食货》。
③ 黄大承等:(同治)《新昌县志》卷29《艺文志》、卷3《山川》。
④ 黄廷金等:(同治)《瑞州府志》卷1《地理志》、卷4《食货志》。
⑤ 白潢等:(康熙)《西江志》卷203《艺文》。
⑥ 盛元等:(同治)《南康府志》卷8《赋役》。
⑦ 顾长龄:(同治)《江西全省舆图》卷6。
⑧ 鲁王孙等:(康熙)《都昌县志》卷2、卷12。
⑨ 李大镛:《河务所闻集》卷1《黄运两河图考》。

东下，以达于淮，逶迤二千余里"①。《运漕摘要》对这一段路程有较为详细的记述："南浦盼樵舍，昌邑望吴城，南康湖口远，彭泽是山城，东流安庆府，宗阳第九程，大通赶荻港，芜湖阻行人，采石当江下，扬帆送南京，仪征傍江走，扬州关一盘，邵伯高邮近，宝应适两程。"

湖北有六府需要向朝廷缴纳漕粮，从六府中地理位置最西的荆州府开始，荆州府漕艘进入大江后，历宜都、枝江、松滋、石首、监利等县出荆河口，至洞庭湖，然后转而向东至武昌府北，然后至黄州府蕲州，在此与黄州府漕艘会合，行20里过乌林港，再行10里过马口入长江。②

安陆府漕船从府城北入汉水，过潜山县，东至汉阳府，与汉阳府漕艘会于汉口，然后出汉口入长江。武昌府漕船水次受兑后就近入江。德安府在其府城西入浈河，绕而东流至黄港，与漳水会合，入云梦泽，然后至安河，会襄沔，再东进到汉口，然后进入长江。③

最后，全省之漕船由武汉入江，东折出汉口，30里经青山矶，之后过马家洲、赵家矶、道士洑入大冶县境，经漳源塘、菖蒲港，历蕲水县乌江庙、回风矶入黄梅县、广济县境，经鲁肃港、余家涯入江西德化县界，与江西粮船会合。④

湖南省交纳漕粮的只有三个府，从南到北分别是衡州、长沙和岳州。三府之中衡州府的地理位置最南，漕艘是沿着湘水由南向北前进。湘江流经衡州府时，衡州漕艘于衡州府城南入湘江，然后湘江汇合了蒸水后，经过湘潭县城西，行程650里左右到达长沙府临湘驿。⑤然后湘水从长沙府城西面环城流过，长沙府属之有漕州县除益阳县外，分别从各自附近河道进入湘江，其中益阳县漕艘进入流经县城的滨江，然后"过沅江，入洞庭"⑥。漕艘通过长沙府境，经青草湖到达洞庭湖，这一段水路共行程200里左右。总的来说，漕艘"自衡州府衡山县流入湘潭县境共二百八十里，

① 刘坤一、赵之谦：(光绪)《江西通志》卷1《地理沿革表》。
② 邓琛：(光绪)《黄州府志》卷2《疆域志》；李大铺：《河务所闻集》卷1《黄运两河图考》。
③ 李大铺：《河务所闻集》卷1《黄运两河图考》。
④ 蔡绍江：《漕运河道图考》之《湖北运道考》；李大铺：《河务所闻集》卷1《黄运两河图考》。
⑤ 这一段水路在《行水金鉴》卷154中有较为明确的记载：自衡州府九十里至七里驿，七十里至流霞驿，六十里至衡山县皇华驿，六十里至都石驿，七十里至泗水驿，七十里至渌口，六十里至象石驿，八十里至湘潭驿，九十里至长沙府临湘驿。此段水路在《大清一统志》中记为660里左右，两者相差无几。
⑥ 傅泽洪：《行水金鉴》卷154《运河水》。

至湘潭县城，又北流四十里入善化县境，七十里入长沙县境，一百里入湘阴县境，又四十里至湘阴县南门，绕西门，又一百三十里会青草湖"①，然后"注于洞庭湖"。岳州在洞庭湖的东北，虽然相距很近，只有 1 里左右，但岳州府属各州县漕船则不全入洞庭湖，有的州县之漕船则直接通过附近的河道抵达三江口，会其他漕艘于城陵矶。由于水次仓在城陵矶，所以湖南省之漕船最终都会在岳州府城北的城陵矶会合，然后按照各自的帮次，向东驶向武昌，进入长江。"湖南粮船出岳州府巴陵县洞庭湖口开行，经刘公矶莲花塘至临湘境，经白螺杨林等矶，入湖北嘉鱼县汕阳州境，平江顺流，经江安塘王家港入江夏县境，至湖北省城与湖北粮船会。"②

四 河南漕河：漕道小分流

河南的漕粮运输在河南境内主要依靠卫河。由于卫河河道状况的变化，有清一代兑粮水次仓也几经变迁，因此漕运河道也需有相应的变化。而历史文献中的记载都是一种静态的描述，没有记录其变迁后的状况，因此这种记载不是完整的历史原貌。本小节将根据档案文献弥补这一缺失。

河南省漕粮每岁额征 25 万石，除了在卫河附近的州县需征收本色米10 万余石外，其余各属漕米总额 15 万石系折收银两。③ 而那些需要缴纳漕米的州县自明末以来一直在直隶大名府小滩地方交兑，后"因舟车盘运，所费浩繁，官民交累"④，屡次反复改定。雍正二年（1724）确定彰德、卫辉、怀庆三府及阳武、原武、封邱三县起运本色漕米 104000 余石在卫辉五陵水次兑运，这些州县须先将漕米通过各自水路运至卫辉府（其治在汲县）城北受兑上船。而开封、归德等五府一州由于运输艰难，后将漕米折征，然后自卫辉府至大名府小滩镇一带沿途采买漕米 15 万余石，并就近于采买漕米处分地受兑。⑤ 由于"河南原无额设粮船，当兑漕时用他省之船集于卫辉水次"⑥，漕船受兑后沿卫辉府城北卫河向东行驶。卫河在浚县境内长约 175 里，中间有一段水路非常危险，漕艘经常在此触石沉没，"屯子马头至老鹳嘴为十八里，曰老龙湾，曰石柱，皆善化山

① 穆彰阿、潘锡恩：《大清一统志》卷 354《长沙府一》。
② 李大铺：《河务所闻集》卷 1《黄运两河图考》。
③ 《雍正朝汉文朱批奏折汇编》第 2 册，江苏古籍出版社 1989 年版（下略），第 253 页。
④ 《雍正朝汉文朱批奏折汇编》第 4 册，第 274 页。
⑤ 《清世宗实录》卷 25，雍正二年十月庚寅；杨锡绂：《漕运则例纂》卷 8《征纳兑运》。
⑥ 汪为熹：《鄢署杂钞》卷首。

麓，舟子视为畏途也。中经三官庙，河弯曲石粼粼隐显出没”①。所以漕船至此，虽百倍小心仍不免有所损失，之后往往雇用纤夫挽拉，或者用小船驳运。到乾隆年间，由于“卫河以东河身狭浅，且必须沿途起剥，近年浅涩更甚，羁滞逾期”。因此，乾隆五十二年（1787），河南巡抚毕沅因汤阴县所属之五陵地方原系兑运漕粮水次且河水较为宽深，奏请将河南漕粮改归此处受兑，试行一年，如果顺利，可成为定制。②这样虽然可以“避去老鹳嘴等处咸溜地方”，但“自五陵以至楚旺一百三十余里之内，仍有古浅，不免转拨之烦”。于是次年，清政府又将兑漕地点东移至内黄县的楚旺镇，这样“较从前近至四百余里，兑运便捷”③。但楚旺以西地方的漕粮必须事先运至楚旺镇方可交兑上漕船，而这些漕粮若用小船运输须沿卫河先后“由浚县城西北经滑县、汤阴县、内黄县”境至楚旺，④然后漕船在楚旺镇受兑漕粮，之后沿卫河东行入直隶大名府的小滩，“自小滩而北，以至馆陶，又自馆陶北行九十里至临清，与南漕运道会”⑤。总之，无论河南漕粮交兑的地点如何改变，其通漕的水路——卫河——却是始终改变不了的。这条发源于辉县之苏门山的卫河，向东先后经过汲县、浚县、滑县、汤阴、内黄、大名、元城，“流经八百余里至山东馆陶县，合漳河之水出临清板闸外入运”⑥，始终承担着河南全省每年约38万石漕粮的运输任务。⑦

五　山东漕河：漕粮的最后一程

承担漕粮最后一程运输的山东漕河并没有复杂的水系，因此以往对这一段河程的记载比较清楚，不足的是在以往的记载中缺少对水程的具体细化，漕粮北上途中有些重要的码头、闸座、集镇等并没有留下记录，此外还有一些水程里数的记载也有错误，本小节将考诸方志等文献，将这些空白和错误予以弥补和订正。山东省辖下济南、曹州、东昌、泰安、武定、兖州六府有漕粮之责。大运河穿省而过，因此山东省的河道不仅承担着本

---

① 黄璟等：（光绪）《续浚县志》卷2《方域》。
② 《清高宗实录》卷1289，乾隆五十二年九月甲午。
③ 《清高宗实录》卷1310，乾隆五十三年八月戊戌。
④ 孙灏等：（光绪）《河南通志续通志》卷25《漕运》。
⑤ 允禄等：（雍正）《大清会典》卷202《工部》。
⑥ 《朱批奏折》，乾隆二十四年七月十六日东河总督张师载、河南巡抚胡宝瑔奏，档号：04-01-02-0002-007。
⑦ 李文治、江太新：《清代漕运》，中华书局1995年版，第103页。

省漕粮运输的任务,其他七省漕粮更是全部通过山东运河直抵通州。然而各府离水次远近不等,漕粮缴纳情况也不相同。濒临运河离水次较近的州县,则可以一例到水次受兑上船。而离运河较远者,需要多费周折,"有征收在官,复派定脚费运赴水次交兑者;有官至水次受兑,令纳户自行运赴交纳者;更有离水次洉远,脚费浩繁,征收折色至水次籴买交兑者,俱系因地方之远近听从民便,历久相安"。无论远近,各州县必须选择一个最为便利的地点作为漕船受兑漕粮之所,最后将漕粮集中到这些便利的运河水次仓交兑上船,① 如曹州府离运河较远,其漕粮每年都要到张秋镇交兑。② 东昌府莘县则在大名小滩受兑,③ 兖州府峄县开始在台庄交兑,后改至韩庄。④

山东运河"北自桑园与直隶接壤,南至台庄与江南毗连。自北而计之。初受漳卫之水,次受汶泗之水,又次接沂河之水,下流注于黄淮"⑤。按照漕粮运输的方向,大运河从江南下邳梁王城至黄林庄入山东峄县境,是为漕运入山东境的首程,也是山东运河的开始,即大运河"自李家港东至黄林庄 160 里为东省境"⑥。北上 98 里到达滕县境,过朱姬庄八闸,50 里至沛县境,行 48 里到鱼台县,过三闸(夏镇闸、杨庄闸和珠梅闸)进入泇河。从鱼台县王家口北行 85 里至济宁的四里湾交界处,行 75 里过三闸至济宁卫境,行 17 里至巨野县曹井桥,行 91 里至袁家口,即南旺南湖,北行 80 里至东阿县,行 95 里至运道咽喉张秋镇,"西北流经聊城县南,又北经东昌府城东,又北经堂邑县东北,又经博平县西北、清平县西,又北经临清州城,有卫河来会,河势始盛,自此以下不复置闸。北流经夏津县西"⑦,进入京津运河段。其中东昌府辖下之莘县、冠县、观城和朝城四县在直隶大名府的小滩交兑,受兑后漕船北上至馆陶,然后北行 90 里到达临清,与南漕运道会合北上。

其中,作为运河咽喉的张秋镇,黄河一旦东洉,此处便是一片汪洋,严重阻碍漕运。"张秋为漕渠襟喉,而大河东溢往往而患。"一旦发生这

① 注:山东省州县若是在本地征收本色者,则是用漕车运送至水次而不是拨船,嘉庆十四年订有《运漕车辆章程》。
② 《雍正朝汉文朱批奏折汇编》第 9 册,第 940 页。
③ 嵩山等:(嘉庆)《东昌府志》卷 10《仓储》。
④ 《清高宗实录》卷 644,乾隆二十六年九月丙午。
⑤ 托津等:(嘉庆)《钦定大清会典事例》卷 703《工部》。
⑥ 陆耀:《山东运河备览》卷 1《沿革表》。
⑦ 嵇璜、刘墉等:《清朝通志》卷 25《地理略》。

种情况，正河不能通行，漕船便由城南绕西坡至江家庄、赵王河口归正河，用船引牵设法挽渡；或者"初走正河……旋改走东坡即于曹家单薄进口，由晋城东折而西至南坝头出坡，连樯递行既稳且速"①。

总的来说，山东运河南北绵亘1200余里，② 包括闸河和卫河的一段两部分。漕船出山东运河临清板闸后便进入山东运河卫河段，北行400多里过德州后便完全驶出了山东运河进入直隶境。由于畿辅之地无漕额，大运河直隶段只承担外省漕粮的运输，也就没有像其他省份那样千方百计把漕粮从各个州县运进大运河的繁芜水路。各省漕船出山东临清板闸后便进入卫河，北行至山东德州后出山东运河，然后入吴桥县安陵镇，由东光县、南皮县北行200余里至沧州，再由青县、静海县北行百余里至天津府，西北行由三岔河杨村200余里至通州，③ 至土坝地方即有一大部分漕粮交卸起车入通州漕仓，另外还有部分漕米由石坝搬运入通惠河，再行30余里至大通桥，再由车户运至京仓。④ 因此，从卫河段运河开始的漕路水程比较简单明了，许多文献都有清楚的记载，此处不再赘述。

第二节　漕运河道之症结

有清一代，河工和漕运作为国家之大政，各个统治者都投入了非常大的精力。作为天庾正供的漕粮必须按时运到京师，容不得半点迟延，否则会造成很严重的后果，对此，早在明代就有人对漕粮不能按时到达的严重后果有过非常明确的阐述，然若要避免这一严重后果的发生，河漕是一种相辅相成的关系，必须确保运河的畅通，"漕运之事，莫先于运道"，"是故理漕与治河尝相表里"⑤。清朝统治者非常注重河工的治理，特别是康熙一朝在河工上付出的努力最多，效果也最明显。经过康熙朝君臣的努力，严峻的河工问题得到了很大改善，在一定程度上确保了漕运的畅通。

清朝漕运河道因明代漕河之旧制而有所改变。清朝漕运河道从最南的杭州府开始一直到京通各仓，首尾共长3000余里。其中，"山东、河南、

---

① 吴怡等：(道光)《东阿县志》卷19《艺文》。
② 《雍正朝汉文朱批奏折》第6册，第512页。
③ 胡宣庆：《皇朝舆地水道源流》卷1《直隶》。
④ 董恂：《凤台祇谒笔记》之"同治九年初四日"条。
⑤ 任源祥：《漕运议》，《清经世文编》卷46《户政·漕运上》。

淮北之粟既各由近道以达于京"①。河南漕粮原在卫辉府水次受兑，后因老鹳嘴等处险溜，有碍漕粮运输，乾隆五十二年议准河南漕粮改至五陵水次受兑，这样可以"避去老鹳嘴等处咸溜地方"，但"自五陵以至楚旺一百三十余里之内，仍有古浅，不免转拨之烦"。乾隆五十三年又议准改至楚旺地方受兑漕粮，这样可以"较从前近至四百余里，兑运便捷"②，自此"河南全漕皆在内黄楚旺地方受兑"③，一直持续到清末漕运废止。由于"河南原无额设粮船"④，所以河南省河南、开封、彰德、怀庆、卫辉和汝州六府漕粮先运到楚旺地方交兑，漕船受兑后，再沿卫河向东至大名府的小滩，"自小滩而北，以至馆陶，又自馆陶北行九十里至临清，与南漕运道会"⑤。

山东省之漕粮"自江南入境，先迦河、次新河、次会通河、次卫河以达于皇畿"⑥。而淮北之漕粮经邳宿运河、皂河进入山东境内，然后沿山东漕运河道，最终到达京通各仓。

淮河以北其他有漕省份之漕粮则"皆以扬州为咽喉，浙西之粟由瓜洲以达扬，湖广、江西及上江之粟由仪征以达扬，自扬州经高邮、宝应以达淮安，计三百余里"。浙江省漕粮在水次受兑以后，进入丹徒运河，与苏松粮道下辖之漕船会合，最后抵达扬州。而湖广之漕船自开行后一直向东进入鄱阳湖，与江西漕船会合，进入长江，再与安徽漕船会合，抵达扬州后与江浙两省漕船会合，进入高宝运河，行三百多里至淮安盘验，然后"由清江入淮，稍折而北乃为清口，正淮黄会合之地。由清口渡黄，历清河、宿迁而达邳州之迦口，计二百余里，则国朝康熙时所开之中河皂河也。自迦口过黄林庄，经山东台庄八闸过微山湖而抵江南沛县之夏镇，则明河臣李化龙所开之迦河也。自夏镇经独山、昭阳诸湖而抵山东鱼台县之南阳镇，计一百一十二里，则明河臣朱衡所开之新河也。自南阳镇入济宁州，经南旺湖分水过东昌而抵临清州，计五百余里，则元代所开之会通河也。由临清历武城、夏津、德州入直隶之景州、吴桥、东光、宁津而抵天津，计一千余里，皆卫河也。天津而北，经直沽、河西务而至通州之张家湾，计二百八十里，则白河也。由张家湾入大通河，历普济、平津、庆丰

---

① 载龄等：《清代漕运全书》卷40《运河总考》。
② 《清高宗实录》卷1310，乾隆五十三年八月戊戌。
③ 《清仁宗实录》卷62，嘉庆五年三月辛巳。
④ 《鄢署杂钞》卷首，四库全书存目丛书，齐鲁书社1995年版。
⑤ 允禄等：（雍正）《大清会典》卷202《工部》。
⑥ 杜诏等：《山东通志》卷19《漕运》。

诸闸，则至大通桥而迄京仓矣"①。

　　南北绵延 3000 余里的漕河"历代皆由人力开引，故沿途多借资他泽"。因漕河没有水源，主要依靠沿途河流湖泽的水源资助，所以运河是否畅通直接受到外水的影响。如果水源不畅，运河就会淤浅；如果水源过多，也会泛滥成灾，泥沙沉淀，又致河底垫高，无法行舟，阻碍漕运。因此，运河时常是"水盛则防其冲决，水浅则防其滞涩，爰开引河以畅其流，筑堤坝以备冲泄，设闸板以谨收放"②。为此，伴随着漕运制度而始终的运河，清政府并没有停止对它的治理。漕粮从南到北途经几个省份，行驶如此遥远的路程，影响漕运、阻碍漕运最大的症结却只集中在几个主要的河段。

　　黄淮运交会的清口一带，是河工治理的枢纽，也是漕运畅通的关键，更是漕运治理的最大一个症结所在。漕船经过清口，横渡黄河后才能进入中河。由于黄河携带大量泥沙，"黄河一涨，必入运河。浊流倒冲，不久旋淤"③，不但清口淤垫，运河河身更是淤高，无法通漕。一直以来，统治者对此忧心忡忡。乾嘉以后黄水日淤，清口也日益淤高，"清口一隅，尤为症结之所在"④。因此"清口之通塞，关系漕运往来"⑤。嘉庆年间，清口一带的情况十分严峻，"近年来清口一带，因河底日高，清水不能畅出，运河水小，每至漕艘经行不能浮送"⑥。特别是"清黄交汇处所，正道业已淤成平陆"⑦。清口淤阻，漕船无法开行，因为"运河之通塞视乎清口，清口不畅则力不足以刷黄，故黄水倒灌，运河受淤阻之害，近年而害弥甚矣。来水多，则运河浅狭不能容；来水少，则中流梗，漕艘不能畅达"⑧。由于清口在漕运和河工上的特殊性，所以统治者一再强调"治河之法总以蓄清敌黄、刷沙济运最为要著"，"总以疏治清口为第一急务"⑨。另外，淮扬运河⑩由于其通过清口与黄河相通的特殊地理位置，受黄河影响巨大，也最易淤浅，"运河当黄淮下流，水过沙停，最易淤垫。

---

① 载龄等：《清代漕运全书》卷 40《运河总考》。

② 同上。

③ 法式善：《陶庐杂录》卷 6，中华书局 1997 年版。

④ 郑肇经：《中国水利史》，《民国丛书》，上海书店 1947 年版，第 230 页。

⑤ 《清仁宗实录》卷 146，嘉庆十年闰六月壬辰。

⑥ 《清仁宗实录》卷 258，嘉庆十七年六月庚午。

⑦ 《清仁宗实录》卷 146，嘉庆十年闰六月辛丑。

⑧ 夏之蓉等：《高邮州志》卷 2《运河》，嘉庆十八年增修。

⑨ 《清仁宗实录》卷 147，嘉庆十年七月甲戌。

⑩ 注：淮扬运河主要指从扬州到淮安这一段运河，又叫高宝运河、里运河或南河。

河身高，则运道梗，设遇暴涨亦无容潴之所矣"①。至嘉庆中期这一带的情况更加严重，"淮扬运河亘三百余里，近年来迭次漫口，更加浅阻"②。甚至在嘉庆十三年（1808）出现"淮扬运河三百余里浅阻"③ 的严峻状况，漕运受阻，迫使清政府不得不另寻解决之道，在这种严峻的情况下，海运之议才得以提出。

山东运河南北绵亘1200余里，南起台庄，北至临清板闸，因漕粮的行驶主要依靠各闸门起闭，通过平衡不同河段的水位使得重船通过。其中，以张秋镇一带最为重要。张秋镇作为山东运河咽喉，也是"重运经行最要之区"④，"历来系黄河冲决故道"⑤。由于"张秋镇一带地势低洼，积潦难消"⑥，因此泥沙很容易沉淀，淤垫河道，阻碍运河。特别是每当汛期，"大河东溢往往而患"⑦，"黄水骤至之时，分溜下注，运河张秋迤北至东昌一带处处盈堤拍岸"⑧，"张秋穿运之处势必更多泛滥，于运道大有妨碍"⑨，是关系漕运是否畅通的一个关键点

卫河，自德州桑园至临清板闸，计长350里，其"河阔岸陡，河底又系流沙，不但不能建闸束水，亦不能如闸河以内筑坝挑挖，且湾曲甚多。漳卫之水又挟沙带泥，若遇天时久晴，水弱流缓，则随处停淤"⑩。由于卫河"河身陡峻，势如建瓴，德、棣、沧、景以下，春多浅阻，一遇伏秋暴涨，不免冲溃泛滥"⑪。因此"春夏之交，漕艘盛行，每患浅涩"⑫。特别是故城县境内河段因"河身较窄，湾旋倍多，一经水弱溜缓，即致泥沙停淤"⑬。"每逢春夏水发之时，河流浑浊，泥沙夹杂，兼以河形

① 夏之蓉等:《高邮州志》卷2《运河》，嘉庆十八年增修。
② 庆桂:《部议运河徒挑无益疏》，《清经世文编》卷99。
③ 赵尔巽:《清史河渠志》卷2《运河》。
④ 《朱批奏折》，嘉庆二十五年二月十九日山东巡抚程国仁奏，档号：04-01-01-0599-017。
⑤ 《朱批奏折》，（阙具题者）奏为预将张秋运河堤身大加修筑敬陈管见事，嘉庆八年（阙月日），档号：04-01-05-0266-030。
⑥ 《清高宗实录》卷477，乾隆十九年十一月戊戌。
⑦ 吴怡等:《东阿县志》卷19《艺文》，道光九年刊本。
⑧ 《朱批奏折》，嘉庆八年（阙日月）（阙具题者），档案：04-01-05-0092-027。
⑨ 《朱批奏折》，嘉庆二十五年二月十九日山东巡抚程国仁奏，档号：04-01-01-0599-017。
⑩ 《清高宗实录》卷173，乾隆七年八月丙辰。
⑪ 朱轼:《查勘畿南水利情形疏》，《清经世文编》卷108。
⑫ 张鹏翮:《治河全书》卷5《卫河图说》，天津古籍出版社2007年版。
⑬ 《朱批奏折》，嘉庆十五年三月二十二日（阙具题者），档号：04-01-05-0118-036。

曲折，水势稍弱即成浅埂"①，"及秋间水势消落，河溜稍缓，湾旋之处水
过泥沉，日久即形浅阻"②。不但有很多古浅之处，嘉庆年间新出现的淤
浅处所也非常多，而且"新淤之处逐年迁徙靡常，总因泥沙随水下注，
河道湾旋，一遇冲流回洑之处便成淤浅。沿河州县每当南漕北上之时，集
夫刮扒，雇船起拨，甚至筑坝蓄水，以资浮送"。经直隶总督温承惠来回
勘查，"古浅新淤共计四十八段，较量宽长均不过二三十丈及十余丈不
等"，所以"每年南漕北上必须随时疏浚起拨，始克行走无阻"③。这一段
运河对漕粮的通行影响很大，稍有浅阻，漕船就无法顺利通过，所以统治
者对此段运河非常重视，害怕阻碍漕运。

清口以北的邳宿运河和丹徒运河由于经常有淤浅之虞，所以此两处也
是漕运注意修治的河段。邳宿运河北受微山湖之水以济运，南连黄河以通
漕，"邳宿运河上承八闸，地势建瓴，河流易于泄泻"④。而且黄河之水经
常有倒灌入运的危险，所以邳宿运河经常面临"下虞浊流之灌，上忧山
泉之竭"⑤的困境。由于邳宿运河"三百余里只有六闸，水势不能停蓄，
是以逐处浅涩"，因此"粮艘行至邳宿运河，年年剥浅"⑥。特别是邳宿运
河的猫儿窝更有经年累月的淤浅。到了嘉庆年间，这一段运河由于"上
游泉渠并未挑挖，积沙淤塞，山水无路归湖，以致湖潴日就短绌。现仅存
水二三尺，为从来所未有"⑦。邳宿运河出现了"河成闸以南，旧曾添设
汇泽、利运、亨济、滦流四闸，嗣因漫水淤成平陆"⑧，甚至"清口以上
至曹工一带黄河久经淤垫，往来商旅，可以步行"⑨的严峻状况，严重影
响漕粮的通行。

长江以南的徒阳运河是江浙两省漕粮的通行要道，也是"杭嘉苏松
常运河入江之道"，地位十分重要。由于其"自金陵至丹徒内地之势常高

---

① 《朱批奏折》，嘉庆十六年六月二十四日直隶总督温承惠奏，档号：04 - 01 - 35 - 0216 - 054。
② 《朱批奏折》，嘉庆十六年六月十五日巡视天津漕务御史色成额奏，档号：04 - 01 - 05 - 0124 - 038。
③ 《朱批奏折》，嘉庆十六年六月二十四日直隶总督温承惠奏，档号：04 - 01 - 35 - 0216 - 054。
④ 《朱批奏折》，嘉庆十五年八月二十六日南河总督徐端奏，档号：04 - 01 - 05 - 0119 - 011。
⑤ 鲁一同：《邳州志》卷4《山川》，咸丰元年刻本。
⑥ 《清仁宗实录》卷271，嘉庆十八年七月庚午。
⑦ 《清仁宗实录》卷282，嘉庆十九年正月乙亥。
⑧ 《清仁宗实录》卷233，嘉庆十五年八月己丑。
⑨ 《清仁宗实录》卷31，嘉庆三年六月癸丑。

于江"①，而且"该处河面窄狭，水无来源，全藉江潮灌注，惟潮汐挟沙而行"②，只能"恃江潮为吐纳"③。一旦江水退潮，"江湖挟沙来速退缓，或涨而淤，或浅而阻"④，"兼以两岸积土松浮，雨后坍卸易致淤浅"⑤。特别是丹徒运河"一至冬月，漕河水浅，挽运艰难。每年挑浚，随浚随淤，岁以为常"。依靠江潮之水的徒阳运河，其水源"盈涸视潮之大小，而潮水来急退缓，水挟沙泥日有停蓄，古有一日厚一钱之说，故自江口至丹阳常患浅涩，岁需挑浚，其最易淤浅者京口闸，为全河退潮处，沙泥易淤"⑥。因此，徒阳运河年年为患，但由于其淤浅原因的单一性，解决也相对较易。所以在嘉庆统治的二十多年里，虽徒阳运河时时阻漕为患，但却一直没有对漕运构成很大的威胁。

另外，除以上论述外，鄱阳湖、洞庭湖和长江也是漕粮运输中比较容易出问题的地方。虽然不需要担心淤阻的问题，却经常会出现漕船遭风漂溺的情况。这些意外情况虽然年年都有，但每年都不是很多，且在大多数情况下，遭风损失漕米的大部分往往需要旗丁赔偿，因此这些意外情况对漕运不构成威胁。虽然也是漕运的症结之一，但不是关键点。

第三节 嘉庆九年河淤漕阻

嘉庆八年（1803）八月，河南衡家楼地方黄河决口，黄水漫流入山东境内，并穿张秋运河而过，张秋等处运河多处漫口。其中漫溢之黄水挟带大量泥沙流入张秋运河，形成淤垫，极大地威胁到次年漕粮的运行。嘉庆君臣付出很大的努力堵住了决口，然漫溢之黄水所带来的负面影响却非常巨大。九年（1804），张秋运河的状况仍让人担忧，"东西两岸缺口横流交错，迄无定轨"，"东岸缺口奔流下注，恐致大溜吞吸粮艘"⑦，特别

---

① 杨履泰等：（光绪）《丹徒县志》卷11《河渠》。
② 《朱批奏折》，嘉庆二十五年正月二十七日江苏巡抚陈桂生、巡视南漕山东道御史春和奏，档号：04-01-01-0599-064。
③ 兰第锡：《覆奏江南运河情形疏》，《清经世文编》卷104。
④ 杨履泰等：（光绪）《丹徒县志》卷11《河渠》。
⑤ 《朱批奏折》，嘉庆二十五年正月二十七日江苏巡抚陈桂生、巡视南漕山东道御史春和奏，档号：04-01-01-0599-064。
⑥ 杨履泰等：（光绪）《丹徒县志》卷11《河渠》。
⑦ 《朱批奏折》，嘉庆九年正月十七日理藩院左侍郎贡楚克扎布、刑部右侍郎戴均元奏，档号：04-01-05-0099-040。

是"黄水大溜穿过各漫口势尚湍急，而曹家单薄南坝头二处为尤甚，舟近东岸颇虞吞吸"①。三月二十七日，然衡工在堵筑的过程中又发生意外情况，由于当晚西南风甚大，加上连日长水达三尺有余，"上游急溜逼注口门，风水相激，搜刷坝底"，"东坝埽工陡蛰"。另外，当晚所抢筑的一丈数尺工段第二天也倒塌了，虽"竭力抢镶，只见沉陷立时塌去三十余丈，并有牵掣膨裂之埽二十余丈"②。从蛰塌之处溢出的大量黄水向北泄入地势较低的山东省。此时，上年衡工所溢出的黄水给张秋运河所造成的麻烦正在显现，此时又有新建埽工蛰塌，所溢出的黄水又贯注张秋运河，形成大量，加上张秋运河"近因坡水无源，汶水又为南坝头曹家单薄缺口分溜，以致张秋磨盘埽一带间有浅涩"③。

五月初三日，山东巡抚铁保将山东运河的情况向嘉庆皇帝做了汇报：

> 张秋迤北至临清一带往年四五月间汶卫水弱之时，每多浅涩。去年又因黄流满溢，不能煞坝庰水，未经挑挖见底，是以黄水退后，各古浅处所尤不免间段浅涩。又汶卫水势均不甚旺，卫水尤弱，临清闸口汶高于卫者三尺余寸，闸下不能擎托，每下板后蓄水至五六尺，一经启板，建瓴直泻，顷刻相平，只剩水二尺四五寸，此东境运河间有浅滞之实在情形也。④

不仅只是山东运河如此，临清以北至德州卫河二百余里河程的情况也不容乐观："临清闸外至德州二百余里卫河水势甚弱……惟临清口门因卫水太弱不能擎托，一经启板势若建瓴，止存水二尺余寸，每过一帮必须下板两三次，连日多备驳船，少觉顺利。"由于"张秋堵筑漫口，下闸蓄水"，导致帮船"脱空十余日"。五月初一日，"庐州三帮出临清口后，因卫河水弱，口门浅阻，集夫捞浚，至初七日淮安二帮始能出口，又脱空数日"⑤。

由于张秋运河的淤浅以及卫河二百余里的水势浅弱，漕运情况愈加严峻，漕船不但脱空，更是普遍出现迟滞的情况。五月二十八日，仓场侍郎托津就漕船迟误的情况向嘉庆帝做了汇报：

---

① 《朱批奏折》，嘉庆九年二月二十四日兵部尚书费淳奏，档号：04-01-35-0196-049。
② 《录副奏折》，嘉庆九年二月二十九日兵部右侍郎那彦宝等奏，档号：03-2070-027。
③ 《朱批奏折》，嘉庆九年四月初九日山东巡抚铁保奏，档号：04-01-35-0197-013。
④ 《朱批奏折》，嘉庆九年五月初三日山东巡抚铁保奏，档号：04-01-35-0197-027。
⑤ 《朱批奏折》，嘉庆九年五月十九日山东巡抚铁保奏，档号：04-01-35-0197-031。

本年二进粮船自四月二十九日首帮抵坝,至本月二十三日仅有十一帮到通;二十四日以后至二十八日五日内并无续到粮船。且据各运弁禀报东省闸河内外水势浅弱,草寺蒋家圈至四女寺一带淤浅特甚,因无驳船,该丁自行刮挖,并用小划船轮转起剥,以致延滞。①

不仅仅如此,更令人担忧的是后面还有许多粮船由于阻浅等原因而受到阻碍,无法速行,托津对此深表不安:

粮船在东省境内节节迟延,并闻有每日只行数里者。② 二进及三进粮船在后尚有六十二帮,现在将届小暑,若似此行走艰阻,坝上停斛以待,恐于全数回空有碍。③

托津的担忧并不是杞人忧天,事实上问题比他的担忧可能还要严重。若这种情况继续下去,漕船不但抵通迟滞,回空肯定也要迟误。

六月初十日,漕运尾帮虽全部进入了山东境内,但情况仍很严峻:

尾帮于六月初十全入东境后,因滕县之彭口十字河喷沙淤垫……该处山河发源费县,向引大胜等八泉之水济运,每遇泉流汇注,挟沙而来,水退沙停,十字河即多梗阻,本年入伏以前山东叠次盛涨,将对岸拦门沙坝冲开,泻入湖,赶筑复刷,以致该处河身更行淤垫……惟沙性浮松,连日午后复得阵雨,坝身难立。④

经过嘉庆君臣的努力,有漕八省的漕船终于在六月初十日全部进入了山东境内。即便如此,问题并没有得到解决。清代对各省漕船到达京通各仓的时间有明确的规定,如果迟于规定的时间会阻碍下年新漕的运送。按照规定作为尾帮的湖广漕船必须在六月初一日抵达通仓,并在十日内卸完漕米,立即回空。⑤ 而本年漕船尾帮在六月初十日才进入山东境内,从山

---

① 《清仁宗实录》卷129,嘉庆九年五月丙辰。

② 同上。

③ 《朱批奏折》,嘉庆九年五月二十八日仓场侍郎托津奏,档号:04-01-35-0197-037。

④ 《朱批奏折》,嘉庆九年六月十四日漕运总督吉纶奏,档号:04-01-35-0197-049。

⑤ 清代对漕运抵通规定:山东、河南限三月朔,江北四月朔,江南五月朔,江西、浙江、湖广六月朔。各省粮船抵通,均限三月内完粮,十日内回空。参见《清史稿》卷122《食货三·漕运》。

东运河的起点台庄算起到天津的水程共有 2000 余里。如此长距离的水程，加上闸河和卫河时有浅阻水弱，毫无疑问尾帮漕船抵通回空迟延是不可避免的。

漕船在抵通交卸完竣后须迅速回空归次，准备下年受兑新漕。一般来说，抵通早，自然回空归次早。但有的时候情况也不全如此，漕船"回空之迟速固视全漕抵通完竣日期，而情形亦有难以预必者"，因为"长途数千里，风水靡常"①，途中任何情况都可能出现。当头进帮船中最早回空的漕船行抵清口时发现清口淤浅甚是厉害，根本无法通过。而这一情况早在五月就已出现了端倪，"黄流由云梯关入海不甚畅利，竟有分溜直入洪泽湖及淮扬一带运河，倒灌较往年为甚"。当时嘉庆针对这一情况已经在上谕中发出过警告：

> 今黄流分溜直入洪泽湖、运河，是海口之不能通畅已可概见。现在未交大汛以前已形倒灌，将来伏秋大汛，清黄并涨，洪泽湖不能容受，各处工程岂不大形危险？……洪泽湖又遭淤浅，则河身涨满，滨河州县在在可危。②

不料，这一警告在九月却变成了事实。

> 迨至八月初旬以后湖水消落二尺余寸，河口即渐觉淤浅……江境黄河于秋分后复长水一尺六七寸至二尺不等，黄水益形浩瀚。……此次黄水加长，虽大不能直灌运河，惟漾至御黄坝上下而止，但黄水既不内灌，而湖水又不能外注，御黄坝一带两水相抵，平衍无溜，以致沙淤更甚，始则浅处尚有一尺四五寸，继则水深仅尺许及数寸不等，已渡黄停泊南岸之漕船仍不能挽行进口。

漕臣吉纶于八月二十四日赶到河口，立即会同两江总督、南河总督等驻扎河干，调集兵夫和浚淤小船加紧捞挖，并用铁箅子往来爬梳，虽"竭尽人力，无如两水相持，无溜刷沙，随挖随淤，未能有济"③。至九月

---

① 《朱批奏折》，嘉庆九年六月十四日漕运总督吉纶奏，档号：04-01-35-0197-048。
② 《清仁宗实录》卷129，嘉庆九年五月丙辰。
③ 《朱批奏折》，嘉庆九年九月初五日两江总督陈大文、南河总督吴璥奏，档号：04-01-05-0268-014。

十八日，河口一带的情况仍是不容乐观，据陈大文和吴璥汇报:"河口一带湖水消落，力不敌黄，渐觉淤浅，粮船不能挽行。"由于"河口淤浅不能挽运，则粮艘回空源源踵至，均须停泊守候"，由此可能引发不少问题，"船只日聚日多，不特火烛可虑，而水手人众难保无偷盗滋事之弊，即旗丁坐食需时亦必致有多费，况回空不能陆续进口，诚恐归次稍迟，有误冬兑冬开，所关匪细"①。面对这种情况，嘉庆在其上谕中深深表达了他的担忧:

> 本年江南清口一带因清水不能畅注，黄水顶阻，回空帮船鳞次停泊。……此时已届十月下旬……未经渡河粮船尚有九十四帮，倘稍有迟滞，势不能全数渡黄，江广等尾帮必致守冻……但回空各帮船停泊过冬，旗丁舵水人等聚集众多，必须稽查弹压。而守候日久，食用耗费，拮据情状自所不免，或将桅篷等项变卖应用，逮来岁开行时又必动形掣肘，自当早为接济，俾资日用。且恐沿途铺户藉此牟利，遇有帮船售买物件抬价居奇，亦不可不禁止防范。②

而最让统治者担心的却是清口"现在横淤三四百丈，直淤七八百丈"③，而"此次阻滞共有四千数百船，为数太多"④。"河口为运道必经之路，转瞬开春，重运北来。尤不可稍有稽阻。"⑤如果"明年重运北上，设仍有浅阻，又将如何办理?"⑥而且"春融以后各省重运连樯北上，重运吃水较多，又非回空可比"⑦，情况更是让人堪忧。

面对如此困境，嘉庆极力要求相关官员尽快筹划治河速漕之法，但嘉庆却和许多大臣一样抱有侥幸心理，他们根据往年的经验认为:"节候距霜降不远，黄水自必长少消多。"⑧一旦黄水消落，清水自然就会畅出清口，回空之漕船也就可以衔尾归次了。然而，结果却出乎他们的意料，霜

---

① 《朱批奏折》，嘉庆九年十月初三日南河总督吴璥奏，档号: 04 - 01 - 35 - 0198 - 013。
② 《清仁宗实录》卷135，嘉庆九年十月戊寅。
③ 《朱批奏折》，嘉庆九年十二月初十日直隶总督颜检奏，档号: 04 - 01 - 35 - 0199 - 007。
④ 《朱批奏折》，嘉庆九年十月二十九日两江总督陈大文奏，档号: 04 - 01 - 35 - 0198 - 036。
⑤ 《清仁宗实录》卷135，嘉庆九年十月丁卯。
⑥ 《清仁宗实录》卷135，嘉庆九年十月甲子。
⑦ 《朱批奏折》，嘉庆九年十二月初十日直隶总督颜检奏，档号: 04 - 01 - 35 - 0199 - 007。
⑧ 《朱批奏折》，嘉庆九年九月初五日两江总督陈大文、南河总督吴璥奏，档号: 04 - 01 - 05 - 0268 - 014。

降过后，黄水不但没有自动消落，水势反而增加。两江总督陈大文将这些情况向嘉庆作了奏报：

> 本年伏秋大汛时河湖异常泛涨，督同在工各员分投抢护，止图保守堤堰，不致漫决为患，而于各坝口分泄湖水竟不及先事防维，计出万全，虽旋经赶紧堵闭湖水，尚比历年较大。奈黄河停淤，受病在先，致有运口阻浅之事，众议皆言霜降后黄水自落，清水即能畅出，向不致久于阻运。不料现届小雪，黄水不但不落，反至加长。①

这个时候"节候已迟，即使数日后粮艘得以畅行，恐十一月内尚未能渡竣"②。因此，运道状况如此节节阻浅，也有兼管河防重任的两江总督陈大文，自然脱不了干系，也要承担一部分责任。最后陈大文在其奏折中主动向嘉庆自请处分。嘉庆明白处罚并不能解决问题，他的希望只是清口能够畅通，漕船可以顺利回空归次，要求大臣们商讨治河之法，设法疏通阻浅之漕船。

另外，徒阳运河如前文所述，虽然经常影响着漕运的畅行，但其淤浅的原因相对较为简单，因此解决也较易，所以每年都对徒阳运河进行挑挖疏浚。

第四节　济运速漕之法

面对清口淤浅严重，漕船无法回空，来年新漕受到威胁的危急状况，统治者不得不采取一切手段解决当时的困境。当然这些解决漕阻的方法和手段不只是嘉庆九年的发明，也不只是限于当时的运用。本节是在分析嘉庆九年解决河淤漕阻的基础上，将嘉庆统治期间内解决漕河淤阻的办法纳入进来，以达到通观之效果。

一　权宜之计：减黄助清

南河总督吴璥向嘉庆提出两种解决办法：启放李工口门，以减黄水；

---

① 《朱批奏折》，嘉庆九年十月二十七日两江总督陈大文奏，档号：04－01－35－0198－034。

② 同上。

堵闭运口草坝，以抬清水。嘉庆立即要求吴璥会同姜晟、吉纶等对这两种方法分别进行讨论，并根据实际情况做出选择。而在这之前，由于"自清黄交汇处以上至御黄坝惠济祠一带淤滩甚宽，水深仅数寸至尺余"，已经"于惠济祠西岸直至河尾挑成引河一道，长五百六十四丈，深五尺余寸，已有（路）可通"，只是"因黄水尚高，恐内灌澄淤，是以未便启放"。而此时黄水"自十月初一二日长水三寸后，初三至初七日总□而不消"。经过测量后，黄水仍然高出清水一尺一寸，面对这种情况，如果仅等黄水自动降落，不但很难指望，且来年新漕更加阻碍。吴璥、姜晟和吉纶三人就所提办法"切询道将等又加悉心讲求，并探访舆论，俱云：事已急迫，除此别无良策"。其中"堵闭运口一说使清水涓滴不入运河，则全力东注，河口必通，系仿前人成法而稍为变通，固属稳妥无弊之计。但草坝口门水深五丈有余，必须慎重堵闭，非旬日半月不可，且空船进口尚须挽至太平河停待启坝，始□放船又需时日，恐致稽迟，（将）以启放李工掣减黄水一说较为迅速，众议均属相同"。而且他们也亲自到下游山安厅李工口门处进行了细致的查看，得知该处原来就有口门可以泄水，由盐河入北潮河归海，以前曾经屡次启放，"正河不至过淤"，而且当地道将和厅营年老弁兵也是一致认为如果开放"必无他虑"，况且"时已至冬□候尚暖，黄水久定不消，而回空漕船关系甚钜，其势不可再迟"，"刻下急需减黄通船亦实有万不得已之势"，"不得不权其缓急，亟筹减泄疏通之一策"，为此，在确保"该处口门业经该道将督率厅营等盘做裹头，并厢□埽签钉长桩，甚为稳实，只留口门六丈，过水亦不至太多"的情况下，于十月初八日启放李工口门，以减黄水。① 对于这种办法是否真的可以发挥作用，嘉庆没有把握，但对黄水减落后将要出现的问题却是十分清楚，他告诫道："至李工口门务当随时察看，一俟清水畅注，即当赶紧堵闭，毋任下游淤垫为要。此次启放李工，实为一时权宜之计。河口为运道必经之路，转瞬开春，重运北来，尤不可稍有稽阻。"② 但是李工口门的启放并没有带来预想的效果，"乃此次启放后消水较少，而大河又属有增长"，"河口顺黄坝一带黄水未见消减"，在这样的情况下，姜晟等又提出两种需同时操作的办法：收束运口，蓄清敌黄；继续分泄黄水。对于前者我们将稍后作进一步的分析，此处暂略。对于后者，他们在启放李工口门

---

① 《录副奏折》，嘉庆九年十月初七日刑部尚书姜晟、南河总督吴璥奏，档号：03 - 1745 - 073。

② 《清仁宗实录》卷135，嘉庆九年十月丁卯。

的基础上，经过仔细商酌后，认为"须在河口上游再筹分泄之路较为得力"。

黄水的分泄之路在铜山县和桃源县境内，其中"铜山县境天然闸乃每年泄黄之处，秋汛后原不应启放，但现今回空紧要，不得不权宜暂启，以减黄水"。另外，"桃源县境祥符、五瑞两闸亦系减黄助清之所"。开放这三个闸门也只是"权宜之计，虽不能保其必能减黄若干，而上游来水少一分，则下游之水亦少一分，理论自当有益"。于是饬令各相关官员"赶紧盘做裹头，并做钳口坝，慎重启放"①。十月二十五日，天然、祥符、五瑞三闸开始启放，当日"黄水由口门而入，迅利通畅"。第二天"黄河水面已落水九寸"，运口处黄水也"落至五寸，止高清水八寸，现尚见消"②。这样加上之前已开的李工口门，宣泄黄水所达到了一定的效果，"祥符五瑞闸减泄实为得力"，由于"祥符等闸既得减其来源，而李工口门亦分掣其去路，是以兼旬以来不但消水较多，而顺黄坝以下一带河身颇见掣刷之益"③。

虽减黄助清之法取得了一定的效果，但是所带来的弊端很多。启放天然、祥符、五瑞三闸的作用有两个：一方面，旁泄黄水，减少黄河水量，减轻在运口处对清水的顶托；另一方面，将旁泄之黄水注入洪泽湖，增加了洪泽湖的水势，提高了清水的水位，可以畅出运口刷沙。从理论上来说，减清助黄的功效应该是明显的，而在实际中也往往具有立竿见影的效果，因此九年和十一年办理重运时也都启放了祥符、五瑞二闸，而且"见效甚速"④，然后期的负面影响却是巨大的。由于祥符、五瑞二闸离洪泽湖仅四十余里，距离较近，黄水所夹杂泥沙冲入洪泽湖，不但淤垫湖底，而且"渐将引渠淤浅，填为平陆，则水仍无处消纳"。并且"祥符五瑞二闸若长时开放，不行堵闭，设水势建瓴而下，黄河大溜或为所夺"⑤，洪泽湖将无法容纳，最终不但造成洪泽湖和运河淤浅，而且淮扬下游地区也会被淹没，后果将非常严重。有些人早已认识到引黄助清的危害性，

① 《录副奏折》，嘉庆九年十月十六日刑部尚书姜晟、南河总督吴璥奏，档号：03-1745-076。
② 《朱批奏折》，嘉庆九年十月二十七日两江总督陈大文奏，档号：04-01-35-0198-03。
③ 《录副奏折》，嘉庆九年十一月十七日两江总督陈大文、南河总督吴璥奏，档号：03-1746-030。
④ 《朱批奏折》，嘉庆十七年八月初十日两江总督百龄奏，档号：04-01-05-0276-007。
⑤ 《清仁宗实录》卷137，嘉庆九年十一月乙巳。

"引黄助清无异延贼入屋，引之甚易，去之维艰，黄河受病较前更甚"①，但为了确保漕运的按期抵通，统治者又不得不如此。

在一般情况下，运口以上闸坝的开启非常谨慎，不到万不得已绝不启放。嘉庆十六年（1811）由于李家楼漫口，"河身益形淤垫"②。加上此年洪泽湖礼坝启放，宣泄清水过多，黄水高于清水九尺有余，漕船回空又受阻碍。当时"即赶紧堵闭礼坝，设法挑逼，亦未必能使清水畅出敌黄"③。在此情况下，才不得不开放天然、祥符、五瑞等闸，以期减黄济运。因此，启放祥符五瑞等闸"减黄助清原系一时权宜，并非正办，不得已而用之，终有流弊"④。不仅如此，有些大臣也开始认识到启放天然等闸所带来的一系列弊端，提出禁止开放天然坝的请求："近年以来以宣泄黄水为词，复又开放此闸，以致淤沙俱归洪泽湖内，湖淤水高，下游居民均受其累，且每次开放堵合均用银若干，徒费钱粮，而于河工有损无益，应请饬令永禁开放，以杜靡费之弊。"⑤ 正如嘉庆帝自己也认为："治河之法以蓄清敌黄为上策，此语诚是。至以减黄助清为中策，朕看来竟系下策。清水所以敌黄，自应潴蓄深畅，方足以资刷沙之益。若恃减黄以助清，必致洪泽湖底逐渐停淤，久且成为黄水泻注之所，成何事体。若将来淮黄不分，又借何水冲刷淤垫？凡事须念及久远，不可祗图目前。"⑥ 在他看来，开启祥符等闸减黄助清只不过是"只图目前"的权宜之计，这种办法所产生的问题很多，是不得已而为之的举措。相比之下，蓄清敌黄才是上策。

二　一劳永逸的理想：蓄清敌黄

事实上，当时启放李工口门并没有取得预想效果后，姜晟等人不但提出了继续分泄黄水，启放天然等闸，也在筹划使清水畅出的方案。他们认为"李工既未奏效，只可仍就运口蓄水一层筹办"，希望通过蓄清敌黄的办法冲刷淤沙，然后漕船可以挨次回空，嘉庆对此也予以批准。于是在妥筹分泄黄水的同时，"一面仍收束运口各坝，加挑引河"，"将向北新做之盖坝再为接长，盖过口门十余丈，使清水少入运口，自当多向外注。并于

① 《朱批奏折》，嘉庆九年十二月十四日南河总督徐端奏，档号：04 - 01 - 05 - 0097 - 034。
② 《清仁宗实录》卷257，嘉庆十七年五月辛巳。
③ 《清仁宗实录》卷260，嘉庆十七年八月丁巳。
④ 《清仁宗实录》卷147，嘉庆十年十月庚辰。
⑤ 《朱批奏折》，嘉庆十五年十一月初十日两淮盐政阿克当阿奏，档号：04 - 01 - 05 - 0120 - 022。
⑥ 《清仁宗实录》卷137，嘉庆九年十一月乙巳。

惠济祠西岸原挑引河之上直至束清坝以下再为煞坝屌水，接挑引河一道，加宽加深，使放水时跌刷得势，助其迅注之力"①。另外，"于束清坝外惠济祠以南、风神庙以北，又请添筑束水柴坝二道，层层关束，多为潴蓄"②。虽然这次的蓄清敌黄在速漕济运中并不是主角，主要是与减黄助清相配合，但嘉庆还是一直强调蓄清敌黄的重要性，甚至认为治河"总以蓄清敌黄为第一要义"。之所以有这样看法，不仅仅是因为其"系前人一定之法"，更重要的是因为极其严峻的现状，"南河敝坏已久，河湖受病日深，而究其受病之源，皆由底高淤垫所致。盖黄水挟沙而行，非清水不能刷涤"③。事实上，嘉庆在以后面临清口淤浅的困境时基本上都是贯彻"治河之法总以蓄清敌黄、刷沙济运最为要著"④ 的原则。

在实际操作上，对如何实行蓄清敌黄，嘉庆也做出了具体指示："蓄清之道全在保护高堰，欲保护高堰，则必须修复五坝，使宣泄得宜。"⑤高堰坚固，清水才能多蓄，"将来湖水汇黄东注，奔流湍急，河槽愈刷愈深，则黄水永无壅溃之虞，湖水永无泛滥之虑。即运河之淤垫，更当不挖自除"⑥。在嘉庆看来，这未尝不是一个一劳永逸的办法，但能否如他所想，并确实按照他的指示执行，他自己也没有把握，因此他告诫大臣，特别是专管清口一带的南河总督，一定要"固守高堰，将石工修筑巩固，蓄清敌黄力持定见，勿听浮言"⑦。然在执行过程中，还是有一些大臣因循怠玩，不能严格执行嘉庆的旨意。嘉庆十七年（1812），李家楼漫口合拢后，"河流顺轨，海口深通，黄河两岸大堤又俱保护平稳，溜势直走中泓。再能清水畅出刷黄，则全河积病渐除，实为南河极好机会"。这样一个难得的机会，却由于南河总督陈凤翔的怠玩疏忽而错过，嘉庆十分愤怒："乃陈凤翔不知以蓄清为要，于湖水并未旺长之时轻率自用，任性妄为，即开放智礼两坝，迨礼坝土舌桩木俱已冲动，又因循怠玩，犹不上紧堵闭，以致湖水旁泄过多，下游民田庐舍均被淹浸。"⑧ 其中高堰五坝中

---

① 《录副奏折》，嘉庆九年十月十六日刑部尚书姜晟、南河总督吴璥奏，档号：03-1745-076。

② 《朱批奏折》，嘉庆九年十二月二十六日南河总督徐端奏，档号：04-01-01-0493-004。

③ 《清仁宗实录》卷237，嘉庆十五年十二月己亥。

④ 《清仁宗实录》卷147，嘉庆十年七月甲戌。

⑤ 《清仁宗实录》卷259，嘉庆十七年七月辛卯。

⑥ 《清仁宗实录》卷238，嘉庆十六年正月辛未。

⑦ 《录副奏折》，嘉庆十六年二月初八日南河总督陈凤翔奏，档号：03-2087-040。

⑧ 《清仁宗实录》卷261，嘉庆十七年九月壬辰。

的"礼坝口门愈刷愈深，亟难堵闭。此事陈凤翔怠玩乖舛，贻误全河大局，殊堪痛恨"。为了警示大小官员，嘉庆将陈凤翔在礼坝工次枷号两月示众，"如礼坝克期堵合再移往他工，限满疏枷，发往乌噜木齐效力赎罪。俾通工大小员弁共知，总河大员一经贻误尚如此重惩，庶怵目警心，群知炯戒"①。

除了以固守高堰、坚筑五坝为主外，正如前面所述，嘉庆九年（1804）的筑坝挑河达到了蓄清敌黄的目的。嘉庆后期，由于"湖水旺盛，溜势湍急"，束清坝坝口河底冲刷过深，以致坝身著重，嘉庆批准"于该坝迤北，运口盖坝迤南添建二坝一道，俾作重门钳束"，"俟秋冬间再将口门收窄，以收蓄清敌黄之效"。②

无论具体的措施和手段如何变化，嘉庆坚持蓄清敌黄的办法却是不变的，这一点可以从他统治二十余年里对运口一带的治理得到明证，正如他自己在谕旨中所说的那样："故治河之道，全在蓄清刷黄，此全河紧要机宜。钦承列圣垂训，千古不易之理，必应谨守成宪。"③

三　饮鸩止渴的是是非非：引黄注湖与借黄济运

按照发生对象和地点的不同，引黄注湖一般来说可以分为两种：一种是指泄黄水入洪泽湖，借以浮送粮船。嘉庆九年启放祥符等闸，分泄黄水入洪泽湖的做法就是这一种引黄注湖的体现，所以从这一层意义上来看，减黄助清与引黄入湖本质是相同的。另一种则是引黄水入微山湖，再由微山湖注入邳宿运河而利漕运。

微山湖作为山东、江苏两省的济运水柜，从山东韩庄八闸一直到邳宿运河全赖其铺水接济，地位至关重要。但微山湖湖水却无来源，"全藉各处坡水递注微湖，以济漕运"④。嘉庆十四年（1809）冬，由于入秋以后雨水稀少，当时微山湖所蓄之水仅深6尺9寸5分，而根据规定微山湖必须达到1丈2尺的蓄水量，才符合漕船通行的标准，如此下去"此后一交冬令难期增长，即使回空依限出境，照例堵筑湖坝，将运河之水控放归湖，所长止能数寸，冬间得有雨雪亦不过收至八尺"。更重要的是作为微山湖坡水来源的牛头河虽已挑浚挖深，但"其上游之赵王河及曹济所属

---

① 《清仁宗实录》卷260，嘉庆十七年八月丁巳。
② 《清仁宗实录》卷338，嘉庆二十三年正月戊申。
③ 《清仁宗实录》卷262，嘉庆十七年十月辛酉。
④ 《朱批奏折》，嘉庆十四年十月二十二日东河总督陈凤翔奏，档号：04-01-01-0515-059。

长澹、顾儿等河均已淤塞，既无来源，又无坡水。若均估挑，不惟工费浩繁，抑且缓不济急。且各河俱无原泉，不过大雨时行收蓄坡水"，这样严峻的状况若不及时解决，"则来岁重运经临难资浮送"。经过探访询问，南河总督吴璥提出："惟有江南苏家山闸向为减泄黄河盛涨，从水线河入邳宿运河之路，若于水线河抽沟引至毛村河，由兰家山坝导入微湖，足资潴蓄。"具体的操作办法是："于南首自水线河火神庙前起，北至毛村河季家山西首止，挑挖引渠一道，计长二千一百五十三丈，与水线毛村连为一河，其水线、毛村二河淤塞之处一律挑浚深通，并将蔺家山坝北面通湖引渠一并挑挖完竣，始开放蔺家山坝，然后将苏家山闸外草坝启放，引黄入湖。"[1] 嘉庆对此非常谨慎，他在回复吴璥的谕旨中说出了他的担忧："但所议启放苏家山闸仍系以黄济运，虽冬令水落沙轻，不致淤垫。然导引黄流究非善策，万一湖底渐有淤垫，是目前之获益无多，而将来之流弊滋甚，自宜倍加详慎。"为此，嘉庆要求吴璥、徐端会同陈凤翔前往详细勘查，悉心讲求，设法使"来年重运不虞浅阻，而湖底仍不致稍有淤垫方为妥善"[2]。吴璥、徐端等人经过勘查得到的结果是"冬底春初，黄河水弱，暂启苏家山闸，使由毛村河纤折归湖，浮沙逐渐澄清，虽湖边亦难免稍有微淤，而湖心尚无妨碍，明春重运关系紧要，只可权宜办理，以资接济"[3]。他们的回奏中虽然只是轻描淡写地提到了"苏家山闸黄水由毛村河纤折归湖，浮沙逐渐澄清，不过湖边受淤"。但嘉庆却对此非常忐忑不安："试思湖边既有淤垫，自必逐渐淤及湖身，将来夏令雨水较多盛涨之际，又焉能保其不挟沙而下，日久湖身淤垫难以容蓄，必致不能济运，关系匪轻。……诚恐流弊日滋，将来补救更为棘手。"嘉庆害怕引黄济运所产生的严重后果，希望最好"于他处另为疏浚，以益湖潴，于来年重运无误，又不致淤垫微湖，方为妥善"。但现实中却无其他办法可用，即使"引黄济运原非善策"，实因"他处实无水可导"，所以不得不"酌议开放苏家山闸，引水裕湖，以济来年重运"[4]。嘉庆迫于这种形势，只能同意他们的办法。嘉庆十五年（1810）正月十五日，苏家山闸启坝放水，

---

① 《朱批奏折》，嘉庆十四年十月十七日南河总督吴璥、江南副总河徐端奏，档号：04 - 01 - 01 - 0515 - 056。
② 《清仁宗实录》卷219，嘉庆十四年十月乙未。
③ 《朱批奏折》，嘉庆十四年十月十七日南河总督吴璥、江南副总河徐端奏，档号：04 - 01 - 01 - 0515 - 056。
④ 《朱批奏折》，嘉庆十四年十月二十七日东河总督陈凤翔奏，档号：04 - 01 - 01 - 0515 - 055。

由田蔺家山坝入湖。虽然如此,嘉庆还是一再提醒和告诫相关大臣:"引黄济运,为害滋深。"① "微山湖缺水,由苏家山引黄入湖,原系不得已之举。"② 并表示:"常经漕运紧要之时,亦只可暂作权宜之计"③,不可轻举。十八年(1813),微山湖同样面临着"存水短绌,不敷济运"的问题,当时的大臣们也提出开苏家山闸,引黄入湖济运,嘉庆则明确地表示:"以引黄注湖、为害甚钜,此事断不可行。"④ 在以后微山湖蓄水济运的过程中,引黄济运之法基本被否决,几乎再没有采用过。

另外,借黄济运也是一种备受诟病的无奈之举。清黄交汇之处最有利的形势是清水高于黄水,这样可以畅行刷沙。除此之外,还存在黄高于清和清黄相平的两种情况,其中黄水高于清水,就会发生黄水倒灌的情况,危害颇深。其中危害最重的莫过于清黄水位相平,在这种情况下,黄水中夹杂的大量泥沙就会很快沉淀下来,黄淮交汇之处的黄河河床淤高,南北运口俱被淤塞。因此,一旦这种情况出现,必须设法改变清黄水位平衡的趋势。从乾隆后期开始,黄河河床及清口一带日渐淤高,原本从清口泄出的洪泽湖水也日渐微弱,无法达到"蓄清敌黄"的效果。乾隆四十九年(1784)以后,清口淤垫非常严重,而且湖泽湖水也日渐消落,五十年(1785)六月,竟然出现了洪泽湖之水"涓滴无出"的紧急状况,而当时又正值黄河涨水,导致了"黄水倒灌入运,直达淮扬。黄水倒灌,停沙梗阻,运道竟成淤浅"⑤。在这种情况下,如果将清口一带的东西两坝堵闭,不让黄水入湖入运,回空粮船无法进入淮河,直接影响来年新漕。鉴于此种情况,乾隆不得已,决定"惟有借已灌之黄水,以送回空;蓄积弱之清水,以济重运"⑥。自此"借黄济运"便开始成为统治者的一种"保漕"措施之一。

嘉庆九年(1804),清口一带的情况更糟。面对这种情况,为了解决燃眉之急,于是"先于顺黄坝埽工迤下挑通沟槽为借黄济运之计,无如过船将及二百只,又复淤塞"⑦。十年(1805),漕运又出现了问题。从当

---

① 《清仁宗实录》卷226,嘉庆十五年二月壬子。

② 《清仁宗实录》卷224,嘉庆十五年正月甲戌。

③ 《清仁宗实录》卷219,嘉庆十四年十月甲寅。

④ 《清仁宗实录》卷266,嘉庆十八年二月丁未。

⑤ 《清高总实录》卷1247,乾隆五十一年正月辛酉。

⑥ 《朱批奏折》,乾隆五十年九月十五日两江总督萨载、南河总督李奉翰奏,档号:04 - 01 - 05 - 0066 - 004。

⑦ 《朱批奏折》,嘉庆九年十月初三日南河总督吴璥奏,档号:04 - 01 - 35 - 0198 - 013。

年闰六月底开始，"黄河水势日长"，"江境内黄河此次长水甚为涌骤，处处出槽漫滩"，"外河厅之顺黄坝长水三尺九寸，志桩共存水二丈九尺八寸，较上年盛涨时尚大尺许，河口一带滩涯普漫，高于清水二尺七寸，其力不能相抵，遂乃倒漾"①。而此时正是漕船回空之际，因此统治者决定："如果黄水未消，则藉黄流济送。"② 然而，至八月中下旬黄水仍有增无减，"外河顺黄坝水志现存水二丈八尺六寸，是以比较清水仍高三尺九寸，高堰湖水虽存九尺三寸，尚未能外出"。此时漕船正陆续南下回空，万般无奈之下，不得不按照前面的提议借黄水以浮送回空漕船。开启御黄坝借黄济运后，"黄水流行通顺，河口一带深三四五尺不等，回空漕船足资浮送"③，至十月十八日回空漕船全部渡过黄河。

漕船虽全部渡黄，黄水倒灌却产生了严重后果，"清江浦一带上下四十余里两腮停淤"，这样的情况"若不于回空过竣后放清水刷汕，并力挑挖，不但于明年重运有关，恐河身淤高，水无容纳，春汛水长，两岸居民难免受累"④。而十二年（1807）借黄济运所出现的后果较此更严重。当时由于"春夏雨泽甚少，清水不能畅出，不得不以黄济运"⑤。黄水盛涨之时，"漕船赶紧拨挽，每日渡过船十余只及数只不等"。不久，黄水陡落，"倒漾力弱，溜缓沙停"⑥，河口一带"水去沙留，几成平陆"⑦，"自新御黄坝至运口一带一千余丈立时停淤，是以漕船不能出口"⑧。甚至将漕米起卸后的空船也不能出口，只能在两滩处停泊待渡。

虽然十年（1805）采用借黄济运的办法最终使回空漕船得以渡黄，但嘉庆却十分担忧："本年回空则全系借黄济运，似此年复一年，黄水所到之处在在停淤，日久竟成平陆，全河受病关系非轻。"⑨ 但面对当时的

---

① 《朱批奏折》，嘉庆十年闰六月初七日两江总督铁保、南河总督徐端奏，档号：04 - 01 - 05 - 0104 - 019。

② 《朱批奏折》，嘉庆十年七月二十二日两江总督铁保、南河总督徐端奏，档号：04 - 01 - 05 - 0105 - 010。

③ 《朱批奏折》，嘉庆十年八月二十一日南河总督徐端奏，档号：04 - 01 - 05 - 0105 - 012。

④ 《朱批奏折》，嘉庆十年九月二十四日两江总督铁保奏，档号：04 - 01 - 35 - 0201 - 015。

⑤ 《朱批奏折》，嘉庆十二年七月初一日两浙盐政三义助奏，档号：04 - 01 - 35 - 0206 - 016。

⑥ 《朱批奏折》，嘉庆十二年六月初五日漕运总督吉纶奏，档号：04 - 01 - 35 - 0205 - 053。

⑦ 《朱批奏折》，嘉庆十二年六月十二日两江总督铁保奏，档号：04 - 01 - 35 - 0206 - 003。

⑧ 《朱批奏折》，嘉庆十二年六月初八日南河总督戴均元奏，档号：04 - 01 - 35 - 0205 - 055。

⑨ 《清仁宗实录》卷 152，嘉庆十年十一月丁巳。

困境,统治者又别无选择,只能"知倒灌之害,不能不开门揖盗"①。于是,十二年在同样的境况下又不得不"饮鸩止渴",再次采取了借黄济运的办法。即便如此,嘉庆始终并不认可这种办法,事实上他是一再强调"本年回空船只皆借黄水浮送,乃顾目前之急,究非长策"②,而"以黄济运究属非计"③。他仍然坚持他以前对借黄济运的否定态度:"若借黄浮送粮船,是引之使成倒灌之势,日后必至淤浅转甚,所利小而所害大,断不可行。"④ 在这种思想的指导下,特别是确切地看到了借黄济运所带来的严重弊端后,嘉庆坚决认为"引黄入运,无利有害",并多次颁布谕旨规定以后"不许再借黄济运"⑤。事实上,之后嘉庆也确实坚持了这一条原则。十五年 (1810),清黄交汇处同样遇到黄水高于清水的问题,当时有些大臣根据九年的情况也提出了借黄济运的办法,嘉庆对此断然否决,甚至提出"宁使暂时驳运渡黄,必不可复用借黄济运之计,以致倒灌增病"⑥。他宁愿花费大量银两来进行驳运渡黄,也不允许再采用借黄济运的措施。为了彻底打消有些大臣借黄济运的念头,十七年 (1812) 七月,嘉庆就有些官员的相关言论发布了谕旨,对他们进行了警告,同时也是告诫全国的官员。其谕曰:"近日河工各员仍以借黄济运为辞,此等劣员并非关心河务漕运,其意总欲使黄河为患,则大工屡兴,伊等不但可以侵帑肥橐,并可以为升迁捷径。其从前获咎之员,亦藉以开复,而国计民生之贻误概置不顾。……嗣后若再有倡为此论者,即应挐问治罪,方足以息妄言。"⑦ 至此之后,虽清口一带还是经常出问题,但借黄济运之议确实再没有被提起。

四　日常化手段:挑挖疏浚

水性就下,疏导可以顺水性,大禹治水时就是用的这种办法,这一家喻户晓的方法自然成了人们解决河工问题首先效仿的榜样,挑挖疏浚也就成了解决河道淤阻问题的首先选择。在嘉庆统治的 25 年里,河道问题不

① 《清仁宗实录》卷237,嘉庆十五年十二月己亥。
② 《朱批奏折》,嘉庆十年十一月初三日吏部右侍郎戴均元奏,档号:04 - 01 - 05 - 0106 - 029。
③ 《朱批奏折》,嘉庆十年八月二十一日南河总督徐端奏,档号:04 - 01 - 05 - 0105 - 012。
④ 《清仁宗实录》卷99,嘉庆七年六月辛丑。
⑤ 《清仁宗实录》卷238,嘉庆十六年正月丙辰。
⑥ 《清仁宗实录》卷237,嘉庆十五年十二月己亥。
⑦ 《清仁宗实录》卷259,嘉庆十七年七月辛卯。

少，解决的办法也各种各样，其中"挑挖淤沙固为治河不易之法"①，嘉庆一朝始终贯彻挑挖疏浚为治河的基本方法，甚至有清一代也是如此。

在解决九年漕船回空受阻的问题上，为了配合蓄清敌黄，黄淮交汇一带也相应进行了疏浚挑挖，当时河员们"相度形势，于惠济祠西岸直至顺黄坝河尾一带，涸露新滩人力可施之处挑成引渠一道，计长五百六十余丈，以期由此舟行通顺"②。虽称之为引渠，然"此次所办系就正河低洼处所抽挖沟槽，并非别有所谓引河也"③。而像这样的挑挖疏浚在这一带几乎年年都有。黄淮交汇的这一带水路复杂多变，每年出现的问题也是最多，因此这一带不仅是河工的关键点，也是漕运的关键部分。这一带包括运口、清口、里河以及洪泽湖水出入之引河都是每年挑挖疏浚的对象。河口一带，"春夏秋三季河口停沙，时有淤浅"④。特别是"节交夏至，上游沁水骤涨，江境黄河各工长水，河口倒漾"。如果像十年、十二年那样借黄济运，使得黄水倒灌日久，"兼之春夏以来天气晴干"，从新御黄坝至里河头二三闸、清江一带河道淤垫，船只无法行使。⑤ 从御黄坝以内一直到里河交界，以及运口二坝以下老鹳嘴头、二、三闸各塘内河身也是经常停淤处所，甚至淤垫成滩嘴挺出，类似这种情况必须随时疏挑切滩。⑥ 其中洪泽湖五道引河由于黄水倒灌等原因也经常淤垫，湖水无法畅出，更谈不上敌黄刷沙了。"黄河自交桃汛后节次报长"，每年所挟带的大量泥沙沉淀下来，仅靠洪泽湖的清水冲刷是不可能解决问题的，何况很多时候清水的水位根本比不上黄水，加上引河的淤浅。即使在情况令人乐观，清水刷沙效果较好的时候，也只是减缓了泥沙淤垫河身的严重程度，但并不能解决运口一带的淤垫问题，所以漕运总督、南河总督或相关官员就会经常"传齐各帮水手及兵夫人等用铁篦子、混江龙分投，往来梳爬，以期日见深通"⑦。另外，与清口一带密切相关的淮扬运河，每当淤浅时，统治者

---

① 《清仁宗实录》卷94，嘉庆七年二月壬子。
② 《朱批奏折》，嘉庆九年（阙具题者），档号：04-01-05-0268-031。
③ 《朱批奏折》，嘉庆九年十二月十四日南河总督徐端奏，档号：04-01-05-0097-034。
④ 《朱批奏折》，奏报查勘淮河河口淤浅及洪泽湖地方河工情形事，嘉庆八年，档号：04-01-05-0092-017。
⑤ 参见《朱批奏折》，嘉庆十一年六月初三日南河总督戴均元、副总河徐端奏，档号：04-01-05-0113-020。
⑥ 参见《朱批奏折》，嘉庆十六年正月二十四日南河总督陈凤翔奏，档号：04-01-05-0126-027。
⑦ 《朱批奏折》，嘉庆八年闰二月二十七日漕运总督吉纶奏，档号：04-01-35-0194-046。

为了确保其畅通，也同样进行挑挖疏浚。当然，同时可能还有其他的处理方式，但不可否认挑挖疏浚是最常用的办法。

挑挖疏浚在某些河段有大修和小修之分，大修一般间隔数年一修，小修则是一年一修。有些运河段除了规定的大修、小修外，则是每年都有的定期挑挖疏浚，其中包括江南省境内的徒阳运河、邳宿运河、山东闸河，以及发源于豫省的卫河等河段。

镇江府属丹徒、丹阳二县境内运河为"江浙两省漕船经由要道，该处水无来源，全藉江潮浮送，每日潮汐挟沙而行，最易停淤"①。特别是，每到冬季潮枯之时，"徒阳运河水势微弱，其在丹徒境之岗瓦厂白果树猪婆滩等处，丹阳境内之张官渡均系古浅，一遇潮退之时帮船每形浅涩"②。正是因为这些特殊的原因，清政府规定江南徒阳运河必须定期进行挑浚，每年都要进行小挑，每六年大挑一次。挑挖疏浚一般都是在每年冬季进行，江浙回空漕船全部通过这一河段后，巡视南漕御史与总督或巡抚商量好煞坝兴挑的时间，然后上报皇帝批准。一般定例"于十一月初旬煞坝挑河"，"定限四十日完竣，启坝挽渡重运"③。如果遇到冬春时节雨雪过多，影响挑浚，煞坝开坝的时期就会相应奏报宽延。当然在煞坝挑浚之前，江浙回空漕船必须全部通过这一河段。但是每届隆冬江潮微弱之时，"古浅各处恐有周折"，巡漕御史需会同道府官员前往镇江一带顺河而下，沿河测量水势，"如有浅滞之处，即督同道府各员认真捞浚"④，或者是"饬令丹徒县雇备人夫船只于各古浅处上下罱捞，并于两岸加设天关地牛以备绞挽"⑤，这样可以攒行回空，确保挑浚顺利进行。大挑之年，回空漕船一经过竣，"随即赶紧钉桩筑坝"，"将各坝合龙排车戽水，一俟车戽净尽"，就开始挑挖河道。而"其余年分于漕运回空之后择浅分别挑捞，择滩估切，以济重运"⑥。但在挑挖过程中又出现新的问题，"徒阳运河两岸太高，挑挖时出土甚难，是以承办之员不能将土运出堤外，只于堤内两

①　《朱批奏折》，嘉庆二十年十一月二十八日江苏巡抚张师诚奏，档号：04－01－35－0224－047。
②　《朱批奏折》，嘉庆十四年十一月二十二日巡视淮安漕务掌福建道监察御史程国仁奏，档号：04－01－35－0208－070。
③　《朱批奏折》，嘉庆朝（阙年月日）两江总督孙玉庭奏，档号：04－01－35－0238－044。
④　《朱批奏折》，嘉庆九年十月二十四日瓜仪巡漕景庆奏，档号：04－01－35－0198－025。
⑤　《朱批奏折》，嘉庆十四年十一月二十二日巡视淮安漕务掌福建道监察御史程国仁奏，档号：04－01－35－0208－070。
⑥　《朱批奏折》，嘉庆十一年十二月初一日护理江苏巡抚胡克家奏，档号：04－01－35－0204－016。

旁堆积，一经坍塌，仍卸入河底淤垫"①，而且徒阳运河两岸土质疏松，极易坍塌下陷，导致徒阳运河河身经常再次淤高，但这一问题又不是很严重，经过疏浚就可以畅行，因此除了规定定期的大小挑之外，为了始终确保重空漕船的畅行，随时的疏浚是由地方官及相关官员负责进行。

山东运河并无来源，"全赖运道迤东各泉源，汇归汶泗诸水济运"②。除此之外，还有几个湖泊作为调节运河的"水柜"，也是至关重要的，所以运河的畅通必须"总以疏导泉源、蓄养微山诸湖之水为本"③，也就是说对山东运河的挑挖疏浚不仅仅局限于河道本身和泉源，还包括各泉渠以及各蓄水湖泊。其中作为"水柜"的各个湖泊其湖水主要来源于泉水和坡水，因此对泉源和支流河道进行的疏浚也就是疏浚了湖泊出入湖水的河道。

山东有泉源的地方共17州县，都是"在在星罗棋布，散处山麓平原不一。内莱芜、新泰、泰安、肥城、东平、平阴、蒙阴、汶上等处各泉为五汶之源出，分水口南北分流济运；其余泗水、曲阜等泉汇合泗河，由鲁桥入运；他如滋阳、宁阳、鱼台、邹滕、峄各州县泉源或归府洸诸河，或径自达运，处处均资挹注"④。为了确保泉水畅通，顺利济运，在疏浚泉源的同时还需要对一些泉源汇注的河道进行挑挖。为此，清政府还专门设立了负责挑挖疏浚的人员，"凡有泉眼可开者，令管泉各官随时相度形势，督夫开挖"。每年"二三月间春夏生水之时，有地方佐杂各员令其专司泉务，凡疏浚泉源、栽培荫泉树木俱责成该员等实力办理"⑤。山东省运河的挑浚不拘束于大小挑之限，并责成河东总河、山东巡抚、巡漕御史于每年回空将次过竣时确加履勘，督率兵夫进行挑挖疏浚。一般规定每年十一月十五日开工挑挖，次年正月二十日开坝。但由于运河处处阻滞，实际上每年都要推迟至十二月中旬开工，"挑工总须二月底三月初方能完工"⑥。然后，东河总督或巡漕御史将会查验运河挑工及修理闸座的情况，查验完竣，"即顺道前赴泰安、兖州各属履勘泉源，沿途细心察看各处"，并"谆饬该管地方官随时勤加查看，督夫疏导，毋稍淤塞。其新出泉源

① 王念孙：《王石臞先生遗文》卷1《筹浚徒阳运河折》。
② 载龄等：《清代漕运全书》卷44《挑浚事例》。
③ 《朱批奏折》，嘉庆九年十月十五日山东巡抚铁保奏，档号：04-01-35-0198-021。
④ 《朱批奏折》，（阙具题者与时间），档号：04-01-35-0238-075。
⑤ 载龄等：《清代漕运全书》卷44《挑浚事例》。
⑥ 《朱批奏折》，嘉庆朝（阙月日）两江总督孙玉庭奏，档号：04-01-35-0238-044。

试探出水旺发可垂永久者，即令砌石成池，导以通渠"①，并"以诸水之通塞为该管河员州县之考成"②。在这样的规定及考成要求下，不但在一定程度上保障了每年挑工的进行，更是对河道泉渠的平时畅行提出了要求，因此随淤随挑也自然成了必要手段。

临清闸外以北有两大运河段，即南运河（卫河）和北运河（白河）。其中卫河"发源于辉县之百门泉附近，并有小丹河、洹河等水汇入，下达东省"，最终济运。其主要水源"全赖各处泉源旺盛，由支达干，由干达河，助济运行最为紧要"③。为了确保水源畅流，规定每年春夏漕船北上之际"必须委员前往相度情形，疏导筹济"④。其中泉源的旺弱会直接影响卫河的水势，另外影响泉源的还有天气的晴雨，更"有飞沙填塞，丰草壅蔽之患"，因此规定"管泉各员随时查察利导得宜，使之畅旺，俾免阻碍"。在实际操作中，坚持"浚泉为济运之本"的原则，每年秋汛后，都会派出得力官员"会同州县并管泉汛员督率泉夫实力浚治"⑤，对"河内间段生有葑草及淤浅之所，亦俱拨夫芟刈疏浚一律深通"⑥。然日久玩生，为此嘉庆特别警告相关官员进行："东省疏浚泉源为通漕济运之亟务，近年该管各员于年例挑浚事宜视为具文，以致多有梗塞，运河每形浅滞。著该河督巡抚严饬有泉各州县及管泉督挑各员，实力挑疏。如有草率从事者，即指名严参惩办。"对办事认真的官员也给予一定的奖赏，如果他们"果能认真疏导，泉流通畅，重运经过无阻，准其据实保奏给予议叙"⑦。

卫河计长 600 余里，由于"卫水长落靡常，淤沙易积"⑧，所以其河道中不但有长年的古浅之处，更有大量流动不定的新淤之地，素有"卫

---

① 《朱批奏折》，嘉庆二十一年二月二十七日东河总督李逢亨奏，档号：04-01-35-0225-012。
② 《朱批奏折》，嘉庆十四年十一月二十八日巡视东漕户科掌印给事中吴邦庆奏，档号：04-01-35-0209-002。
③ 《朱批奏折》，奏报遵旨疏治二省各泉缘由事（阙具题者），嘉庆朝（阙具题时间），档号：04-01-35-0238-075。
④ 《朱批奏折》，奏为委怀庆府通判会同查勘河南卫河泉源等情形事（阙具题者），嘉庆朝（阙具题与时间），档号：04-01-35-0238-020。
⑤ 《朱批奏折》，奏报遵旨疏治东豫二省各泉缘由事（阙具题者），嘉庆朝（阙具题时间），档号：04-01-35-0238-075。
⑥ 《朱批奏折》，奏为委怀庆府通判会同查勘河南卫河泉源等情形事（阙具题者），嘉庆朝（阙具题时间），档号：04-01-35-0238-020。
⑦ 《清仁宗实录》卷280，嘉庆十八年十二月丁未。
⑧ 《朱批奏折》，嘉庆十一年三月初九日山东巡抚长龄奏，档号：04-01-35-0202-037。

河向苦浅滞"的说法。① 对于"卫河挟沙而行，淤垫靡常，水势长落亦难预定"的情况，嘉庆谕旨规定："每年四五两月水小之时，于额设浅夫之外添雇民夫认真捞淤。"② 除了按照规定办理外，各相关官员也随时针对"卫河水势长落靡常，涨水乍落即间有新淤"的情况，③"饬河员齐集浅夫随时疏浚"④。

北运河（也称白河）北起于通州，南与南运河（卫河）在天津交汇，计长 388 里，是粮船过天津抵达通州的要道。"此河系属流沙，易于横浅。向虽设有刮板，只系平时推荡活沙，为益不过寸许。"由于北运河这种特点，每次疏浚所取得的效果都不是很明显，但又不能不进行疏浚，"若遇运船淤阻，不事挑挖，必致有误"⑤。因此，北运河进行经常性的疏浚成为保持漕运畅通的必要手段，时人对此也有过类似的总结："白河性易冲突，非堤防所能御，疏泄之功，可或懈欤。"⑥

江境邳宿运河共长三百余里，"首受微山湖出闸之水，下达中河，直至杨家庄河口，承上裕下，为第一紧要关键"⑦。因其势处建瓴，长落靡常，而且在这三百余里的河程中，共建有 7 座闸，以蓄水行漕。然邳宿运河"闸少则水浅沙停"⑧，"如以盘盛水，水如故而顿浅"⑨，因此运河中的泥沙长年淤积，形成许多古浅之处，如猫儿窝、窑湾等。不仅如此，每年由于微山湖水的下注都会出现大量的不同程度的新淤浅，嘉庆朝时更加严重。因此，必须严格地执行"旧制"，"每年冬底，查明古浅工段，实力估挑"，才能确保这一段运河的畅通⑩。此外，也对新出现的各种淤浅全力进行挑挖和疏浚。挑挖疏浚对于邳宿运河来说是不可或缺的，否则漕船就无法通过这一河段，河东总督陈凤翔曾对这一河段如何保持畅行有过明确的说明："江境地势既高，兼形淤垫，邳宿一带若不挑浚河槽，即湖

① 《清仁宗实录》卷 194，嘉庆十三年四月丁亥。
② 《朱批奏折》，嘉庆十年七月初十日署理山东巡抚铁保奏，档号：04 - 01 - 35 - 0200 - 048。
③ 《录副奏折》，嘉庆十九年七月三十日河东副总河李鸿宾奏，档号：03 - 1760 - 029。
④ 《朱批奏折》，嘉庆十一年三月初九日山东巡抚长龄奏，档号：04 - 01 - 35 - 0202 - 037。
⑤ 《朱批奏折》，嘉庆十九年五月初一日仓场侍郎荣龄、仓场侍郎蒋予蒲奏，档号：03 - 2097 - 012。
⑥ 《清仁宗实录》卷 194，嘉庆十三年四月丁亥。
⑦ 《朱批奏折》，嘉庆十六年十月初九日东河总督李亨特奏，档号：04 - 01 - 05 - 0125 - 019。
⑧ 《朱批奏折》，嘉庆十八年七月十三日两江总督百龄奏，档号：04 - 01 - 35 - 0222 - 013。
⑨ 《朱批奏折》，嘉庆十九年正月三十日漕运总督阮元奏，档号：04 - 01 - 35 - 0222 - 067。
⑩ 《朱批奏折》，嘉庆十八年七月十三日两江总督百龄奏，档号：04 - 01 - 35 - 0222 - 013。

水充盈亦难期顺畅。"①

另外,京通之间的通惠河,还有湖广、江西、安徽等省漕船行走的运道大致也是这种情形,基本上是遇有淤浅,首先是通过挑挖疏浚来解决,或者再辅以别的方法,此处不再赘述。

由上可知,挑挖疏浚在应对黄淮交汇处所出现的问题时并不是一种被强制的"法制化"手段,而是属于一种"日常化"的处理手段,是遇到问题时的一种"本能"应对策略。虽然,有些地方的挑挖疏浚是由统治者所规定的,是被上升为国家意志的一种表现,成为必须执行的一种手段,即"法制化"的方式。当这种"法制化"的挑挖疏浚被确立下来后,其实已经变成了一种处理漕河淤阻的"日常化"方式。当然,这样的"法制化"规定不可能解决所有的问题,在规定之外,必然有灵活的处理方式以弥补其缺陷,如定期对某些运河的挑浚之外,也有随淤随挑的日常行为,嘉庆也特别强调:"河防要务全在随时疏浚。"② 无论是"法制内"的还是"法制外"的,它们共同体现了挑挖疏浚的"日常化"特点。

五 补偏救弊:修治闸坝和各种水源管理制度

除了上述处理漕河不畅的办法外,还有一些补充的手段,在某些时候也起了不少的作用,如清政府一再强调蓄清敌黄的办法,其操作中的一个主要方面就是要求闸坝坚固。清黄交汇处,运口一带建有大量石闸和草坝,这样就可以"关锁水势,以御洪湖之异涨,以减运河之水势,以时启闭,以济漕运"③。洪泽湖湖东的高家堰大坝和各闸也是关系重大,大坝和各闸的稳固一方面是为了蓄清敌黄,另一方面是为了保护高宝一带运河和各州县的安全,统治者十分注意这一带闸坝的修建和巩固情况。闸坝在这一地区发挥了巨大的作用,嘉庆十年清口大淤时,山东巡抚铁保就明确地指出"只有大修闸坝,全复旧规,则借湖水刷沙而黄河治;湖水有路入黄,不虞壅滞而湖水亦治"④。对这一带的闸坝统治者格外关注,尤其是雍正帝在谕旨中经常提醒相关官员,要求他们注意这一带闸坝的建造、培修和巩固。

除了清口一带,闸坝对于运河的重要性莫过于山东运河,其次是江南

---

① 《朱批奏折》,嘉庆十四年十二月十三日东河总督陈凤翔奏,档号:04 - 01 - 35 - 0208 - 027。

② 《清仁宗实录》卷 138,嘉庆九年十二月甲戌。

③ 载龄等:《清代漕运全书》卷 42《修建闸坝》。

④ 《清仁宗实录》卷 146,嘉庆十年闰六月壬辰。

的邳宿运河和徒阳运河。山东运河地势很高，以南旺分水龙王庙为运河最
高点，南北倾斜，漕船必须借助于分段设置的水闸抬高水位方能通行。漕
船通过时，水闸递相启闭，堰水通流。从临清至与江南省交界的黄林庄，
全长八九百里的河程，共建有49座闸，漕船通过山东运河主要依靠这49
座闸，而山东运河也由于闸的缘故被称为闸河，可见闸的重要性。整个嘉
庆一朝山东运河上再没有修建水闸，当时最重要的是对各闸坝的修理和维
护。其中大多数闸座从乾隆中晚期以来就缺少相应的修理和维护，许多闸
座已经破败不堪。如微山湖口新闸"为宣放微山湖水济运关键，最为紧
要，因年久未修，闸底桩木朽腐，铺石亦高洼不平，难资启闭"①。后经
东河总督王秉韬奏请得到了修理。后又"因经年启闭，不舍昼夜，常川
放水，以致金门由身槽石雁翅闸墙多有臁裂，闸底冲掀，桩木全行朽
坏"②。经过东河总督李亨特奏请，得到了修理。

　　邳宿运河从北运口起至黄林庄止，河水"向少来源，深恐重漕阻
滞"③，主要依靠微山湖铺水济运。全长三百余里的邳宿运河南低北高，
河程绵长，难以蓄水，漕船从北运口进入中运河后，节节阻浅，只靠运河
中的七座闸相互启闭，调节水位，以浮送重空漕船。即使这样，重空漕船
进入邳宿运河也时常阻浅，嘉庆和一些大臣也试图通过增建闸座来解决这
个困境。十八年（1813），漕运总督阮元奏请在邳宿运河上的"汇泽闸上
下添建二闸"，这样可以使"全漕可免剥浅之迟。早出江境一日，即早抵
通坝一日，早得建闸一年即早速全漕一年"④。而这一建议与嘉庆不谋而
合，但却被两江总督百龄以"查明地势河形，实难轻议添建"，"若再多
建闸座，必致壅遏为患"等理由上奏驳斥，最终嘉庆也同意了百龄的意
见，放弃了添建闸座的建议。⑤ 闸座增设虽然被否决，但要求对运河各闸
进行及时修理，特别是其中最容易损坏的溜流、河成二闸，要求对"闸
底、闸墙有应修之处亦著及时修理稳固，一切核实办理为要"⑥。

---

① 《朱批奏折》，嘉庆六年正月二十八日东河总督王秉韬奏，档号：04-01-05-0091-
　004。
② 《朱批奏折》，嘉庆十六年五月初一日东河总督李亨特奏，档号：04-01-05-0124-
　001。
③ 《朱批奏折》，嘉庆十九年三月二十九日两江总督百龄奏，档号：04-01-35-0223-
　027。
④ 《朱批奏折》，嘉庆十八年六月二十七日漕运总督阮元奏，档号：04-01-35-0222-
　003。
⑤ 《朱批奏折》，嘉庆十八年七月十三日两江总督百龄奏，档号：04-01-35-0222-013。
⑥ 《清仁宗实录》卷233，嘉庆十五年八月己丑。

从现有的资料来看，嘉庆统治的前十五年中，对闸座的修理虽然不是太多，但并不表示朝廷忽视了闸座的修建和维护。因为闸座的修建主要是由工部负责，并有专门的日常管理、监督和修建规定。因此，如果不是太大的问题，都会在日常的管理中予以解决。当闸座出现大问题时，才会有专门上报，奏请由工部动帑修理。只要经过奏请，并有合理的依据，嘉庆基本上都是予以批准。嘉庆十五年以后，关于修理闸座的奏报明显增多，特别嘉庆二十年以后更是猛增，这些需要修理的闸座不再仅限于山东运河一线，而是整条运河上的闸座普遍出现问题，极大地影响到漕运的畅通。二十一年（1816），巡漕御史陶澍针对闸座所出现的许多问题，提出要进行修理的奏报，而且是请求"尤宜早为修整也"①。最终，为了确保漕运安全，清政府投入大量的人力、物力和财力对运河上有问题的闸座进行了大规模的整修，也取得了一些效果。

闸座虽然可以关束水势，抬高水位。但每当水少之年，加上闸与闸之间的距离较大（两闸之间的运河段又称为塘），这种情况下闸座也起不了多大的作用。为了弥补闸座这种情况下的济运缺陷，嘉庆朝统治者在运河上筑做了大量的束水草坝，这种束水草坝有一个特点，即可以临时兴建，成本较低，水涨时如果有碍，可以随时拆除。筑做草坝的情况在邳宿运河、闸河、卫河、北运河以及清口一带比较普遍。邳宿运河主要在"宿桃交界河宽水浅之处，筑束水草坝以资擎束"②。或者"筑束水草坝，于各闸下板擎蓄"③。山东运河（闸河）以及临清闸外古浅处所常常是"水势微弱，势若建瓴，易于消耗"④，"一经启板水势直泻"，"每年江广重船经临，船身笨重，总未能迅速遄行"⑤，所以"于塘长路远及河势建瓴之处筑做束水草坝，俾资擎托"⑥。卫河水势较弱，而且"入夏以后天晴风燥，水势日消，必须设法妥办，始可无误漕行"，一般在"石佛寺等处酌做草坝三道，下河厅属之渡口驿南草寺三里口祝家屯夏庄等处酌做草坝

① 《录副奏折》，嘉庆二十一年二月二十六日巡视南漕户科给事中陶澍奏，档号：03 - 2099 - 047。

② 《清仁宗实录》卷123，嘉庆八年十一月甲午。

③ 《清仁宗实录》卷266，嘉庆十八年二月癸丑。

④ 《朱批奏折》，嘉庆十五年五月二十六只东河总督陈凤翔奏，档号：04 - 01 - 05 - 0120 - 013。

⑤ 《录副奏折》，嘉庆十五年四月二十日东河总督陈凤翔奏，档号：03 - 2084 - 088。

⑥ 《朱批奏折》，嘉庆十二年六月初二日东河总督吴璥奏，档号：04 - 01 - 05 - 0113 - 037。

六道，并于每坝密下埃牌，层层关束，抬高水势"①。清口一带筑做草坝更是频繁，不但是为了蓄清敌黄和抬高本属浅弱的清水外，而且也是为了抵御黄水，保护清口一带的堤坝，这也是草坝的另一个作用，即保护堤坝和各闸座免受涨水冲击，如十三年（1808），山东运河四女寺支河筑做了不少草坝，"藉以保卫石工，不至再有损剥"②。另外，北运河和徒阳运河根据当时运河水势的实际也筑做草坝，但相对较少，且情况与其他运河段类似，此处不再赘述。

除了这些硬件上的措施外，嘉庆朝统治者还对管理运河水源的规定和章程进行了重申和相应的调整，以确保运河水源的保持与合理分配。运河各段大多借助于各泉、湖、河等水济运，这就不可避免地与农业用水产生了矛盾。每年五月重运北上之时，也正是民间春耕需水之际，针对这种水利矛盾，清朝统治者制定了水源用水制度。其中卫河的水源济运与农业用水之间的关涉最大，也制定了明确的水源分配原则。其原则是："其河南辉县之百门泉、河内之九道堰并安阳之高平闸，每年俱于春夏之交将民间渠闸支河汊港暂行堵闭，使泉水涓滴皆归卫河，俟重运全过山东再行启放灌溉民田。"③ 其具体的内容是："重运抵临清日，封闭民渠，使泉流尽入官渠入卫。五月以后，民间插秧需水，二日济运，一日灌田，按期互相启闭。六七月间，听民自便。"④ 而在实际的操作中，百姓们为了灌溉需要，常常是不按照规定开闸引水，甚至是"私自筑坝拦截"⑤，统治者不得不时时重申这一规则，并于"每年春夏漕船北上之际，必须委员前往相度情形，疏导筹济"，同时"仍饬该地方官随时疏浚，并晓谕居民务须以时启闭，不得任意阻截"⑥。并命令"河南直隶山东地方官一体申明定例，严行查禁"⑦。

闸河和邳宿运河从临清至运口有 1200 余里的河程，这两段运河"惟资附近湖河灌输济运，是以建立闸坝水口涵洞，俾其操纵由人，无虞梗阻"。随着人口数量的增长，物质需求日增，各湖泊周围的滩地都被百姓

---

① 《录副奏折》，嘉庆二十年五月十九日兵部尚书兼署东河总督吴璥、巡视东漕给事中卓秉恬奏，档号：03 - 9775 - 037。
② 《朱批奏折》，嘉庆十四年十一月十六日山东巡抚吉纶奏，档号：04 - 01 - 01 - 0515 - 031。
③ 《朱批奏折》，嘉庆朝（阙具题与时间）（阙具题者），档号：04 - 01 - 35 - 0238 - 075。
④ 李宏：《查办豫省泉源河道疏》，《清经世文编》卷99《工政五·河防四》。
⑤ 《清仁宗实录》卷 322，嘉庆二十一年九月庚午。
⑥ 《朱批奏折》，嘉庆朝（阙具题与时间）（阙具题者），档号：04 - 01 - 35 - 0238 - 020。
⑦ 《清仁宗实录》卷 322，嘉庆二十一年九月庚午。

开垦成耕地，其中"有欲资灌溉而截泉流者，亦有图种旱田而打埝遮水者，又有于湖身浅处栽种蒲苇根宿土聚横亘绵延，将入湖之水仍行截塞，不能趋注下游者"①。纷纷"截湖水上流之泉以资灌溉"，然"上流既截，湖中自然水浅"，就无法济运。嘉庆不但派大臣前往勘查，并颁布谕旨规定："如所垦之地已经成熟者姑听耕种外，其余未垦及已垦复荒地亩出示严禁，毋许再行私垦，庶濒湖一带泉流灌注，毫无阻滞，湖水愈蓄愈深，于运道方有裨益。倘此次示禁之后仍有不遵，查明严行究办。"② 除此之外，闸座的开放也有一定的规定。微山湖之湖水资助东省和邳宿运河济运，每当重运经邳宿运河受阻时，山东和江南两省经常发生争执，"东省以江境挑河草率为言，江境以东境放水不足为言"，为此两省共同确立了一个规定，"两省委员会同于黄林庄设立志桩，复恐志桩有损动之事，于东境台庄闸江境河清闸石墙錾凿红油记，铺水与红油记相平为准。江境挑河即以志桩及红油记为准，挑深五尺，如水势不及红油记，漕船致有浅阻，责在东省，如水势已平红油记，而漕船仍有浅阻责在南河"。而且"放水仍照黄林庄志桩及台庄河清两闸红油记定制，铺水常川五尺为度。如不足五尺之数，咨会东省添启湖口闸板，增符定制。如志桩存水已足五尺，而邳宿运河或有浅阻即将该管道厅及工员等严参，断不容办理草率，藉词推诿，以期河道通畅"③。当然，类似的规定或章程还有一些，如各水柜潴蓄湖水的最高标准、各闸的开放程序等，但不管怎样，目标都是一样的，为了运河的畅通，最终使重空漕船得以畅行。为了这个目的，统治者也一再强调遵循各种相关规定和章程的必要性，甚至也制定了相关的惩罚措施和规定。

　　总之，无论是修建闸坝还是制定或执行一些规定或章程，它们都是在河工和漕运陷入困境时的一种修补，统治者试图通过这些手段能够缓解严峻的漕况，摆脱困境，但这些辅助性措施所起的效果却非常有限，在面对如此严重的漕务和河工困境，这些作用都可以忽略不计，漕运痼疾依然如故。

---

① 《朱批奏折》，嘉庆十四年十一月二十八日巡视东漕户科掌印给事中吴邦庆奏，档号：04-01-35-0209-002。

② 《清仁宗实录》卷220，嘉庆十四年十一月庚申。

③ 《朱批奏折》，嘉庆十七年十二月二十八日署理南河总督黎世序奏，档号：04-01-35-0220-020。

第五节　嘉庆朝漕河的治理效果：嘉庆
末年漕河运道状况之考察

一　嘉庆朝河工的整体状况

漕运的顺利首要条件就是运河的通畅，所以漕运的治理首先就是对漕河运道的治理，清政府一开始就认识到河工与漕运之间"互为表里"无法分割的紧密关系，因此治理漕运河道的努力一直伴随着漕运治理的整个过程。

清前四朝治河人员比较有作为，技术性也较强。其中康熙朝的河工成就最大，对漕运的促进作用也最明显。特别是靳辅开中河，"凡漕运商民船只避黄河百八十里之险，此河确有成效"①。后任河督张鹏翮"见新中河浅狭，且盛家道口河头弯曲，挽运不顺，因于三义坝筑拦河堤，截用旧中河上段，新中河下段，合而为一河，重加修浚，运道称便"②。此外，还开凿了清江浦引河、杨家庙至马湖的引河，用来引水济运或排泄洪水，对漕运的畅通也收到了一定的效果。

康熙一朝的河工成就为后来的漕运打下了一个坚实的基础，因此雍正和乾隆两朝没有特别大的治河工程。乾隆中后期开始，清朝的政治开始慢慢地衰落，这一点在史学界已得到共识。由于乾隆中后期政治腐败的滥觞，漕运和河工中的问题没有得到及时的疏导和解决，反而在粉饰太平中被积累起来，越来越严重。乾隆皇帝驾崩、嘉庆掌权后，这些被积累起来的问题一下子暴露出来。吏治败坏，贪污公行，河工衰败，河患频仍。而对于涉及国家命脉的漕运和"关系漕运甚为紧要"的河工更是问题百出，不可胜言。清史名家萧一山先生对此曾有过评价："嘉庆年间，河患频仍，国家靡帑防堵，为财政上一大漏卮。""当时治河之人，毫无建树，既不审大势以规划久远，复好贪小功而贻害目前，故河工甫竣，辄有蛰塌淤垫之事，而展转之间，乃靡金至于无算矣。"③

国家每年都要花费巨大的财力来治理河工，然而并没有起到作用，河

---

① 《清圣祖实录》卷228，康熙四十六年正月癸卯。
② 赵尔巽：《清史河渠志》，卷2，第53—59页。
③ 萧一山：《清代通史》第2册，第214、216页。

工几乎每年都会出问题。而河工和漕运是紧密联系在一起的，"漕之利病在河，河不治则漕不通，以利漕之故治河，河益难治。国家治河之费岁五六百万，而河无数年不决，决辄糜帑千百万，故漕之病，不独在民而兼在国"①。每年花去如此巨大数量的银两治理河工，但河工和漕务最终还是陷在困境之中，无法摆脱。虽然统治者一再努力，但河工的整体状况却一直很严峻，漕运也在艰难和危机中跋涉，统治者每年都要在担忧和期待中等待漕粮的抵达。

我们可以从嘉庆统治二十几年间河工所出现的较大漫淤情况，纵向上把握嘉庆一朝河工的整体状况。表4—1是嘉庆朝历年河工漫淤表，范围主要是黄河、运河及其支流、支河，所列问题主要是比较大的决口、漫口和淤浅情况。

表4—1　　　　　　　　　河工漫淤情况一览

各河段决漫、淤浅时间	决漫口、淤浅处所	堵筑时间	堵筑情况
二年七月	永定河	二年八月	—
二年八月	砀山境内杨家坝河	—	苏凌阿等前往堵筑
二年八月	曹汛坝河	二年十二月	—
三年九月	睢州上汛河	四年正月	疏浚下游
四年七月	砀汛邵家坝河	四年十一月	—
五年二月	邵家坝合而复决	—	—
六年六月	永定河、桑干河各四处	六年十月	费荫等分勘水灾
七年九月	丰北堤工决口、漫水	旋堵闭	费淳、吴璥前往督办
七年十一月	汤家湾民堰漫塌	—	—
八年九月	衡家楼河工	九年三月	刘权之、那彦宝前往办理
九年三月	衡家楼东坝蛰塌	—	—
九年五月	张秋运河淤浅	九年八月	—
九年六月	黄淮交汇处大面积淤垫	九年十二月	陈大文、吴璥、吉纶等筹办
十年六月	永定河决	十年闰六月	—

① 孙鼎臣：《论漕一》，《皇朝经世文续编》卷47《户政十九·漕运上》。

各河段决漫、淤浅时间	决漫口、淤浅处所	堵筑时间	堵筑情况
十一年六月	王家营减坝	十二年三月	—
十一年七月	宿南厅郭家房河	十一年十二月	铁保等前往勘查办理
十二年十月	裴家场引河之河头河尾土坝全部漫塌	—	戴均元自请议处
十二年十一月	陈家浦堰盱掣塌	—	—
十三年正月	南河陈家浦等处	十三年二月	长龄、戴衢亨前往勘查
十三年六月	荷花塘运河	十三年九月	十二月合而复塌
十三年六月	七里沟运河	—	—
十四年六月	北运河马家的缕堤漫溢	十四年八月	
十四年	通惠河漫工、永定河埽段蛰陷	—	
十五年七月	永定河	十五年九月	
十五年十月	高堰山圩两厅	—	
十六年七月	李家楼河决	—	
十七年七月	阜宁县水利河漫口淤塞	—	
十八年九月	睢州下汛二堡大堤漫溢缺口	—	吴璥、方受畴详筹妥办
十九年	睢工漫口一年未能堵筑	二十年二月	
二十年	永定河北七工漫口	二十年九月	
二十一年三月	武陟县唐郭庄拦黄民埝刷塌	二十一年四月	钱俊前往办理
二十三年六月	武陟沁河溢	旋报合龙	
二十三年七月	邵家庄民埝漫口	—	
二十四年七月	永定河	二十四年九月	
二十四年八月	黄河兰仪厅汛、马营坝漫口	二十五年三月	将河东总督叶观潮革职
二十四年九月	山东运河民堰缺口六处	—	

资料来源:《清代通史》(萧一山著)及《中国运河史料选辑》《清史稿》《清仁宗实录》《朱批奏折》《录副奏折》《续行水金鉴》。

从表4—1可以看出,嘉庆朝河工问题重重,运河全线普遍出现问题。此表中所列情况如前所说,还只是较为严重情况,每年还有许多坝、闸、堤、堰等小的漫决情况,以及几乎每年都出现的运河阻浅等问题还未计入。如此严重的河工问题,自身已经积弊缠身,如何指望通过河工治理来解决漕务危机？这无异于痴人说梦、天方夜谭。统治者期望通过治理河工的办法来解决漕务危机的愿望不可能实现，彻底破灭是不可避免的。

二 嘉庆朝末年的漕河及行漕状况

前面已将嘉庆朝河工的整体形势进行了一个概括，下面将以嘉庆皇帝完整统治的最后两年为例，管窥一下嘉庆朝经过这么多年整顿后漕河所呈现的状况，以期从中体现出嘉庆朝漕运治理的难度以及严重的困境。

嘉庆二十三年（1818）冬，有漕各省漕粮由于粮船回空较迟，冬兑冬开自然不免迟于定例规定日期。漕运总督知会各有漕运总督抚加紧督率，饬令各省粮道及押运员弁，务必全力催攒。二十四年（1819）三月初六日，头进太仓帮一漕船由于山东济运水柜"湖水盛旺，溜势湍激"，在过闸时，"陡遇旋风，将关缆绞断震开"，漕粮顿时漂失，损失漕粮七百三十三石五斗八升，并淹毙水手二人。①而像这样的事故几乎历年都有，而且大部分都比此严重。四月十三日，南粮头进首帮之大河前帮进入直隶安陵汛境。此时从安陵汛到通州的河程有不少古浅新淤处所，水深最浅处二尺四五寸，对船身不是太笨重的大河前帮来说尚敷浮送。但北运河却是"北运河向系流沙，长落靡常"，为了使得粮船能够遄行无阻，巡漕通州漕务御史福定"谆嘱员弁多集夫板并力疏浚"②。头帮北上，运河中虽然有古浅新淤，但经过疏浚后也算勉强通过。四月十九、二十三两日黄河突然长水四尺四寸，"江境黄河于二十六、七、八日陡长水五尺，顺黄坝志桩存水三丈零五寸，黄水倒灌，清水未能外出，溜势遄急，挽渡维艰，其河面宽阔之处又不免停淤见浅"。情况非常紧急，两江总督孙玉庭、南河总督黎世序、巡视淮安漕务御史贾声槐三人"亲驻运口悉心筹济，多集人夫驳船分起偾行，无如黄水初次盛涨，大而且骤"。此时正是江广漕船渡黄之际，所有在工官员"竭一日之力仅挽渡船数只"，也使得漕船耽误渡黄时间。当年应渡黄九十七帮，根据规定是必须在四月底全部渡完。但由于黄水骤涨，至五月初二日未渡黄者还有八帮。虽然"督同道将疏筑兼施，以冀刷出河泓"，却没有多大效果。而且像这样自"黄河入夏以来长水数次，均系旋长旋消"的情况，虽然前几次不是太严重，

---

① 《朱批奏折》，嘉庆二十四年三月初六日（阙具题者），档号：04 - 01 - 35 - 0231 - 055。
② 《朱批奏折》，嘉庆二十四年四月二十四日巡视通州漕务给事中福定奏，档号：04 - 01 - 35 - 0232 - 019。

但清口一带每次所出现的或大或小的问题，都会对漕船北上产生阻碍。①
清口一带正在努力催攒，南粮头进首帮漕船也就要抵坝起卸，但是此时
"康家沟一带水势消耗，河道窄狭"。且"康家沟以北浅处深二尺二三寸，
康家沟以南浅处水深二尺四五寸"，虽然暂时能浮送漕船，但"北运河向
系流沙靡定"，经常出现新的淤浅，稍不注意就会阻浅漕船，巡漕御史饬
令厅汛员弁"多集夫板，无分昼夜，勤加刮挖，以利遄行"②。

五月十九日，湖北省头帮行抵山东彭口闸，由于"大雨暴风山水涨
发，水长丈余，挽拽维艰"，仅过船七只。二十二日，行抵十字河时，
"两面沙坝冲淌淤沙，壅塞河心，水止二尺余寸"，不得不停泊漕船，等
候筑坝，挑挖淤浅，并于六月十二日催出临清闸口。此时，湖北、江西、
湖南等省漕粮十九帮已经脱空，"相距前帮计已脱空十一日"③。

六月初六、初七、初八三日，南运河一带"大雨滂沱，连宵达旦，
南北运河水涨溜急"。特别是"北运河水势日见增长，南粮三进漕船在后
之帮渐次顶阻"。初九日，虽然天气转晴，但"河水仍然有增无消"，"沿
河两岸积水过深，犁缆难施"，虽然尽力催趱，但未过天津关的漕船还有
江西十三帮、湖南三帮。七月初四日，北运河水又增长七寸；初五日增长
九寸；初六日增长七寸，溜势比以前更加汹涌，导致江广八帮漕船截至七
月初七日还未能入境，已大大超过了规定时限了。④ 七月中旬，六月上旬
的天气又在南运河一带出现。七月十五日以后阴雨连绵，十八九等日风雨
更大，"卫河水势长至一丈四五尺，纤道被淹"，"北运河水更浩瀚，津关
以南江西各帮停待多日，不敢冒险前进"，"因两岸仍无纤道，犁缆难施，
兼之上水溜急，只可于船前数十丈用大锚系缆沉入水底，船头拉缆缴关始
得迤逦前进，但起锚时船仍随溜退却，是以每日过海口船仅二十余只"，
最终导致"最后数帮俱在静海县南路挽拽不前"⑤。

漕运跌跌撞撞地过了七个月，进入了多事之秋的八月。

① 《朱批奏折》，嘉庆二十四年五月初二日两江总督孙玉庭奏，档号：04-01-35-0232-046。
② 《朱批奏折》，嘉庆二十四年五月初六日巡视通州漕务给事中福定奏，档号：04-01-35-0232-047。
③ 《朱批奏折》，嘉庆二十四年六月十九日天津镇总兵李东山奏，档号：04-01-35-0233-008。
④ 《朱批奏折》，嘉庆二十四年七月十四日巡视天津漕务掌山东道御史冯清聘奏，档号：04-01-35-0233-023。
⑤ 《朱批奏折》，嘉庆二十四年七月二十九日漕运总督李鸿宾奏，档号：04-01-35-0233-034。

八月,黄河兰仪厅汛漫口掣溜。济宁等处运河堤埝也出现漫口,"各道厅州县均在赶紧堵筑"①。而临清闸外卫河也受到了影响,"临清口外水势增长,直至德州纤道间段被淹,(漕船)俱各暂停油坊及德州等处"。而且"夏津县及德州地方亦因水大堤岸间有漫口数丈不等",最终导致回空各帮迎溜牵挽,行走迟缓。②

九月,黄河北岸王家沟溜势北趋,"刷通沁沟,汇注九堡,马营坝口门塌宽一百六七十丈"③,不久"漫口已淘跌成河,正河仅有微溜水势,出口门后一小股由武陟、获嘉、新乡、汲县一带入卫河,势甚微细;其大股由原武、阳武及辉县边界至延津、封邱等县,下注山东张秋,俱系衡工漫水所经旧路"。而此次马营坝漫口必然要"掣引全河下注,必系经由张秋横截运道",更严重的是"黄数百里绵延之水汇注入运,来源一日不断,则长河堤堰一日堪虞"。事实上,情况已经很危急了,"阿城已见上游坡水下注,一片汪洋"。而且"黄沁汇注,由直隶开州、东明一带入东境濮州、范县,直灌寿张县境沙赵二河,其势建瓴而下,横截入运。张秋西岸民堰多有漫溢,东岸寿张汛之张家单薄官堤于十八日漫水三十余丈,此外堤堰水高堤顶者数处"。"张家老坝头河水已及坝顶,堤身多有裂缝。"④ 黄水串入,各口门就会有停淤;如有漫口或河决,就会直接导致运河水一泻千里,很难阻拦,不但会直接导致运河水位急剧下降,无法行漕,更是会出现处处淤浅的情况。此次黄水溢入运河,不但对运河一带的百姓生命财产产生了巨大的危害,也严重地阻碍了漕船的正常通行。由于张秋运河的漫口,无法正常行驶漕船,漕运总督成宁、山东巡抚程国仁奏请回空船只"由坡挽渡",挽出张秋再行入运,除此之外别无他法,嘉庆同意了他们的意见。当即,他们"令河漕地方各员带领丁舵水手于沿河漫水坡内逐段测探,坡面甚宽,坡水深自七八尺至四五尺余寸不等",可以行使漕船。于是,漕船从"漫口上游之人家头入坡,挽过各泄水桥至

① 《朱批奏折》,嘉庆二十四年八月十四日山东巡抚程国仁奏,档号:04 - 01 - 35 - 0233 - 044。

② 《朱批奏折》,嘉庆二十四年八月二十三日漕运总督成宁奏,档号:04 - 01 - 35 - 0233 - 047。

③ 《朱批奏折》,嘉庆二十四年九月十九日直隶总督方受畴奏,档号:04 - 01 - 05 - 0284 - 025。

④ 《朱批奏折》,嘉庆二十四年九月二十一日山东巡抚程国仁奏,档号:04 - 01 - 35 - 0234 - 004。

田家湾入运"①，或"由沙、赵二河口绕过张家单薄缺口，挽入西坡"②。截至九月二十五日，回空船只已过张秋者达六十八帮，未过者还有三十二帮。当时"张秋以下之戴庙闸亦有水漫，并有民埝缺口二处"，"粮船挽过稍形迟慢"③，漕船回空可能要被耽搁，嘉庆命令成宁等每过十余帮要向他奏报一次，其焦急之情可见一斑。最后，回空漕船由于"武陟马营坝黄河漫溢，临清张秋等处不无阻滞"④，回空漕船也只能是节节推进。

　　但无论结果怎样，嘉庆二十四年（1819）相对于漕运来说是平常的一年，但对统治者来说却是极不平常的一年。当年正是嘉庆帝六十花甲之庆，也是他完整统治的最后一年。在这平常的一年中完全呈现了漕粮运输中所有出现的问题，虽然经过前一二十年的整饬和治理，但最终还是依然如故，统治者想通过治理河工来改善漕运危机的试图是彻底失败了。

---

① 《朱批奏折》，嘉庆二十四年九月二十二日漕运总督成宁奏，档号：04 - 01 - 35 - 0234 - 005。

② 《朱批奏折》，嘉庆二十四年九月二十三日漕运总督成宁奏，档号：04 - 01 - 35 - 0234 - 007。

③ 《朱批奏折》，嘉庆二十四年九月二十五日漕运总督成宁奏，档号：04 - 01 - 35 - 0234 - 009。

④ 《朱批奏折》，嘉庆二十四年十一月初十日两江总督孙玉庭奏，档号：04 - 01 - 35 - 0234 - 022。

第五章　一劳永逸的理想：恤丁除弊

漕运的困境除了外在因素外，其自身的弊端却是导致漕运陷入危机的主要原因。在运输漕粮的过程中，旗丁费用不敷是当时漕运治理的一个关注点。从漕粮交兑到交仓，旗丁需要支付大量的陋规杂费，每一个环节打点不到都会直接影响到漕船的开行。以湖北省为例，"湖北漕船从前自楚抵通各处使用漏规共有一万六百余两之多。其在本省使用者，则有粮道及押运厅弁盘费、门包并各项书役藉名纸张、饭食，需索规费自二三百两至一千八百两不等；其在沿途使用者，则有过淮抵通催攒漕委并巡漕门丁、书差，在通各衙门杂费以及经纪、厼夫漏规，自一千一百余两至四千三百余两不等"①。虽然"运军一船授屯田数百亩，有行粮、月粮，有赠耗。漕百石而给米五，给银十；又许载南北之土物为市，漕毕而余米又使粜于通州。恤军不可谓不优，犹不足用"②。清政府规定和发给的固定费用无法支付旗丁从漕船开行到交仓这一长途运输途中的花费。旗丁费用不敷，严重阻碍了漕粮运输的畅通。这种情况早在乾隆初年时已经出现，当时有些官员已经觉察到其中的严重程度，并发出"欲清作弊之源，必先纾众丁之力"的呼声③，然而在雍正朝猛政之后的乾隆初年情况不是太严重，因而也没有引起时人的共鸣和注意。至嘉庆朝后，面对陷入危机的漕运，嘉庆君臣不得不探索解决的办法，于是"纾众丁之力"的想法又提上了帝国的议程，并在当时引起了一场大争论。

---

① 《朱批奏折》，嘉庆十五年二月十八日湖广总督汪志伊奏，档号：04－01－35－0210－041。

② 孙鼎臣：《论漕一》，《皇朝经世文续编》卷47《户政十九·漕运上》。

③ 《清高宗实录》卷135，乾隆六年正月乙未。

第一节 恤丁济运：嘉庆初政后整顿漕务的焦点

嘉庆四年（1799）正月，太上皇乾隆驾崩。掌实权后的嘉庆立即任命蒋兆奎为漕运总督，希望其能整顿漕运，给漕运带来焕然一新的气象。

蒋兆奎，字聚五，陕西渭南人。自副贡生补甘肃张掖县教谕。乾隆三十一年，成进士。三十三年，教谕俸满，授四川合江知县，调灌县，五十四年，迁按察使，兼理盐务。寻迁甘肃布政使。① 嘉庆因为"蒋兆奎居官素尚廉洁"，即授漕运总督。然而，蒋兆奎并没有给嘉庆带来他所需要的希望和结果，反而在当时掀起了一场风波。

一 嘉庆四年蒋兆奎"津贴旗丁"风波

被任命为漕运总督的蒋兆奎在陛辞后，沿运河南下至淮安就任。嘉庆四年三月十五日，蒋兆奎于淮安任所接收漕运总督关防、王命旗牌并书籍文卷等项，并于就任后的第二天上了就任漕运总督后的第一份奏折，他在奏折中充分表达了对皇帝效忠和尽责尽力的决心。对其充满希望的嘉庆接到这份奏折后，更是让他感觉到选择蒋兆奎为漕运总督整饬漕务的正确性，并在蒋兆奎的奏折上朱批道："加意爱养心力，为国宣猷，不可过劳。勉之！"② 这一段朱批意味深长，表面上是君主对臣下的关心，实则体现出嘉庆对蒋兆奎所寄予的期望，希望他能"实力整顿。粮艘过淮签盘，途次派员，从前皆有使费，该督务须明查暗访，永绝弊端"③。心领神会的漕运总督蒋兆奎也开始尽责尽力地履行其整饬漕务的职责。经过一段时间的观察和思考，蒋兆奎逐渐形成了整顿漕运的看法。他发现在导致漕运不能按期到达京通各仓的原因中，旗丁运费不敷是一个重要的原因，亟须解决。四年（1799）八月十五日，蒋兆奎首先上奏提出了他整顿漕务的办法：

> 旗丁于水次兑粮时，向州县需索兑费，有一二百金者。今既征米精纯，严禁浮收。州县并无余利，岂肯复出兑费？旗丁既得好米，亦

---

① 参见《清史稿》卷324《列传一百一十一》。
② 《朱批奏折》，嘉庆四年三月十六日漕运总督蒋兆奎奏，档号：04-01-35-0190-037。
③ 《仁宗起居注》，嘉庆四年九月二十八日癸未。

索费无词,自当受兑开行,不敢多事。惟是各衙门以及沿途诸陋规虽已禁革,旗丁花费自可节省,而生齿日繁,诸物昂贵。即以过闸而论,臣夏初催船过清江、惠济二闸间,帮船每只每闸费钱四五千文,虽因彼时水溜需夫较多,比从前用钱已加数倍,沿途所过闸座甚多,在在需费。雇觅短纤人夫,从前每里酌给钱一二文,今则五六七文不等。沿途遇浅起剥,杨村至通起剥加以本船头舵、水手、人工、本丁、副丁、人口盘费,沿途盐、菜、柴、煤,又有舱船工料、修理篷桅、铺舱席竹、锚缆器具,尚有琐碎不敢尽开者,所费实多,应得之项委不敷用,现在亟需调剂,而再三思维无项可筹,实乏良策。前读上谕,言有漕州县无不浮收,而江浙尤甚,每石加至七八斗等语,此历来交纳习以为常,旗丁因州县浮收过多,需索兑费亦不过津贴补运费,并未私入己囊,今若于此七八斗之内划出一斗津贴旗丁运费,其余尽行革除,所出有限所省已多,不特千万旗丁藉资济运感戴皇仁曷极,即交粮亿万花户已沾圣恩于无穷,非徒益丁而损民。夫牟利浮收用以馈送分肥,则大不可稍分余润,借力办公亦属人情,以此调剂似非革除浮收,仍未尝不革除浮收而济运,有资旗丁亦不至竭蹶贻误矣。如蒙俞允,除江浙照办外,所有办漕各省俱有浮收,每石均划出津贴米一斗拨补旗丁,其间有情形不同应听该省抚臣酌量津贴,如此明定章程,则收漕州县更可免借口旗丁索费影射浮收之弊。若谓一斗虽微,究系浮收。丁虽拮据,何必累民?军民皆皇上赤子,军代民运理应相周,众擎易举,挹注非难,尚祈圣慈一视同仁,均赐膏泽,除弊施恩,并行不悖。[1]

接到奏折后的嘉庆并没有发表任何意见,只是将蒋兆奎提出的办法让大学士和户部共同讨论、商议,然后拿出一个方案。十几天后,嘉庆根据户部和大学士的意见发布了一个上谕,明确表达了他对蒋兆奎关于津贴旗丁方案的观点:

> 大学士会同户部议覆蒋兆奎奏请于州县浮收漕米内划出一斗津贴旗丁一折,州县征收漕米,不许颗粒加增,例禁甚明。近因各省多有浮加之弊,节经降旨严查整饬,犹恐地方官阳奉阴违。今蒋兆奎以旗丁用度不资,辄请明立章程,每石加增一斗,以资津贴,是使不肖官

---

① 《朱批奏折》,嘉庆四年八月十五日漕运总督蒋兆奎奏,档号:04-01-35-0191-027。

吏益得有所借口。且名为加收一斗，其所征必不止于此数，恐浮收积弊仍不能除，而此新增一斗之粮着为定额，与加赋何异，其事断不可行！惟迩年旗丁疲乏，该漕运总督所奏亦系实在情形。其各帮一切费用、应支口粮、帮贴银米或有不敷，亦当设法调剂，量为津贴。着有漕各督抚确查妥议，各将如何酌办情形据实具奏，务令丁力不致拮据，而正供不致加增，方为妥善。①

嘉庆皇帝在上谕中明确表达了他对蒋兆奎提案"断不可行"的意见，因为仁宗明白，如果按照蒋兆奎的意见，每丁加收一斗来补助旗丁费用，久而久之，就会变成正赋，这就等于是一种变相的加赋。然而从康熙朝开始就宣布禁止向百姓增加赋税，"永不加赋"已成为一条不可逾越的铁律，对嘉庆来说必须遵守祖宗制定的"成法"，更重要的是"在传统上，'轻徭薄赋'在中国一直被奉为金科玉律"②，加赋甚至会被认为是一种暴君的行为。但是面对陷入困境的漕务必须尽快提出切实可行的解决办法，"现当整饬漕务之时必须清其源，以绝其流，使闾阎实受其惠，而于旗丁漕费仍当筹划周详，不使稍形拮据。前据户部议覆蒋兆奎设法津贴旗丁一事已交有漕各督抚确查妥办，俟议到时再降谕旨，将此先行通谕有漕各督抚及总漕、巡漕各衙门知之"③。因此嘉庆在否决了蒋兆奎增加一斗米的提案后，要求各有漕运总督抚确查实际情况，提出"正供不致加增"而又能解决旗丁费用不敷的办法。

二　以退为进：蒋兆奎的无奈

蒋兆奎面对被否定的整饬方案十分灰心，但他还是极力向嘉庆上折说明津贴旗丁的重要性。为了说明问题的严重性，增加向嘉庆游说的砝码，蒋兆奎联合协办大学士闽浙总督兼署浙江巡抚书麟共同上奏，并以浙江省的情况为例来说明旗丁运输漕粮的费用是多么不足，亟须津贴：

窃查浙省漕白粮船工二十一帮，每年原有额给漕截行月等银以资运费，嗣因风水事故以及起剥等费需用过多，以致额领之项不敷，军

① 《清仁宗实录》卷50，嘉庆四年八月甲寅。
② ［美］王业健：《清代田赋刍论（1750—1911）》，高风等译，人民出版社2008年版，第36页。
③ 《仁宗起居注》，嘉庆四年九月二十八日癸未。

丁重利揭债日形疲乏。乾隆二十五年暨四十二年经前任漕抚各臣先后奏准,于粮道库内提银十万两赏借各丁,一分起息,按六个月计算,每年于额领银内扣还,迄今四十年公收过息银十五万余两,历经报部在案,在各军丁既有额给之项,又得恩借银两免受私债重利之累,仰沐皇仁已极优渥,惟缘近年以来生齿益繁,百物昂贵,空重漕船一切费用无不较前加增,丁力仍形疲惫,办运维艰,是以臣蒋兆奎有于州县浮收漕米内划出一斗津贴旗丁之请。

在论述完津贴旗丁的合理性后,蒋兆奎和书麟就浙江旗丁的困境提出了他们认为合理的解决办法,企图绕过"加赋,断不可行"这一禁忌来寻找其他的解决之道。

> 津贴既无款可筹,补苴实鲜善策,惟查各帮所领恩借银两内因嘉庆三年浙省轮届普免漕粮,通帮减歇无从扣还,计共积欠本息银十万五钱六百一十八两四钱。又嘉庆三年分各帮借支造船公借银四万三千五百六十两,先经前抚臣玉德咨部请分六限归还,又减船各丁借拨行月食米应还折价银三万九千四百四十九两零,俱应于旗丁应领项下扣还。伏查浙省二十一帮,每年额领钱粮四十一万余两,若将积欠各款银两全行扣还,则所领仅得其半,本年漕粮仰蒙谕旨将浮收积弊全行禁革,臣书麟现经督饬有漕州县实力奉行,不许颗粒浮收,旗丁无从再向州县分润,而扣款既多,得项无几,当减停困乏之余实难支柱,惟有仰恳皇上格外天恩,俯准将各帮积欠恩借银两停其缴息,同造船公借及借拨行月食米折价等款共银十八万八千六百二十八两零,统于嘉庆五年冬运为始,分作十年扣还,俾各丁本年得全支应领之项以补上年停运之不足,而此后年限既宽,扣项较少,尤足以济运而纾丁力……①

在蒋兆奎和书麟上奏中提出国家借给旗丁的银两停止收取利息,造船和行月食米所借银两分作十年扣还。嘉庆同样没有立即做出明确的答复,将这个问题再一次交到了户部,最后还是被户部否决了。同样的情景让蒋兆奎十分失望,他已感受到整饬漕务并不是他所想象的那么简单,于是他

---

① 《录副奏折》,嘉庆四年十月二十九日协办大学士闽浙总督兼署浙江巡抚书麟、漕运总督蒋兆奎奏,档号:03-1743-015。

无奈地向嘉庆又上了一折：

> 臣具有人心，宁不竭尽驽骀力图报效，奈丁力疲乏，造运两难，备弁等纷纷详禀，代陈苦况，竟有万不可支之状。臣以各帮费用不敷，现奉恩旨设法调剂，令有漕各督抚确查妥议在案，该备弁不得混渎驳饬，无如调剂者有名无实。即两江督臣费淳所奏南运费并不敷用，尚奉部驳，而江苏抚臣之四升七合、安徽抚臣之二升，焉能有济①该丁等一切费用入不敷出，束手无策，揆度情形必有贻误，此事关系重大。臣为漕运总司大员，坐视有误，不特罪不可当，而有负圣明委任，亦愧死无地。臣才识短浅，无能补救，惟求皇上另简贤员速为接手，以期熟筹妥办，庶于恤丁济运之道实有裨益。令臣仍归故里，免罹严谴，则感沐圣主矜圈之仁靡有涯际……②

蒋兆奎在其奏折中充分表达了自己的无奈。自己经过细致斟酌的解决办法并没有得到批准，既然不能再提出令统治者满意的办法，与其等待"严谴"，倒不如速速离开，"不在其位，不谋其政"，于是用了"臣才识短浅，无能补救"这样一个让别人无话可说的借口离开。然而，嘉庆并没有批准，只说明随后就有明确的旨意。既然一天没有离开这个位置，他还得继续行使漕运总督的职责，担负起漕运总督的责任，继续商酌整饬漕务的办法。

除漕运总督专司漕务，全力商酌整饬漕务的办法外，嘉庆同时也发布谕旨，要求有漕八省督抚商量办法。随后江苏巡抚岳起在其奏折上详细地罗列了该省的漕弊，特别是旗丁的用费不敷之处。蒋兆奎认为他所开列的江苏省旗丁沿途费用的情况有些失真，以偏概全，其实是多寡不均，从而说明疲乏之帮居多，旗丁亟须津贴。

> 抚臣岳起清单内开旗丁每运领银四百五十余两等语，臣查此系就苏州太仓镇海金山等卫帮约计而言，其余本属镇江及协运江淮、兴武、大河等卫各帮尚有无屯、无贴及津租无多，钱粮较少者每船所领之银自一百余两至二百余两不等，并有扬州徐州二卫所属各帮内仅领

---

① 仁宗在蒋兆奎上奏后要求有漕各省督抚就此事提出各自的意见和解决办法，具体的讨论将在下一章详细讨论。

② 《朱批奏折》，嘉庆四年十一月十七日漕运总督蒋兆奎奏，档号：04-01-13-0127-023。

银一百两以内，统计不及四百五十余两之数者居多。又单开贴备银二十两一条，查此款银两系苏州、太仓、镇海三卫旗丁所领，其余各帮并无此银。又单开重运得水脚银约五十两，回空得水脚银约二十两一条，查水脚银两系客商置货附搭粮船给丁之项，应视各船所装货物多寡以定水脚之俸音，其有贫疲帮船客货不肯交带者，即无水脚可得。又单开赡运屯田水租每船约银一百五六十两，旱租四十余两，共银二百两一条，查此项田租应按年岁丰歉市价低昂核计，难以定数，若江淮、兴武十八帮并无屯田，以及征津贴运之泗州、凤阳、长淮、大河、仪征等卫帮每船仅领津银九十余两，甚至十余两不等，银数亦大有悬殊。又单开领赠十银六十两一条，查此项银两系兑运苏州、松江、常州、镇江、太仓等府州属之帮，每兑米一百石给赠银十两，其兑运江宁、扬州、淮安、徐州、通州、海州各府州属之帮，每兑米一百石止给赠银五两，是江苏省各帮应领钱粮多寡不等。①

对此，嘉庆却没有理解蒋兆奎的真正意图，而是把注意力全集中在显而易见的问题上，即漕弊方面，对蒋兆奎奏折也就批复如下："与岳起妥商具奏。朕思漕弊固应革除，然须通盘筹划，去已甚而不为已甚，水清无鱼之论亦不可不虑及。若过于严刻，旗丁裹足不行，又用何人押运？过犹不及，卿等思之。"这样的朱批完全不是蒋兆奎所想得到的答复。

蒋兆奎想通过指出岳起奏折中关于旗丁费用严重不敷的事实，希望能够使最高统治者改变"断不可行"的定论，结果还是事与愿违。漕船开行在即，旗丁费用不敷亟须解决，蒋兆奎在十一月二十日上嘉庆皇帝的奏折中这样写道：

漕船冬兑冬开，现在渐次兑漕，转瞬开行，旗丁往年得有兑费，今年办理清漕不能向州县需索，而一切费用入不偿出，调剂者尚无定论，燃眉之急已不可解。若再不设法补苴，贻误之患不知所至，臣为漕运总督，岂敢坐视？再三思维，苦无善策，无可如何，拟每船借给银一百两，于各省粮道库内支领，分作三年在该丁应领项下扣还归款。其山东河南船只路程较近，每船只给银五十两已可接济。至长年出运以及造船等费，领项大不敷用，各丁贫疲大势相同，若非大为调剂，迁延观望，以致帮丁疲不可支，转觉难于整顿。

_____
① 《朱批奏折》，嘉庆四年漕运总督蒋兆奎奏，档号：04－01－35－0192－021。

另外，他还向嘉庆提出将办理漕务开支的轻赍银两用来贴补旗丁的方案：

> 有漕各省皆有轻赍一项解仓场衙门支用，本例应征之米每年折银五分，名为轻赍。山东、河南系一六，江苏、安徽系二六，浙江、江西系三六，一二三以斗计，六以升计，今请将一六者、二六者仍征本色，三六者改征二六本色，其余一斗仍征折色。所征本色按照旗丁每船所载米数赏给应给之数，其轻赍银两照各丁支领本色米数，于旗丁应领银内扣存道库，解通支用。一六者以二升照市价于各丁应领银内扣存道库，俟轮造之日给发贴造，其余一斗四升除抵折价外以之贴运。二六者以四升照市价于应领银内扣存道库，并轮造之日给发贴造，其余二斗二升除抵折价外以之贴运。三六改为二六者照此。再查江安轻赍改征本色，米石较少。苏松轻赍改征米色，米石较多，白粮并无轻赍，请通融匀拨漕白各船，如此则造运不致拮据，可以一劳永逸。以应交之米仍令交米，并非加赋，虽昔折今本，似益丁而损民。然军代民劳，百姓当革除浮收之余，所省已多，出此区区众擎易举安有不踊跃急公之理？以上所议本应与各抚臣商确具奏，实以迫不及待，且恐意见不同徒多往返议论，不揣冒昧直陈圣明之前，谨恭折由驿驰奏，伏乞皇上睿鉴……①

嘉庆还是没有直接表明态度，只是让刚刚就任的巡漕御史广泰先确查实际情况，嘉庆在广泰汇报到任的奏折上说：

> 漕运总督蒋兆奎力陈丁力疲乏，必须多增津贴，系实在情形乎？或系蒋兆奎听卫所官员愚弄，希冀多收分肥。汝系敢言之人，密访确情，由驿覆奏，用马上飞递。②

但是没过几天，实在等不及的嘉庆连续发布谕旨，对蒋兆奎所上的几个奏折分别进行了严厉的申斥。十一月二十三日上谕：

---

① 《朱批奏折》，嘉庆四年十一月二十日漕运总督蒋兆奎奏，档号：04-01-35-0192-002。

② 《朱批奏折》，嘉庆四年十一月二十日巡漕御史广泰奏，档号：04-01-05-0087-022。

蒋兆奎奏漕运费用不敷,无能补救,请另简贤员接手筹办一折,错谬已极。漕运总督于一切筹划,恤丁济运是其专责,前此蒋兆奎曾有将漕米每石增收一斗,以作运费之奏,经部议驳,嗣复降旨令有漕各督抚确查妥议。

蒋兆奎系朕特简漕运总督,如果实有碍难办理之处亦应再为设法筹划,何得竟请罢归,为此忿激之语,竟如明季挂冠而去之状。况该督抚等俱经再三筹议,而该漕运总督概以为有名无实,然则必如蒋兆奎所议,加赋于民而后可耶!看来蒋兆奎竟不免听信漕属员弁一面之言而又无良策以善其后,遽以引退为词形诸奏牍,实属冒昧粗率。蒋兆奎传旨申饬,并着将漕运情形详悉陈明,除加赋一节断不可行外,其应如何津贴,俾正供不至加增而丁力不形疲乏之处再行明白回奏,候旨遵行……①

嘉庆并没有对蒋兆奎进行严厉的处罚,只对他传旨申饬。统治者明白蒋兆奎的行为属公非私,更重要的是对蒋兆奎还寄予期望,在上谕中清清楚楚地告诉蒋兆奎,整饬漕务绝对不允许有"加赋"之嫌。

蒋兆奎一再的上奏让嘉庆颇具疑问。并在同日给蒋兆奎发布谕旨后,也给两江总督费淳发布了一个谕旨,命令费淳查明其中的原因,据实具奏:

蒋兆奎奏漕运费用不敷,恐有贻误,请另简贤员接手筹办一折已降旨严行申饬,并令其明白回奏矣。蒋兆奎向日操守尚属廉洁,是以本年春间将伊擢任漕运总督。伊前次奏请将漕米每石加收一斗,事系加赋,断不可行,今复以费淳所议津贴有名无实,而岳起、荆道乾之议更属无益,遽请另行简员接办,殊属错谬。在蒋兆奎平日尚称狷介,或不疑其有他。但现当肃清漕弊,地方官不敢浮收,漕标官弁等因不能沾润,辄以贴费不足为词怂恿蒋兆奎,希冀格外加增,而蒋兆奎年近老耄,不加详察,遽为此奏。着传谕费淳将蒋兆奎自任漕运总督以来居官如何,伊已年老,是否尚能办事堪胜漕运总督之任,详悉查明,据实具奏。②

---

① 《嘉庆道光两朝上谕档》,嘉庆四年十一月二十三日。
② 同上。

十一月二十五日，嘉庆就蒋兆奎十一月二十日所上的奏折发布上谕：

> 前蒋兆奎有征收漕米每石增收一斗之奏，事属加赋，断不可行。
> 今阅所奏情节仍系损民益丁之事，除俟部议上时再降谕旨外，各省收
> 漕积弊已非一日，州县率以济运为名多方浮取，其实地方官逢迎上
> 司，交结亲友，肥润身家，皆取资于此。此等弊窦朕已深知，自不可
> 不严行饬禁，乃各省地方官是否实收清漕尚未可深信，而该漕运总督
> 又以运费不敷为请，其意总欲于正供内设法增添，虽巧避加赋之名，
> 而仍存加赋之实。试思朕节次降旨严禁浮收，百姓皆所共知。今若于
> 例外加增，民心不服，岂不激成事端？
>
> 各省运丁应得之项本属不少，总由卫所各官将运丁得项侵扣入
> 己，不行给发。又稔知州县浮收，辄以运费为名问其勒索，其实卫弁
> 等丰衣美食，任意花销，馈遗公行，不过假济运之名以为侵肥之计。
>
> （蒋兆奎）今乃屡以兑费不敷为请，而于运弁如何克扣旗丁，现
> 在如何饬禁之处总未提及一语，自系轻听卫弁怂恿，为其所愚，故尔
> 频频渎请。但加赋一节断不可行，朕志已定。蒋兆奎如果自问才具不
> 能将漕运妥为经理，即当据实具奏，不得因所奏不行辄怂激求去，如
> 明季挂冠之状，朕前不可施此伎俩也。①

嘉庆再一次重申："加赋一节断不可行，朕志已定。"因为他认为，
运费不敷只是借口，其实是运弁用来损公肥私，更何况就是"存加赋之
实"。而蒋兆奎却一再以运费不敷屡次上奏，并且在不被允准的情况还请
求罢归，这无疑让嘉庆感觉到这是效仿明末官员挂冠而去的做法，以便和
统治者讨价还价。从上谕中我们可以清楚地感觉到嘉庆对蒋兆奎的一再上
奏已有了些愠怒，不再像上次那样只是传旨申饬了，而是对此时的蒋兆奎
已有了些失望。

嘉庆发布的上谕已分别传达下去后，十二月初一日，蒋兆奎对嘉庆帝
的上谕进行了回应，并为他之前提出的津贴旗丁的方案进一步补充理由：

> 臣冒昧粗率，奉旨严行申饬。其应如何津贴，宜行明白回奏。跪
> 读之下惶悚无地、感悚并集。伏查旗丁拮据，非大为调剂则造运两
> 难，有显而易见者，旗丁所得之项皆定自数十年百余年之前，现在生

---

① 《嘉庆道光两朝上谕档》，嘉庆四年十一月二十五日。

齿日繁,诸物昂贵,数倍于前,以数十年百余年前之价买现在之物断不敷用,此大势皆然也。……臣随将旗丁现在燃眉之急及本（年）运造之用,业已冒昧以管见陈奏在案。①

同日,蒋兆奎又接到嘉庆于十一月二十五日颁布的上谕。在这份上谕中,蒋兆奎已体察到最高统治者的不满和愠怒。对蒋兆奎来说已经没有回旋的余地了,既然已经迈出了"求罢"第一步,无论如何都要硬着头皮走下去。蒋兆奎覆奏云:

臣自问才具实不能将漕运妥为经理,不胜漕运总督之任,恳祈皇上另简贤员将臣更换,漕粮冬兑冬开,此时正吃紧之际,并求圣上令更换之员刻即来淮接手,免致误公。②

两天后,两江总督费淳遵照嘉庆的旨意,对蒋兆奎的调查已经清楚。实际情况是:

蒋兆奎平日操守清廉,办事结实,惟性情近乎憨直,识见间涉拘迂（朱批:是）。臣前与同官山西,每年知之最稔。本年三月伊到漕运总督任,屡绝苞苴（朱批:朕亦知之）,并出示严禁该衙门一切陋规,押运往回约束弁丁极为严肃,虽年逾七十而精神强健,诸事认真,并无衰耄情状,于漕运总督事务似堪胜任。至旗丁运费不敷,荷蒙圣主体察实情,饬令有漕运总督抚各就本省情形酌筹津贴。如果督抚所议尚有不敷,蒋兆奎系总司漕运大员,职当妥协济运,原不妨悉心筹划,另行切实敷陈,仰祈宸断。今因恐致贻误,辄欲推贤让能,虽意本无他,而迹邻于激,此即其憨直拘迂之明证也。③

两江总督费淳在其上奏中详细地将蒋兆奎评价了一番,之所以一直渎奏请辞,是蒋兆奎"憨直拘迂"所致。整个覆奏里面费淳其实都是在为蒋兆奎说好话,为其开脱。然而,嘉庆需要弄明白到底什么原因促使蒋兆奎频频上奏,请求津贴旗丁费用,是否受运弁愚弄,于是又增派铁保前往

① 《录副奏折》,嘉庆四年十二月初一日漕运总督蒋兆奎奏,档号:03-1743-028。
② 《录副奏折》,嘉庆四年十二月初一日漕运总督蒋兆奎奏,档号:03-1478-050。
③ 《录副奏折》,嘉庆四年十二月初三日两江总督费淳奏,档号:03-1478-051。

淮安查办，并告诉费淳，"已派铁保至淮安，会同实力查办"。

　　蒋兆奎陆续提出的方案被否决而搁置，作为漕运总督的他其实一直都在为整饬漕务而努力，在"别无经理良策"的情况下只有选择离去。但他的举动却被嘉庆认为是效仿明季挂冠的陋习，蒋兆奎知道这一看法所带来的后果是非常严重的。十二月初六日，他在奏折上详细地辩解道：

　　　　臣前折曾将旗丁运费不敷及臣求退情由分折覆奏在案，而旗丁之运费不敷，臣之一再筹补及急欲求退之故始末原委尚未缕晰陈明，查旗丁运费本有应得之项原无不敷，惟是所定领项在数十年百余年前，迫后生齿日繁诸物昂贵，物价数倍因而从前所定之领项不敷现在之费用，而近年运粮之旗丁尚可撑持者以州县浮收向索兑费，并因州县折收米石将行月等米亦向州县折收，图沾余润，两项所得以之贴补一切经费并各处浮费，现在革除漕弊，州县禁止浮收，旗丁禁止需索，各衙门陋规以及沿途所过各处浮费尽行裁革，折旗丁之陋规浮费一概可省（朱批：既已省，有何不足？），而经费不敷不能减去，于是始议划米一斗，再议轻赍改本，均以加赋不准。查浙江之漕截江南之漕赠以及他省百姓出赀济运者款目颇多，此皆历年所加之赋，并非运粮之初早定章程，诚以因时调剂，事非得已，而军代民劳百姓输将义不容辞也。况现在办理清漕，百姓所省者实多，而议出津贴分认无几。今津贴不欲出之于民而别为筹划，查旗丁不敷经费，（朱批：些须浮收百姓原属乐从，奈不肖州县有加无已，借此名目沾润身家，况现在何曾收清漕，若果收清漕，旗丁运弁亦无瑕可稽，不复争闹矣。）每船约在二百两，积少成多，安得有如许闲款挹彼注此？是以调剂者每载米一石议给米二升余，如此焉能有济？譬如医病，然病势颇重而药力甚微，虽因病投药而病不以药愈。（朱批：加赋之病大，旗丁疲乏之病小，朕先医其大者。）且此病不愈，兼生他病，以致愈难医治者势所必至理有固然也。至臣以才识短浅，别无经理良策，恐其贻误漕运重务，恳皇上另简贤员接办，原从小心敬畏而来，并非气质用事，臣虽粗鲁，敬君之道念念不忘，万不敢以忿激之言达于至尊之前，尚祈皇上察其愚诚，宥其措词不善之咎……①

---

　　① 《朱批奏折》，嘉庆四年十二月初六日漕运总督蒋兆奎奏，档号：04 - 01 - 35 - 0192 -
　　009。

蒋兆奎再一次恳请另简贤员。

针对蒋兆奎一再上奏请求辞官的行为，嘉庆于十二月初八日给两江总督费淳发布了一个上谕，要求费淳会同铁保切实查明情况，据实具奏，以解开他心中的疑问。

> ……乃蒋兆奎始终坚执其意，竟以非加赋借帑不能办理，而于旗丁运费实在不敷情节又未详细声明。本日蒋兆奎奏到之折仍以自问才具不能胜任，恳请更换覆奏，将漕运重务置之不顾，进退由己，岂人臣敬事之道。即将蒋兆奎革职治罪，伊亦无能置喙。姑念其平日操守尚称廉洁，且约束弁丁亦能严肃，是以不肯遽加罢斥。昨令铁保赴淮安会同费淳切实查办，看来江南漕务虽屡经降旨严禁浮收，尚恐各州县未能实力奉行，必系运弁等知州县尚有浮收，意图需索，托称运费不敷，向蒋兆奎饰词禀恳，蒋兆奎遂受其愚。若果实系如此，铁保、费淳等应查明系何人怂恿，即将该卫弁等指名严参，并将蒋兆奎一并参奏。①

次日，没有等到费淳等人的回奏，嘉庆却突然发布命令，将蒋兆奎漕运总督一职立即免去：

> ……乃蒋兆奎前有每石增收一斗作为运费之奏，事属加赋，断不可行。蒋兆奎以所奏未允，并不将运费实在不敷之处悉心筹议，详晰具奏，辄忿激求去，效明季挂冠之状，经降旨饬谕，蒋兆奎又议借项帮给运丁，并以物价昂贵，今非昔比为言。试思借项一事不过暂济目前而递年坐扣，于丁力岂不更形竭蹶。若谓时值物价较昂，则又不独旗丁为然。如各官俸廉、兵丁粮饷概因物贵议加，有是理乎？而蒋兆奎总以运费不敷为词，频频渎奏。又不妥筹办法，受卫员愚弄，其意总在加赋借帑，始终坚持己见，执拗不回。本日覆奏之折竟称：旗丁经费应得之项委不敷用。并以岳起所议各船领运银四百五十余两，亦祗系就苏州、太仓等卫约计，其余若扬、徐二卫所属各帮领银在百两以内者，经费不敷更多，并非受卫员愚弄。且称闽浙督臣书麟议奏，津贴旗丁每船八十余两犹有不敷，造船之费仍需另筹。伊未必受卫员愚弄等语。若如所奏，是清理漕务之事竟不可行。况津贴兑费，原视

---

① 《嘉庆道光两朝上谕档》，嘉庆四年十二月初八日。

道路远近酌定多寡。其路近省分领银自少。今蒋兆奎竟不分别各省远近，概行牵混入奏，而又将造船之费一并列入。且即以书麟所奏津贴而论，亦不至如蒋兆奎之多，乃蒋兆奎藉以唐突，其执谬之见尤甚于前，看来蒋兆奎竟难胜漕运总督之任，所有漕运总督员缺即着铁保补授，蒋兆奎仍暂留该处。俟费淳、铁保查办完竣后，再降谕旨。①

仔细分析嘉庆的行为，其中意蕴值得思考：首先是蒋兆奎的一再渎请，"性情执拗，自是己见"，如果继续容忍下去恐启"明季挂冠而去"的不良风气，对皇权也是一种极大的威胁。其次是久而久之的倔强行为，使嘉庆寄希望于蒋兆奎整饬漕务的信心迅速减少。最后是想为费淳、铁保查清问题真相扫除干扰。实际上，嘉庆对蒋兆奎还是很宽忍，因为嘉庆清楚地明白，蒋兆奎的问题是性格问题，不是品德问题。

十一月十五日，巡漕御史广泰也遵照嘉庆的要求，调查了蒋兆奎力陈丁力疲乏必须多增津贴系实在情形的实情，是否"听卫所官员愚弄希冀多收分肥"，将自己所了解的情况进行了汇报：

> 奴才详细访查，各帮旗丁因近年物价较昔昂贵，所得之项不敷应用，尚属真情。卫所官弁办理清漕本非情愿，未免藉用度不足，众口一辞，纷纷具禀，蒋兆奎恐有误重运，是以为所愚弄，尚非有意希冀多收分肥。惟于清厘积弊之始不能善为开导，设法调停，乃屡次以加赋损民之奏渎陈，实属执拗糊涂，冒昧草率。②

广泰身为巡淮漕御史，与漕运总督同驻一城，业务上联系最紧密，加上广泰又是"敢言之人"，因此广泰的上奏在嘉庆看来是比较可信的。广泰在其奏折中解答了嘉庆的大部分疑问，但关于蒋兆奎是否受属员愚弄一事却与费淳所奏不符，嘉庆立即要求费淳和铁保继续彻查：

> 前因蒋兆奎屡次渎请加增运费，朕以所奏或不为无因，特批交广泰查奏，兹据广泰奏访明漕务实在情形一折，内称卫所官员于办理清漕，本非情愿，未免藉词具禀，蒋兆奎受其愚弄。并询据岳起称旗丁

---

① 《清仁宗实录》卷56，嘉庆四年十二月壬辰。
② 《朱批奏折》，嘉庆四年十二月十四日巡淮漕御史广泰奏，档号：04 - 01 - 35 - 0192 - 013。

已津贴米石，又准多带土宜，足敷用度，现在淮安大河泗州等帮皆兑竣开行等语。可见蒋兆奎于运费一事并未详悉查明，惟以丁力疲乏为词，哓哓置辩，其为听信卫弁怂恿愚弄已属显然。……着将广泰奏折发交费淳、铁保转给蒋兆奎阅看，令其将因何偏执己见，总以津贴不敷屡次渎奏，并听信何人之言指出姓名，明白登答。①

不久，费淳和铁保的调查有了结果:

　　臣铁保与蒋兆奎向不认识，此次沿途体访，到淮后接见文武员弁，留心询察，因知蒋兆奎本人憨直，遇事认真。本年伊押运赴通，目击旗丁情形，以为清漕之后经费势必不给，未免思之过虑。其措词激切，尚为慎重公事起见。至伊平日操守自在圣明洞鉴之中，臣铁保密加询访，蒋兆奎在任屏绝苞苴，约束卫弁甚严，尚无受其愚弄任听怂恿事迹，惟不就漕项内细心调剂，止以运费不足屡渎圣聪，实属非是。至其未将漕船陋规查奏之处，臣等询之蒋兆奎，据称:各处陋规我遵旨早经禁革，山东所开已行粮道严禁。我以陋规已经禁止，不复查明，列款具奏，是我疏忽。至我恐运费不敷，有误漕运，心里着急，冒昧渎奏，是我糊涂。前受属员欺蔽，有心袒庇，我虽至愚万不敢出此。至我蒙皇上大恩，不加罪谴，感激难名，现在奉到廷寄，令我不可置身事外，我于未奉谕旨之前，凡有漕运事宜，我所见到的俱向新任漕运总督及两江督臣详悉告知妥办，断不敢以已经卸事心存膜视等语，臣等见其自知惴惧，出于至诚，前奉谕旨令蒋兆奎回京候旨，今臣等查询明确委无情弊，应令蒋兆奎遵旨回京。②

费淳和铁保等人的覆奏彻底打消了嘉庆的疑虑。传统新年刚过，嘉庆对蒋兆奎做出了处理决定:

　　费淳等奏查明蒋兆奎屡以旗丁兑费不敷渎奏，系为恐误漕运起见，尚无任听卫弁怂恿等语。蒋兆奎年近七旬，遇事过于拘泥，因现

①　《朱批奏折》，嘉庆四年十二月二十九日两江总督费淳、漕运总督铁保奏，档号: 04 - 01 - 13 - 0117 - 031。
②　《录副奏折》，嘉庆四年十二月二十八日两江总督费淳、漕运总督铁保奏，档号: 03 - 1479 - 006。

在剔除漕弊，一切陋规概行革除，恐兑运不敷，固执己见，屡行陈奏
究属为公，况平日操守尚能廉洁，现在查无听信属员愚弄情事，蒋兆
奎着加恩，免其交部议处，即来京候旨，钦此。①

嘉庆根据费淳和铁保的汇报，结合蒋兆奎"屡行陈奏究属为公，况
平日操守尚能廉洁"的实际情况，对蒋兆奎并没有进行其他惩罚，并命
令他来京等候旨意。正月初十日，嘉庆发布命令，将蒋兆奎补授为山东
巡抚。

在漕运总督蒋兆奎和嘉庆关于是否津贴旗丁的整个博弈过程中，蒋兆
奎不得不一再"求退"。虽然求退难免带有"忿激"的成分，但"才识短
浅"的借口未尝不是漕运实际的真实反映。蒋兆奎的无奈其实也是当时
清政府的无奈，最终的无奈就是漕运难以整饬。既然难以治理，蒋兆奎又
无法提出合理的办法，还不如让贤。此时的"退"就是一种可取的
"进"，虽然对蒋兆奎来说这一过程充满了无奈。

三　悬而未决的筹议：有漕各省关于津贴旗丁的大讨论

漕运总督蒋兆奎于四年八月十五日上奏，提出津贴旗丁漕米一斗的方
案后，嘉庆立即将蒋兆奎的提案交给有漕各省督抚确查详议，并要求他们
就各省的实际情况提出切实可行的意见。经过一段时间的详查和酌商后，
山东巡抚陈大文首先上奏，他就山东省漕运实际情况提出一个办法：

东省各帮漕船一只例系十丁配运，按丁支给行粮米二十四石，月
粮米九十六石，共米一百二十石，内除米六十石按每石八钱折给银四
十八两，实给本色米六十石。又每船支润耗米及食米约计三十石，润
耗米及津贴席片银约计三十四五两，统计一船所支约米九十石，银八
十余两，旗丁自修船雇人开行至抵坝交卸回空，往回几及八九月之
久，一切费用本属浩繁，且人工物价复倍于往昔。向来兑漕州县每粮
一石帮贴旗丁银四五钱不等，而丁力尚日渐疲乏。兹一切陋规概形革
除，该丁领运拮据亦属有难支之势，臣与司道等再三筹酌，别无银米
可以津贴，惟查旗丁应得行月粮一百二十石内米六十石，向例按照
八钱一石折给银两，较之现在时价不敷一倍有余，可否照乾隆三十七
年东省奏定适中米价每石一两五钱之例，于按石折银八钱之外再加给

---

① 《嘉庆道光两朝上谕档》，嘉庆五年正月初四日。

银七钱，计每船可多得银四十余两作为津贴，且仍系该丁应得之项亦非例外加增，似亦调剂之一法。如蒙俞允，所加银两应于粮道库漕仓等项款内筹拨支给，报部核销。①

可以看出，陈大文吸取了蒋兆奎的教训，他提出津贴旗丁的方法时注意避免加赋之嫌，而是把负担转嫁于清政府身上，让国库来承担津贴旗丁的这部分费用。

十月十七日，两江总督费淳也就两江情况提出他的解决办法。值得庆幸的是，乾隆四年前漕运总督托时所奏准的章程对费淳来说是一个可以参照的范式。他认为这个章程既然得到了乾隆皇帝批准，并一直在沿用到现在，那么只要将其中的津贴数额稍微变动一下，一定也可以实行。当时漕运总督托时所奏准的章程是："上江漕米每石收耗米一斗，下江漕米每石收公费银六分。以半给丁，抵通一切费用；半给州县，为修仓铺垫饭食之费。"而现在与托时那个时代已经过了 60 年，现在是"生齿日繁，百物昂贵，丁力日渐疲乏，长途费用仍复不敷"，所以必须在原来章程的基础上进行调整。经过再三考虑，费淳提出：

> 应请裁去下江原定每石公费银六分，改照苏、松、常、镇、太五府州赠十之例，每石赠银一钱，似此通融办理，只就上下江互相仿照，于旗丁不致拮据，而正供不致加增，似为妥协。臣现与漕抚诸臣革除各衙门陋规，旗丁既多节省，又得此分别津贴耗米赠银，倘敢额外需索，即照枉法脏办理，若州县仍有颗粒浮收亦即严参，照因公科故律治罪，并将不能稽查揭报之该管道府一并参究，以示惩儆，则州县旗丁自各奉公守法，永无浮收勒索之弊，而小民得免浮收，照律津贴亦无不踊跃乐从矣。开征在即，臣谨就江南省应行酌办情形遵旨妥议……②

如果让上下江都将原定每石公费银六分改成赠银一钱来办理，那么百姓在交耗米的时候必然要按照每石赠银一钱来缴纳，这样虽然解决了旗丁费用不敷的问题，却增加了百姓的负担，这与蒋兆奎提议津贴旗丁加收漕

① 《朱批奏折》，嘉庆四年九月二十四日山东巡抚陈大文奏，档号：04-01-35-0191-032。
② 《朱批奏折》，嘉庆四年十月十七日两江总督费淳奏，档号：04-01-35-0191-038。

米一斗没有什么本质上的区别，所以这样的提议被否决，甚至被嘉庆痛斥是可以想象的。

两江总督管辖三省，每省都设一巡抚，督抚同为地方大员，封疆大吏，遇到重大事务一般都会协同商量，详细讨论，意见相同，联名具奏，以示慎重公事。但是，费淳的上奏却是单独行动。随后，嘉庆收到一份由苏抚岳起的具奏，奏折中提出的方案是：

> 漕运帮船应给旗丁口粮银米，各省多寡不同，江南省例准每船支给行月粮等米九十余石，三修等项银四百五十余两，该船每年约需经费银五百六十余两，前经奴才开列清单具奏在案，是该丁每年应得正项除行月米不计外，核之一年所需经费原微有不敷。但现在钦奉谕旨，严加训饬，陋规既予革除，米色再加干整，则该丁等办理似不致于竭蹙。惟帮船回次三修，每只例止给银七两五钱，十年大造给银二百余两，奴才体察情形，实属不免赔累，诚如圣谕自当设法调济，量为津贴，不使稍形拮据。但江南省地剧赋繁，甲于他处，断难再议加增，惟是此项津贴不出于民，必出于官。然国家经费有常，且于旗丁每年出运回空应需一切俱已筹备无遗，只以人工、物价今昔贵贱稍殊，致形缺乏，奴才督同司道等确核情形，悉心筹议。查有漕粮加收耗米一项，向为京通各仓并沿途折耗之用，定例每船正兑米一石，加耗米二斗五升，内五闸颠抗折耗二升，仓耗七升，尖米四升二合，耗上加收尖米二合九勺四抄，新耗三升，给丁三升八合，晒扬折耗四升七合六抄，共计耗米二斗五升，嗣于雍正四年奏准停止晒扬，将原备折耗米四升七合六抄令各仓监督于漕米进仓之时抽验一二袋，如有潮湿，计其折耗，将未验之米照此计算，下剩之米归入正项支销，历经理在案。奴才查此项原备晒扬折耗之米并非正项米石，且久经停止晒扬，亦与额外余米无异，合无仰恳皇上天恩，俯将原备晒扬折耗米四升七合六抄免其随正交仓，以为津贴不敷之资。查江南省全漕起运正兑米一百一十六万五千四百余石，如蒙俞允，并请于开兑时先行划付，听其自行粜卖足敷应用，如此一转移间既不致苦累闾阎，亦不必糜用帮项，而丁力已较为宽裕。[1]

---

① 《国朝名臣奏议》，嘉庆四年十月二十五日岳起会同两江总督费淳具奏，北京大学出版社1993年版，第3797—3801页。

岳起在这份奏折中点破了津贴旗丁的本质："此项津贴不出于民，必出于官。"怎样使"出于民"与"出于官"得到平衡，是官员们所需解决的问题。而山东巡抚陈大文却明确提出津贴旗丁的这部分费用要"出于官"，费淳的提议从本质上来说仍是"出于民"，而这份由岳起和费淳联名合奏的提案却与费淳的办法前后不一。除了照例将此折交给户部议奏外，嘉庆在批阅奏折的时候产生了一个疑问，一个自称是合词具奏的提案，另一个是巡抚和总督联名具奏的方案，为什么这两个方案会各不相同？

不久，交给户部议奏的结论出来了，户部对费淳的提案进行了驳斥，认为仍属加赋，不可行。嘉庆对户部的驳斥非常赞赏，认为他们"奉旨议驳两江总督费淳奏上下江津贴银米互相仿照办理一折，所驳甚是"。"前蒋兆奎奏请于州县浮收漕米内划出一斗津贴旗丁，经大学士会同户部议，以所奏断不可行。今费淳所奏与蒋兆奎前奏名虽异而实则同。若如所请，是所云不准浮收者，仍属有名无实。据折内称下江裁去漕费而加征米十五万石，上江耗米照旧征收，而加征赠银二万六千余两，是非加赋而何？"[1]　而对这两个奏折前后的互异，嘉庆非常不满：

> ……钱粮为巡抚专管，该督何以并不会同上下江巡抚公同酌议，仅用单衔具奏，殊属非是。况本日复据岳起奏到筹议旗丁津贴一折，折尾声明系与该督合词具奏，而所议与费淳前奏互异，是该督并未与巡抚会商，先后两歧其说，可见外省督抚会衔具奏之事，皆属具文。何尝志同道合，以公事为重？此等陋习不除，难臻治理。除将岳起之折交部核议外，现在正届开征之期，该督抚等当督饬地方官仍遵旧定章程，一面开兑，倘有不肖州县藉端浮收即当严参究办。至津贴旗丁之款应如何筹议之处，统俟荆道乾奏到后一并交部详议，再降谕旨，钦此。[2]

嘉庆清楚地指出这次上奏系岳起独自上奏，督抚之间并未商量，只是假借协商之名，以图敷衍。同时，对这种地方督抚遇事并不互相协商的不良习气进行了批评，但并没有过多地追究责任。因为在这整饬漕务的关键时刻，主要任务还是让各有漕运总督抚实力办事。对嘉庆来说费淳提出的

---

① 《嘉庆道光两朝上谕档》，嘉庆四年十月二十五日。
② 《清仁宗实录》卷53，嘉庆四年十月庚戌。

上下江相互仿照，收赠银一钱的提议是费淳个人提出来的，是他自己个人的想法，并不能代表江南省的实际情况，所以还必须等安徽巡抚荆道乾的汇报。

没过几天，荆道乾的奏折送达御前。荆道乾在其折中就津贴旗丁的问题也提出了一个办法。他在仔细分析了安徽省的实际情况后，认为只有这样的方案是比较可行的：

> 安徽向例收漕米一石，征耗米一斗，内以五升给丁，为抵通一切应用，以五升留于州县，为修仓铺垫之需。今拟请将加一耗米一斗，以七升给丁，以三升留于州县，在各属撙节办理可以敷用，而旗丁每石多得二升亦有裨益，此外或仍有应须从长调剂之处，容臣因地因时相机润泽，务使旗丁宽裕，漕运无误。①

在不改变原来所征收耗米的情况下，通过对所征收耗米的分配比例进行调整，这样就不会增加百姓的负担，只是将原来留作州县作为办漕费用的耗米再减少二成，以此作为旗丁津贴费用。

紧随其后的是江西巡抚张诚基与司道等再三熟商后的汇报：

> 江西粮船六百三十八只，减船四十只尚不为多，每船加米八十余石亦不为重，而运丁所得之费每年约添银五六十两、七八十两不等，较前略为宽裕。若沿途陋规不除，即多加亦属无益。现在屡奉圣训剔除陋规，各衙门果能实力奉行，旗丁自江淮抵通可无分外使费，所出既少，所加亦不必过多，得有此项裁船银米自可从容办运，从此严禁军卫不许勒索州县之费，州县不许浮收百姓之粮，既于旗丁有益，并于百姓无损。且江西丁力多疲，一丁疲，累及一族；一船疲，累及一帮。兹裁减疲丁船四十只即通帮免累并可少佥疲丁，军籍人等更为欣跃。臣再三筹酌，体察丁情，就江西情形而论，济运之法实为无有逾于此者。②

---

① 《朱批奏折》，嘉庆四年十月二十四日安徽巡抚荆道乾奏，档号：04 - 01 - 35 - 0191 - 040。

② 《朱批奏折》，嘉庆四年十一月初二日江西巡抚张诚基奏，档号：04 - 01 - 35 - 0191 - 046。

张诚基提出了"减少漕船"这样一个比较简洁易行的办法,即将这些所裁漕船所装载的漕米洒派到其他漕船上,被裁之船应领费用分摊各船。但这个办法不久也被户部否决,因为这样可能导致漕船加重,更加难行。

江南省一总督三巡抚的提案各不相同。每个方案都交给户部商议,再由户部提出意见,最后由皇帝来决定。这个过程需要一段时间,期间其他有漕各省督抚的提案也纷纷呈报上来。

十月二十八日,闽浙总督兼署浙江巡抚书麟向嘉庆提出了关于浙江省旗丁津贴方案的奏报:

> 军丁每船例给行月米一百二十六石,有闰之年每船加给八石,于顺治十年题定支给本色米六十三石,其余一半米六十三石内月粮米四十八石,每石折银一两,行粮米一十五石,每石折银一两二钱,当年米价平减,原敷买食。距今一百余年,生齿日繁,米价增贵,实属不敷,自应量予加增。若按照现在时价计算,所增过多,应请仿造金台米折部定每石一两六钱之数画一加增,以资买食,总共加增需银四万五千九两六钱。查此项加增银两,有从前帮船裁减每年剩存月折、行折、车夫三款内动拨,以从前本款之有余补现在本款之不足。再查粮户任土作贡,军丁代为转输,本有相资之义。今粮户仰荷圣明……而军丁独受苦累,未免向隔,应请于向例漕费钱文之外,每米一石粮户津贴钱六十文计算,每田一亩不过出钱六七文。在粮户所出甚微,在军丁已不无小补,合计此二项每船共可得银八十余两。①

书麟提出了一个与众不同的方案,即津贴旗丁的费用由清政府出一部分,百姓出一部分,两者共同承担。毫无疑问,这个方案也涉及被统治者视为禁区的"加赋"问题,只不过"加赋"的程度稍微小些罢了。与漕运总督蒋兆奎、东抚陈大文和两江总督费淳之议并无二致。

十一月初三日,湖广总督倭什布和湖北巡抚高杞联合提议:

> 湖北六卫所漕船三帮共一百八十只,每船金丁三名,例给行月等款银共三百两,内外又米二百十石有奇,此时各衙门以及沿途陋规业已禁革,帮船更无浮费,丁力不致过形拮据。惟生齿日繁,诸物昂

---

① 《朱批奏折》,嘉庆四年十月二十八日闽浙总督书麟奏,档号:04-01-35-0191-044。

贵，蒋兆奎原奏所指帮过闸、提溜、过浅、起剥需费较增，旗丁得项不敷，亦属实在情形，自应钦遵恩旨量为津贴，以资济运而免疲乏。因思例给行月一款原应给以米石，因无本色，故每石折银七钱。今自应亦照米数津贴计算，每船三丁，月需米二石四斗，出运回空均不过十个月之期，应请津贴米二十四石，均照行月以七钱折算，应给银一十六两八钱，每年共加增银三千二十四两。以起运嘉庆五年漕粮为始，所加之银湖北每年有应征随漕钱粮四万四三千三百三十余两，除例应支用外，约计余存银五千四百余两，造入季册报部拨用，此项随漕钱粮原为漕运之需，自可通融调剂，按数增给，核计每年尚余剩银二千三百余两，仍照例报部候拨，如此量为把注，在丁力得以宽裕，而小民亦无加赋之累矣。①

十一月十四日，护理湖南巡抚通恩提出在湖南漕运各帮津贴旗丁的办法：

> 湖南漕粮项下每年应征各项银米俱有应支本款，碍难动用。惟每年额征南秋二米折价，共解道库银七万九千三百五十余两，内除应解藩库黔米钱价并永顺、长安等协营米价，共银五万四千八百三十余两外，存剩银二万四千五百二十余两，每年造册报部拨用。请即于此项银内每船酌给银二十两，共船一百七十八只，共支银三千五百六十两，即以本年起运漕粮为始，照数分给，以资济运。虽与蒋兆奎原奏每石加米一斗之数似觉稍减，但当此清厘积弊之际，沿途一切陋规，钦遵谕旨，均已革除，旗丁并无别项花费，如此酌动余款，量为津贴，既于正供并无加增，而丁力亦觉稍纾。②

湖广两省的督抚大员都提出了办法，我们可以发现关于津贴的方案在湖广达到了基本一致，至少在大原则上得到了统一。无论是从随漕钱粮存剩银内支用，还是从南秋二米折价存剩银内支用，都是从国库的存剩银两内支取，换句话说也就是让清政府来承担这一部分费用，"让利于丁"，

---

① 《朱批奏折》，嘉庆四年十一月初三日湖广总督倭什布、湖北巡抚高杞奏，档号：04 - 01 - 35 - 0191 - 047。

② 《朱批奏折》，嘉庆四年十一月十四日护理湖南巡抚通恩奏，档号：04 - 01 - 35 - 0191 - 052。

这又与山东巡抚陈大文的提议不谋而合了。

而河南省的情况有点与众不同，因其没有管辖的卫所，所以每年漕粮的运输都是由直隶、山东和江苏的军船前来协运。且在协运的军船中，有些军船的应支钱粮也不在河南省领取，而是回到各自的省份领取，有些则在河南省领取。因为河南和山东一样，运输的路程较近，所以原定支付旗丁的费用不多。河南省旗丁费用原来定例是每船得润耗、盘剥、行月粮80石，银70余两，州县给予旗丁津贴银17两，米10石，旗丁每船每运共得银87两，米90石。"在设立之初，一切人工食物均属平贱，所定银米原系有盈无绌。迄今百数十年，国家生齿日繁，各项未免昂贵，以致丁力不无拮据"，亟须对旗丁的费用进行增加，以确保漕运的畅行。河南巡抚吴熊光与司道等共同商量后，上奏云:

> 额征支军米石按斗支放以外并无多余，至州县津贴自不便再议加增，转使有所借口。惟查有行月粮一项，每船十丁，每丁行粮米二石四斗，以资沿途饭食之用，月粮米九石六斗，以为养赡家口。但系本折各半，其半折米石，每石折银八钱，在当时米价平贱尽足买食。近年粮价较昂，实属不敷。臣再四悉心筹酌，惟有仰恳皇上天恩，将此项半折行月粮，每石照依部定豫省粟米中价，改折银一两四钱，每船可多领银三十六两，较之全漕正耗粮数每石不过加银七分有余。如此酌量调剂，该丁等得此津贴，既无内顾之忧，而办运亦不致竭蹶。所有在豫支领各帮共该加银一万一百四十一两九钱二分，应请在于临清仓征收折色支剩并节省项下通融支给。至各帮有在各该本省支领折色月粮者，应请仍在各本省加增。①

河南提出的方案再一次增加了津贴"出于官"方案阵营的力量。但由于河南本省的漕粮需要其他省份的漕船运送，有些漕船又不在河南省领取旗丁费用，而是各回本省领取，那么这些漕船是按照河南的规定在各省领取，还是按照漕船所属省份的规定来领取？如果按照河南巡抚吴熊光提出的方案"至各帮有在各该本省支领折色月粮者，应请仍在各本省加增"。那么这些新增折色的费用，在河南可以从临清仓征收折色支剩并节省项下支给，在各个省又从何处支出或抵销？吴熊光并没有解决这个问

① 《朱批奏折》，嘉庆四年十一月初七日河南巡抚吴熊光奏，档号:04-01-35-0191-049。

题，而是将这一难题遗留了下来。

所有的这些提案嘉庆并没有立即给予答复，而是将这些有漕各省督抚的提议和办法交给户部，让户部仔细地讨论。不久，户部综合各方面的意见，经过仔细考虑和协商后得出结论，建议"江苏、浙江、湖广、江西等省将原备筛扬耗米四升七合六抄项下，划付津贴旗丁米二升七合六抄；山东、河南二省道路较近，原备筛扬耗米四升七合六抄项下，划付津贴旗丁米一升七合六抄"①，嘉庆同意了这一办法。

但是，这一办法也有让人模糊之处。原备筛扬耗米分为两部分，即正兑原备筛扬耗米和改兑原备筛扬耗米。而岳起原来的上奏中只是提出将正兑中的原备筛扬耗米划出一部分津贴旗丁，而户部只是笼统地答复，并没有说清楚到底是两者中的正兑需要划付筛扬耗米给旗丁，还是两者都要划付？这个问题一直没有大臣提出来，直到仓场两侍郎才将这个问题提出来，并奏请解决。另外，在户部的答复中，安徽省到底该怎样津贴也没有给出答复。

刚刚补授为漕运总督的铁保需要提出一个被统治者所接受的办法证明他能够承担整饬漕务的重任，而两江总督费淳前一次不但提出了一个不被认可的提案，甚至因为地方督抚对于大事不能协作妥商的习气被嘉庆予以猛烈的谴责，他也需要一个能够提高在嘉庆心目中形象的机会，于是两个总督就抓住了这个机会。在遵循户部议准原则的基础上，他们对安徽、江苏两省的情况经过深思熟虑后提出了一个办法：

> 臣等通盘筹划其法，不外损有余以补不足，使州县不致大累，而旗丁稍有补益，乃为两全之道。查原征随漕项下应给州县银米钱文，尚有款项可以拨出，在有漕州县分支无几，亦无大损，而聚少成多颇于运丁有裨。又有旗丁应领本色行月米石一项，拟令州县照定价改给折色，并旗丁应领运费责令粮道亲身放给，以免层层剥削，不过就伊等本分应得之数略为变通以收实效，以上三条仍就漕项调剂漕务，初无耗帑病民之弊，丁力庶臻饶裕……再臣等就上下江筹划，其余有漕省分情形不同，其或有可仿照办理之处令督抚详细查明办理……②

---

① 《朱批奏折》，嘉庆五年三月初六日仓场侍郎达庆、邹炳泰奏，档号：04－01－35－0192－024。

② 《朱批奏折》，嘉庆四年十二月二十八日两江总督费淳、漕运总督铁保奏，档号：04－01－35－0192－016。

铁保和费淳就调剂漕务提出的三条建议分别是：①从随漕项下应给州县银米钱文中拨出一些津贴运丁；②旗丁应领之本色行月米石按照议定的价格改成折色，支给运丁；③粮道亲自到场发放旗丁应领的费用，杜绝剥削的发生。次日，他们上奏，将这三条进行了具体的说明，这也是在上下江实际运用中的具体操作办法：

一、上江正改兑米十八万九千余石项下，向例每石随征耗米一斗，以五升给丁，以五升给州县，计州县所得除安徽巡抚荆道乾奏拨二升济丁外，计米五千六百余石，以时价折值银八千五百余两。又下江正改兑耗米一百九十万一千余石项下，每石随征耗银六分，以三分给丁，以三分给州县，计州县所得应银五万七千余两，照例八折征钱四万五千六百余千文。又白粮正米六万九千余石项下，每石随征盘耗米二斗，旗丁州县各半支给，计州县所得米六千九百余石，以时价折值银一万三百余两。又旗丁应领行月米项下，上江随征耗米一斗，例不给丁，以五升作公用，以五升给州县，计州县所得米三千一百余石，以时价折值银四千七百余两，下江随征银六分亦例不给丁，以三分作公用，以三分给州县，计州县所得银五千一百余两，以上各款在百余州县分支无几，亦不遂藉此办公而聚少成多。拨贴旗丁不无裨益。臣等拟将各款拨出，以为调剂之需。银米牵算漕粮各帮每船约可得银二十余两不等，白粮三帮每船约可得银七八十两，于运费益觉宽裕矣；一、旗丁应领本色行月米石一项。查向来州县浮收旗丁勒索每石折给钱二三千文不等，今既收清漕，州县只能给与本色，旗丁需钱使用出卖余米有干例禁。本地囤户势必抑价贱买，且难保奸丁不藉卖余米，将正项漕米影射偷卖，所关匪细。臣等拟将正项米石令州县向百姓仍收本色，至兑给旗丁时，现在市价每石二两，今以一两九钱作为定数，不许增减折给旗丁。在州县代为变价，略为转移，初无所损。旗丁得此折色，既可置备应用器具，而沿途买食糙米更有赢余，约计每船行月赠五等粮七八九十石不等，每石长余四五钱即可得三四十两，实为不费之惠，且可杜旗丁偷卖官米之弊；一、向例旗丁应领津贴银钱在各该官粮衙门支领，历来不无需索费及克扣平色之弊。臣等严饬各粮道，将应放之款每帮每船系银足兑实封，钤贴印花，系钱足数捆扎，令粮道亲身放给，运弁旗丁眼同支领，不得假手家人书役，傥有需索克扣情事，许各旗丁赴督抚漕运总督各衙门首告，按法参办，如此申明约束亦于旗丁得项有益。①

原来粗线条式的方案经过铁保和费淳详细解释后，变成了操作性很强的三条实施方案。不但清楚地解释了津贴的办法，而且也清楚地解释了各自原来的情况，进行一个对比，可以让嘉庆看到这种措施的优越性，以及绝不加赋的原则性。

这个提案很快得到了最高统治者的回应，嘉庆看到这个具体的阐述后立即发布上谕，同意这个方案，云：

> 两江总督费淳、漕运总督铁保奏调剂漕务事宜，请将向例应给州县银米钱文改拨旗丁，并将旗丁应得行月米石改给折色，及应领运费令粮道放给，以杜克扣等弊，得旨，依议速行。②

得到嘉庆钦定的方案无疑是一个可以效仿的范例。五年（1800）二月，漕运总督铁保也仿照他们自己奏准提案设计了一个关于浙江津贴旗丁的办法，他"奏请将浙省春耗米三斗内酌拨六升给丁。又各丁名下应领本色行月米石，请令州县照依市价改折。又各丁积欠库项三万九千四百余两请分六年归款，并请回空船只于例带土宜六十石外照重运之例多带二十四石"③，并特别说明"调剂浙江旗丁运务，与江南情形相同"。有了前面的榜样，仿照这个样式提出的办法自然不会遭到否决。没过几天，嘉庆肯定了他的方案：

> ……江安二省帮丁经铁保会同费淳奏请，将分给州县银米内划出给丁，并将行月米石按照市价，交州县折银给丁，已批依议速行。所有浙江旗丁酌拨漕费钱文春耗米石及应领本色行月米，令州县照市价变卖折给，均照江安二省一体办理，以为济运之资。至帮丁从前借拨行月食米，亦着照该漕运总督所请，酌分六年扣归款项，以纾丁力，其回空丁船于例带土宜外，并着加恩照重运之例，准其多带土宜二十四石，俾丁力益臻充裕。④

---

① 《录副奏折》，嘉庆四年十二月二十九日两江总督费淳、漕运总督铁保呈，档号：03 - 1743 - 042。
② 《清仁宗实录》卷57，嘉庆五年正月上丁巳。
③ 《梅庵年谱》卷1，《续修四库全书》第1476册，上海古籍出版社2002年版（下略）。
④ 《清仁宗实录》卷59，嘉庆五年二月上丁亥。

经过大臣们反反复复的讨论,虽然也确立了一些关于津贴旗丁的方案,但户部关于"筛扬耗米划付旗丁"究竟如何办理的问题仍没有得到解决。如果不解决这个问题,不但会造成津贴旗丁在执行上的混乱,更重要的是很可能为不肖官吏提供渔利的空间。仓场满侍郎达庆和汉侍郎邹炳泰就这个问题向户部询问,但一直没有得到回复。与此同时,各省漕粮征收中,根据"豫省送到漕册,已于正兑耗米项下划除给丁,其改兑耗米以及搭运正兑耗米仍系照旧起运,并未划除。现又接准江苏巡抚岳起咨会,该省起运漕粮无分正兑改兑,每石统给旗丁筛扬耗米二升七合六抄,业据办理,开行北上"。

五年(1800)三月初六日,达庆和邹炳泰把这个问题向嘉庆帝进行了汇报,并提出相应的意见:

> 伏思各帮旗丁同一领运漕粮,正兑项下既有津贴耗米,而改兑并无津贴似未足以昭公允。况原奏拨给旗丁筛扬耗米案内有每船可得米十五六石之语,今若将改兑米剔出,每船止得米八九石,亦与原议不符。况河南、江苏两省办理互异,其别省亦未必划一。臣等职司仓场,为粮船总汇之地,不能不一律兑收。目下豫省漕船业已抵坝,势难等候部覆,臣等仰体皇上无偏无倚之至意,拟将豫东二省运到漕粮无分正兑改兑以及搭运原备筛扬耗米项下一律划给旗丁一升七合六抄,其江苏等四省改兑米石均照正兑二升七合六抄之例一律办理,以归划一而免舛错。①

嘉庆立即交给户部,要求"户部速议具奏"。户部很快就否定了这个提议,嘉庆也非常赞成户部的决定。其理由为:

> 旗丁津贴项下将正兑晒扬米石酌给,其议倡自岳起,即专指正兑而言,并无改兑之米在内,乃岳起于甫经奏准后又以无论正兑改兑先行拨给咨部,实属自乱其例,是以照部议将该抚议处,并将滥给之米着落赔补。但朕思各省旗丁经费不敷,将陋规通行饬禁,经各督抚酌增津贴银米,并特旨准其每船多带土宜,以资运费,是丁力谅可不致

---

① 《朱批奏折》,嘉庆五年三月初六日仓场侍郎达庆、邹炳泰奏,档号:04-01-35-0192-024。

拮据。惟各省漕运情形不同，或尚有应行调剂之处，着传谕各该督抚察看情形，如旗丁津贴已足敷用，自无庸再议加增。倘于前项津贴之外运费尚有不敷，或必须拨给改兑米石之处，不妨将实在情形详悉具奏，候旨遵行。①

其中，倡自岳起"将正兑晒扬米石酌给"的办法也是他首先自乱其例，嘉庆不但严谴了岳起的擅作主张，更是对蒋兆奎进行了惩罚，让他赔补已经发下去的"改兑耗米"。由于"正兑改兑耗米一律划给旗丁"的提议被否决，有漕各省还得按照只将"正兑耗米划给旗丁"的规定执行。山东省藩司全保、粮道崇福在执行过程中发现旗丁仍有不敷之处，于是向被解职的漕运总督已任山东巡抚之职的蒋兆奎汇报。执拗成性的他还是没有吸取教训，在"正兑改兑耗米一律划给旗丁"的奏报已被否决的情况下，仍然继续上奏请求将改兑晒扬米石也划给旗丁，如果"将正改二兑耗米概行划给则事归划一而丁力益觉宽舒，实于漕运有裨"②。

嘉庆不耐烦地批复"即有旨"作为答复。四天后发布上谕：

> 蒋兆奎覆奏察看丁力，尚须划给正改二耗一折。前曾节次降旨，将漕务陋规全行革除，并酌增津贴银米，又准各船多带土宜，丁力已为充裕。现在各帮粮船衔尾北上，朕派人密访，沿途并无需索旗丁费用之处。及抵通时，仓场侍郎俱各亲身实力稽查，吏胥等不敢稍有勒掯。且闻其米色俱好，行走顺利，是今岁漕运节省无数浮费，丁力已不致拮据。况东省帮船即日抵通，而各省漕米，亦俱挽运在途，又何必于正兑之外，复将改兑耗米再行划给，纷更定议耶？着传谕各该督抚，除今岁已经北来漕船无容议增津贴外，再留心察看，每年俱能如此挽运无误，即可照现定章程永远遵办。傥试行一、二年后，如果于前项津贴之外，丁力或尚有不敷，再将改兑晒扬米奏明划给，以资运费，未为迟也。将此传谕蒋兆奎，并谕漕运总督及有漕省分各督抚知之。③

如上，我们可以很清楚地看到，嘉庆的驳斥有一个前提条件，即

---

① 《朱批奏折》，嘉庆五年三月十九日山东巡抚蒋兆奎奏，档号：04-01-35-0192-025。
② 同上。
③ 《清仁宗圣训》卷58《漕运一》，嘉庆五年三月乙亥，北京燕山出版社1998年版。

"沿途并无需索旗丁费用之处,吏胥等不敢稍有勒掯,米色俱好,行走顺利"等令人满意的状况。暂时的改善是否味着漕运已得到彻底整饬,这一点嘉庆心里是没有底的。因而,嘉庆很明智地为自己留下很大的余地。在其上谕中明白地表示,各该督抚留心察看,如果尚有不敷或者试行一两年后,正兑之外丁力仍有不敷,再讨论将改兑划付旗丁。

　　所有有漕各省的督抚都就本省的情况提出了各自的办法,而江西巡抚张诚基原来提出"裁减疲丁船"的方案被否决后,江西省一直没有再提出其他办法。漕运总督铁保和两江总督费淳提出的津贴旗丁方案,可以作为他省的参考范例。之后又经过一再的讨论,津贴旗丁的方案暂时得到统一。这样江西就可以完全参照这个暂时得到统一的方案来制定适合本省实际的操作办法。江西粮道按照巡抚的要求详查具体的情况后,向巡抚张诚基覆称道:"江西各州县粮价随时增减无定,现因连年丰收,又逢通省免漕,所以米价在二两以内,若寻常年份米价多在二两以外。今以一两九钱酌中核定,盈绌互计颇为公平,州县断可不致掣肘。"漕运总督铁保和江西巡抚张诚基按照粮道提供的信息,提出江西帮旗丁应领赠军、半耗米石请照江浙各船变价折给,具体为:

　　　　江西各丁每兑米一石例须副米一斗三升,又斛面及脚米一升九合,近复钦奉恩旨,每正米一石划给旗丁晒扬米二升七合六抄,是米款实已足数,所有赠军半耗米石应请一体准令州县变价折给,以期丁力益臻充裕。臣等伏查江西帮船本年并未出运,所有今冬新漕事宜自应预筹妥协,以免临期周章,即据该道具详前情,不过取米款之有余补运费之不足,并无耗帑病民之弊,自可照江浙之例一体折给。但臣等再四熟筹,食米全折究于回空有碍,且恐偷食正粮,不可不防,其渐应请照原定每石一两九钱之数折给十分之七,以资运费,仍留三成备该帮回空食用更为两便。[①]

　　他们进一步提出,保持折价不变,将原来全部折价给旗丁的食米,请求改为折给十分之七,剩下的十分之三等旗丁回空时再行折给,以备回空食用。这个提议立即得到了嘉庆的同意,"铁保等奏江西帮旗丁应领赠军米耗米石请变价折给一折,着照所请,按江浙之例变价折给,并照原定每

---

① 《朱批奏折》,嘉庆五年七月十六日漕运总督铁保、江西巡抚张诚基奏,档号:04-01-35-0193-019。

石一两九钱之数折给十分之七，以资运费，仍留三成以备回空食用，俾丁
力益臻宽裕"①。

　　江浙两省是漕粮大户，据李文治、江太新两位先生的研究表明，仅江
浙两省漕粮占全部南粮的比例可达56.46%之多②。漕粮的繁重导致各种
问题层出不穷，因此江浙两省也是治理的重点所在。虽然有漕各省按照议
定方案调剂旗丁的费用，但仍有费用不敷的地方，特别是江浙两省，有的
州县旗丁费用不敷自数十两至百余两不等，而且在运输途中不仅仅只有旗
丁需要津贴，还有水手、船工及大通桥经纪车户等，甚至还有旗丁造船费
用，这些也必须考虑到。漕运总督以及江浙督抚等四位大员联名上奏，把
津贴政策实行以后的江浙两省还存在的一些问题提了出来：

　　　　浙江轻赍每石系三斗六升，定例按五分一斗折银，仅合银一钱八
　　分，江南轻赍每石系二斗六升，共折银一钱三分，原定折价太少，本
　　不足以服旗丁之心。但因旗丁运费不敷，竟全行改为本色，在百姓久
　　占便宜，忽然改易，诚如谕旨百姓以银交米，顿觉浮多，亦有难行之
　　势。臣等愚昧之见，与其以虚名相沿致旗丁转生觊觎，莫若划征实
　　数，俾丁民永绝葛藤，除安徽省运费尚敷，毋庸筹议外，应请嗣后将
　　江苏、浙江轻赍折价以十成折算，分为四六，将六成改征本色，以恤
　　旗丁，四成竟予豁免，以惠百姓，仰副我皇上体恤民情至意。其例应
　　解通三六、二六轻赍银两即在旗丁应领钱粮内照原定折价扣缴，在百
　　姓既可省以米易银外加火耗之费，而旗丁每船计多得米自三四五六十
　　石至一百二十余石不等，除扣缴解通银两外，亦得共沾余润，于漕务
　　大有裨益。臣等窃思自下供上谓之赋，逾额浮收谓之加。今豁免百姓
　　应交轻赍米十分之四，仅改本色六成俱给旗丁，颗粒不能入官，又系
　　在百姓本分应交数内通融办理，实非加赋，且现在仰蒙圣慈严禁浮
　　收，已有成效，较之从前加五加六所省不止倍蓰，今目击军旗掣肘情
　　形，出此区区添补旗丁，又非于额外稍有征求，百姓具有天良，实所
　　乐从，而旗丁济运有资，不能再向州县索费，州县无可借口，亦不敢
　　稍累闾阎，殉属军民两便之法，如此一转移间，既与蒋兆奎从前专务
　　恤丁有类加赋之案不同，更与雍正七年、乾隆四年旧案办法暗合。倘
　　嗣后仍有憨不畏法之州县弁丁浮加勒贴枉法赃据实严办。……再查浙

　　①　《嘉庆道光两朝上谕档》，嘉庆五年七月十八日，第362页。
　　②　李文治、江太新：《清代漕运》，第20页。

江前因造费不敷，上年经兼署抚臣书麟于调剂案内声明另行筹议，现在无款可筹，应即于此次轻赍改本项下江浙两省旗丁均酌留十分之二，变价留存道库，以为添补造船之用，庶运造两有裨益。①

嘉庆仍将此提议交户部商议，户部商议的结果是不同意他们的建议。由于具折之人乃是四位督抚大员，为了慎重起见，嘉庆又将此奏交由大学士九卿共同会商，商议的结果依然是与户部意见一致。两次讨论结果都是否定意见，嘉庆不会违背众大臣会商的结果而同意他们四个人的意见。不仅如此，更重要的是提议改征六成本色，表面似乎减轻了百姓的负担，其实比原来的十成折价还多一倍多，实际上就是加赋。嘉庆对此也是十分反对，并进行了详细的驳斥：

此项轻赍每石原定折银五钱，本系国家薄敛爱民之意，行之百有余年，相安已久，岂容轻议更张。若如该督抚等所议，改征六成本色，豁免四成，亦似不欲累民，殊不知以六成本色所值而论，较之原定十成折价已不啻多至一倍有余，是小民虚受四成豁免之恩，转受六成本色之累，与加赋何异？朕闻近日各省漕务名为肃清，其实浮收之毙未能尽除。该督抚等虽洁己自爱，而于州县收漕种种弊窦不能实力纠察严参，大法而小不廉，有清漕之名，仍无清漕之实，实为近来通病。比之六部京堂，皆知奉公守法，而司官书吏任意行私，朕安用此等尚书侍郎为耶。直省大吏比古诸侯岂可不以用人为先务乎？司事者不思正本清源，渐除积重难返之弊，动以办理清漕。旗丁运费即有不敷，哓哓渎请，此非真为调剂漕务起见，不过听不肖属员怂恿，仍欲显蹈从前浮收恶习耳。况本年各省漕船届期抵通，并无迟误，其运丁之办理并无竭蹶，即此可见。乃该督等或以本年漕运系多方设法始能无误，竟似明年漕运若不另加筹划，恐致挽运维艰，豫为站脚地步。此事惟在费淳、铁保、岳起、阮元等悉心筹划，认真经理，总期于运务有益，而不至苦累小民，方为正办。若明年漕运稍有稽迟，惟伊等四人是问，将此谕令知之。②

① 《朱批奏折》，嘉庆五年十月二十五日两江总督费淳、漕运总督铁保、江苏巡抚岳起、浙江巡抚阮元奏，档号：04-01-35-0193-029。
② 《清仁宗实录》卷76，嘉庆五年十一月丙申。

对于加赋的问题嘉庆一直强调是断不可行的，费淳等四位大员这样的提议自然不免被否。然而，在户部早已得到嘉庆批准的津贴方案并作为全国的仿照范例时，留下了可以再讨论的余地。但无论怎样这也是旗丁运费的问题不能完全解决的一个体现。经过涉漕各臣来来回回的覆奏，最终只是确立了一个暂时的办法，这个办法还没有得到时间的检验，其效果怎样对嘉庆来说还是一个未知数。统治者所能做的只有就问题而谈问题，只能是"头疼医头，脚疼医脚"，随着时间的推移，锢结在制度中的弊端必然又会表现出来。弊端不断地出现，讨论就会不断地进行。暂时的解决或许能维持一段时间，就像一剂强力止疼药一样，病根并没有解决，药性过后依然如故。这场讨论得到的只是治标的暂时办法，而类似的争论和筹划一直持续至嘉庆统治结束，这是一场"悬而未决"的讨论。

第二节　除弊安民：解决漕务危机的诉求

津贴旗丁必须有一个前提，即必须要革除漕弊。如果不革除漕运中的积习弊端，各种恤丁的措施都是徒劳的。前任漕运总督富纲贪污索取陋规案被揭露出来后，使得整饬漕务的声音中出现革除弊端、清除陋规的呼声。因为有些官员已经认识到"此时仅议津贴而不绝其受病之源，何能以有限帮项供劣弁无厌之求？"[1] 虽然当时朝廷关注的焦点是如何津贴旗丁，以解决旗丁津贴费用不敷的困境。但无论如何，在津贴旗丁的大讨论背后仍有一股"剔除漕弊"的呼声，清除漕弊也是刻不容缓的。

一　恤丁以除弊为要："恤丁济运"筹议之外的另一种呼声

嘉庆四年（1799）津贴旗丁的争论成为当时最主要的话语权。之所以出现这种情况，是因为在漕运危机中，旗丁费用不敷是一个显像，而作为旗丁费用不敷现象出现的根源虽是公开的秘密，但却在急于补救漕运危机的焦急状态中被认为"容易解决"的显像所代替，成为当时关注的焦点，也是当时重点所要解决的问题。但这并不意味着清政府及其官僚集团对漕弊没有关注，这也是本节要讨论这一问题的原因所在。

漕运陷入危机的主要体现就是漕弊的大量出现。由于"清前期的控

---

① 《朱批奏折》，嘉庆四年漕运总督铁保奏，档号：04-01-13-0121-007。

制较为有效,制度的结构性弱点并未完全凸显,漕弊表现得远不如后世明显"①。乾隆中后期随着吏治的腐败,漕政日益败坏。嘉庆掌权后,漕运积弊在整顿漕运的过程中纷纷被揭露出来,并提出各种办法试图根治。

嘉庆刚掌权,有官员向他条奏,反映漕运中的弊端:"向来漕粮按亩征收,功令本有踢斛淋尖之禁,而州县因以为利,多有每石加至数斗,及倍收者所收未至三分之一。本色已足则变而收折色,小民不肯遽交折色,则稽留以花消其食用,呈验以狼藉其颗粒,使之不得不委曲听从。虑上司之参劾也,则馈送。又虑地方讼棍之控告也,则分饱之。又承办采买之弊,上司发价既克减于前,纳仓又浮收于后,美其名为出陈易新。核其实则倍出倍入,而上司知其然也。领价则多方扣之,吏胥利其然也,交价又从中侵之。"这段史料记载了从漕粮征收到交仓这一过程中的重重弊端,也充分说明了漕运的困境。嘉庆接到条奏后,下旨传谕各有漕省份督抚,要他们一定要督饬下属,留心稽查,"毋使州县藉端勒掯,朘削累民。傥有前项情弊,即行据实严参办理"②。

然而,此时的嘉庆对漕弊还没有充分认识,更不会有解决的办法,只能让督抚们"严禁弊端,否则要据实严参"这一官僚体制中最常用的办法来预防。

山东巡抚陈大文严格按照嘉庆的谕旨,"严檄粮道,督饬有漕各州县并监兑官各发天良,力除积习,杜绝陋规,不得再有浮收折收,并不得混以低潮米麦掺杂交兑,如敢愍不畏法复蹈前辙一经查出或被告发立即严参,按律惩治,断不敢稍涉瞻徇"。并希望能够通过"尽心稽察,力挽颓风,以期仰副皇上剔除漕弊之至意"③。诚然,即使有漕省份各督抚都能像山东巡抚陈大文一样严格按照嘉庆的谕旨办,效果又能如何? 不从根本上解决,即使有暂时的效果,也不可能长久。

随后,有漕省份的督抚们纷纷上奏,揭露漕运中的各种弊端,分析了弊源,并相应提出了各自解决的办法。这也是嘉庆在漕弊问题上认识深化的前提条件。

作为漕运体系中的最高官员,漕运总督蒋兆奎在刚上任不久就向嘉庆奏报近年来漕米多有熏变的情况。不久仓场侍郎达庆也向嘉庆上奏,汇报漕粮征收中的各种弊端。他说:

---

① 倪玉平:《清代漕粮海运与社会变迁》,上海书店出版社 2005 年版,第 33 页。
② 《清仁宗实录》卷 40,嘉庆四年三月上丁卯。
③ 《朱批奏折》,嘉庆四年六月初六日山东巡抚陈大文奏,档号:04-01-35-0191-011。

　　　近年以来各省经征监兑各员未能认真办理，米色率多搀杂潮嫩，
而领运员弁亦渐含糊受兑，罔知慎重。……又查江南省兑运松江府属
各帮漕粮米色未能一律纯洁，先经漕臣奏明，复经臣等查验不堪久
贮，奏请先行开放在案。又查有江西省之永建帮漕粮有霉变米八千
石，于过淮盘验时经漕臣查明参奏亦在案，此即近年来有漕各省分办
理不慎之明验也。

　　各省在征收监兑过程中不但不能认真办理，甚至出现了米色潮湿低下
和漕粮霉变的情况。面对这样的情况应如何解决？达庆提出了自己的观点
和办法：

　　　臣等于每年新漕未能开兑之先即檄行各省粮道，令其认真办理，
诚恐视为具文，相率因循，于粮运所关匪细，相应请旨敕下漕臣暨有
漕之山东、河南、江苏、安徽、浙江、湖北、湖南、江西各巡抚，严
饬经征监兑各员实心经理米麦豆石各色，务须干圆洁净始准兑收，并
令押运等官沿途开舱起板，勤加风晾，并多用气筒以免潮润。倘经征
监兑各员不能细心查验，将搀杂潮嫩之粮含混兑收，或押运等官怠惰
疏忽，以致漕粮潮润发变，于抵通交兑之时，臣等查验明确，除将该
管粮道暨经征监兑押运等官弁分别参办外，仍请将该管督抚交部议
处，以专责成。①

　　如果责任不明，并不能真正起到防止弊端产生的作用。所以达庆提出
如果漕粮出现搀杂潮嫩或霉变的情况，不但对负责经征监兑押运等官弁进
行处罚外，还必须对这些官弁的上司包括督抚在内进行议处，这样才能明
确各自的责任。

　　通过不同渠道来源的信息嘉庆已经了解到漕务中的积弊，他不但同意
达庆的观点，而且在上谕中对这些弊端发表了自己的阐释和看法：

　　　有漕省分只知加派漕规，全不以漕务为重，任意弊混，于仓储大
有关系，漕米搀杂皆由于经征监兑各员通同营私牟利，并不查验米
色，率行兑收，而巡抚粮道等官坐享漕规，置漕弊于不问，积习相

——————————

① 《朱批奏折》，嘉庆四年六月十六日仓场侍郎达庆、刘秉恬奏，档号：04-01-35-
0191-014。

因，已非一日。朕闻有漕各州县无不浮收，而江浙地方为尤甚，有每石加至七八斗者，有私行折收钱文者，掊克小民，无所不至，朕素知此弊，必当执法严惩，特此时尚未办及耳。着传谕各该抚通饬经征监兑各员力除积弊，认真办漕，如敢仍前浮收，转致正供米色挽杂者，惟各该抚及粮道是问。至于漕米潮润发变，固属押运官弁不知慎重，亦由沿途催攒过急，无暇开仓风晾多加气筒所致……嗣后催漕官员务须酌量缓急，期于不误回空兑漕而止，不必过事催迫，俾得于途中从容行走，随时风晾。若再有漕润熏变之处，即将押运官弁严参究办，将此传谕有漕各省巡抚，并谕蒋兆奎知之。①

　　把嘉庆前后两个上谕加以比较，就会发现有一个很大的不同。从前一个上谕看，嘉庆还没有完全清楚或者说还没有关注到这个问题，正如他自己所说还没有来得及办理漕弊的问题，所以在其上谕中只能看到大而化之的意见。而从这个上谕看，嘉庆已经明确意识到漕弊的严重性，对这些问题也有了较深的了解，提出的意见也相应较以前更有针对性。此谕传达到有漕各省督抚及漕运总督衙署，漕运总督蒋兆奎、山东巡抚岳起、江苏巡抚宜兴、河南巡抚吴熊光等先后表示一定要认真办漕，力除积弊。

　　其中，以就任江苏巡抚不久的宜兴最有代表性，嘉庆的分析使他产生了共鸣，立即上奏进行了回应:

　　臣虽初莅江南尚未经历漕务，所有征兑漕粮弊端前在仓场亦曾有闻。及莅苏数月以来，访察收漕诸弊，诚如圣谕有漕省分只知加派漕规，任意弊混，经征监兑无一实心敬事之员(朱批:宜兴自道也)，实负皇恩，殊堪发指。窃照民户完漕一石向来不免有升合之浮，以备折耗，后则日渐加增，遂致七折八扣，近年竟有每石加至七八斗之多者。民户因浮加日甚，米色即不肯挑选纯洁，又恐官吏挑驳，开征之初躲避不纳，一俟兑运在迩则蜂拥来仓，趁吏役匆促日夜赶交，而官吏利在浮收，且为期已迫，仅有斛收之时无暇详验。且刁生劣监瞷知其弊，即广为包揽，公然以丑杂之米掹交，官吏因有浮收之弊被其挟制，即明知米色挽杂，亦隐忍通融收纳。迨核计所收之米已敷兑运，即以廒满为辞，不复收米，将余数折收钱文，除供贴漕船帮费并分给积惯挟制官吏之习恶生监陋规外，余则官吏娄收入己，此浮收漕米并

―――――――――
① 《清仁宗实录》卷47，嘉庆四年六月下己未。

折收钱文之弊日滋，致米色不能纯洁之实在情形也。

至兑运漕粮帮弁旗丁习闻州县浮收，已有垂涎分肥之意，及见米色不纯遂大开需索之端。起初每船一只不过帮贴一二十两，后来粮道等官不加禁约，每船日渐加至一百数十两及二百余两帮费，稍不满欲则百计刁难，竟不开兑。该州县恐误开帮，只得再为增贴，及帮费既足即间有丑杂之米亦一概斛收，督运之粮道、监兑之通判等员见兑收之迅速即共庆办漕无事，至米色之干洁与否并不过问，惟卸责于帮弁运丁，此弁丁勒索帮费，粮道等颟顸处事之情形也。①

宜兴在其上奏中对有漕州县浮收之积弊、漕员弁丁需索之陋规进行了详尽的分析，并提出"欲清漕弊，惟在禁革浮收；欲革浮收，先须裁除帮费"的看法，而且"积弊已久，恶习成风"，现在如果想革除这些弊端，若不从严处理，难望有成。之后，已深谙积弊之由的嘉庆在宜兴奏折中朱批：若皆尽革浮收，宜兴之门包从何而来？嘉庆的朱批一语道破弊端中的关键症结。随后，嘉庆针对宜兴所奏进一步阐述：

此等积弊朕闻之已久，实为漕务之害，但所指情弊尚有不止于此者，如所奏州县收粮一敷兑运即以廒满为词一节，有漕州县惟利改收折色，藉以分肥，往往于开征时先将低潮米石搬贮仓廒，名为铺仓，以便藉词廒满折收钱文，何待收粮敷运后始行折色？其粮米之不能一律纯洁亦由此，岂得尽诿之民户耶？又据奏开征之初民户因恐挑驳躲避不纳一节亦非实情，民户完粮惟望早为收纳，从无躲避不前之事，皆由官吏多方勒掯，有意刁难以致民户守候需时，不得不听从出费，此与地方词讼赴诉到官不肯速为审理，拖延时日，以为吏胥说合需索地步者情事相同，总由地方官得受漕规，以为贿我赂权要逢迎上司之用。甚至幕友长随藉此肥橐，而运弁以挑剔米色为词刁难勒掯，及催漕运弁沿途俱有需索，而抵通后仓场衙门又向弁丁等勒取使费，层层剥削，锱铢皆取于民，最为漕务之害，不可不严行查禁，着通谕有漕各督抚严饬经征监兑各员，务须将以上积弊实力革除，妥为经理。况此后有何多费，如敢仍前浮折得收漕规，致正供米色掺杂不纯，惟该督抚等是问，必当重治其罪。其漕运总督及仓场衙门亦须一体严行禁止，傥此次通谕之后仍敢复蹈前辙，一经发觉，朕惟有执法

① 《朱批奏折》，嘉庆四年七月初四日江苏巡抚宜兴奏，档号：04-01-35-0191-018。

从事,绝不姑贷。①

嘉庆不但对漕弊闻之已久,更是在其上谕中指出了漕弊远远不止于此的严峻状况。这些情况产生的原因是什么?宜兴在奏折中提出了自己的看法,但嘉庆并不完全同意,他认为造成这种弊端的原因完全是帮费陋规所致。这种观点姑且不论对错,作为最高统治者能够正视国家吏治的败坏,这至少也是一种进步。嘉庆在上谕中一再强调有漕各省督抚一定要严饬经征兑各员,必须将积弊革除,否则一经发现后,必当重治其罪,绝不姑贷。

江苏巡抚岳起遵照嘉庆旨意,格外注意江苏漕务中的陋规,并采取了一些措施来防止弊端的发生:

> 江省瞬届收漕之期,所有浮收积弊及兑运陋规均应先期饬禁,当经恭录谕旨,移会两江督臣费淳、漕臣蒋兆奎并行知江苏藩司荆道乾、江宁藩司孙日秉公同筹办。奴才到苏后惟有随时留心稽查,实力革除从前积弊,以期不负皇上诰诫谆谆之至意。至东省有漕州县征收兑运积弊亦所不免,奴才现与抚臣陈大文商酌严禁。②

同样,漕运总督蒋兆奎虽然详细汇报了漕粮从征收到交兑这一过程中的陋规,然而他却没有筹划办法来解决陋规的根源,而只是提出津贴旗丁的方案。然而,在某种程度上说,这却是一种"舍本求末"的办法。但在当时漕运如此严峻的状况下,清王朝急需一个整饬漕务立竿见影的办法,"旗丁费用不敷"这一表象更容易解决,政治成本最低,这或许也是掀起津贴旗丁大争论的原因所在。关于津贴旗丁的内容在前一节已作具体讨论,此处不再赘述。

岳起在七月二十五日的上奏中并没有提出解决问题的具体办法,只是回应谕旨的一些防范措施,所以嘉庆让他"以实妥办",不要徒发空言。岳起接到上谕后一面要应付正在热烈讨论的津贴旗丁的方案,一面也要暗自斟酌除弊之法。九月十五日岳起就除弊治漕的问题提出了自己详细的见解和办法:

---

① 《清仁宗实录》卷49,嘉庆四年七月下丙子。
② 《朱批奏折》,嘉庆四年七月二十五日江苏巡抚岳起奏,档号:04-01-35-0191-022。

　　奴才窃思欲除一弊先绝其源，而严禁浮收实为绝弊源之首务……再查州县收漕例应亲赴漕仓眼同收兑，乃近来遵行者绝少，其故不止为懒惰偷安，盖特与胥役以浮勒折征之地，且使控诉者惟见到胥役，不见官长，则止能告役之营私，而不能指官之主使，此等伎俩更属诡谲，奴才已遍行严饬，务令该州县等亲身在仓。如遇有相验等事必须亲往者即停止收兑，以俟回仓再收，总令其始终亲自经理，以专责成。兼严饬各该府不时亲行稽察，并明白宣谕，以今岁开征后倘仍有浮收具控者，无论所控为官为吏，总先参后办，以杜其狡卸之谋，使均知计无所施，法在必行，苟非冥顽之尤，尚必咸知敛戢，且伊等既绝望于浮收之利，其验米色自必认真，而粮户亦不敢仍以劣米交纳，米既干洁如式，旗丁亦无从藉端需索，则弊源可望肃清。至旗丁每年出运有应领之例价，有应用之经营费，细加核算，虽有不敷，究属无几。惟额外之陋规用费繁多，奴才谨将查出各款并该丁等额领经费各正项分别开列清单，恭呈御览。惟查旗丁沿途费用陋规事隶漕务仓场二衙门，奴才无凭稽核。查漕臣蒋兆奎、仓场侍郎达庆均系甫经到任，毫无所用其回护，奴才随一面移知，令将各该处书差胥役人等相沿陋规共若干款、系何名目及猾丁奸商等蒸烧米石诸弊窦详细切查，务实务尽，并妥议筹办裁革一切章程，由该衙门据实具奏，恭候圣裁，再行移知奴才处，以便传谕旗丁，使知从前沿途规费尽数革除。伊等额领之项足敷，经费不致赔累，则旗丁亦可相安。再奴才更有请者，漕务之弊在有漕省分均所不免，必须一体彻底革除方为周密，应请谕旨敕下有漕诸省，各按本省情形详细筹划，列款指明，严行禁止，俾各省旗丁及漕运仓场诸胥役无从更生观望冀幸之心，如此则法令详明，人咸知畏，庶漕可以永清，而米既干圆洁净，仓储亦堪经久。①

　　岳起的办法有三个方面：①事先的禁止和稽查；②沿途规费尽数革除；③细查各省漕务中的弊端，一体彻底革除。另外，岳起还将帮船费用开单上奏，详尽指出漕船出运陋规，特别是帮费陋规中甚至有南账北账的名目，这些历来积弊都被岳起和盘托出。嘉庆对此十分欣慰，并在其谕旨中充满信心地表示，"从此按款清厘逐条严禁，可期漕务肃清"。不仅如此，嘉庆还在其谕旨中对岳起没有提到的弊端予以补充，并要求实力

---

　　① 《朱批奏折》，嘉庆四年九月十五日江苏巡抚岳起奏，档号：04-01-35-0191-029。

革除:

> 每年开仓之先即有本地绅衿包揽同姓花户,附入己产,上仓交纳,图占便宜,或有以曾任职官品级等次分别坐得漕规,即举监生员之刁劣者亦于中取利,州县等惧其挟制,不得不从,而于良善小民则肆意浮收,无所顾忌,此当严行饬禁者。……(岳起)其余罗列各条皆系确有所据,有漕运总督抚俱当一律查办,但各省浮收之弊虽同,而费用之条不一,俱应照岳起所奏彻底清查,将各帮应领应用及沿途抵通经费陋规各行开列清单具奏,不得稍有朦混遗漏。

同时,对漕运总督蒋兆奎和仓场侍郎达庆、邹炳泰也给予了很大的期望:

> 蒋兆奎居官素尚廉洁,今朕委以总漕重任,自当实力整顿,粮艘过淮签盘,途次派员催趱,从前皆有使费。该督务须明查暗访,永绝弊端。至仓场侍郎达庆、邹炳泰向曾共事,自能和衷妥办。邹炳泰又曾在通州教读,于仓场诸弊亦素有所闻,其应行严查禁止者,俱当悉心察核,毋任书吏经纪等仍前滋弊,然不可操之过急,有意苛求。①

安徽巡抚荆道乾也在就安徽省的情况积极筹划。安徽征收的漕米"米色向称干洁,迩年弁丁从无以米色不纯具禀争执者","惟查有漕州县贤愚不等,闻伊等藉帮费为名,任意浮折,而旗丁即以州县之浮折多方刁难,恣意勒索,逐渐加增,年甚一年,百姓实受其害"。州县的陋规浮折必须革除,否则漕务难以肃清。荆道乾提出:

> 臣现将积习久而浮征甚者首先痛革,其积弊较轻各属亦即一体饬禁,臣与司道等交相警惕,实力查察,如此番禁革之后尚有不肖州县故智复萌者,立即参奏治罪,以示惩创。至旗丁之勒索州县,原因州县浮折,兹已严禁,则旗丁无从借口,即有狡黠尖丁巧为刁难,许该州县据实禀出,以凭法究。

更重要的是,荆道乾根据本省的情况得出一个关键的信息,即之所以

---

① 《清仁宗实录》卷52,嘉庆四年九月下癸未。

帮丁费用一直不敷，关键就是官弁索费及各种陋规，如果不讨论革除弊端，而仅仅只讨论如何津贴旗丁，那将是徒劳无果的，如果要"恤丁济运"，必须力除漕弊：

> 先将本省一应陋规尽行革除，永不许再有丝毫需索，其出境之后沿途浮费并提溜打闸、短纤人夫恣意抬价苦累运丁之处，臣现咨会漕运总督、仓场侍郎、山东巡抚、直隶总督逐段严查禁革，并责成押运之道员厅员一体稽查遵办。如此，则旗丁少一分纷扰即多一分宽裕。①

除了有漕省份漕粮征收中的弊端外，漕粮运输和交兑过程中的弊端也不可忽视。当时有大臣向嘉庆汇报，"惟沿途浮费陋规最为冗杂，总因州县浮收过甚，运丁垂涎需索，以致自水次抵通各衙门书役闻帮丁饱橐，遂得恣意诛求"②。虽然漕运总督总管全部漕务，由于有漕各州县不属于漕运总督管辖，除漕务事务外漕运总督对这些州县没有直接的领导关系，也无权发号施令，所以实际上州县漕粮的征收主要还是督抚管辖，非特殊情况漕运总督一般不会直接插手各省州县的漕粮事务，漕务基本上都是通过督抚和粮道来进行处理。而漕粮的运输过程则直接由漕运总督亲自掌管，漕粮交兑则由仓场侍郎专管。漕粮从征收到交仓是一个整体，因此革除漕粮运输和交兑过程中的弊端也是势在必行，作为漕运总督的蒋兆奎自然明白，而仓场满汉侍郎在这之前已经提出了相应的措施。蒋兆奎虽然一直极力主张津贴旗丁的方案，还是相应提出了一些办法：

> 至漕船过淮陋规，臣莅任后叠经严行禁革……臣思一切陋规不论何人何款总不应得，现将臣衙门官弁书役无论所得何款银数多寡，凡属陋规一概尽行裁革。其沿途催漕委员每年约派五十余人，人数既多，贤愚不一，且候补之弁居多，难免藉委需索，明春委员臣酌减一半，在现任守备闲运千总内择其平日勤慎可信者二十余员，于实在闸多水溜处所派催。在该员等本有廉俸，足资食用，庶几守法办公。而

---

① 《朱批奏折》，嘉庆四年十月二十四日安徽巡抚荆道乾奏，档号：04-01-35-0191-040。

② 《朱批奏折》，嘉庆四年十一月十一日安徽巡抚荆道乾奏，档号：04-01-35-0191-050。

旗丁兑费既经革除，亦无可任其需索。臣仍实力查察，倘有阳奉阴违，立即据实严参究办，并谕令各帮旗丁遵照，如有需索一切陋规，准随时指名禀究，倘稍容隐弊混，察出与受一体科罪，如此有犯必惩，人人均有顾忌，自不敢复蹈故辙。①

虽然当时朝廷的主要精力都在讨论增加旗丁经费之事，但革除漕弊的主张并没有一刻停止。太医院东药房六值行走王国瑞在粮船教读行医十几年，对漕务积弊知之甚深，对恤丁一事很不赞同，于是在朝廷广开言路的情况下向嘉庆建言："臣愚以为恤丁之道不在乎津贴，而在乎除丁之害，果能力除其害，虽无津贴，运丁只能宽裕。"并进一步把他自己所知道的弊端详细进行了汇报："臣先举其最要者为皇上敬陈之。盖运丁之害：其一、卫官卫吏之欺隐屯田；其二、头伍运官之包侵领项；其三、沿途营汛官兵及漕标、河标、督标等催攒员弁之使费是也。"而这些弊端有漕运总督抚不一定能知道，因为即使督抚确查，而"督抚惟有访之于卫官、运官、头伍而已，殊不知卫官、运官、头伍即为害运丁之人，虽经访问，惟将过淮签盘抵通交兑两节陋规呈明，至于欺隐屯田、包侵领项必不肯呈，而沿途催攒正头伍之所藉以开销使费者也，亦未必遽行呈出"。根据这些弊端，王国瑞逐条提出除弊之法，甚至提出"将兵弁催攒久远禁止"的建议。但当时却是"不议除弊而徒议津贴，窃恐津贴之项运丁仍然不能沾恩"，而所有议论津贴旗丁的方案都"莫若力除其害，将运丁应得之项一一清厘，又加以严禁催攒使费并过淮抵通陋规，则运丁之沾恩甚广，胜于津贴远矣"②。嘉庆认为王国瑞的上奏"似尚可采，着传谕有漕各督抚将以上两款详加查察，是否实有此等弊端及各省运丁情形是否相同，应如何清查饬禁之处妥为经理，据实具奏"。有趣的是，王国瑞上奏了三条建议并没有全部传谕给各有漕运总督抚，而是经军机大臣们处理，将其中的一条建议删除。军机大臣的解释是"臣等查太医院医士王国瑞所奏漕弊各款内，漕船毋庸官弁催攒一节自不可行，是以寄信谕旨内未经写入"③。

细细品味军机大臣的这一举动，其中意蕴值得思考。自嘉庆掌权以来对漕务的整顿办法，特别是督抚们提出的各种措施，无非都是在漕运体制

① 《朱批奏折》，嘉庆四年十月二十六日漕运总督蒋兆奎奏，档号：04 - 01 - 35 - 0191 - 042。

② 《录副奏折》，嘉庆四年十月二十九日太医院东药房六值行走王国瑞奏，档号：03 - 1743 - 016。

③ 《嘉庆道光两朝上谕档》，嘉庆四年十月二十九日。

内的整饬。而王国瑞提出要革除"运弁催攒漕船"的制度，这无疑是对现有漕运制度的突破。漕运制度内的整饬都如此艰难，更何况打破漕运制度，重新洗牌，其难度自不可言，而且如此大量的运丁将以何为生计？贫民、运丁无法生计，势必激成事端，甚至发生像川楚白莲教那样的"暴乱"，这是统治者最害怕见到的，情愿举步维艰的维持，也不能涉身犯险。蒋兆奎提出的津贴旗丁一事已经令统治阶级如此焦虑和无措，更何况突破制度的重建，因此整个嘉庆一朝的漕务整饬都是在漕运制度内进行，制度外的海运尝试也只是停留在讨论阶段，并没有付诸实践，这些将在后文中详细论述。

随后，河南巡抚吴熊光、安徽巡抚荆道乾、江西巡抚张诚基、山东巡抚陈大文分别对王国瑞条陈漕弊做出了回应。他们都根据本省的具体情况并按照王国瑞条陈漕弊逐一参照，对本省所存在的弊端认真查禁，彻底清厘。①

而山东巡抚陈大文所呈之山东省旗丁应领应用经费清单更是将朝廷集中于增加旗丁经费的注意力彻底转移到漕运积弊的问题上，促使嘉庆更加坚定地关注于革除漕弊。陈大文所呈的清单记载：山东省一只漕船共领米90石，银89.5两，而从征收到交兑过程中需要花去158—171两，食米30石。该帮有船39只，各船沿途的使费陋规由头船总理承办。该帮漕船共得到各州县的帮贴陋规银共计5000两，而从漕船开行到交兑共需花费银5399.9两。其中通州坐粮厅验米费银四百两，仓场衙门、科房、漕房等费自八十两至二十余两不等，帮领运千总使费银七百两，总漕、巡漕及粮道各衙门皆有陋规。下至班头、军牢、轿马等，收取陋规银自数两至数十两不等，不一而足。② 看到这份清单后嘉庆甚是惊讶，原来实际情况远比他所估计的严重。嘉庆更加坚定地相信增加津贴必须首先要革除浮费陋规等各种弊端，否则就是徒劳：

> 若如单内所开各种浮费不行禁革，即再增津贴亦复何益？且漕员取之州县，州县取之小民，层层侵蚀，浮收之弊伊于何底？……况此等陋规例干严禁，如稍知自爱者原可自矢洁清。即如从前额勒布、杨

---

① 《录副奏折》，嘉庆四年十一月初七日吴熊光奏，档号：03-1743-022；嘉庆四年十一月二十九日荆道乾奏，档号：04-01-35-0192-006；嘉庆四年十一月十八日张诚基奏，档号：04-01-35-0192-001；嘉庆四年十二月初九日陈大文奏，档号：04-01-35-0192-010。

② 《录副奏折》，嘉庆四年十二月初九日山东巡抚陈大文呈，档号：03-1743-034。

志信在坐粮厅任内不肯得受陋规，并不稍形贫乏。总缘历任总漕、仓场侍郎及坐粮厅并各省粮道、运弁等，陋例相沿，任情收取，以致积弊困民。

并严厉地强调：

> 自此次清厘之后，凡有漕省分督抚及漕运总督、仓场侍郎等，务当实力稽查，督率办理。如敢仍蹈前辙，准该旗丁据实控告，必当按律计赃论罪，决不宽贷。①

经过对漕运弊端的一系列分析和讨论后，统治者逐渐认识到问题之所在，开始慢慢地转移整饬漕务的注意力。漕运总督蒋兆奎被免职后，接任漕运总督的铁保吸收了蒋兆奎的教训，不再一味坚持蒋兆奎的"治标"之法，而是积极地根据嘉庆的指示清查陋规，"将来得以逐项禁革以清积弊"。同时探求这些弊端产生的原因，筹划一个经久不敝之法，"欲救其已往，补其将来，必须计出万全经久不敝方为有济。若止每船酌借银两以救目前，不惟事属难行，亦恐后莫能继，益形拮据。经过督臣费淳悉心筹划，兼采众论，更面询该旗丁等从前受病之原，并现在补救之法，务求不耗帑不病民，稍损有余以补不足，俾旗丁生计渐有起色，以利漕速运"②。漕运总督铁保更是向嘉庆表达出彻底治理漕弊的决心：

> 本衙门官吏弊端不除，又何能禁他人之勒索？是以此时办理之法于旗丁则怀之以恩，于卫弁则绳之以法，庶于公事稍有裨益。再臣衙门各项官役向俱收受陋规，习为故常，断不能人人防范，臣已严饬中军副将将内外人役酌半裁减以省费用，并改易生手绝其门路。臣家人八九名俱从幼豢养，并无长随。皇上天恩高厚，养廉九千余两，伊等服役有年，多赏工食以资温饱，倘敢私索门包，别滋弊窦，立即查明严办。③

---

① 《清仁宗实录》卷56，嘉庆四年十二月丙申。
② 《朱批奏折》，嘉庆四年十二月二十二日漕运总督铁保奏，档号：04－01－35－0192－015。
③ 《朱批奏折》，为严禁陋规力清积弊大概情形事，嘉庆四年（阙日月）漕运总督铁保奏，档号：04－01－13－0121－007。

嘉庆十分赞赏铁保的忠心，在其奏折中勉励他，"汝果能坚守此志，朕又得一好督抚矣"。并希望他能够"慎终如始"，按照他自己所说的坚持做下去，不要半途而废，或者是只说不做。如果能坚持将漕弊革除，漕务何愁不能整饬？嘉庆此时已经明白这个道理。他对铁保的期望其实就是基于这一点思考，同时也是希望更多的官员能按照这样的思路来做。经过君臣之间的多次讨论，嘉庆更加坚信整饬漕务必须要革除漏规，并要求各督抚从此以后必须将各种陋规全部裁革：

> 各省旗丁押运赴通，沿途用度甚多，粮道又将旗丁应领各项不行如数发给，以致旗丁向州县加增帮费。而州县遂得任意浮收，积弊已非一日。前经降旨清厘漕弊，并令各督抚将一切陋规开单进呈，又酌增旗丁贴费。据各督抚将运丁津贴筹款增添，节次交部议行，并据岳起、荆道乾先后奏到应禁陋规，自当概行裁革，现在帮船沿途滥费既已删除，而旗丁又得增添津贴用度宽余，自不致仍前支绌，不能复向州县索费，而州县更不能借口浮收，从此漕务肃清，诸弊可期尽绝。着将岳起、荆道乾两次奏到清单交该部通行有漕省分督抚及总漕、巡漕、仓场衙门，将一应陋规永远禁革，自此次饬谕之后，傥有阳奉阴违，仍前滋弊者，一经查出，必当从重治罪，决不宽贷。①

经过嘉庆君臣之间的筹划和实行，对漕运中的一些弊端相应进行了革除，取得了一些效果。这主要体现在有漕省份先后对漕务陋规和帮费进行了不同程度上的革除：

表5—1　　　　　嘉庆四—五年各省裁革陋规数（每船）②

省别	裁革帮费银（两）	裁革陋规银（两）
江西	200$^\pm$—300$^-$	约102—180（注：土宜过关所缴陋规银两未计入）
安徽	200$^+$	105$^+$

---

① 《清仁宗实录》卷55，嘉庆四年十一月下壬申。
② 此处数字主要来源于载龄等修纂《清代漕运全书》卷85，并参考李文治、江太新《清代漕运》一书。

续表

省别	裁革帮费银（两）	裁革陋规银（两）
江苏	230—280（注：间有折色银两自数十石至百余石未计入）	230
山东	128	—
湖北	40—50	60
湖南	（?）	150（注：内包含裁革帮费银两，因《清代漕运全书》中记载笼统，故无法区别）

表5—1所列系根据各省督抚查报所得，其中会因为奏报数字不精确，或者没有奏报数字等而有出入，但至少反映了嘉庆掌权一年多以来整饬漕务各处陋规的效果。

自嘉庆四年以来，关于整饬漕务的问题一直是争论不休，没有一个办法能够完全解决当时的困境。增加旗丁经费虽然在当时引起颇大的讨论，统治者慢慢地认识到解决漕务中的积弊要比其他的问题更重要，否则一切办法都是白费。循着这个思路，在清王朝热烈讨论增加旗丁经费的同时，还有一些官员也在要求解决漕务中的弊端，在积极地商酌办法，并取得了一些效果。然而，长期积累起来的弊端并非一朝一夕所能解决的，当时的处罚虽然将一些积弊暂时压制下去，而产生弊端的根源却没有根除。随着时间的推移，弊端必然得以重现。

乾隆后期吏治的败坏一直影响到嘉庆朝，对和珅的处罚彰显出嘉庆整饬吏治的决心，但整个官僚体制风气的败坏不可能在短时间内改变，而漕务体系中的贪污腐败、勒索等现象更是这种吏治败坏的突出体现。对嘉庆来说，如能将这些弊端实力革除，不但可以整饬漕务，解决漕运困境，更可以使吏治得到整饬，这样的一举两得之效，何乐而不为？

二　革而未除的弊端：嘉庆十四年的漕务治理

嘉庆十四年（1809）二月初五日，镶白旗都统率领下属赴北新仓支放当年的甲米，却发现北新仓仓米霉烂，在拒绝支领后当即将此事向上汇报。嘉庆接到奏报后十分震惊，立即降旨派大学士禄康、费淳二人前往北新仓会同查仓御史清泰确查，然而查验结果令嘉庆很是惊讶，"该仓稜米六万余石，分贮十四廒，米色俱属霉黑"①。为了慎重起见，嘉庆收到禄康、费淳二人上报后，又另派户部尚书德瑛等六人赶赴北新仓继续调查，不仅如此，同时还要求对禄米、南新、海运、富新、兴平五仓也进行彻底查验。

不久，德瑛等调查出来的结果也是"霉湿米石，多系受潮蒸变，各仓米色皆不纯净，而北新一仓尤甚，当即督同司员统行拣验，分别办理，并将各米样包封，及各仓造送米色、数目开单呈览"②。这种情况让嘉庆十分紧张，事关重大，于是特派军机大臣庆桂、董诰、戴衢亨三人对仓米进行第三次调查，调查的结果与前两次调查结果依然毫无二致，"廒座多有霉变气息，迫验看米色有甫经发变尚分颗粒者，亦有霉烂太甚现已结块者"，"将各仓米色与前日德瑛等进呈米样详悉对比，均属相符"。③仓场侍郎和各仓监督都坚称主要原因是漕米交上来的时候就是潮湿的，所以入仓以后很快就会霉变。而漕运总督萨彬图和巡漕御史喜敬向嘉庆的奏报也为这理由提供了一个佐证，他们在汇报漕船过淮情形的奏报中说帮船中也装载了米色不纯的漕粮，"江淮三六两帮兑运溧阳县米石，色黯者居多，缘该县米质本属潮嫩，又经由大小汛湖适值阴雨连绵，起剥时稍有湿润，未及风晾，以致色有不纯"。于是在他的心里产生了一系列疑问：既然漕粮潮湿，怎么能逃过监兑官弁的检查，又怎么能够避开漕粮过淮漕运总督的盘验，最终交仓又怎么能够避开仓场和坐粮厅的检查？而这一切的确发生了，嘉庆确信这都是由于官弁营私舞弊而导致的：

> （漕粮湿润）明系地方官于收米之时或因索受粮户钱文，听其将丑米交纳；或竟系勒掯粮户，多收折色，迫交兑时，自买不堪之米交与旗丁，而旗丁又得受地方官帮贴钱文，即不论米色高低概行收兑，看来其弊不在粮户而在州县旗丁。至于盘验过淮之时，如果该漕运总督等认真抽查，则旗丁亦岂能朦混，今该漕运总督等不加驳斥，辄准放行，于夹片内曲为声叙，以为曾经奏明即可自居无过，并称一面咨明仓场，如果不堪久贮即请先行搭放等语，岂非豫为站脚地步，置仓储于不顾耶？④

① 《录副奏折》，嘉庆十四年二月十六日大学士禄康、大学士费淳等奏，档号：03－1844－004。
② 《清仁宗实录》卷207，嘉庆十四年二月丙辰。
③ 《嘉庆道光两朝上谕档》，嘉庆十四年三月初一日。
④ 《清仁宗实录》卷207，嘉庆十四年二月己未。

嘉庆发出了警告,"如又有此等弊窦,一经查出,更当加倍惩处,将此传谕知之"。

然而,此类警告不知传谕了多少,漕弊却依然不见减少。这只是嘉庆十四年一年的开始,嘉庆多么希望这一年能够风调雨顺、内外平静,因为这一年嘉庆将要度过他的"五旬万寿"。在内外臣工强烈要求下,嘉庆答应在嘉惠臣民屏却一切繁文缛节的原则下庆贺他的诞辰。嘉庆十四年注定是不平静的一年。

(一) 漕弊之议再起

时任山东道监察御史的李鸿宾根据甲米受潮霉变严饬官吏要剔除弊端的谕旨就自己所熟悉的家乡江西一省的漕运积弊向嘉庆做了详细汇报,揭露了漕运过程中由来已久的各种弊端:

> 江西有漕各县仓廒多设省城,该县并不将所收米石解省,只令积惯包漕之家人携银赴省,向米铺贱价购买低潮米石,掺水和糠,无所不有。各帮头伍刁丁又从而勾串该家人等通同舞弊,虑及众丁不肯受兑,遂私议每石贴给旗丁银三五钱不等,名曰仓廒使费,其实大半为刁丁吞蚀,懦丁不过得其一二,遂致隐忍受兑。迨潮米入船日久,势不免于蒸湿霉损,抵通后虑难交卸,头伍刁丁复贿商坐粮厅经胥人等,折价回漕,无弊不作。至重空运弁苦累旗丁,则有演戏设席敛取分金等事。头伍刁丁又复从中冒滥开销,藉端勒派,扣去应领水脚银两或至百余金不等,名曰各衙门使费。甚至粮船行抵内河,提溜打闸,刁丁复勾通运弁漕标批单勒取,每大闸向不过需钱三十千文者,今每船用至二十余千之多,此外各闸亦增至数倍不等,员弁标员从中分利,刁丁藉免本船闸费,此粮艘疲累之丁由于使费者也。[1]

不仅如此,他更是根据江西的情况推断"南省各漕情形或亦相类",并希望"皇上通谕有漕各省督抚,严饬粮道将各县包办仓廒家人及头伍、刁丁并敛费运弁一体查拿,切实究办,剔除蠹漕各弊,庶南漕之米色可期干洁,丁力不致偏枯,与京仓同一整顿,而仓储咸归实济矣"[2]。嘉庆对李鸿宾所奏深有同感,并进一步认为仓储米石霉烂的主要根源是有漕各州

---

① 《录副奏折》,嘉庆十四年五月初四日山东道监察御史李鸿宾奏,档号:03-1751-026。
② 同上。

县受兑舞弊所致，"近来各京仓存贮米石间有潮湿霉损，难于支放，虽由收贮不加详慎，而其弊源总由南省有漕各州县及旗丁等于收兑时相率舞弊，遂致运通米石一经入仓即有霉变等事"。而朝廷每年"为河务修防动费帑金数百万，以通运道。且漕项需费繁多，计南来运米一石所费不下数十金，岂可任米质低潮，徒多耗弃？自应厘剔积习，以清弊源"。所以嘉庆立即向有漕各省发布谕旨，要求各相关督抚必须实心办理，尽量将隐藏的弊端揭露出来：

> （李鸿宾）所奏情形均属切中时弊。江西如此，恐他省亦复不免，着有漕省分各督抚严饬各粮道，将包办仓廒、私贿受兑及运弁习丁等苛敛、勒派疲苦众丁各积弊认真厘剔，务令各州县旗丁征收受兑米石俱一律以干圆洁净为准，庶运通交纳及收贮仓廒不复至有潮烂等事。各督抚惟当实力奉行，不可视为具文，致干重戾。将此通谕知之。①

漕运中的弊端何止于此。从南到北，从收漕到交仓，每个环节都会有弊端发生，这些在嘉庆四年革除积弊的讨论中早已熟悉的"猫腻"，事隔十年，不但没有减少，倒是有过之而无不及。嘉庆的谕旨很快就传递下去，随后大臣们的上奏让嘉庆充分体会到除弊之艰难。查办自然必须，但首先要清楚存在什么样的弊端以及弊端产生的根源。

五月二十一日，巡视天津漕务御史吴荣光向嘉庆汇报，粮艘经过山东、天津、通州等地时经常发生运丁盗卖漕米的事，所以必须在"山东、天津、通州粮艘经过及停泊地方，着各该巡漕御史实力稽查，毋任运丁等致有盗卖米石之事"②，而且抵通交兑时也有很多陋规：

> 臣又风闻南粮抵通停泊，未经起卸之先，每帮有验费，有窝子钱；起卸之始，除照例个儿钱外复有后手钱，每帮每项约制钱一百串或数十串不等，皆由帮丁凑敛（交）坐粮厅号房书役及经纪得受，此向来陋规，未知近日如何？该经纪等得有陋规，遂与旗丁通同舞弊，挽灰使水，种种可虑。而坐粮厅官员到船验收之后，又不能整日在水次逐一监视稽查，此等挽灰使水之米，起卸后沿途稍受蒸湿，归

---

① 《清仁宗实录》卷211，嘉庆十四年五月上癸亥。
② 《清仁宗实录》卷212，嘉庆十四年五月下壬午。

仓必至霉烂，即使事后查验败露，勒令赔补，已是稽延正供，何如先事预防，相应请旨敕下仓场侍郎，设法严密稽查，以杜前弊。[1]

吴荣光将南粮抵通后的陋规等弊端揭露了出来。而折中有"未知近日如何"一句，虽表面上说明了吴荣光所了解的已不是当时之情况，更能说明他所奏报的情况其实由来已久。有趣的是，《清仁宗实录》在记载吴荣光奏报的内容时，刻意将此句删除，而且内容经过修改后很严谨，将这两个版本的内容作一仔细对比，可以清楚地看出吴荣光奏报不虚。将"未知近日如何"一句删去，正是说明"今日"情况如故。

嘉庆特别传旨给仓场侍郎，要求在"今年新粮抵通时，设法严密稽查，将从前索取陋规种种各情弊一律剔除"[2]。然而，仓场各处也是弊端重重，仓场侍郎自己管辖范围内的弊端都无法革除或者说不愿意革除，又岂能管得了别处之事？事实证明确实如此。不久，京通各仓被查出了问题：首先是京城太平仓歌字等四廒被查出粮米霉变，接着通州中、西二仓所贮白米出现亏缺，"白米尚未完竣，已亏短至十数万石之多"[3]。在查办通州仓亏缺的过程中，嘉庆也从中了解了一些弊端，"南粮在途往往盗卖米石，并于亏短之后有用药发涨情弊"，而且"粮米用药多在天津一代地方所为，其药名为五虎下四川"[4]。在这之前，朝廷虽然一直关注漕运，也有臣僚提出漕弊的问题，但远不如现在那么严重，嘉庆明显感到漕弊问题已经不容再回避了，他必须正视，更希望能够得到解决。于是，对臣僚们恩威并济地发布谕旨，不但要对漕粮北来的过程中出现的用药水发涨米石的弊端彻底查明，更是要对南粮赴通中盗卖漕米，亏短粮米的行为完全揭露。

对于天津一带地方用药水发涨米石的弊端，在颁布给直隶总督的谕旨中要求：

> 该督即密派能事妥员改装易服前往该一带设法跟查，必须得其备细。并着将卖药之人一并拿获，将此药如何制备，系何药物及伊平日如何串通舞弊之处彻底讯明。如能拿获匪徒，破除积弊，朕必立加奖

① 《录副奏折》，嘉庆十四年五月二十一日巡视天津漕务御史吴荣光奏，档号：03 - 1751 - 044。
② 《清仁宗实录》卷212，嘉庆十四年五月下壬午。
③ 《录副奏折》，嘉庆十四年六月二十六日漕运总督萨彬图奏，档号：03 - 2359 - 006。
④ 《清仁宗实录》卷214，嘉庆十四年六月下丙午。

励，不可因循。该督迅即据实奏闻，以便一律惩办。①

同时，对南粮赴通途中出现的盗卖亏短等弊端也必须予以彻底查明揭露：

> 朕向闻南粮赴通，本省即折价亏短，沿途亦有盗卖情弊，以致到通后折价回漕，仓储亏缺，此弊关系漕运甚大。该督抚等各行密访严查，将该旗丁在本省如何亏短，及运米上岸在何水口，该水口是否现有囤积铺户，务即访获根究。再粮米颗粒不容上岸，该旗丁等是否藉变卖土宜为名，夹带米石，亦当详查底里，据实具奏，不可稍涉徇纵。将此谕令河南、山东、江南、浙江、湖广、江西各督抚知之。②

嘉庆在谕旨中强烈要求各有漕运总督抚不仅要"将一切弊端和盘托出，不可稍涉狗循"③，还要调查弊端产生的根源。谕旨很快传达下去，接到谕旨后的督抚们怀着各种心态开始办理皇帝交代的差使。而浙江巡抚阮元却只报喜不报忧，他在上奏中表示："（浙省）漕白正米俱系慎选足额，责令道厅监兑，向无亏短折交情事。"④"其漕船由杭、嘉、湖三处水次开行，数日即入江境，节节管束趱催，不能运米上岸，各水口亦无囤粮铺户。"对此嘉庆很不相信，如果漕运果真如阮元说得那样好，又怎么会发生盗卖、短少、掺杂、泼涨等弊窦？嘉庆确定阮元"所言殊不可信"，虽然"浙江粮船在本境数日之程，或未必即有盗卖情事"。但各省的情况也是大同小异，不会相差很多：

> 各省积习相仍，本境先有折收之弊，地方官于开仓时，初尚征收本色，迨后即向花户勒掯折收，将丑米掼入交兑，以致旗丁等乘间挟持，亦向州县折收。该军船于未经开行之先，其米石早有亏短，又何待沿途盗卖乎？至于开行之后，中途又不无盗卖、短少、掼杂、泼涨等弊，遂致到通时粮额短缺米色霉变，弊端皆由此起。⑤

---

① 《嘉庆道光两朝上谕档》，嘉庆十四年六月十七日。
② 《清仁宗实录》卷214，嘉庆十四年六月下丙午。
③ 《录副奏折》，嘉庆十四年九月二十五日湖广总督汪志伊奏，档号：03-1845-046。
④ 《录副奏折》，嘉庆十四年八月初三日浙江巡抚阮元奏，档号：03-1751-099。
⑤ 《清仁宗实录》卷217，嘉庆十四年八月壬子。

各省漕弊其实都是相差无几,漕弊已成了各省漕运中的通病,也是整个漕运体系中的毒瘤。虽然经过嘉庆四、五两年的努力,也取得了一些效果,但并没有彻底清除。十年后,漕弊问题越来越严重,不但嘉庆清楚地看到了这一问题的严重性,官员们更是认识到漕弊不得不清除的事实:

> 皇上亲政之初,于漕务严加整顿,外省知所凛承,虽未能彻底澄清,亦不至若今日之甚。彼时并未见旗丁以兑费不足稽迟挽运,有误抵通,可见一经认真妥办,原不致碍难施行。今已阅多年,各省未免心存懈弛,漕弊又当厘剔。①

之后的一段时间内,由于漕弊问题的严重,革除漕弊的讨论再次出现在统治者关注的视野中,随着嘉庆的重视和漕弊问题讨论的深入,大量严重的弊端得以被揭露出来。

(二)"未若今日之甚"的漕弊

嘉庆十四年(1809)八月初七日,江西巡抚先福根据自己的了解和调查向嘉庆汇报了江西漕运中存在的弊端:一是江西省属"各州县原收米色本非一律干洁也","且距省较远各属,间有希图节省运费,只将折收价银暗令家人携带赴省","向米铺买凑低潮之米充数,其帮船伍丁多所熟识,索得兑费通同一气即为上兑,迨至贮舱日久湿热霉坏,抵通虑难交卸,则又先期赴通贿商经胥人等,回漕折价往往有之";二是"各州县运米到次,剥载船户途中偷盗灌水,致米色易于霉变也"。其中作弊的手段各种各样。特别是向漕米中灌水的手法更是花样百出,让人骇异。旗丁们根据不同的灌水方法,有夹沙糕、打针、开天舱、自来润、发汗、大翻方等称谓。这些作弊的方法"变诡多端,不可究诘,押差人少,查核难周,胁之以□则多畏葸不言,动之以利甚或串通分润。及至到次交卸,认出米经发水则互相推诿,兑开紧急,根究为难,而旗丁闻风倍索兑费,一经到手但将潮米稍为风晾概肯接收,而米质实已损坏,不堪久贮"②。而且嘉庆根据自己的了解知道存在这样积弊,所以在先福的奏折中夹批"确有此事,省城内即有米局",明确相信其所奏不虚,确有此事,而且省城内的米局就是最好的证明。并且在回复他的谕旨中坚信"现在江西

---

① 《录副奏折》,嘉庆十四年十一月初四日江西道监察御史汪彦博奏,档号:03-1752-025。

② 《录副奏折》,嘉庆十四年八月初七日江西巡抚先福奏,档号:03-1751-105。

省城内即闻有开设米局之事，恐各州县仍不免折收米价就近买交情弊”①，然巡抚先福要赶赴京师为嘉庆皇帝祝寿，继续调查的任务便交给了护理江西巡抚袁秉直。

接着，湖广总督兼署湖北巡抚汪志伊和署理湖南巡抚朱绍曾遵照嘉庆的指示分别确查了湖北和湖南两省的漕弊，经过调查后，两省存在的漕弊大致相似。

湖北省存在的漕弊是：

> 在各州县收米之时或稍有浮多，为劣衿包户藉词挟制，混以丑米挜交；或丁书舞弊但图浮收斛面，不顾米色纯杂；甚或私取折色，另以贱价暗买丑米交兑，并有应由内河用小船运赴滨江水次之处，防范稍疏，舵工水手亦零星偷盗发水，一有此等情弊，例未交丁船之先，米色已多潮杂，迨丁船抵次受兑，每有藉（赔）津贴，暗索帮费。如遇有丑米，更可藉勒多金，及至使费到手，□仍私行接收，希冀过淮抵通时弊混搪饰，而所得银钱又任意花消，中途缺少运资，仍以盗卖米石、发水搀糠为事，甚至短数回漕，无弊不作。此又兑交丁船后种种滋弊，为情（面）之必有□，未便因其现在并无败露略涉疏忽，致刁顽者益无忌惮，守法者渐思效尤，为漕政之害。②

湖南省存在的弊端有：

> （湖南漕务）弊非一端，或因经征州县假手丁书从中舞弊，惟图浮收斛面，将潮杂之米通融量收，或有劣衿铺户包揽代纳，挜交丑米；甚或有私收折色，另买丑米供兑。其由内河运至岳州水次，船户水手更有乘机偷盗，发水搀和，此经征州县未经兑船以前之通弊也。及至临次受兑，旗丁见米色稍有潮杂必恣勒索，或因向有供送各处陋规，即州县米本纯洁足数亦必借口津贴，多方刁难，横索使费，究之各丁需索到手尚不足以供其浮费，而中途运费不足，仍行盗卖、搀糠、发水、用药，种种滋弊，无所不至，此又旗丁受兑以后之积弊。

---

① 《清仁宗实录》卷217，嘉庆十四年八月丙辰。

② 《录副奏折》，嘉庆十四年九月二十五日湖广总督汪志伊奏，档号：03－1845－046。

而各州县之浮收勒折，事有相因而至者也。①

漕弊不是突然出现的，之所以出现如此严重的局面，主要是日积月累的结果，正如湖南巡抚朱绍曾的解释是由于"事有相因而至者"的缘故。

但不可否认其中也有大量新的弊端。江西巡抚先福起程赴京祝寿后，嘉庆皇帝交给了署江西巡抚袁秉直一个任务，让他调查江西省漕务中新出现的弊端。经过一段时间的调查，袁秉直首先肯定了抚臣先福关于"花户之敢交丑米，由于州县之先自浮收，而旗丁之勒索折干，又由于米色之不能纯洁，辗转相因，积弊已久"的看法。另外，他还调查出"江省米色不纯固由州县滥收所致，尚有一种武生衿监本身并无户粮，专藉包漕渔利，揽收别户额粮，折钱入己，辄买丑米出□，掗交不遂，阻扰滋事，最为漕务之害"。而嘉庆所说米局之事，经过调查后证明确实存在这种现象：省城外附近水次地方各个正规的米行铺户虽然经常串通旗丁、商贩等舞弊，但相对比较容易稽查和管理，因此这种舞弊也不会太嚣张。另一种是那些没有领过牙帖的米局，而"积惯设局射利，惟在无帖奸牙为尤甚，该牙等住近水次，平日藉买民间仓米为名囤积丑米，待至漕仓开兑之先广设栈房，结联衿蠹，遍事招徕，而缺米州县遣丁赴省讲明价值，临期买交搪塞，米色尤为不堪"②。

而作为国家财赋之地的江浙两省，一直以来"最困者莫甚于漕"③，漕运弊端重重。浙江省 11 府中唯杭、嘉、湖三府有漕赋之责，而在这三府中嘉兴府漕粮负担最多，因此弊端也最严重。浙江巡抚蒋攸铦对嘉兴府存在的弊端进行了汇报，他说："嘉兴府属东南一带滨临海澨，米质间有柔嫩，历经抚臣奏明有案，而刁生劣监包揽好米价值，另买丑米掗交，所在多有州县受其挟制，隐忍滥收，实所不免"，而且"各帮丁力疲乏积渐已深，虽节次调剂总未能办理裕如，即应扣之官项尚须递年展缓，若再加吏役勒索势必更形竭蹶，诚如圣谕不得不于兑运之时问州县横索，计无所出，不得不向百姓浮收，弊于何底？"④

两江总督阿林保却很简单地汇报了江南省的漕运弊端，他说江南省的

---

① 《朱批奏折》，嘉庆十四年十一月二十四日护理湖南巡抚朱绍曾奏，档号：04-01-35-0208-071。

② 《录副奏折》，嘉庆十四年十月初十日护理江西巡抚袁秉直奏，档号：03-1752-019。

③ 徐旭龄：《厘剔漕弊疏》，《清经世文编》卷46《户政二十一·漕运上》。

④ 《朱批奏折》，嘉庆十四年十一月十八日浙江巡抚蒋攸铦奏，档号：04-01-35-0208-063。

漕务积弊主要是因为"州县以旗丁需费借口任意浮收，旗丁以长途用度不敷肆行横索，竟致有加无已，因之刁风日炽，讼牍日繁，若不急为整顿良民受困益深"①。如此简单的汇报显然与当时朝廷正在紧张地开展整饬漕务的主旨相背，其原因不知是否确实是江南省没有那么多的漕弊存在，还是阿林保并没有调查，抑或是阿林保有意隐瞒？不管是何原因，统治者关注的是是否存在弊端，存在什么样的弊端。不久，江苏常熟县生员沈旭千里迢迢赶赴京城控诉，向都察院呈递江苏收漕存在弊端的条陈。沈旭在条陈中说："近年来江省吏治日益废弛，即如收漕一项，官吏多通同舞弊，任意浮收，甚至差提锁押，乡民不胜扰累。又本邑距海口不远，附近奸商多有将米石偷漏出洋，藉端牟利者，以致市价增昂，穷民日困。生既目击情形，不忍坐视，是以自缮奏词来京呈递，实欲为地方除害起见，并不敢与人挟嫌讦讼。"② 另外，条陈中也指出常熟昭文二县不用部颁铁斛，而是另制大斛收纳漕粮，并加收至八斗之多。沈旭所揭露的情况彻底证明了阿林保的敷衍，嘉庆明显感到这位督抚的奏报是在避重就轻。然而，两江总督的奏报是这样，其他的督抚们会不会也是这种情况？嘉庆心里不得不产生这样的疑虑和担心。

　　不久，太常寺少卿马履泰却完全把漕运中的黑幕揭穿，而这些情况都是前面督抚所没有奏报的，嘉庆的疑虑和担心得到了确认。马履泰将各处官吏如何勒索运丁及陋规数目全部揭露了出来：

　　　　窃思恤丁所以培漕，现今丁力疲困已极而吏役照常需索，视为恒业，牢不可破，以致穷丁领支库项水手辄尽，到处假贷，南北追呼，毫无生机，安有起色？若不严行伤禁，将来运丁多求退役，屯丁不易另签，即不至有误漕运，势必大烦筹划。臣今访得各处使费确数，逐条开列，恭呈御览。
　　　　一、巡抚书吏年规每帮二十四两；
　　　　一、藩司书吏年规每帮七十余两；
　　　　一、粮道书吏年规每帮六百余两，遇有新事需索不等；
　　　　一、知府书吏年规每帮三十余两；

---

① 《朱批奏折》，嘉庆十四年十月二十九日两江总督阿林保奏，档号：04-01-35-0208-043。

② 《录副奏折》，嘉庆十四年十二月初三日都察院左都御史特克慎奏，档号：03-1752-042。

一、巡抚委副将等员催船开运，兵役需费一二十两；

一、粮道委千总一二员催兑催开每员需费一二十两；

一、总运同知年规每帮一百两；

一、卫守备年规每帮二百四十两，长随三十六两，书吏五十两；

一、重运千总年规每帮六百两，贴坐船银五十两，书役三十余两；

一、空运千总每帮一百余两；

一、头船沿途包给河督、漕院、巡抚各委员使费每帮五百余两；

一、淮上总漕签盘书吏需费每帮五百两；

一、漕院委员通同各闸闸夫浮开提溜打闸人数，每船较前多费二三十两不等；

一、仓场衙门书吏坐派廒口每帮一百二十两；

一、仓场坐粮厅一切差役及旗锣执事人等，每帮给银五十余两；

一、坐粮厅验米费每帮四百八十两，交该管书吏送入，本年运丁探听得坐粮厅不

要此费，而书吏照常需索，其给与否臣尚未知；

一、坐粮厅书吏年规每帮二百两，又索王恕园寺施舍银二两；

一、坐粮厅舍人打样米及粮船停泊地面名曰地铺银，每帮一百五六十两。若旗丁米色不齐又须另行贿嘱，否则立即呈出封船锁拿；

一、经纪起米，每船年规制钱三四十千。

以上所列各费，即就一帮五十号船而论，计一年索去银七千四百余两。丁力几何，岂能堪此浚剥?[1]

根据马履泰对一帮 50 只漕船的统计，一年要花去 7400 余两白银，每只漕船每年约花去 148 两。而嘉庆四年每只漕船大约需要花去 138 两，每船又增加白银近 10 两。

如果是由于沿途各种陋规而导致的盗卖、用药涨发漕米等现象，只要将这些陋规革除就能解决这些问题。但如果是由于有些奸丁或驳船水手贪图私利而造成的，那么对这样的人就不能不尽法惩治，显然马履泰也注意到这一点，因此在他的奏折最后也特别提出这一点，但并没有引起太大的注意。

嘉庆看到马履泰的详细揭露后，对督抚以前所奏非常失望。这些督抚

---

[1] 《录副奏折》，嘉庆十四年十月二十日太常寺少卿马履泰奏，档号：03 - 1752 - 014。

们以前虽然也汇报了不少弊端，而且也确实都是严重的积弊，但他们却在奏报中过滤了很多重要的信息，对他们下级衙门以及属员衙役收受陋规都避而不谈，之所以这样，是因为这些督抚都是直接的受益者，这一点嘉庆心里明白，并非常气愤地发布谕旨，对这些督抚们进行了申斥和警告：

> （马履泰）所奏甚为详细。近年漕务之弊，各督抚等皆以旗丁苦累，需索州县帮费为词。追究其苦累之由，则惟称旗丁等于提溜打闸以及沿途剥浅等事路费不敷，势难裁减，而于此外概未论及。今据马履泰所奏，则自巡抚、藩司、粮道、总漕、仓场等各衙门以及沿途文武各员、书吏经纪人等内外共十九处，每处需索使费或数百两，或数十两，皆有一定之数，不能短少，旗丁被逼迫呼如同通欠，其苦累之处莫甚于此。马履泰所开之单，自非出于臆造。今就一帮五十船而论，每年即需银七千四百余两之多，况船数尚不止于此。旗丁力不能支，自不得不于兑运之时向州县横索，州县计无所出，遂不得不于开征之日向百姓浮收。弊源不清，伊于何底？该督抚等不先查办及此，徒以旗丁路费不足为言，苦思调剂，殊未得其要领。此等陋规一日不革，漕弊一日不除，关系甚重。着传谕有漕各督抚暨总漕、仓场等自本年新漕为始，所有单开各衙门书吏以及委员经纪人等各项陋规俱着一概裁革，无许需索，并责成巡漕御史一体严查密访，如官吏等有不遵禁约，私自勒索者，着分别查拏究办，并准该旗丁指明首告。如此禁革之后，旗丁等费用大减，沿途自可不致竭蹶。如果此外提溜打闸剥浅等事比从前不无多费，再行量加调剂。旗丁等浮费既除，运费又足，无可借口，此后设仍向州县横索兑费不肯开行，着该督抚立即严拏究办。所有马履泰原折原单着一并发抄，俾各督抚总漕等按款周知，逐一查办。倘或奉行不力，仍任书吏等需索如前，则是有意纵容，故留积弊，大负委任。试思马履泰既能胪陈弊款，伊岂不能随时访查？如续有参奏，或别经发觉，朕惟该督抚总漕等是问。将此通传知之。①

嘉庆命令将此谕旨和马履泰奏折一并抄发给各个相关官员，并再一次警告他们，必须确实访查弊端，设法革除，如果还是像以前一样奉行不力，一经发现或者再被参奏，绝不宽贷。随后，清政府又一次进行整顿漕

---

① 《清仁宗实录》卷219，嘉庆十四年十月丁未。

政的工作。

（三）君臣筹议除漕弊

1. 提出办法

前期督抚的奏报除了揭露漕弊问题外，也相应提出了一些除弊的办法，但整饬的目的性不明确，针对性不强，不能形成合力，效果自然不好。马履泰上奏后，嘉庆深刻地认识到"旗丁力不能支，自不得不横索州县，而州县计无所出，遂不得不向百姓浮收，此方为正本清源之论"①。因此，以马履泰的上奏为分界点，清政府开始有了比较明确的整饬目标，即以革除陋规为主，兼顾其他方面的整饬，这样就可以有针对性地提出办法。

马履泰的上奏是在十月二十日，在十月的最后十天里嘉庆连发两个上谕。嘉庆在其第二个上谕中批驳了大多数督抚的"未得要领"之看法，他认为"各督抚总以旗丁苦累需索帮费，遂致各州县藉端浮收为词，而剔弊厘奸之要全未筹及"。所以必须清除陋规这一弊端，"如此则旗丁自不能借口勒索，州县自不敢任意浮收，即有刁生劣监，亦无从阻挠滋事也"②。并立即传达到各督抚及有关官员处。随后，嘉庆君臣之间以清除弊源为重点展开了讨论和筹划。

十月二十四日，在没有看到嘉庆谕旨和马履泰奏折的情况下，巡漕御史程国仁向嘉庆上奏，却表达了与马履泰同样的意思：

> 州县之弊在于折色浮收，旗丁之弊在于勒索帮费。现闻督抚设法调剂酌定章程，自可渐次清理，第念州县经督抚严饬后禁止包户，裁减兑费，非甚不肖自不至仍蹈故辙。至旗丁积弊虽由来已久，而近年各帮兑费竟有递增至五六百两、七八百两者，大约江南之苏松二府、浙江之嘉湖等府为甚。在旗丁借口长途纤挽、起剥、物力昂贵亦所固然，其实沿途靡费各项陋规所费更大，若不请其弊源，纵令裁减帮费受兑开行，而奸丁等通计费用不敷，势不能不又生弊窦，或将行赠月食等米尽数折价，或于正耗额米盗卖亏短，一有亏短，挽沙发水，事所必至。迨至签盘交卸时，或经漕运总督仓场查出米色挽杂，照例拨回，而追赔搭解难以及期，则本年仓储已经贻误，实于公事无益，盖欲杜受弊之实，必先清致弊之源。……除官弁之侵渔正所以杜悍丁之

勒索，禁陋规之耗费方可以起丁力之积疲，于现在漕务情形最关紧要。①

　　程国仁也同样认为，要想整理漕务、清除漕弊，必须首先革除陋规。在这样的理念下，他提出了八条整饬漕务，清除漕弊的办法：①金丁宜慎重核实也；②运丁宜禁止浮费也；③巡漕衙门宜先肃清也；④领运员弁宜防需索也；⑤漕标委员宜遵例禁也；⑥抵通交卸宜防掯勒也；⑦开行停泊雇夫起载宜禁把持也；⑧粮头伍长等宜选派妥实也。除此之外，重运不得携带多于规定的土宜，回空不许夹带私盐。②

　　嘉庆对程国仁所奏甚是赞同，认为"所言是极"，并进一步肯定了漕弊之根源是因为"旗丁勒索帮费每岁递增，几于无所限制，而究其需费之故，全在各衙门陋规不裁"。而对于程国仁所提出的各条建议，嘉庆均无异议，"着将该御史条奏各款交有漕运总督抚、漕运总督、仓场侍郎分别查照，妥议办理，不得视为具文，致不肖旗丁有所借口"③。

　　十一月初一日，兵科给事中史祐针对马履泰揭露的弊端提出了几条"查禁之方"，主要也是从革除陋规入手，减少漕运过程中不必要的环节和人员。他建议朝廷：①为了避免被勒索克扣，所有旗丁运费应请即由州县扣解，就近封贴印花，按船给领；②应缴纳给厅仓的茶果等银，即在旗丁本地所领银两之内由粮道库扣发，同经费银两一并解交通济库，以省交领之繁。其三升八合余米收买价银，向由通济库给发，应请旗丁缴纳余米之后即知照本省，由州县应解轻赍银内扣留，照数给领；③各种委派的催儹漕委太多，徒滋扰累，无益办公，应请大加裁省；④漕运总督、巡漕御史及各粮道所带书役应该确定一个额数，不得多派。总漕随船所带各弁闻多至数十人，亦应请裁减。另外，各督抚大员随身不必要的杂役也应裁革；⑤旗丁到通交完米石后，仓收回照书吏经常压阁，请设定一个限期，如果违背了，由坐粮厅咨送巡漕御史按帮传领，如或迟延，即行参办；⑥通州巡漕御史有稽查坐粮厅之责，不得仍用坐粮厅书吏，应从通州水道衙门委派，以严防范；⑦漕粮运京后，规定在大通桥抽查样斛，车户可能虚报挈欠，挟制经纪。应请分派一人立即驻扎大通桥，每日率同监督监视

---

① 《朱批奏折》，嘉庆十四年十月二十四日巡视淮安漕务掌福建道监察御史程国仁奏，档号：04-01-35-0208-041。
② 同上。
③ 《清仁宗实录》卷220，嘉庆十四年十一月上壬戌。

掣斛,使车户不能讹索经纪,则经纪可不讹索旗丁。① 史祐的着眼点也是
革除各种陋规,但革除陋规的对象要比程国仁更细,更具有针对性。虽然
规定越细,可操作性越强,但从另一个方面来说,受到的限制也会越多,
灵活性也越差,在具体的实际情况中就会遇到很多问题和障碍。

三天后,江西道监察御史汪彦博从"民情不可不察,丁力不可不恤,
官廉不可不养"三个方面提出解决积弊的方法:①收漕兑运宜专责成。
漕粮未兑以前,责在州县,既兑以后,责在弁丁。根据监兑官、巡抚、运
官、漕运总督、粮道、押领等官各自的责任和主管阶段划清界限,分别考
成;②恤丁不在时时议增帮贴。应请旨将运丁应领行月折色并运费等项银
钱,改交兑米州县临时按数发给运丁收领,无庸解交道库,其有藩库具领
之项亦照此办理。应请饬谕各省,凡粮艘经过的地方有无赖棍徒率领纤夫
敲诈勒索,并有兵役从中勾串取利,令该地方官一体出示查禁;③外省各
属养廉应禁止摊扣,并不得有捐廉名目;④积弊应去其太甚。至各省收漕
从前原不能无升合之浮,以防折耗,亦不致重为民困,各州县如果按照四
五年间收漕成法,所交之米务取干圆洁净,则包揽等弊不禁自绝。

虽然大臣们提出了一些办法,但关键是"凡有关漕政者事事实力奉
行,妥为经理必有成效。若奉到谕旨只视为通行案件虚应故事,则言官虽
罗列万言有何裨补,此臣前疏中所谓慎重封圻责以实效,不可徒托空言者
也"②。

在确定御史汪彦博所奏漕务事宜各条正确之后,嘉庆根据各督抚所报
以及自己的观察指出"近年漕务积弊总由弊源不清,相习成风,而各该
督抚于厘奸剔弊之要,又未能实力奉行,妥为经理"。如果官员们对漕务
漫不经心,无论什么样的办法都无济于事。因此,在把汪彦博奏条陈交有
漕省份各督抚、漕运总督及巡漕御史、仓场侍郎悉心妥议具奏的同时,特
别强调"务当行之以实,用期成效,不得徒托空言,视为具文"③。

礼科掌印给事中赵佩湘进一步从漕运体系外揭露漕弊发生的缘由,他
认为"各省亏空,辗转清查",而各州县为了弥补库项亏空,"各上司计
无所出,又巧增漕余名目"④,以致各州县任意浮收。浮收不已,从而折

① 《录副奏折》,嘉庆十四年十一月初一日兵科给事中臣史祐奏,档号:03-1752-020。
② 《录副奏折》,嘉庆十四年十一月初四日江西道监察御史汪彦博奏,档号:03-1752-025。
③ 《清仁宗实录》卷220,嘉庆十四年十一月上己未。
④ 《录副奏折》,嘉庆十四年十一月初十日礼科掌印给事中赵佩湘奏,档号:03-1820-007。

色，不肖州县既囊橐私肥，而该管上司需索漕规，运弁旗丁需索兑费，刁生劣监也乘机挟制。因此，他提出要想革除漕弊，必须永远革除各省清查名目，严饬各州县不允许借漕余为名浮收漕粮。^① 而事实情况也确实如此，嘉庆立即发布谕旨，传谕各有漕省份，按照赵佩湘的方案去做。

以上四位官员提出的清除漕弊陋规的办法，严格说来只有赵佩湘揭露的弊端是因为有漕州县在执行国家规章过程中产生的，因此他提出的办法也具有一些共性，在以后的讨论中也没有提出异议，推行相对比较容易。而程国仁、史祐、汪彦博三人所提弊端虽然具有共性，由于各省实际情况不同，操作上的差异很大，但他们为清政府整饬漕务提供了一个商酌的基础，以后筹议的办法都没有离开这三位官员所提出的方案框架。

2. 分歧与筹议

十一月十八日，浙江巡抚蒋攸铦根据"欲求积弊之除，必先定防弊之法"的理念，提出"先严州县收兑章程，次及弁丁长途挽运"，而他针对浙江省提出的意见也只是汪彦博提议的具体化和延伸，本质上与汪彦博所议并无二致。规条或章程规定得越细越难以执行，因此对蒋攸铦设计的革除浙江漕弊的详细办法，嘉庆只能勉励他"实力办理，裁革陋规，丁力自裕"^②。

给事中史祐、御史汪彦博和程国仁都针对当时出现的问题各自提出了办法，然他们"先后条陈漕务事宜，系指通漕而言"，所以这些所奏条款必须经过督抚们的详细讨论后才能确定是否适用，此后，诸大臣遂一一具折上呈，分别就其三人所奏方案展开讨论。

就此三人的奏议而言，史祐所奏相对较具体，由于其主要针对有漕八省，而不是某一个具体的省份，各省都有各自的实际情况，因此史祐提出的较详细的办法不具有普遍性，对某些省份显然是不适合的，因此有漕八省督抚首先对他的所奏展开讨论，而且讨论也最多。

（1）对史祐所奏展开讨论

嘉庆十四年（1809）十二月二十四日，湖广总督汪志伊、湖北巡抚常明参照史祐提出的办法，然后联系本省的实际情况后对其中的几个提议提出了不同的意见。他们从本省的具体情况出发，分别对这几条建议进行了驳斥和说明：①史祐提出所有旗丁运费应请即由州县扣解，就近封贴印

---

① 《清仁宗实录》卷220，嘉庆十四年十一月上丙寅。

② 《朱批奏折》，嘉庆十四年十一月十八日浙江巡抚蒋攸铦奏，档号：04-01-35-0208-063。

花，按船给领的建议不符合湖广两省实际情况，因为湖北头、二、三帮回空漕船俱停泊在省河水次，与粮道衙门很近，所以旗丁可以赴粮道衙门直接领取，所以仍请按照原来的规定办理，不需要更改；②应缴纳给厅仓的茶果等银在旗丁本地所领银两之内由粮道库扣发，同经费银两一并解交通济库，以省交领之繁；其三升八合余米收买价银由州县应解轻赍银内扣留给领，这两条在湖北不适用。如果按照上面的要求来做，时间长了肯定会滋生弊端，且湖北轻赍银两多寡不等，而且距离兑漕水次远近不一，各丁回空赶紧修艁，无暇分身去领银，所以还必须遵循原来的规定；③史祐奏沿途催趱文武各员弁最为旗丁之蠹，粮船既有领运千总又有中运同知、押运粮道如或稽延逾限本有责成，该催攒漕委徒滋扰累，无益办公，应请大加裁省并粮道所带书役应酌定额数，不得多派一款，这一条在湖北也不存在，因为湖北节节皆系兑漕地方，都由粮道亲自督催开兑，然后严饬各处文武催攒，并没有另外派人督催，而且粮道所带书吏一名、跟役六名，为数不多，饭食皆系粮道捐给，并请以此数为额度。①

　　嘉庆接到这三条建议后，对前两条的更改表示了赞同，"各省漕务情形多有不同，如果便于旗丁，自不必有意更张，致滋繁扰"。但对第三条却认为"此未可深信"，人员多少固然是弊端发生的一个原因，但人员减少或额度确定并不能保证勒索和规费的减少，因此嘉庆强调"此时欲清漕弊，必须先革陋规"，各督抚一定要全力"将帮船浮费严行查禁，并于旗丁提溜打闸等费之外再令略有赢余，则丁力不致疲乏，庶漕政日有起色"②。在嘉庆看来，整饬漕务、革除弊端的关键就是革除陋规，整饬漕务的一切都要以革除陋规为主，而且具体的措施可以根据各省具体情况而有所变通，这是嘉庆整顿漕务的主导思想，也是后来漕务筹议的方向。

　　十五年（1810）正月二十四日，江西巡抚先福根据漕务旧章，联系江西省历年办漕的情况，对史祐所奏各款进行了详细的商酌，并在向嘉庆的奏报中直接说明了他的不同意见：①若令旗丁分赴各州县领取，则州县书吏或有需索，散在各处更难防察，殊多不便，不必更改；②因"江西帮丁应缴茶果银两历系在通扣抵，毋庸由道扣解"。另外，关于余米收买价银应由州县扣留给领的问题，若如此办理，不但"轻赍银两历由粮道汇解，州县无从扣给，且恐旗丁回空缺此赀用，益形拮据"，所以必须遵

---

① 参见《朱批奏折》，嘉庆十四年十二月二十四日湖广总督汪志伊、湖北巡抚常明奏，档号：04-01-35-0209-031。

② 《嘉庆道光两朝上谕档》，嘉庆十五年正月十八日。

照旧章办理了。③ "粮道每年督运至临清，只带经承一名、清书三名办理文案，承差四名以供差遣，并无多带书役。" 此外，"沿途催趱员弁及书役执事人等各款应听漕臣、仓场侍郎查议具奏，江西省无从置议"①。

将汪志伊与先福的上奏比较，可以发现他们对史祐所奏看法基本相同。在旗丁运费应请即由州县扣解、应缴纳给厅仓的茶果等银应由粮道库扣解、余米收买价银应由州县扣留给领等问题上的意见非常一致，确信方案中的这三条不切合实际情况，并一致认为不必更张旧议，仍遵循旧章办理。而类似的一致性不仅仅只有汪志伊和先福两人，随后一些大臣的上奏，在某些条款的观点更是如出一辙，其中包括漕运总督许兆椿、山东巡抚吉纶。

漕运总督许兆椿对于旗丁运费在州县领取，茶果银两在通抵扣、州县扣留余米收买价银等条款与其他人观点一致，都认为是不可行的，不必更改原来的规定。另外，他还指出江安粮道放给钱粮，向来不粘贴印花，容易滋生弊端，并"严饬该道嗣后务须按封粘贴印花，并将款项数目逐一明白在封面上注明，当堂亲放，以杜私拆隐混之弊"。而对于史祐提出的关于沿途催趱文武各员弁应请大加裁省，漕运总督所带书役也应裁减的问题，许兆椿核对此条后确认"催漕员弁从前并未多派"，而近年来河道节节阻滞，不得不添设文武各员，分别查催。以后漕运总督衙门责成沿河的卫备督催，"其余实在闸多水溜处所，择其向称勤慎者数人，酌委前往照料，此外概从减省"。然而他更是认为在这个问题上不能拘泥于规定，要根据实际情况来确定。另外，漕运总督所带人员与地方卫帮没有直接关系，人数将尽量减少，并严格约束。②

而山东巡抚吉纶除了相同的三条意见外，他还另就史祐的奏议提出了意见。史祐奏议中有"押运书役应酌定额数"和"旗丁到通交完米石，其仓收回照咨送巡漕御史按帮船领"两条提议，对于第一条，吉纶将山东漕粮押运过程中的书役人数及相应的情况作了详细的说明，山东"沿途有应办公事，所有随带船粮书办人役等食米盐菜银两俱系粮道自行发给，一切坐粮盘费火食亦查无各帮供应等弊"，为了杜绝弊端的发生，根据史祐的这一款"复饬令每年起运时，将该道及押运厅弁等随从书役名

---

① 参见《朱批奏折》，嘉庆十五年正月二十四日江西巡抚先福奏，档号：04 - 01 - 35 - 0210 - 015。

② 参见《朱批奏折》，嘉庆十五年二月十七日漕运总督许兆椿奏，档号：04 - 01 - 35 - 0210 - 036。

数开单报明总漕、巡抚衙门以备稽查"。另外,漕船抵通的批文程序"每年于船粮抵通时仍遵照分呈,其押运厅员总批呈送仓场衙门查验,印给批回,仍送户部户科查验给发;其帮弁解样小批呈送仓场衙门印给批回,即掣送粮道衙门存案"。如果按照该御史所奏,"其前项各批如一并咨送巡漕御史掣领,毋庸赴户部户科查验",这个提议可行不可行,吉纶不敢确定,建议应请饬下仓场侍郎等官员进行商量。①

经过几位大臣来回磋商,在一些问题上基本达成了共识,特别就史祐提出的一些条款更是非常一致。在讨论史祐提议的同时,对汪彦博和程国仁的讨论也在进行着。

(2) 对汪彦博所奏的讨论

汪彦博从"民情、丁力、官廉"三个方面提出了四条建议,并希望得到执行,就可以整饬漕务,革除陋规,然而,汪彦博确没有考虑到每个省都有自己的具体情况,所以他针对全漕而提出的办法不一定能适用。十五年(1810)正月二十四日,江西巡抚先福在上奏讨论史祐条款的同时也对汪彦博的条奏进行了详细的分析,并对汪彦博所提出的条奏分别进行了详细的说明,并提出明确的意见:①原奏收漕兑运宜专责成一款,此款原来就有明确的规定,因此"江西省历办章程,原属责有攸归,今该御史所奏系申明例意,自应循照办理"。②原奏请将旗丁运费改交兑米州县临时按数发给一款,此款实际上与史祐条奏中的第一款相同,而在对史祐条奏的讨论中已有明确的意见,具奏官员都一致不同意这一款,因此对汪彦博此款的讨论也是同样的结果,其他官员对此款的讨论也是毫无二致。③对于原奏养廉禁止摊扣一款,江西各属养廉并不解司,所以无从摊扣。只是"每年间有因公捐办之件,如刊刻条例、京塘报资及各员京借养廉病故无着,应行摊捐还项,并修理衙署应分年摊捐归还",而且这些摊捐"约计银数无多,悉系因公愿捐,并非克扣"。但是为了避免陋规的发生,根据汪彦博的提议,"嗣后除例准捐廉之项外,应概不准派捐,免致借口"。④原奏州县收漕外,以米色为名中多私欲一款,江西以前或许有包揽漕粮、米色不纯、浮收需索等弊端的发生,但是"本年叠奉谕饬实力整顿,业经节次示谕,慎选干洁好米,严禁勒折浮收,务俾比户周知。现俱输将踊跃,各州县尚无假以米色为由故意挑剔、希图浮收取盈之事"。另外,所奏漕船沿途提溜及查察吏役、刁难搜求各款,因为不是江西管辖

---

① 参见《朱批奏折》,嘉庆十五年三月初九日山东巡抚吉纶奏,档号:04 - 01 - 35 - 0211 - 004。

的范围，应该"听漕运总督巡漕御史仓场侍郎核议具奏，江西省无从置议"①。

作为漕运系统的最高官员，漕运总督许兆椿更是对汪彦博所奏逐条进行了全面的核议和说明，除了与史祐所奏一条相同，已明确反对外，他还对其他三条奏议根据总漕衙门的情况进行了补充说明，甚至提出新的办法：①关于收漕兑运宜专责成的一款，许兆椿认为汪彦博在此款中提出的责任分配是不妥的，也是职责不分的。他重新提出了一种可以明确职责的办法："到淮签盘，如验明同兑一州县之船米色俱好，惟一二船米色不堪，自系开行后未能勤加风晾所致，即应专办弁丁。倘所兑该州县之船米色均属不堪，显系原征之米浮收，弁丁贪图加贴，扶同兑运，不能不将州县弁丁一体参办分赔。"②关于漕船提溜、打闸、过坝往往有无赖棍徒和纤夫多索钱财，并有兵役从中牟利，应令地方官出示查禁一款，已严檄淮扬道、淮安府、清河县随时密访拿究，并传谕各丁，如果有这些弊端存在，他们赴总漕衙门具控，并对这些不法分子从重惩处。③关于积弊应去其太甚一款，马履泰奏折上列有漕运总督衙门书吏收取陋规，虽盘粮由漕运总督亲往办理，但此等奸巧之徒作弊诡秘，"惟有加意防范，随时申禁，如能拿获，立即严惩"。另外，关于米色有意驳换的问题，因书吏不随同漕运总督查验，所以他们不可能搜求挑剔。另外，也会随时严饬弁丁，小心行事。②

漕运总督许兆椿上奏的次日，湖广总督汪志伊根据湖北省的具体情况就汪彦博所奏也发表了意见，除了如前明确反对的一条外，其他的几条基本上得到了他的赞成甚至是进一步的补充：如对于汪彦博所奏请收漕兑运宜专责成的提议，其实在十四年（1809）已奏请类似于该御史所奏的办法，并得到允准执行，所以这一条在汪彦博上奏之前实际上已经在湖北实行一段时间了。他提出漕船在途如有无赖棍徒把持取利的弊端，"许该丁就近具禀，仍禀明粮道卫弁移饬拿究，可以防止书役勒索"。其实这是对汪彦博"漕船提溜、打闸、过坝往往有无赖棍徒把持取利，应令查禁"一款的重申和补充。而汪彦博提出的"总漕、仓场等衙门奸吏故意刁难帮船，地方官吏以米色为名，中多私欲"的情况，这种情况一直是漕务

① 参见《朱批奏折》，嘉庆十五年正月二十四日江西巡抚先福奏，档号：04-01-35-0210-015。
② 参见《朱批奏折》，嘉庆十五年二月十七日漕运总督许兆椿奏，档号：04-01-35-0210-036。

中的积弊，当然是全力革除，汪志伊自然是十分赞成，"如有此等情弊，一有访问，或被揭控，立即彻底根究，严加惩治，毋使稍有遁饰"。另外，对于外省养廉应禁止摊扣一款，汪志伊非常同意，但为了不影响州县正常的公务支出，他提出"嗣后遇有地方公务，自当奏请于闲款内核实动项撙节支销，毋许有捐廉名目，以免办公掣肘，藉端滋弊"。汪志伊对汪彦博所奏除了否定了一条外，其他基本上是赞成的甚至是补充，但是关键还是在执行，如果只是停留在书面上，再完美的条款也无济于事，所以仁宗告诫他"实心办理，不在空言"①。

随后山东巡抚吉纶和巡视济宁漕务御史吴邦庆也先后上奏，发表各自的意见。而山东巡抚驻扎济南府，而巡视济宁漕务御史驻扎济宁，两者都有管理山东漕务的职责，因此他们的奏报有很多相似之处。除了继续一致否定"旗丁领支银两应由各州县扣解"的提议外，随后上奏的山东巡抚吉纶和巡视济宁漕务御史吴邦庆在"收漕兑运事宜以专责成"问题上的看法也是一致的，因此款在《漕运则例》中已有详细记载，"此条系申明定制，自应准行"。但在"外省各属养廉应禁摊扣"的问题上，他们的立场也是一致的，都是不赞成汪彦博的这个提议。虽然吉纶和吴邦庆的立场一致，但他们之间的观点还是有一些差别的。吉纶主张"请仍其旧"，因为"东省遇有应办正务或系向无闲款，又未便轻请动帑，不得不筹议公项帮贴"。此外，地方州县要办理公务，"非捐廉不能集事者，系共襄公事，并无勒掯情弊"。而吴邦庆则主张要分开对待，有些需要摊扣养廉，有些则需要禁止，"遇有必应摊廉捐办之事，许其声明缘由，并核定数目及分扣年限奏明照办。如无著款项及一切差使概不得藉摊捐之名致属员受克扣之累，则公事既不致坐视其废弛，而州县亦不得藉口以累闾阎矣"。

除此之外，吉纶和吴邦庆针对汪彦博的条奏也有各自不同的筹议。

吉纶针对"额外浮收应责成巡抚粮道实力查察"一款，提出了"防、治"相结合的原则，防就是巡抚衙门事先刊刻告示，晓谕众人，并督同司道大员随时随处实力访查；治就是"一有浮收诸弊，即行揭参"②。

关于沿途短纤"请官为定价"的问题，吴邦庆认为短纤的价格在《漕运则例》中已有规定，以后漕船抵达各处，遵照定制办理，同时也要

① 参见《朱批奏折》，嘉庆十五年二月十八日湖广总督汪志伊奏，档号：04-01-35-0210-038。

② 参见《朱批奏折》，嘉庆十五年三月初九日山东巡抚吉纶奏，档号：04-01-35-0211-004。

刊刻告示晓谕各处，关于吏役"或将帮船故为刁难，或中多私欲"一款，吴邦庆认为这种弊端并不像汪彦博所说的那样难以革除，因为有仓场侍郎、巡漕御史不时稽查，而且旗丁可以随时向各衙门呈诉，所以实际中比较容易操作。至于州县收漕时如有勒索之事，粮道可亲历稽查，或委派干员随时稽查，如有弊端，粮道即可揭参。①

（3）对程国仁所奏的讨论

南漕御史程国仁在其上奏中对"陋规一项较之长途牵挽起剥为费更大"的情况提出革除办法后，嘉庆非常赞成，并将程国仁所奏各款立即发给有漕运督抚、漕运总督、仓场侍郎分别确查酌商办理，并告诫臣子们"不得视为具文"。

在对史祐、汪彦博的条奏进行商酌后，与程国仁驻扎一地的漕运总督许兆椿对南漕御史程国仁具奏中的几条提议进行了商榷和说明：对于所奏金丁宜慎重核实的问题，许兆椿认为不仅仅如此办理，而且还必须要求"各粮道确按本处情形，悉心妥筹详酌，必得先将金点使费痛革，再将帮中积弊驱除"，只有这样才能使得"新丁不致视为畏途，庶可望殷实谙练之户亲身管运矣"。虽然经前任漕运总督马慧裕刊刻告示，遍行晓谕，并革除员弁索取州县规费，但是这种现象仍有发生，因此必须如程国仁"关于领运员弁宜防需索，责成粮道认真稽察"一款所奏，责成粮道知府严密查察，分饬禁止。如有这种弊端，分别揭参。而对于程国仁提出的"少派催攒委员"一事，实与史祐所奏相同，已在回应史祐的条奏中做了说明。②

接到嘉庆上谕后，湖广总督汪志伊在漕运总督许兆椿上奏的次日根据湖北省的实际情况也对程国仁所奏发表了看法。其中除了关于开行停泊雇夫起载宜禁把持的条奏，与汪彦博所奏大致相同，已在对汪彦博的讨论中做了说明，无须再议之外，汪志伊还对程国仁条奏中的四款进行了说明：

①关于金丁宜慎重核查，应责成粮道取具本帮联名保结一款，不但要如所奏办理，汪志伊认为还应规定"由道饬卫金丁，除九军户首具结保充外，仍让本帮千总取具本帮联名保结送道查核，倘有弊端，许本帮旗丁禀该道，即将原金原保之卫所分别参处"。

---

① 参见《朱批奏折》，嘉庆十五年三月十二日巡视济宁漕务户科掌印给事中吴邦庆奏，档号：04-01-35-0211-007。

② 参见《朱批奏折》，嘉庆十五年二月十七日漕运总督许兆椿奏，档号：04-01-35-0210-036。

②对于运丁宜禁浮费的问题，应该按照程国仁所奏，饬令粮道责成运官随时认真稽查约束，并禁止丁役与旗丁交接往来。

③关于领运员弁宜防需索的问题，因为五年（1800）清查以后，湖北已无此种需索规费的现象发生，也没有阳奉阴违的情况。但也不放松稽查，如果有这种现象发生，立即惩办。

④关于粮头伍长宜选派妥实的问题，为了杜绝粮头伍长选派中的弊端，汪志伊提出"嗣后应责成粮道，督率运弁务选老成殷丁，由各帮散丁公同保举充当，取具保结，并将金选的头伍、伍长姓名上报督抚总漕衙门。倘有作奸犯科之事即可指名提究，并将走差一项名色禁革。至禁止违例多带土宜回空夹带私盐亦应分地实力稽查，并移咨两江督臣严饬该厅认真查办。其出运时置备土宜应责成粮道督同运弁认真稽查"①。

同样，山东巡抚吉纶接到嘉庆的谕旨后也对程国仁条奏进行了回应，他对程国仁的讨论主要集中于其中五条。其中对于第一条"金丁宜慎重核实"的提议，由于以前对于金丁都有详细的规定，吉纶认为应该"再申明定例遵行，益加慎重，以免日久弊生"。除此之外，他根据其他四条条奏提出了山东省漕务整理中的办法：

①运丁宜禁止浮费一款，巡抚"先经饬令粮道札饬运官严加管束，并出示水次，并令营汛各官派兵驻宿河干，给与守冻巡防盘费，严密查禁，如有帮丁聚赌酗酒等事立予惩治，以儆其余"。

②领运员弁宜防需索一款，因"东省重运抵通较近，回空最早，向无土宜可带。每年出运之先，由道行文各运官严革陋规。兹又通行申禁，当此剔除积弊之际，如该运官等尚敢腆然向州县索取规费，并向旗丁索取财务甘罹法网者，自应从严究办"。

③漕船开行停泊雇夫起载宜禁把持一款，因为"东省帮船赴通，沿途并无雇夫起载及提留下闸之处。至杨村起剥，亦系循照旧定章程，并无把持勒索之事"。

④粮船伍长等宜选派妥实一款，为了杜绝山东粮船伍长选派中的弊端，吉纶提出必须要首先"由道饬令各帮弁询访丁情，公同结保老成殷实明白谙练旗丁三人，带赴粮道衙门，当堂阄掣头船一人领办公事，即所以杜钻营谋充及勾串科累之弊"②。

————————

① 参见《朱批奏折》，嘉庆十五年二月十八日湖广总督汪志伊奏，档号：04-01-35-0210-038。

② 《朱批奏折》，嘉庆十五年三月初九日山东巡抚吉纶奏，档号：04-01-35-0211-004。

程国仁针对漕弊提出的办法是一种框架上的思路，是一种除弊的方向。而有漕八省都有各自的实际情况，具体的做法必须经过有漕八省督抚们根据实际情况来提出，随后几位大臣的回应都是根据本省实际对程国仁所奏的具体补充，而不是简单的同意或者否定。

3. 筹议的尾声

史祐、汪彦博和程国仁三人针对当时漕务中的严重弊端提出了一系列的方案，旨在彻底整饬漕务，革除漕弊，然而"给事中史祐、御史汪彦博、程国仁先后条陈漕务事宜系指通漕而言"①，因此，嘉庆将此三人之条陈发给大臣们详细讨论，接到谕旨的众臣分别就其中的一些条奏提出具体的意见，一直持续到嘉庆十五年的上半年，然而朝廷正在继续讨论的时候，运河传来了不好的消息，山阳县境内运河土堤出现漫塌，塌陷口门宽至三十余丈，运道严重受阻，在这样的情况下，朝廷立即将重点转移到河工以及怎样利漕速运的问题上，对史祐、汪彦博和程国仁等三人条陈的讨论开始淡化。随着朝廷注意力的转移，讨论也慢慢接近尾声。最终，浙江巡抚蒋莜铦和湖南巡抚景安的上奏为持续两年的讨论画上了一个句号。

蒋莜铦在上年十一月已经就史祐的条陈进行过详细的讨论，并根据浙江省的具体情况也提出了具体的建议。

三月二十七日，浙江巡抚蒋莜铦继续上奏，不但就汪彦博和程国仁所奏条陈综合其他大臣们的意见向嘉庆汇报了他的看法，而且也进一步补充关于史祐条奏的意见：

> 臣逐款查核，除应由仓场侍郎具奏，并准许兆椿咨会，业经议复各条与浙省情形相同画一办理外，尚有给事中史祐奏酌定粮道随带书役额数，并巡漕御史程国仁奏禁运丁浮费二款，查家丁、书役最易滋生事端，防察稍疏，弊混百出。旗丁借书役以联络运官书役，倚运官而需索帮伍，甚至酒食征逐，聚赌窝娼，均所不免。旗丁之耗费既多，帮船之运资日绌，自当严行查禁，以节糜费，应责成粮道督饬运官随时随事密为查察，如有违犯，即行提究。仍定以限制，粮道准带书吏四名、差役四名，运官减半，不得逾数多带，致干参处。又程国仁奏宜防运官需索一款，查漕船起运押运员弁长途往返，从前原有津贴帮规之事多寡不一，上年钦奉谕旨剔除漕弊，业经臣出示晓谕，将各项漏规尽行革除，现复延迟，粮道不时查察，如有仍蹈前辙立予参

① 《朱批奏折》，嘉庆十五年三月初九日山东巡抚吉纶奏，档号：04-01-35-0211-004。

办,以示惩创。又程国仁奏选派妥实粮头伍长一款,查浙省各帮并无粮头名色,每帮公举伍长一人料理散丁兑交事宜。又雇募走差一人,专司探视河路水势,前后传递,并不干预漕务。此辈久惯积充,难保不从中滋弊,应责成运官慎选妥实之人遴充,不许与运弁书吏等交接,以杜沟通滋弊。又御史汪彦博奏禁止摊扣养廉一款,查养廉为州县办公之需,原不应再有摊扣,浙省因办理缉匪经费津贴金州船料委解京协各饷水脚不敷,及采办油茶木植例价不敷,接递人犯口粮等项限于成例,不得不摊捐济用,由来已久,此外并无一切差使捐廉办理之项。第地方公务在所时有,若悉行扣捐廉银摊派之款日多,州县之得项日少,诚如圣谕必藉用度无资,上侵国帑,下朘民膏。臣到任时即督同藩司悉心筹计,将各属捐款应删者删,应减者减,以期正本清源,无所借口。以上各条皆为整顿漕务起见,均应如给事中史祐等所奏办理。①

经过对史祐等三人条陈的反复讨论,根据众官员的意见,并联系本省的具体情况,蒋攸铦认为整顿漕务在费用上必须做到"不可苦丁以误运,亦不可累官以削民,全在秉公持平",在职责上必须做到"未兑之先,州县慎选好米,公平斛收;受兑之时,运官约束旗丁,禁止勒索;既兑之后,沿途催儹,毋任逗遛",只有做到这样,漕弊才能渐除,而挽运自不致延误。而在蒋攸铦看来史祐等三人条奏的办法确实能够做到,于是他向嘉庆奏请"均应如给事中史祐等所奏办理"。对于蒋攸铦的奏议,嘉庆并没有发表意见。直到四月下旬,湖南巡抚景安向嘉庆汇报他对史祐等三人条陈的看法,嘉庆才就景安的奏报颁布了一个总结性的谕旨,从而结束了长达两年的讨论。

而在这场讨论中,唯有湖南和河南一直没有就史祐、汪彦博和程国仁三人的条陈发表意见。而在所能见到的材料中却没有发现河南省参与了这场讨论,或许是因为河南比较特殊:一是河南漕粮较少;二是河南省没有自己的漕船,其漕粮必须由别省的漕船来协运,且大多数漕船费用不在河南开销。剩下只有湖南省没有发表意见了。

四月二十五日,湖南巡抚景安终于就史祐等三人所奏向嘉庆进行了汇

---

① 《朱批奏折》,嘉庆十五年三月二十七日浙江巡抚蒋攸铦奏,档号:04-01-35-0211-018。

报，并分别对三人的条奏进行了详细的分析，并提出了相应的意见：①

对史祐条陈的讨论：

①关于道库所给钱粮均由州县征解一款，与其他上奏督抚的意见也是一致的，不同意这一提议，其理由不仅有湖南本省的实际，"（湖南）旗丁运费银两向由各衙门征齐，按船封固，粘贴印花，解道验明，同应领行月钱粮当堂散给各丁亲领，并非旗丁赴省支领，亦非头船旗丁总领散给，与江安等省情形不同"。也有与大多数省份相同的情况，"湖南帮船俱停泊岳州水次受兑，有漕州县多在上游，相隔数百里不等"，"且各丁应领钱粮内每有应扣之项数无一定，若改交州县扣留给领，必致书面参差"，为了保证漕运不至于因为旗丁赴各州县领银而耽延迟误，应该准许旧例，按照原来的规定办理。

②关于交厅茶果等银即在旗丁本地所领银两内由粮道库扣发，同轻赍银两一并解交通济库；三升八合余米收买价银由州县应解轻赍银内扣留，照数给领等二款，与其他大臣一样，景安也是不同意，他反对的理由不是就湖南的个别情况，而是就全漕总体的情况而言。"旗丁在通应交茶果银两必须漕粮全数抵通交仓方能核定应交之数，设中途遇有截留事故，前项银两应否免交，向由北仓核办，粮道既难预定查扣。而应解茶果久有在于旗丁应领通济库项下扣抵之例，似应照例在通就近扣解，即无须旗丁另行交纳。"而三升八合余米价银之事若按照史祐奏请那样执行，"势须归次后支领，则在通回空长途行走必致无项接济，似于丁情运务均多格碍，应请仍照定例办理"。

③对于"各粮道所带书役应酌定额数，不得多派"的问题，景安的回应是"湖南粮道向系督运至临清交替，沿途催偿照料，向来随带书吏三四名、差役五六人，尚不过多，俱系该道给船随行，仍饬随时严行约束，无任滋弊"。

对汪彦博条陈的讨论：

①关于收漕兑运宜专责成一款，因为原来湖南就奏请"水次交兑，漕粮层层稽核，自不致有丑米兑交，而各属米样均经呈送总漕，倘过淮盘验查有丑米，即可比对样米查办"。最后得到嘉庆的允准，并立定章程，遵办在案，这一奏请与汪彦博所奏意思相同，所以不用另议。

②关于各帮运丁应领钱粮改交州县发给，其漕船沿途提溜赶帮打闸过

---

① 景安论述的内容皆参见《朱批奏折》，嘉庆十五年四月二十五日湖南巡抚景安奏，档号：04-01-35-0211-045。

坝需用短纤，近年有无赖棍徒齐行把持，应查禁拿究一款，对于各帮运丁应领钱粮改交州县发给的问题，"已于给事中史祐条奏款内分晰核议，应请仍行照旧办理"。对于漕船沿途提溜赶帮打闸过坝有勒索情况发生的问题，景安已经"移咨经由各省转饬地方官，将官定夫价出示晓谕，严禁齐行多索，仍饬令粮道谆谕弁丁不得短给。倘有棍徒把持勒索，即禀明粮道厅弁，移饬地方官立拿枷示，以恤丁力"。

③关于外省各属养廉应禁止摊扣一款，景安完全同意这一款，认为此条"实为正本清源之道，自应永禁滥派兑，致州县藉口滋弊。"

④地方官外以米色为名，中多私欲一款，对于这一问题，景安认为"惟有督率粮道实力查察，如查有前项情事，立即严行究治，以示惩儆。"

对于程国仁条陈的讨论:

①关于金丁宜慎重核实一款，湖南金选新丁都循照定例来办理，但"恐日久玩生，仍有卖富金贫情弊"，景安"现饬粮道实心查核，倘有以疲丁备数，或以革丁复充，即将原金原保之备弁帮丁分别据实究办，以昭慎重"。

②关于运丁宜禁浮费，领运员弁宜防需索等问题，景安认为五年（1800）已经革除浮费陋规后，已无暗中需索的弊端，所以"惟有严饬该道正己率属，不时认真稽查，倘厅弁仍敢阳奉阴违，立即指名参办"。

③粮头伍长走差宜选派妥实一款，因"船头伍长系各帮董率办运之人，走差人役专司递送公文，帮中均不可少"，但如果不谨慎选派，会导致"勒索派敛无所不至"，所以景安认为"应责成粮道督率运弁慎选老诚殷丁，并由各帮散丁公同保举充当，取具保结通报备查，仍于粮船赴巡漕衙门报到时，但令运官亲到，当堂投文，不许粮道走差等擅至公所，私与书吏交接，免致勾结滋弊"。至于重运帮船违例多带土宜，回空夹带私盐的问题，"均应责成粮道，督同运弁实力查禁"。

④所奏开行停泊雇夫起剥宜禁把持一款，与汪彦博所奏情形相同，已在前款中讨论过，所以不用再议。

针对史祐、汪彦博和程国仁三人的条陈，景安进行了详细的讨论和意见的充分表达。虽然景安的回复表面上只是代表湖南省的意见和整顿漕务的努力，但是如果从筹议条款的方向来看，却是有漕各省整饬漕务、筹议办法的一个缩影。因为史祐等三人条陈的款目虽然众多，但其主要核心却只有一个，即革除陋规，这也是整饬漕务的着眼点。围绕这一原则，景安的讨论大致包括了各大臣筹议的角度。接到奏折后的嘉庆立即颁布谕旨，对景安的所奏表明了看法，同时也是对这场讨论的一个总结性回应。

根据景安上奏，嘉庆在其谕旨中指出了当前漕弊的根源：

> 议覆给事中史祐、御史汪彦博、巡视南漕御史程国仁条奏漕务各
> 事宜一摺，漕务事宜款目繁多，弊端层出，而其要不外于先裁旗丁陋
> 规。旗丁陋规既裁，则用费必少，即无从借口向州县横索，而州县亦
> 无从向百姓浮收。此外一切弊窦皆可以次剔除。该省旗丁规费既称自
> 嘉庆五年清查以后概行裁革，节年粮船出运访无需索情事，何以此项
> 名目外间尚有流传？可见名为清厘，其实亦未能革除净尽。

接着嘉庆对景安，也是对进行漕务整顿的全体有漕运总督抚提出了希
望和要求：

> 现当整饬漕政之时，稽察严紧，自不敢肆行无忌。傥日久玩生，
> 奉行稍有不力，又将故智复萌，仍蹈前辙。惟在该抚等严饬各地方员
> 弁随时实力查禁，庶漕务日有起色，于恤丁爱民之道两有裨益，勿徒
> 托之空言，视为具文也。将此谕令知之。①

最终，嘉庆以此谕旨结束了长达两年的讨论，表面上对景安上奏颁布
的谕旨，却寓含着对这场讨论的最后总结。这不得不让人感到非常难解，
如此长久而又激烈的讨论竟如此轻轻地落下帷幕。但如果仔细体会一下详
细的讨论过程，就会发现在嘉庆君臣之间来来回回的筹议中，统治者整顿
漕务的思想已充分展现，而各有漕运总督抚联系实际的具体意见也开始在
各自省份实行。除河南省外，湖南省是最后一个发表意见的有漕省份，听
取湖南省的看法对嘉庆来说自然也是必不可少的，也是必需的，而对此省
的回应自然也是统治者在此次讨论中的最后意见，同时也标志着此次讨论
的结束。

嘉庆十四年（1809）开始的漕务整顿中，以史祐、汪彦博和程国仁
三人为主提出了清厘漕弊的众多款目，他们的上奏经过大臣们的分别讨论
后，有些提议得到了一致赞成，有些则一致否决，有些则是根据各省实际
情况大臣们进行了补充甚至提出新办法。无论如何，这些的措施、方法或
目的都是为了整饬漕务，革除陋规。面对大臣们的各种筹议，嘉庆明白方
法固然重要，但人的因素更重要。如果大臣们不能实心办理，各种筹议也

① 《清仁宗实录》卷229，嘉庆十五年五月戊寅。

将是空话，因此嘉庆一再强调"尽心除弊，有犯必惩"，"实心办理，不在空言"。在革除漕弊、整饬漕务的讨论中，嘉庆一再强调"有治人无治法"，充分体现出漕务整饬中"重人轻法"的立场，同时也是嘉庆朝的统治政策。

第六章　辟以止辟的愿望：惩治
漕运中的贪污索贿

> 满朝文武着锦袍，间阎与朕无分毫。
> 一杯美酒千人血，数碗肥羹万姓膏。
> 人泪落时天泪落，笑声高处哭声高。
> 牛羊付与豺狼牧，负尽皇恩为尔曹。

——清仁宗御制骂廷臣诗①

嘉庆七年（1802），嘉庆皇帝用这首诗对当时官员们严重的贪污现象进行了猛烈的抨击，试图告诫和警醒他们要廉洁自律。然而贪污作为封建社会的毒瘤和痼疾，从乾隆中后期以后，贪污日益严重，"上至部院督抚，下至胥吏衙役，几乎无官不贪"②。很明显的例子就是从嘉庆朝开始，漕运体系中出现了大量贪污索贿案件，而这些在前四朝里基本没有出现过，或者说没有达到如此严重的程度。这些弊端不但体现了嘉庆朝严峻的吏治问题，更重要的是让统治者认识到整饬漕务必须严惩漕运中的贪污索贿现象。

第一节　严惩富纲贪污索贿

漕运总督总理八省漕务，驻扎淮安，"凡收粮起运，过淮抵通，皆以时稽核催攒，而总其政令"③。有漕八省经理漕务的各个文武官员，都受

---

① 此首诗系嘉庆年间翰林院侍讲梁同书的《恭录嘉庆七年御制骂廷臣诗》，参见李穗梅主编《近代名人手札书翰选》，花城出版社2003年版。中山大学邱捷教授为本则材料提供了无私的帮助，特此致谢。
② 刘凤云：《试析乾隆惩贪屡禁不止的原因》，《清史研究》1992年第1期。
③ 《清朝通典》卷33《职官十一》。

其管辖节制。然"漕为天下之大政，又为官吏之利薮"①，作为漕运体系中最高官员的漕运总督难免不染指其中，但是令人惊奇的是，顺、康、雍、乾四朝中竟没有一位漕运总督因为在漕运中贪污索贿而受到弹劾和处罚。嘉庆正式亲政后，首先严惩了大贪污犯和珅，接着嘉庆挟惩贪凌厉之势对富纲的贪污索贿进行了追究。富纲也因其在漕运总督任上的不法行为而成为第一位被送上断头台的高级官员。嘉庆对富纲的严惩充分表现出他当时整饬漕务的决心，以及希望通过严惩达到辟以止辟的美好愿望。

富纲，满洲正蓝旗人。历任两江总督、云贵总督，嘉庆元年授漕运总督，三年（1798），云贵总督员缺，因富纲"曾久任云贵总督，于边疆情形尚为谙悉"②，再迁云贵总督。

四年（1799），嘉庆风闻富纲在漕运总督任上滥取陋规，声名狼藉，却没有大臣向其具奏汇报。无论是地理位置还是行政关系，与漕运总督最近的两江总督费淳对此却没有任何行动，无奈之下嘉庆只好主动追查。他在谕旨中对两江总督费淳进行了严厉谴责，"朕以三省付汝，若如此缄默保位，如何其可？"并命令费淳"必须彻底严查，即行参奏"。费淳立即对嘉庆的谕旨进行了回复。他用了一条很有说服力的证据证明他绝不可能有隐瞒富纲滥取陋规的行为，因为他们之间的关系不和，"至前任漕运总督富纲，臣任云南藩司时，伊系云贵总督，办理公事彼此意见每多龃龉"。两江总督总辖三省，漕运总督的驻地又在其统辖的范围内，自然有责任对漕运总督的行为进行监督。按照一般的逻辑来看，其中的一方如果出现问题，另一方绝不会保持缄默，否则不但是渎职，也是一种隐瞒，加上两人关系不和的因素，费淳不可能承担如此风险，把责任揽到自己身上。这样一个明白易懂的道理很容易让嘉庆相信他确实对富纲的不端没有觉察，"未能稔知确数，无凭列款纠参"。但费淳仍然根据自己所掌握的情况作了判断：

> 闻伊在总漕任内曾缴过认罚养廉银三万九千七百余两，现存江宁藩库。但查漕臣养廉每年九千五百余两，尽数缴项尚属不敷，且其眷口繁多，用度靡费，平日操守本不可信，其为滥取陋规自所必有，无从代为隐讳。③

---

① 包世臣：《剔漕弊》，贺长龄、魏源《清经世文编》卷46《户政二十一·漕运上》，中华书局1992年版。

② 《清仁宗实录》卷31，嘉庆三年六月甲寅。

③ 《朱批奏折》，嘉庆四年六月十五日两江总督费淳奏，档号：04-01-13-0129-018。

　　费淳很努力地进行了辩白，嘉庆也原谅了他。即便如此，嘉庆仍告诫他"此后不可如此粉饰瞻徇，慎勉为之！"除此之外，更重要的事是他把富纲的情况调查清楚后进行汇报。

　　费淳为我们提供了一个重要信息，即富纲在漕运总督任内被罚过养廉银三万九千七百余两，如此巨大数目的议罪银，仅凭漕运总督的俸禄和养廉是远远不够的，只能从其他方面来寻找资源。作为漕运总督的富纲，唯有从漕运体系中寻找补偿的机会，事实上也确实如此。

　　九月二十日，两江总督费淳经过留心查访，并对一些漕务文武官员秘密进行了询问，据这些漕务官员交代："富纲前任漕运总督时曾以养廉扣缴公项，署中日用不敷为词，收取各卫守备漏规银，自一二百两至于三四百两不等。又派调帮弁出运，亦得受漏规一二百两。"但是"该卫备帮弁人数众多，不免致滋口实"。为了确保调查的正确，费淳又"复询之淮安府县，所言大略相同。是富纲前在漕运总督任内滥取漏规，声名狼藉已属确实"①。富纲滥取陋规的情况已得到确认，而且"为数不赀，以致物议沸腾，大负委任。既据费淳查出实据，岂可仍令暂署督篆"。在这种情况下，嘉庆降下谕旨，将富纲革职拿问，调闽浙总督书麟任云贵总督，并负责查办富纲一案。为了得到确切的证据，在其他人接任闽浙总督和巡抚空缺之前，嘉庆让书麟通知费淳，将江苏省卫守备及运弁中馈送较多者各送数人，先行押交书麟讯问。审讯得到确据后，一起带往云南省与富纲质对。

　　而费淳只汇报了江苏省的情况，而且也不是具体的细节，看到费淳的奏报后，书麟产生了一个想法："富纲既向江苏省各卫备弁索取陋规银两，浙省各卫备弁亦必有被索馈送之人。"②于是书麟一面按照嘉庆的要求，继续审讯费淳从江苏移送来的人犯，一面调查浙江省漕务官员的行贿情况。审讯的结果果然不出书麟所料，浙江省的漕务官员也有类似江苏的行贿情况：

　　　　嘉庆元年押运过淮，有昔存今故之杭严卫守备支秀发向众告知，在济宁谒见富纲时，面向言及赔缴公项甚多，用度不敷，似有欲令帮助之意，嘱令各帮弁量力馈送。该备弁等因见富纲相待支秀发甚有脸面，并于禀见时富纲亦曾微露用度不敷之语，是以共信其言，各措银

---

① 《朱批奏折》，嘉庆四年九月二十日两江总督费淳奏，档号：04-01-08-0116-015。

② 《朱批奏折》，嘉庆四年（阙日月）协办大学士书麟奏，档号：04-01-08-0115-043。

一二百两至三百余两不等,俱交支秀发转交富纲管门家人刘姓接收。

富纲向浙省漕务官员索贿的来龙去脉被书麟调查清楚,而富纲索取陋规的原因依然是"赔缴公项甚多,用度不敷",与费淳的调查并无二致。另外,书麟还了解到浙江漕务官员的行贿主要是通过富纲的刘姓管门家人进行,因此,此人是本案的关键人证。而此人"现在京中富纲家内,并未随赴云南",为了确保案件的顺利解决,一方面,书麟恳请"敕下该旗查明,将富纲前在总漕任内管门家人刘姓交顺天府,迅速押解赴滇,以备质审"。另一方面,"江西、湖南、湖北、山东、河南等省备弁是否亦有馈送"①,也必须要调查明白。上奏的次日,书麟从杭州启程,前赴云贵就任,并审办富纲一案。而此时的云贵两省并不平静,"猓匪纠众抢掠,竟敢攻扑营卡"②,富纲正在率领官兵全力进剿。即便如此,嘉庆并没有因此而姑息,仍发布谕旨将富纲交书麟严审,将其家产和任所赏财查抄。

对富纲的调查仍在继续进行。然仅调查清楚的江浙两省卫弁馈送的银两已不下万两,③ 更何况还有江西、湖广、豫东等六省有待调查。

不久,军机大臣对富纲管门刘姓家人的审讯取得重大进展,富纲家人占初浑(即刘姓家人)将其所知道的情况和盘托出,"富纲又经收受山东、湖广等省卫守备、押运千总各官陆续送过银两",还有"山东、河南、江西、湖南、浙江、江南等省粮道,据称馈送富纲银两自一千至万余不等"④,其中"河南粮道刘文徽、湖南粮道吴兰荪各送银一千两,浙江粮道恩特赫谟、江南十府粮道赵由坤各送银六千两不等",这些都是书麟没有调查出来的情况。如此多的馈送银两,嘉庆特别担心这些银两是由违法而得,因此命令两江总督费淳将"伊等所送富纲银两是否将官项提用,抑系向押运弁员及所属州县等索取漕规转送,令其据实登答。如讯明系将该管官项银两作为馈送即应照侵盗钱粮按律定拟,倘系向弁员州县等索取转送亦应革职,治以应得之罪,毋任稍有支饰"。两江总督费淳当即提解江安粮道赵由坤前来受审,据赵由坤交代:①元年(1796)富纲调任总漕,同年冬天赴淮就任。刚上任的富纲就向其表示现有应缴公项,要借贷银一二万两。赵由坤当即拒绝,富纲却不依,"只得将节年余剩养廉陆续

---

① 《朱批奏折》,嘉庆四年十一月十五日协办大学士书麟奏,档号:04-01-08-0116-014。

② 《嘉庆道光两朝上谕档》,嘉庆四年十一月二十五日。

③ 同上。

④ 《录副奏折》,嘉庆四年十二月二十三日调任云贵总督书麟奏,档号:03-1655-062。

送过银六千两，此外实在再无馈送"。②无讹索扣克弁丁等事，其馈送银两系出自于收受州县盘费和节年所余廉俸。①

同时，署浙江巡抚阮元也对浙江粮道恩特赫谟进行了审讯，恩特赫谟对其馈送富纲的行为也作了清楚的交代：

> （嘉庆）二年三月押运漕船北上，起身前风闻总漕富纲因有赔项要漕务各官帮助的话，那时还不相信。及至开行后接到富纲总漕严札，调我前赴淮上。初至苏州，又接飞札，说因金衢等帮米色不纯，立等查询办理。随连日赶到淮上，亲见总漕，面饬米色不好，说要参办。我亲赴船上查看，米与各帮也是一样，不知因何挑斥？当即细心访探，才知道苏松、江安粮道多有馈送银两，多寡不等。今被勒指，不肯盘验，设使有误重运，关系非轻，无奈将所带盘费凑银二千八百两，先后交与总漕门上刘姓收缴，说是帮助赔项，他才把漕船盘验开行的。

接着恩特赫谟也解释了这些用来馈送的银两来历，"这种银两是我京外历任二十多年陆续存积，并将盘费节省凑交的。至道库官项，现蒙盘查清楚并无亏缺，实不敢私自挪动也。后向备弁州县需索例规，凑同转送的事"，而做这一切的原因就是"怕重运迟误"，一旦迟误就会影响考成，也会受到处分。②

正在查办期间，嘉庆通过军机处指示书麟办案的廷寄却被富纲私自拆开阅看，嘉庆对之非常恼怒，在谕旨中说富纲"实属胆大"，"可恶之极"，甚至在谕旨中加上"天夺其魄矣"的字句，这些具有强烈感情色彩和意见倾向的词句，在后面对富纲的定罪上起到了很大的导向性影响。

经过再三确查，富纲贪污索贿的情况彻底调查清楚，负责查办富纲一案的云贵总督书麟向嘉庆提出了处理结果："富纲在漕运总督任内，种种婪索情节，已经富纲供认不讳，按律拟以绞决，请旨即行正法。"对此处理办法，嘉庆没有太大的异议：

> 富纲身为大员，箪篚不饬，所得赃银多至数万。且上年冬间，伊

---

① 《录副奏折》，嘉庆四年十二月二十三日两江总督费淳奏，档号：04 - 01 - 08 - 0116 - 030。

② 《录副奏折》，嘉庆四年十二月十四日署浙江巡抚阮元奏，档号：03 - 1478 - 074。

在缅宁时又将接到廷寄书麟谕旨擅自拆看,其获罪尤重,即照书麟所拟罪名予以绞决,实属罪所应得。但念其续任云贵总督时尚知检束,而剿办猓黑一事,督率将弁,奋勇搜捕,亦有微劳,因于法无可贷之中宽其一线,富纲著改为绞监候,秋后处决。①

对富纲的处罚表现出嘉庆整饬吏治、整顿漕务之决心。

富纲一案涉及漕务官吏从总漕到卫弁达八十多人。富纲案让漕务中严重的弊端得以暴露,让嘉庆充分认识到革除弊端在整饬漕务中的重要性,嘉庆四年革除漕务弊端的呼声就是在这样的背景下出现了。

最后,除了严惩富纲外,嘉庆对涉案的各个粮道也进行了严厉的惩处,而对本案中的八十三个低级官员更是一个也没有放过,甚至是超过法律规定的处罚限度进行定罪,因为嘉庆认为由于这些卫弁经常"沿途需索,肆意苛求",所以"旗丁之苦累已不可胜计"。如果不对他们进行整治,难以起到警诫作用。正好利用这次处罚以达到杀一儆百的作用,于是接到兵部将这些涉案官弁定以革职之罪的奏请后,嘉庆认为定罪稍轻,最后他在自己谕旨中钦定了这些涉案官吏的处罚:"所有卫守备王德和、黄以琼二员馈送银八百两,李仁、华友鹏、贾元三员馈送银四百两,卫千总张攀桂馈送银三百两,以上六员所馈银两较多,均著革职,发往军台效力赎罪。其送银二百两至五十两之卫守备朱之兴等七十七员,银数较少,均著照部议革职。"②

总的来看,其实富纲索取陋规的伎俩很简单。作为漕运体系中最高官员的他,漕运中的一切都是其职责范畴,"凡佥选运弁,修造漕船,征收漕粮,兑运开帮,过淮盘掣,催儹重运,抵通稽核,查验回空,核勘漂没,督追漕欠及随漕轻赍行月等项钱粮"都归其管辖。漕运中的每个环节在程序上都必须经过漕运总督这一关,因此漕运中的任何角落无不渗透着漕运总督权力的触角,总漕对某个环节的处理稍有异议或者迟滞直接影响到漕粮的正常运行或抵通时限,最终对相关官员的仕途产生很大的威胁。正是由于漕运中这一烦琐的程序,每个环节都不能跳过,必须按部就班地进行,这就为负责监督这些程序的官员们提供了一个谋取个人利益的机会。因此在本案中,总漕富纲可以一纸文书将粮道调至淮安进行索贿,在其下属官员不合作的情况下,便把其所承担的职责变成权力,千方百计

① 《清仁宗实录》卷59,嘉庆五年二月戊子。
② 《清仁宗实录》卷69,嘉庆五年六月戊午。

从某个环节中挑毛病。正如孟德斯鸠所说："一切有权力的人都容易滥用权力，这是一条万古不变的经验。"①

漕运总督每年的俸禄和养廉的收入有近万两白银，一般情况下足够其各方面一年所出，因此漕运总督也不会冒险非法索取低于其收入的外来利益，否则一旦被揭露，其付出的政治成本远远高于所得。而富纲之所以要向属下官员勒索银两，就是因为"赔缴公项甚多，用度不敷"，严重超过其承受的能力。这就涉及乾隆年间制定的凡亏缺公项一律令有关官员赔补的规定，不管是不是在任官员造成，只要是这位官员在任期间查出来的亏空就必须赔补，因此对那些"并非渎职造成的国家财产损失，强令主管官员分赔，甚或毫无干系的其他官员一并摊赔，只能使督抚等官员以赔垫不起为借口肆行贪污索贿"②。

第二节　巡漕御史英纶案

漕运系统中除了漕运总督之外，巡漕御史作为最高统治者派来监督漕运的钦差大臣，其品级虽不高，却代表皇帝行使权力，因此在某种程度上其实际地位不低于漕运总督。乾隆二年（1737），清政府最终确定巡漕御史四人监督漕运的定制，分别驻扎在淮安、济宁、天津和通州四地，"掌稽查所巡之地，挑浅疏滞，趱程纠弊，以肃漕政。以给事中御史抡选，简充一年而代"③。因此，巡漕御史一职是属于临时差遣，每年冬季被任命后，一直到次年漕务抵通完成交卸后才可以回到本任，照常供职。

嘉庆十三年（1808）冬，出身世家大族的英纶被保举为济宁巡漕御史。然而担任巡漕御史的英纶却没有为其家族带来荣耀。他在山东任上营私舞弊，行止卑污，无论是操守还是品行都不堪启齿。

对于英纶的劣迹，嘉庆首先发现了破绽。英纶到济宁巡漕御史任上没有过多久，就向嘉庆汇报其患病，奏请开缺，这一举动引起了嘉庆的怀疑。因为在上年都察院奏请选派巡漕御史，并带领科道各员引见选派时，"英纶适当在其中"。而此时的英纶正当年富力强，无任何患病之症状，

---

① ［法］孟德斯鸠：《论法的精神》，张雁深译，商务印书馆1982年版，第151页。

② 郭成康：《18世纪后期中国贪污问题研究》，《清史研究》1995年第1期。

③ 《清朝通典》卷33《职官十一》。

嘉庆"以其年力正强,疑有捏病情弊"①,于是任命工科给事中赵佩湘接任巡视山东漕务御史,并谕令他在山东秘密调查"英纶病症是否属实,抑或另有别情"。然赵佩湘一入山东境,就闻知英纶声名狼藉,并据实密奏嘉庆:

> (臣)入东境后即闻英纶声名狼藉,查勘泉源勒索使费,南粮过济勒索帮银,并有品行不端,私唤妓女至署唱曲住宿之事,习以为常,经该知州查访有案。嗣因道员王念孙闻知,欲行揭参,始畏惧告病。……沿途所闻且如出一口……臣甫到东省皆系得自访闻,又不敢稍露声色,是否确实抑或英纶种种劣迹尚不止此数事,可否请旨饬下抚臣吉纶、河臣马慧裕详细确查,秉公覆奏。②

赵佩湘的奏报虽然是访闻得知,但在某种程度上也佐证了嘉庆的疑问。并且赵佩湘告诉嘉庆运河道王念孙对英纶的不法行为早有发觉,并欲行揭参,英纶害怕,才假托患病,奏请开缺。然作运河道的王念孙没有独立具奏权,于是就当面向东河总督马慧裕作了汇报:"该巡漕前往各州县查勘泉池时,有泉河通判徐鼐相随同往,□时曾据言及该巡漕查泉之处,每多任意挑剔,喜怒不常,似有向该州县需索使费情节,其经过地方并有狎妓宿娼等事。"但是由于没有确切的证据,马慧裕没有向嘉庆汇报,只是在前往东昌一带查看运河的时候注意访查。在访查的过程中,马慧裕又查到英纶还"有勒索帮银之事,询之东昌卫守备符包,据称风闻扬州二、扬州三、淮安三等帮各被勒索银两","因该帮船均已北上,无从质问"。为此了更具体、全面地掌握英纶的不法行为,马慧裕和王念孙继续秘密访查。同时,接到赵佩湘的奏折后,嘉庆立即颁下谕旨:

> 英纶奉命巡漕既洁己奉公,何至不知检束,罔顾廉耻,殊出清规之外,必须确切查明,严行接办差。马慧裕、吉纶就近访查索银确数及何处妓女唤入署,并向王念孙详询,自不难得其实据。至此外英纶是否尚有别项劣迹一并确查,各行由驿速奏,毋稍徇隐。③

---

① 《仁宗起居注》,嘉庆十四年五月十九日戊寅。

② 《录副奏折》,嘉庆十四年十二月,档号:04-01-12-0283-107。注:根据其内容与《仁宗起居注》对照可知,此折应为赵佩湘所呈,而且具文时间应为十四年四月。

③ 《录副奏折》,嘉庆十四年四月二十日山东巡抚吉纶奏,档号:03-2395-020。

　　嘉庆不仅要求马慧裕、吉纶对英纶"查勘泉源勒索使费、南粮过济勒索帮银和私唤妓女至署唱曲住宿"的事确查清楚，另外还需要调查英纶除了这些劣迹以外，还有没有其他不法行为。

　　十四年（1809）四月十七日，经过访查后，东河总督马慧裕得到了一些英纶劣迹的确凿情况，并向嘉庆做了汇报：

> （英纶）经过汶上时，曾有家人唤土娼连喜至公馆内住宿。在济宁公馆时，又有家人李二并开设药铺之马奉书唤娼妓秀龄、玉贵、凤仙至内唱曲住宿，经署济宁州知州先后传案，讯取供词。其勒索帮银一节已查，据东昌卫守备符包、济宁卫守备张给甲、催漕千总戈廷葵、赵兆熊等金称：英纶勒索帮银，扬州二、长淮三等共八帮各送银一百余两，因畏其凌虐，私向馈送，不知确切数目等语，此奴才与运河道王念孙访查英纶劣迹之大概情形也。①

　　根据马慧裕的奏报，英纶不但勒索帮费，还索取使费，甚至到处狎妓。英纶不但操守不廉，品行更是不堪。接到奏报后的嘉庆"殊深诧异"：①因为同样出身世家大族的广兴由于性情乖戾，在赴河南、山东等省审案时，威吓取财，刚刚被嘉庆降旨正法，嘉庆认为对广兴的处罚应该起到杀一儆百的警示作用，然而"其事甫经数月"，身为言官并被任命为巡漕的英纶却顶风作案，"竟罔知儆惕，辄敢效尤，任意挑斥，为需索地步，得受帮银"。②这些出身世家大族子弟"竟同匪类"，而且英纶"较之广兴品行更为卑鄙不堪"②。如果不加惩治，"何以肃法纪而正官方？"愤怒的嘉庆立即将英纶革职拿问，交军机大臣和刑部仔细审讯，同时命步军统领衙门将英纶家产查抄。然而，让嘉庆更不解的是，在这之前具有监督职责的山东巡抚对此却没有丝毫的回应。

　　嘉庆的谕旨发下去以后，关于英纶在山东不法行为的详细情况也陆陆续续奏报上来。马慧裕上奏两天后，山东巡抚吉纶向嘉庆解释了为何没有立即奏报的原因：

> （英纶）办事性情稍露乖张，诚恐有别项劣迹，当经饬属就近密查。嗣阅兵至登州途次，接准英纶告病咨移，臣回省后亦闻有运河道

---

① 《录副奏折》，嘉庆十四年四月十七日东河总督马慧裕奏，档号：03-2395-012。
② 《清仁宗实录》卷210，嘉庆十四年四月己酉。

王念孙□行查办。英纶惧其揭报，遂尔藉病具奏。臣因不得实据，是以尚未参办。

仁宗对吉纶的表现很是不满，在其奏折责问道"汝既有风闻即应恭奏，必待朕查询始行具奏？"认为他这就是"一味瞻徇，见好于旗员，不知事君无欺之大义"，并警告"汝其慎之！"①"诚惶诚恐"的吉纶一面"飞札详询运河道王念孙"，一面自己确切访查，并要求兖沂道王如金确查有泉州县被勒索银数。

次日，山东巡抚吉纶将所了解清楚的实情嘉庆宗进行了奏报：

> （英纶）勒索赴济帮银一节已查，据平昌卫守备符包、济宁卫守备张绍甲、催漕千总戈廷魁等金称扬州二至长淮三等八帮自入境后，因英纶日夜催攒，不容寝食，并时□□处，咸畏其凌虐，因各送银一百余两，系私向馈送，不知确切细数；而私唤妓女入署一节，英纶前住济宁公馆时，曾令家人李二并开设药铺之马奉书唤娼妓秀龄等至内署唱曲住宿，经该署州先后传案认供。又路过汶上亦曾唤土娼住宿，取具各供前来……与该道（王念孙）所奏无异，是英纶之需索帮费并荡检宿娼已有实据，其勒索帮船银两并未得实数。

英纶勒索漕船帮费和私唤妓女住宿的问题已经得到确认，其中英纶到底勒索了多少帮船银两还没有得到确切数字，在这种情况下吉纶请求嘉庆命令通州巡漕御史于扬州二、长淮三等八帮交兑清楚后，将该帮弁逐一查询明确。而对于英纶在勘查泉源时勒索有泉州县使费的情况，只仅仅根据泉河通判徐萧供称："目击该巡漕任意挑剔情形，是必有折勒婪索等事。"还没有得到相关被勒索官员的证词，而此时正是漕粮北上之际，无法将相关官员调回省城查询，否则将会"致稽催漕"。吉纶要求"兖沂道就近逐一查取切实，亲供具报，一俟查明覆到，再行据实奏闻。倘内有不实不尽，应面加查询，臣再调取该员来省讯办，断不稍任讳饰"。另外，吉纶还要求运河道王念孙确切审讯巡捕苏大伸，以确查英纶有无别项劣迹。②

嘉庆对吉纶所奏报的一些情况感到非常担忧，他在上谕中说：

① 《录副奏折》，嘉庆十四年四月十九日山东巡抚吉纶奏，档号：03-2395-011。
② 《录副奏折》，嘉庆十四年四月二十日山东巡抚吉纶奏，档号：03-2395-020。

本年正月内因广兴奉差东省，性情乖戾，任意贪婪，当即明正典刑。其逢迎馈送之地方官亦经分别惩处，自应共知警惕守法奉公。乃甫逾数月，英纶巡视东漕，诸凡挑斥婪索多脏，与广兴如出一辙。甚至唤妓住宿，较广兴尤为卑污，而该省州县官曲意馈遗，又与馈送广兴之事如出一辙，相习成风，毫无畏惧，殊为可恶。在英纶贪黩性成，见利忘害，而山东官员竟以一味逢迎为事，其吏治废弛实不可问……今英纶又属何故？如此曲尽迎合，何东省之官吏大半卑鄙，殊不可解。①

这样一个不齿之官员竟然没有一个人事先揭露，可见州县馈送上司的情况已经司空见惯。刚刚被严办的广兴案②也没有丝毫起到警示作用，这让嘉庆清楚认识到山东省的吏治废弛已经到了不可想象的地步。山东省如此，其他省如何？在最高统治者的心里埋下了一个深深的疑问。虽然如此，嘉庆还是要求彻查这一案件。他根据吉纶的建议，要求仓场侍郎在漕船交兑后即可审讯相关弁丁。

没过几天，仓场侍郎的调查结果出来了，并向嘉庆做了详细汇报。仓场侍郎分别对扬州二帮头丁王邦干、扬州三帮头丁王育万和淮安三帮头丁姚体忍进行了审讯。

扬州二帮头丁王邦干供称：

我自邳州水次到船，本帮千总潘绍曾告知，在黄林庄赴巡漕处投船粮米数文书，有英巡漕家人刘姓说文书不收，必须打点明白方可过去，潘绍曾无奈，出银六十两，仍复不收。又说大人说帮官是东昌府人，要在东昌闸上捆打四十棍，潘绍曾害怕，加添至一百二十两交收方许不打，帮费系帮官垫办，众丁尚未清还是实。

扬州三帮头丁王育万供称：

我船至东昌府界内，同走差人费魁至巡漕公馆投文。有门上刘

---

① 《仁宗起居注》，嘉庆十四年四月二十二日辛亥。
② 广兴案：广兴系总管内务府大臣，署刑部侍郎，字赓虞，满洲镶黄旗人，大学士高晋第十二子。嘉庆初年，广兴奉命赴四川督办军需，曾以扰累驿站而被弹劾。嘉庆十一、十二年三次奉命至山东、河南审办控案，期间任性贪黩。案发，仁宗亲理此案，广兴被处斩，行贿各官也相继被处置。

二、书办杜姓不收文书，云：要照前帮之数送银，如少即加责处。丁无奈，借放银一百二十两，次日送至阿城公馆，凭巡捕苏姓交给，当即收文是实。

淮安三帮头丁姚体忍供称：

> 我在江宁支领回空银两回到德州船上，帮官杨逢诏告知，今年济宁巡漕大人要费，前两帮俱送过一百二十两，我帮船少止垫银一百两，著家人陈良幅同扬州三帮头丁一同送去，方解无事是实。①

以上各头丁所供证明了英纶勒索帮费已确凿无疑，特别是将英纶如何勒索的细节揭露出来。英纶需索帮费的手段是以不收船粮米数文书为要挟，甚至"以捆打之言恐吓帮官"，勒索银两，而这一点也得到了巡漕巡捕苏大伸证实。据苏大伸供认："英巡漕到任后常言我这差使原是好差使，各帮船若是不送我银子，他来投文时我保不收，他飞不过去。至告病以后，又说印还在我手里，他们焉敢不怕，是以头丁慄慄危惧，仍照一样行事，实系我眼同帮丁现交刘门上拿进公馆，人多万不能瞒藏入己，这都可以诘问得的，委系事情，如有浮塞虚诲，情甘治罪。"② 而且英纶勒索各帮银两确数也一一调查清楚。

另外，对于英纶在勘查泉源时勒索使费的具体情况及其原因也已水落石出。据大学士庆桂等人的调查得知，英纶首先至平阴县查勘泉源，当地知县因有事不在县中，而"英纶履勘之际，将所浚泉流任意挑剔，并于该县典史谒见时面加呵斥，该典史畏惧往告，该县家人当送英纶银八十两，遂无词而过，各州县闻风生畏"。那么，什么原因促使各州县"闻风生畏"去馈送英纶，难道仅仅是英纶在查勘泉源时任意挑剔的缘故？如果是这样，一些在泉源上办理较好的州县也不会甘心馈送，而事实上却是各州县"一经需索即甘心馈送"，其中又有什么原因呢？大学士庆桂等在其奏折中也稍提到其中的一些原因，但没有作为主要原因来看待："兼以英纶性暴戾，需索繁多，恐稍拂其意，伊即留住不行，更难供应，因而相

---

① 《录副奏折》，嘉庆十四年四月二十三日仓场侍郎福庆、许兆椿奏，档号：03-2395-015。

② 《录副奏折》，嘉庆十四年五月初三日东河总督马慧裕、巡视济宁漕务御史赵佩湘奏，档号：03-2457-030。

率效尤，以致东平、滋阳、莱芜、泗水、汶上、泰安、峄县、肥城、宁阳等九州县各送银八十两至一百两不等，计共得受各州县银九百余两。"①

五月初三日，马慧裕上奏强调了这一原因的重要性，解释了各有泉州县馈送的真正原因：

> （英纶）查勘泉源一路勒索使费，每处约计百金八十金不等，英纶带领仆从数十人，沿途耗费，该州县如不给与，伊即两三日坐守不去，州县畏其供应烦杂，不得不勉强交付。再加以性情暴戾，动辄呵骂。官弁行路骑马甚多，坐船用至九只，沿途骚扰，殊出情理之外，臣马慧裕续行查访，俱属实情。②

马慧裕的解释更清楚地说明了各州县无奈的尴尬处境。济宁巡漕御史作为朝廷派出的临时性官员，嘉庆十三年（1808）规定其一切费用在济宁州公费项下支出。如果巡漕御史到各有泉州县查勘泉源时，其费用开支则由各州县承担。英纶至各州县查勘时却是大张旗鼓，场面很大，"仆从甚多，骑马至数十匹，坐船亦较向年多至一倍，每宿公馆所需什物无不挑斥"。而这一切所产生的费用都是由所到州县承担，清代州县的地方财政本来就很紧张，这些费用对各州县来说自然是很重的负担，多停留一日即多一日支出。英纶正是利用州县的这一担忧在督办泉源时进行勒索，"如不送给即称多住数日督办"，州县对英纶的"一切供应更费，因而致送"③。州县被迫馈送英纶，希望他能够在查勘时不再任意挑剔，并早日离开以稍减州县财政负担。

《大清律例》规定：监临官吏挟势求索所部内财物计脏，强者准枉法论。又风宪官于所按治去处求索财物者加其余官之罪二等，又枉法赃八十两绞监侯。此案中英纶作为巡漕御史理应洁己奉公，认真查催。而他却恐吓需索按帮勒捐帮费，并不顾及阻滞漕运的可能，除此之外，还对有泉各州县任意婪索，共计得脏银将近两千两。甚至在公馆唤妓住宿，"种种情节实属大干法纪"，根据英纶的所作所为，参照律例规定，大学士庆桂等奏请："应照枉法赃八十两以上绞监侯律拟绞监侯，系风宪官犯脏应请旨

---

① 《录副奏折》，嘉庆十四年五月十九日大学士庆桂等奏，档号：03-2395-027。
② 《录副奏折》，嘉庆十四年五月初三日东河总督马慧裕等奏，档号：03-2457-031。
③ 《录副奏折》，嘉庆十四年五月二十二日庆桂、董诰、戴衢亨、托津、长麟、金光悌、穆尧登额、周兆基、景禄、胡克家奏，档号：03-1522-045。

即行正法，以儆邪而昭炯戒。"①

最后嘉庆发布谕旨，对英纶做出了处罚:

> 巡漕御史职在催查，今英纶于每帮船入境时藉词恐吓勒索帮银，该弁丁展转攒凑，自必耽延时日，且银不入手不予收文，及告病后仍有印柄在手，断难越过之语，是以催漕之官为阻漕之事，并于查勘泉源呵斥挑剔，娄索多脏，其挟势求索所部财物，于法实有所枉。至御史职司风纪，奉命巡查，设地方官有不公不法之事尚应列之弹章，其该管弁丁夫役人等如沿途有饮博宿娼藉端逗遛者，该御史即应查禁惩处，乃英纶于行馆唤妓住宿，以执法之人躬为此无耻之事，尤属卑鄙不堪。英纶系温福之孙、勒保之侄，旧家大族世受国恩，乃贪污纵恣一至于此，实属法无可宥，英纶著即处绞。至英纶于巡漕时，每以捆打恐吓运弁，是以朝廷之刑法为诈财之具，应即令其身受责处，用示惩创，著派御前大臣、军机大臣会同刑部堂官将英纶监提重责二十板，派御前侍卫富翰、刑部侍郎景禄押赴市曹，监视处决，以为奉差官员不念职守败检贪娄罔顾廉耻者戒。②

另外，对相关涉案人员也分别进行了处罚。

反思英纶案，嘉庆十分困惑。当年广兴因为派出办差时恣意娄索，经审讯明白后被处以极刑，这一案才刚刚过去几个月，英纶又重蹈覆辙。之前整饬吏治的行动对英纶竟然没有起到任何警戒作用，他在办差过程中根本没有一点畏惧心理。这两个人所犯之案都是由嘉庆首先发现破绽，然后才"降旨严切询问，始经该抚等据实具奏，并非由该省大吏廉知罪状立即纠弹"。作为皇帝耳目的地方督抚却没有起到监督和稽查的职责，甚至即使有所觉察，也装作毫无闻见。嘉庆一针见血地指出其中的弊端，"该抚等一经饬查，即知势难隐瞒，和盘托出，此实有心徇隐不得，诿诿毫无闻见也"。而就英纶案来说，巡漕一职"并非显秩，何以任其纵欲妄为亦不敢遽列弹章?"山东巡抚吉纶事先也没有任何奏报，如果没有嘉庆的发觉，结果会是什么样? 嘉庆不敢想象。英纶在山东如此多的州县进行勒索，并且还在济宁对帮船勒索帮费，甚至生活上不检点，却没有一个官员上奏揭露，督抚们对朝廷所派出的官员"虽声名狼藉犹复和同隐默"，让

---

① 《录副奏折》，嘉庆十四年五月十九日大学士庆桂等奏，档号: 03 - 2395 - 027。

② 《仁宗起居注》，嘉庆十四年四月十九日戊寅。

嘉庆感到这是多么可怕的事。而对于这些发生在山东境内的不法行为，至少山东官员应该是最先了解，甚至是最应该进行揭露，然而山东省的官员却让寄望于"用人行政惟期明目达聪"的嘉庆大失所望，从中得出"山东吏治废弛实不可问"的结论。① 甚至由于"近年东省吏治废弛，地方州县等官不知遵守法度"，"逢迎取悦，交接馈送，习以成风"。嘉庆被迫取消了计划去山东泰山、孔庙等处"躬亲瞻礼，用举上仪"，以示庆贺自己"五旬万寿"的打算。嘉庆害怕一旦东巡，如此多的人数难免不出现不法行为，不但有碍于山东省整饬吏治，更使山东省严峻的吏治状况雪上加霜。嘉庆希望东巡在一个"祥和"的气氛下进行，于是答应大臣们"展至六旬万寿之年，或即于庆节前一年再行前往"。但有个条件，必须在"此数年中将山东吏治大加整顿，使习俗改移，恪遵廉法"②。嘉庆希望山东在这一段时间内能把吏治整顿好，也是为自己整饬整个国家的吏治树立的一个目标和期限，虽然直到最后这一问题仍没有得到解决，但他付出的努力是不可磨灭的，也是值得肯定的。

第三节　通州粮仓吏胥舞弊案

整个漕运体系不仅仅包括漕粮从州县收漕一直到京通各仓交兑，而且还包括漕粮交兑后仓场的管理及运作，因此在各朝所修的《漕运全书》中关于仓场方面的规定是必不可少的，也非常详细。然学术界对漕运史的研究过多地集中在收漕和运漕这两部分，而对仓场收兑漕粮及其管理运作等方面的研究关注不够，这与当前漕运史研究状况明显不相称，某种程度上也影响了漕运史研究的深化。

京通漕务机构非常庞杂，漕运官吏众多，除了大量的在籍官吏外，每个漕务机构下面还有难以计数的各种杂役胥吏，他们都依漕而活，以漕为利薮。漕米抵通后，面临的两个关键问题是漕粮交卸和日常管理（包括漕粮的发放），于是在这一过程中就不可避免产生了重重弊端，与州县收漕一样，无论漕粮的出还是进或者在仓都会成为个人谋取私利的渊薮。本节从嘉庆十四年（1809）发生的粮仓吏胥舞弊案件入手，试图管窥漕粮交卸后嘉庆朝官僚体制的腐败、政治运行的漏洞及嘉庆整饬漕务的决心和

---

① 《仁宗起居注》，嘉庆十四年四月十九日癸丑。

② 《清仁宗实录》卷210，嘉庆十四年四月己卯。

付出的努力。

十四年（1809）五月，嘉庆刚刚处理完英纶案后，无独有偶，便接到仓场侍郎福庆和许兆椿的密奏，揭露通州粮库"中、西二仓所贮白米多有亏缺，并查有积蠹高添凤私用花押白票装米出仓，兼令伊弟高二挂名大班番子以为护符，种种弊混"①。接到奏报后的嘉庆觉得此事重大，立即特派侍郎托津、福庆会同新任仓场侍郎玉宁、戴均元前往中西二仓详细查勘。不久，托津等被派往通州调查的四人具奏，向嘉庆汇报了他们初步调查结果:"西仓地字、中仓法字二廒大有短绌，随将该二廒米石通行盘量，移贮附近空出廒坐，地字廒计短米七百余石，法字廒计短米四百余石，此外廒座尚多，随即分起抽丈，与原贮数目多有不符，约计一廒或短百余石、数百石及千余石不等，米色亦多不纯，其中间有霉变。"② 最后，他们一共抽查了西仓存贮白米五十二座廒中的十三廒，中仓存贮白米二十六座廒中的五廒，其中西仓已抽查的十三廒共亏短米八千五百余石，中仓被抽查的五廒共亏短米一千一百余石。而且，经查明胥吏高天（添）凤系"积年在西仓经手事件之人"，是案件的核心人物。面对如此多的短少米数，而且还只是其中的一部分，嘉庆非常震惊，立即回应道:"天庾正供，岂容稍有亏短，乃竟有积蠹把持，奸胥舞弊，实出情理之外。……其高添凤所供各廒牵算，可以足数之言，殊难凭信，必须彻底清厘，核实办理。"③ 此时正是漕粮抵通的时候，仓场侍郎有监督收漕的责任，无法兼顾。为了将此弊案彻底调查清楚，嘉庆动用了很多力量，甚至分了几拨人马分批前往通州，相互轮换调查。"派侍郎托津同刘镮之、桂芳、副都御史秦瀛四人为头班，侍郎福庆同左都御史周兴岱、侍郎潘世恩、副都御史润祥四人为二班，自五月二十四日为始，五日一班，前往通州，递相更换，将所查情形五日具奏一次。玉宁戴均元二人于验收新漕之暇，亦随时前往会查。"嘉庆命令这些官员不但要查清楚亏短仓米的数额，更重要的是要查清楚"此项短少米石，是否当日起卸时即未上仓，抑系进仓以后另行偷盗出仓，积蠹高添凤兄弟父子如何在仓盘踞，以及其余甲斗赵长安、张连芳、花甲陈四等、如何通同舞弊缘由"④。

为了调查的慎重，嘉庆于五月二十六日又派出两班大臣前往通州会同

---

① 《清仁宗实录》卷212，嘉庆十四年五月壬午。

② 《录副奏折》，嘉庆十四年五月二十三户部左侍郎托津等奏，档号:03-1844-030。

③ 《嘉庆道光两朝上谕档》，嘉庆十四年五月二十三日。

④ 《清仁宗实录》卷212，嘉庆十四年五月壬午。

原派大臣调查，以"御前侍卫禧恩、乾清门侍卫永芹为一班，乾清门侍卫玉福、哈隆阿为一班"，"每班二人，分查西仓、中仓，自二十七日为始，四日一班轮替"①。

一 仓米亏短确数

五月三十日，玉宁、戴均元等四人自五月二十四日至二十八日，盘查过中仓生字、增字二廒，共计短米 6145 石；② 盘查西仓能字等七廒，共短米 6293 石，③ 盘过两仓九廒，共短米 12438 石。

六月初五日，第一批被派往通州调查的头班官员截至六月初三日，共盘查了中仓中的平字、念字、雨字和贻字四廒，共短米 15233 石；西仓中的覆字、吕字、日字、成字、绮字和以字等七廒，共短米 8718.0578 石，两仓所查仓廒共计短米 23951.0578 石，④ 而且以上各仓廒所屯之米，"白米甚少，黄色米约不及十分之一，而杂色及土米竟有一万一千余石之多，情弊显然"⑤。

六月初十日，第二班官员托津等人于初四日接替第一班官员继续确查，并向嘉庆汇报了调查的结果：中仓盘过敦字等六廒，计亏短米数 17122.5 石；西仓盘过廉字等十七廒，计亏短米数 25381.4 石，两仓共计短米 42503.9 石。⑥

六月十五日，左都御史周兴岱等详细盘查的结果：中仓藏字等七廒共计短米 18181 石；⑦ 西仓茂字等十四廒共计短米 21854.3614 石，⑧ 其中"中仓圣字、广字、悦字三廒原报成色白米四百零三石，西仓张字一廒原报成色白米二十石"，经查明得知，系因"廒座坍塌，所贮米石俱已霉烂成

---

① 《嘉庆道光两朝上谕档》，嘉庆十四年五月二十六日。

② 《录副奏折》，嘉庆十四年五月三十日户部左侍郎托津等呈，档号：03-1844-045。

③ 《录副奏折》，嘉庆十四年五月三十日户部左侍郎托津等呈，档号：03-1844-046。

④ 《录副奏折》，嘉庆十四年六月初六日查仓大臣乾清门侍卫玉福、哈隆阿奏，档号：03-1844-060。

⑤ 《录副奏折》，嘉庆十四年六月初五日都察院左都御史周兴岱等奏，档号：03-1844-054。

⑥ 《录副奏折》，嘉庆十四年六月二十日户部左侍郎托津等奏，档号：03-1844-077。

⑦ 《录副奏折》，嘉庆十四年六月十五日都察院左都御史周兴岱等呈，档号：03-1844-071。

⑧ 《录副奏折》，嘉庆十四年六月十五日都察院左都御史周兴岱等呈，档号：03-1844-072。

块,不能斛量,应归入亏折项下计算",这样一共亏短米40438.3614石。①

六月二十日,盘查工作开始进入收尾阶段,托津等人盘查前班所剩下的未查仓廒,查得中仓昃字、孝字二廒,其中昃字廒中霉变成块米约计100余石,应入亏短数内,共短1799石,孝字廒中霉变成块米约140余石,应算入亏短米数内,共短米2239.5石,两廒共短米4038.5石,② 馨字廒短米804.5石,惠字廒短米2329石;③ 中西两仓十四廒共短米18481.9591石。其中西仓所有仓廒均已盘查完毕,中仓还剩正字、渊字两廒未查。④

六月二十二日,周兴岱等官员最后完成了所有的盘查工作。他们将中仓剩下的正字、渊字两廒"逐加盘查",查得两廒共计短米3938石。⑤

表6—1 盘查亏短米数表 （单位：石）

目次 时间	西仓		中仓		备注
	廒数	亏短米数	廒数	亏短米数	
5月30日	7	6293	2	6145	其中中仓霉变成块,不堪斛量米约350余石,已计入亏短米数内。
6月5日	7	8718.0578	4	15233	中西两仓所盘查之廒白米甚少,黄色米约不及十分之一,而杂色及土米有11000余石。
6月10日	14	25381.4	6	17122.5	—
6月15日	14	21854.3614	7	18181	中西仓亏短米数内已计入霉烂成块,不堪斛量米约420余石。
6月20日	10	11309.9591	4	7172	中仓霉烂成块,不堪斛量米约240石计入亏短数内。
6月22日	—	—	2	3938	
总计	52	73556.7783	25	67791.5	

---

① 《录副奏折》,嘉庆十四年六月十五日都察院左都御史周兴岱等奏,档号：03 - 1844 - 070。

② 《录副奏折》,嘉庆十四年六月十八日查仓大臣御前侍卫禧恩等呈,档号：03 - 1844 - 076。

③ 《录副奏折》,嘉庆十四年（阙具题与时间）（阙具题者）,档号：03 - 1846 - 011。

④ 《录副奏折》,嘉庆十四年六月二十日户部左侍郎托津等奏,档号：03 - 1844 - 077。

⑤ 《录副奏折》,嘉庆十四年六月二十二日都察院左都御史周兴岱等奏,档号：03 - 1844 - 080。

面对调查出来的如此巨大的亏短数额，潘添凤等人却坚不承认，他们只承认西仓的亏短数额共计三四万石，这与盘查出来的数额差距太大，他们对此解释："历年所放总系新米，陈米在仓愈陈愈坏。兼之六年以后，雨水较大，仓厫渗漏，此内腐坏折耗更不知多少。况白米与老米粗细不同，兑收时如遇伏天雨水，米粒发热，粘糠带脐，及到秋后再量，必致短少，尽可试验。以上都是米石亏短的缘故。"① 但这种解释并没有人相信，如此巨大的亏短事实摆在面前，纵有百般解释也无济于事，因为他们确实在仓厫中舞弊，不管是多还是少，他们都是导致如此巨大亏短的罪魁祸首，无法逃避。

二　盘踞粮仓——从上到下的集体舞弊

嘉庆帝一面要求盘查粮仓，一面要求确查高添凤等如何舞弊的情况。刚到通州进行盘查的托津在调取西仓厫座吏役的花名册进行查阅时，在仓厫发管理上发现了问题的端倪。托津等发现花名册上所载的甲斗姓名多是赵长安，而其他花户姓名却大多数没有标出，经查询仓厫监督后得知："花户多系悬缺未补"，而法律规定每座仓厫都设立甲斗、花户专司启闭。既然有空缺，那么这些"于厫座最为紧要，何以令其空缺久悬不行补实？"而且"甲斗赵长安一人何以承办至三十八厫之多？"这些存在问题的地方为办案人员提供了调查的线索。② 在对西仓蠹役高添凤等人犯分别进行审讯后，案件得到了初步的进展。首先解决了高添凤如何盘踞西仓这么多年的疑问。据调查得知，高添凤原充海运仓书吏，嘉庆三年（1798）役满，然役满后的高添凤并不甘心，并于同年让其胞弟高凤鸣充当西仓甲斗头役。八年（1803）高凤鸣役满，高添凤又让其儿子高廷柱接充。十三年（1808）高廷柱役满，高添凤再让其表弟赵长安接充。而在这前后十余年中，这些人不过出名充当，其实仓中一切事务还是高添凤一人办理。③

高添凤的姻亲中仓甲斗头役张连芳为了避开在仓年限的规定，从而把持中仓粮米的出入而牟利，也效仿高添凤的做法，然高添凤却比张连芳高

---

① 《录副奏折》，嘉庆十四年六月十七日大学士管理吏部事务庆桂等呈，档号：03 - 2395 - 066。

② 《录副奏折》，嘉庆十四年五月三十日户部左侍郎托津等奏，档号：03 - 1844 - 044。

③ 《录副奏折》，嘉庆十四年六月初十日大学士管理吏部事务庆桂等呈，档号：03 - 2395 - 044。

明，高添凤在花名册上登记的甲斗之名都是实有其人，而张连芳却只改换自己的名字，也就是说用假名来充当。张连芳原名张有幅，从嘉庆二年开始充当中仓甲斗头役，"七年役满，改名张殿英，十二年役满，又改名张连芳承充"①。中西二仓的这种情况一直到事发前后十余年的时间却没有上级官员发现，也没有下级官员举报，这不得不让我们相信作为仓廒体系中的各个吏胥都已经是"蛇鼠一窝"了，也不得不让我们相信各仓监督无形之中已成为这些胥吏舞弊的保护伞。然而后面的审讯结果证明确实如此，而且公同舞弊的网络更庞大。

各仓吏为了维持他们长期的舞弊，相互倾轧，并且千方百计让其他人员也参与进来公同舞弊，组成一个共同的舞弊网络，这样他们为了自己的利益和免于被罚，不但可以保持沉默，更是主动隐瞒。

不管中仓还是西仓，他们首先是要编织一个舞弊的关系网，要把相关人员拉入舞弊的阵营，这样才可能比较顺利地进行他们的不法行为。西仓书吏潘章每年都要收取到仓的每只白米漕船使费，而这些所得并不是归他自己一个人所有，而是"每船一只分给高添凤京钱两吊四百五十文，花户鲁五们京钱三千五百文，舍头王大、张六们京钱两吊，攒典宋三、赵六们京钱一千二百文，人夫工价京钱十数吊至二十吊不等"②，最后剩下的钱才是潘章自己留下，这样可以确保在收取使费时不被揭露。而甲斗头役潘添凤更是直截了当地说出了舞弊多得之钱中一部分的用途，他在审讯的时候供认:"我每年所赚钱文除自己花用之外，所有抬斛挖梢及在仓一应雇工穷人，我也零星分给他们，多少不等，都是由我随时开发。这些人大半都是靠我吃饭，因此我所作各弊从来没人举首。"③ 特别是这些人的舞弊贪污行为没有得到及时的制止和惩罚，反而暂时得到了"令人羡慕"的好处，这对其他人员来说确实具有极强的诱惑力，所以很多弊端就在这样的诱导下发生，如在西仓里面扛口袋的工人季七等一批人，"正月内因闻知高添凤作弊出米，也起意偷仓内米石"④，西仓花户鲁五也是如此，

① 《录副奏折》，嘉庆十四年六月初十日大学士管理吏部事务庆桂等呈，档号：03 - 2395 - 045。
② 《录副奏折》，嘉庆十四年六月初十日大学士管理吏部事务庆桂等呈，档号：03 - 2395 - 051。
③ 《录副奏折》，嘉庆十四年六月初十日大学士管理吏部事务庆桂等呈，档号：03 - 2395 - 044。
④ 《录副奏折》，嘉庆十四年六月初十日大学士管理吏部事务庆桂等呈，档号：03 - 2395 - 055。

鲁五供认："我实因高添凤们在仓作弊，所以才敢如此。"然而由于高添凤自己也有舞弊行为，所以即使他知道季七偷盗仓米几次，鲁五经常舞弊，他也不会揭露，也不敢揭露，只能包庇，正如潘添凤自己也供认："我因自己的情弊甚多，也就不敢稽查。"[①] 不仅如此，"老于世故"的高添凤还让其母舅曹二替其管理银钱账目，雇用焦四秃子，利用其经常来往通州的便利向其传递消息，甚至还雇用庄通作为打手，组成了一种与众不同的舞弊手段，这些无非都是为了从仓廒中获取更多的利益。

除了形成同级的舞弊网络外，他们还设法寻找更高级的保护伞，试图得到长期庇护，或者逃脱法律的制裁。对于仓廒胥吏来说，其直接上司就是管仓满汉监督，若想舞弊，必须得到他们的庇护。科房主事宋均为了达到这样的一个目的，他先贿赂仓场监督家人，再通过其家人贿赂各仓场监督。宋均在审讯中承认："给过监督德楞额家人沈明钱二千六百五十吊，汉监督玉通家人张兴钱一千吊。"[②] 宋均等人通过贿赂先将监督身边的家人张兴、沈明收为己用，然后再由他们将监督们拉入自己的"阵营"，让他们"睁一只眼闭一只眼"来对待这些舞弊行为。这一目标的实现主要通过仓廒监督们身边的亲信完成，玉通和德楞额两监督的供词也证实和描述了这一细致的过程。

玉通供称：

> 嘉庆十一年上，（玉通）由户部员外郎授西仓监督。上年春季分放米后，我家人张兴拿了京钱八百吊的票子送来给我，我查问系何项钱文，张兴说是仓上有的弊端，并非从我们起的，尽管收受无妨。我随即收用了。至六月内兑收白粮时，张兴又送来京钱三百吊的票子，我又向他查问，他说是收粮时的规矩，仓上向来有的，劝我收受，我当即收下了。

德楞额供称：

> 去年（注：嘉庆十一年）四月内，我家人沈明来告诉我说，有

---

① 《录副奏折》，嘉庆十四年六月初十日大学士管理吏部事务庆桂等呈，档号：03-2395-044。

② 《录副奏折》，嘉庆十四年六月初十日大学士管理吏部事务庆桂等呈，档号：03-2395-048。

攒典宋均送来京钱八百吊的票子,我向他查问系何项钱文,沈明说攒典们私出了白米几十石,这原系仓上旧有的弊端,并不是从我们起的,尽管收受无妨,我当即收用了。至秋季分又送来京钱六百吊的票子,今年春季分又送来京钱三百吊的票子,我因他前经说明系旧有的弊端,所以一并收受的。①

监督们经过身边亲信们的鼓动,也逐渐放松了戒心,最后不自觉地沦为舞弊行为的保护伞。

高添凤所在西仓的胥吏们通过"利益均沾"的原则,形成一个利益群,以达到利益最大化。同样,中仓也是如此。而且中仓的张连芳与西仓的高添凤又是姻亲关系,通过这一层关系,两仓之间又可以串通在一起共同舞弊。他们通过这样的手段建立起一个巨大的舞弊网络,使每个人都有涉及,都有参与,这样他们就可以相互勾结,相互利用和包庇,尽量减少被揭露的危险。

三　仓米收放过程中的各种舞弊手段

潘添凤等想尽各种办法充当甲斗头役,无非就是为了从仓廒所贮的漕米中得到好处,因此从漕粮进仓到发放漕米都为他们提供了舞弊的机会。

首先是向帮船需索使费。每年白粮帮船到通交卸白米,经管仓书向每船一只索取使费京钱二三十吊至五六十吊不等。如果他们的要求得到满足,他们"就不挑检米色,含糊斛面,每石少收二三升"②。据仓书张继华供称,即便"收米时如有米色低潮及斛面不甚满足的,我都给他包含。若有短至十余石或二三十石的,挂欠到第二日赴仓补交,也只照口袋点收,不再过斛"③。

支放白米的过程中最容易滋生各种弊端。各仓廒在发放白米时,一般都由户部指定派放仓的米廒,而且规定先放陈米,如果按照户部规定的那样做他们发现"不能从中取利,随起意通融廒座,私将收贮新米廒座顶换陈米廒座开放",在放米时"斛面微凹,放完后才能合数"。而且在之

---

① 《录副奏折》,嘉庆十四年六月初十日大学士管理吏部事务庆桂等呈,档号:03 - 2395 - 066。

② 《录副奏折》,嘉庆十四年六月初十日大学士管理吏部事务庆桂等呈,档号:03 - 2395 - 051。

③ 《录副奏折》,嘉庆十四年六月初十日大学士管理吏部事务庆桂等呈,档号:03 - 2395 - 046。

前，要向"向领米人每石索钱二三百至四五百文不等"，如果领米人满足了他们的需索，就"放给好米，并满量斛面，每石约多出来二三升"①。但如果时间长了，陈米就会越来越多，为了避人耳目他们就偷换廒座支放，"及新米放空一廒，即将应放陈米搬入充数"。西仓甲斗潘添凤甚至开设钱铺和米局收买王、贝勒、贝子等宗室大臣们的米票和俸票，然后再由自己的钱铺或米局持票，进仓领取新米。为了便于分辨以利舞弊，他们在收取米票或俸票后分别在上面作记号，潘添凤在西仓放米米票上"用墨写低条作为暗记"，张连芳则在中仓米票上打上红押，其中"红押打在当中的才发好米"，并"托名作为支放人夫工钱凭据"。持票人到各仓才能领到新米，而且"仓中人役见有押票即不查问"②，更主要的是"每石多出米二三升不等"③，通过这种手段多领米石，然后通过米局粜卖。因为八旗宗室大臣们的禄米和俸米需要到通仓去领，这样既费时又费钱，因此他们都乐意将米票或俸票卖给米局或钱铺，然后再就近购进米粮，这种情况在当时很普遍。经宗人府查证，有大量的亲王、郡王、贝勒、贝子和大臣都有卖米票和俸票的情况，从某种程度上说，这也为仓廒蠹役舞弊提供了弊源。

另外，规定各仓书在持廒票之人领过米后应立即注销廒票，而甲斗花户为了从中谋利，遂与仓书串通，往往将领过米的廒票不予立即注销，并持旧票"开仓重领好米，出仓四散盗卖"④，胥吏称之为走黑档，甚至还开写假票领米。如嘉庆十三年（1808）春，高添凤与科房主事宋均、攒典赵鹤龄串通，"私出黑档卖钱分用"，宋均遂与之舞弊，"随于开仓放米时我就开写假票，交高添凤私出白米二千一百八十五石"。同年秋天，宋均又开假票，私出白米五百零二石。十四年（1809）春，又开假票，私出米五百二十石。⑤

不仅如此，他们还从每年运送京仓的土米中进行舞弊。高添凤在运送到京仓土米一万石上做手脚，他"止领出土米八千四百石，私将白米一

---

① 《录副奏折》，嘉庆十四年六月初十日大学士管理吏部事务庆桂等呈，档号：03 - 2395 - 044。
② 《录副奏折》，嘉庆十四年五月二十三日户部左侍郎托津等奏，档号：03 - 1844 - 030。
③ 《录副奏折》，嘉庆十四年五月三十日大学士管理吏部事务庆桂等奏，档号：03 - 1844 - 047。
④ 《录副奏折》，嘉庆十四年六月初五日都察院左副都御史润祥奏，档号：03 - 1844 - 057。
⑤ 《录副奏折》，嘉庆十四年六月初十日大学士管理吏部事务庆桂等呈，档号：03 - 2395 - 048。

千六百石顶数领出售卖贵价，另用贱价买土米一千六百石运交京仓"①。
而且"每年运送内务府白米四千余石，每石向来俱用两尖斛外加四小升
运交"②。有的花户在运送白米时，多加斛面，甚至是强行多装。西仓花
户鲁五就是这样舞弊的，他在承办运送内务府白米的差事时，因"见高
添凤在仓作弊出米，起意向他挟制，包运内务府白米，于领米时每石仍量
二尖斛，硬向他们外加连二的四大升，除照前交内务府外，每石即可余剩
米四升，并因白米系用麻连口袋，可以多装，于装米时硬多装数升至斗余
不等"③。另外，有的胥吏因"垫交老米钱文无项抵还"④，遂先挪用白米
垫补，然后再将这些垫补之白米设法注销，还有夫役偷盗仓米的情况。

四　案件处理及相关规定

面对此案调查的结束，嘉庆对仓廒中沆瀣一气的腐败现象感到震惊，
如此恶劣之情况如"不严加惩办，何以肃纪纲而厘职守？"于是对涉案的
人员分别进行了严厉的惩罚。对于如此多的亏短，仓场侍郎具有监督仓廒
的职责，而潘添凤等人舞弊十余年里，竟没有一位仓场侍郎发觉，嘉庆认
为正因为"乃自嘉庆三年以来历任仓场侍郎俱各殆玩因循，毫无整顿，
以至已革仓书高添凤竟敢在彼盘踞，串通甲斗、花户、攒典、仓书人等一
气把持，无弊不作"。因此这些仓场侍郎具有不可推卸的责任，于是嘉庆
亲自核办历任仓场侍郎的姓名，按照"按其任事久暂、弊窦轻重，分别
惩处，以示公允"⑤。最后对历任十几位仓场侍郎分别给予了降级、降职、
革职留任等处罚。另外，因秦瀛到任不及一月，并无失察之咎，免于处罚
外，要求自嘉庆三年以来所有的仓场侍郎分赔这些亏短的白米，即使是已
经去世的责任官员也要其家人代为赔偿。

相比来说，宗室王公们出卖米票的问题实际并不严重，但在嘉庆看
来，很多弊端都是由于出卖米票所造成的。嘉庆认为宗室王公大臣们为了
"节省车价，只图容易，将所领俸米即在通州卖去，甚至将米票在彼卖给

① 《录副奏折》，嘉庆十四年五月三十日大学士管理吏部事务庆桂等奏，档号：03－1844－
047。
② 《录副奏折》，嘉庆十四年六月初十日大学士管理吏部事务庆桂等奏，档号：03－2395－
042。
③ 《录副奏折》，嘉庆十四年六月初十日大学士管理吏部事务庆桂等呈，档号：03－2395－
046。
④ 《录副奏折》，嘉庆十四年六月初十日大学士管理吏部事务庆桂等呈，档号：03－2395－
052。
⑤ 《清仁宗实录》卷214，嘉庆十四年六月丁未。

奸民"的做法，直接导致了"米不入城，都市腾贵。而奸民乘机盗弄，冒领重支，囤积回漕，无弊不作。现在仓贮亏缺，职此之由"。而且作为"天潢一派，休戚相关"，竟然只关心自己的私利，"于国计民生尚膜然罔顾如此，又何况大小臣工等之遇事膜置，毫不动心乎?"① 所以必须进行处罚，以避免类似事情的发生，再者嘉庆想让全国官员看到他惩治舞弊的决心和力度，以进一步达到"以儆效尤"的作用。最后在嘉庆的坚持下，对相关宗室王公大臣分别被革职、罚俸、降俸等处罚。

对于舞弊主犯的惩罚，嘉庆可以说是毫不客气，并十分震怒地指出潘添凤等如此大的舞弊是"肆行无忌，实为从来未有之事"。而且仓廒监督"不思出纳是其专职，洁己奉公，防除弊窦。且竟敢扶同胥吏分肥饱囊"。对于这些从上到下勾结在一起参与舞弊的官吏，如果不对他们进行"严加惩办，何以肃纲纪而饬官方?"所以嘉庆颁布谕旨，将相关舞弊之人给予加重处罚。② 将只收取京钱1700吊贿赂的监督德楞额和收取1100吊京钱的玉通直接判为处绞，将舞弊之胥吏高添凤、张连芳和宋均俱判立即处斩，仓廒书吏潘章被判立即处绞，其他涉案人员都被分别定罪。另外，也对监放白米的科道各员由于毫无察觉，分别给予惩处。

为了预防类似弊端再次发生，嘉庆除了对相关涉案人员进行处罚外，还对案件中所体现出来的制度上的漏洞进行了修补:

首先，慎选仓监督。因为"仓监督一官职司典守，必须精明强干，稽查、出纳纤悉无遗，方为无忝厥职"。然而事实上却是近来各衙门保送监督都是以年老才庸之员充数。而这些被保送的人大都"在部不能办事，又不参劾，专图见好，推出了事，遂致到任后不能留心稽查仓务，一任甲斗花户等弊不作"。由于被保送的都是这些无用之人，他们不能认真办事，"一味因循，弊窦丛生"，所以最终导致高添凤、赵长安、张连芳等人长期把持和盘踞仓廒，作奸犯科，酿成巨案，所以必须严格选派仓监督一职。为此嘉庆颁布谕旨规定，以后各衙门保送的监督必须符合几个条件:①京察一等二等人;②年龄体格上必须年富力强;③才具干练。如果不符合这三个条件，而各衙门以办事需人为借口，"仍以年逾六十才具平庸者滥行充数"，若于引见时经一经发现，"必将该原保官严加惩处不贷"③。

---

① 《清仁宗实录》卷214，嘉庆十四年六月乙卯。
② 《清仁宗实录》卷215，嘉庆十四年七月壬申。
③ 《清仁宗实录》卷213，嘉庆十四年六月辛卯。

其次，严禁番役、花户、库丁、炉头挂名互充，以杜绝相互勾结舞弊。步军统领衙门专设立番役，对仓漕库局人役的弊端进行稽查缉捕，但"花户、库丁、炉头等项人役往往挂名番役，或互相顶充以为护符，勾结串通，肆无忌惮，百计徇隐，以致百弊丛生"。而且这种情况越来越多，甚至"相习成风，牢不可破"。高添凤偷卖仓米案中，高添凤之所以能够"明目张胆，任意侵盗，至数千石之多，其所恃以无恐者，不过伊弟高二现充番役，无人肯为缉捕之故"①。为此，嘉庆规定"嗣后役满花户即饬令回籍，不许容留近仓地方帮办仓务，并不许子弟接充以防盘踞"。至于番役专司缉捕，必须熟手才能充当。而且役满之后必须"另募身家殷实者充当，仍将原领牍帖缴销"。而对于这些仓厫各种人役，他们分隶各处，人数既多，易滋冒混，"应责成该管衙门各设立花名册籍，填注年貌籍贯住址，统以每月二十五日一体同日画卯，按名点查，使其不能分身兼顾，遇有与花名册内不符及无故误卯者即行斥革"②。

最后，严禁宗室及官员俸米在通售卖。高添凤一案中各王公大臣在通售卖米票也是仓厫胥吏舞弊的弊源之一，为了杜绝此弊源，特颁布规定："所有城外各仓支领俸米之文职四品武职三品以下各官并兵丁月米，均著自本年八月为始，届期奏派御史二员，再由步军统领衙门派司官二员，于朝阳门外专事登记，每十日具奏一次。如有出城售卖等弊立予严惩，并著于两月内全行领完，如逾限不领，即行参办，仍责成仓场及该管各衙门一体严查，总当行之勿懈，毋得日久玩生，仍前滋弊。"③

第四节　贪污的预防措施及相关问题

一　重典惩治与法律上的"有治人无治法"

任何人从事任何活动都有一定的原因及其行为动机。同样，嘉庆对漕务体系中的三起弊案进行的严惩也不例外。从嘉庆的掌权过程以及当时的社会状况来看，嘉庆惩治贪污的动机或者说目的至少有两个：整饬漕务、革除弊端，肃清史治很显然就是嘉庆严惩贪污的直接动机，另外还有一个潜在的动机就是要树立、保持甚至增加帝王权威。至少带着这两个动机，

---

① 《录副奏折》，嘉庆十四年六月初六日山东道监察御史朱澄奏，档号：03 - 1692 - 029。

② 《清仁宗实录》卷213，嘉庆十四年六月乙未。

③ 《清仁宗实录》卷214，嘉庆十四年六月乙卯。

嘉庆以严刑峻法的方式完成了一些弊案的处理。

陷入危机的嘉庆朝漕运，如何达到嘉庆整饬漕务的目的，需要从很多方面着手，而严惩漕运中的贪污就是其中的一个方面。面对漕运中的贪污舞弊现象，嘉庆坚信"诚以贪墨之员，不可不大加惩创，以儆官邪"①。只有通过严刑峻法的威吓，对官员们起到震慑作用，以试图防止漕运中贪污舞弊等现象的出现，防患于未然。所以在这三起典型的舞弊贪污案中，嘉庆始终带着一种"辟以止辟"的愿望，他希望能够通过对这些典型案件的严刑峻法，可以达到"杀一儆百"的作用，所以无论是富纲案还是英纶和通仓胥吏的舞弊，最后对他们所定之罪都是超过法律所规定的程度。如对英纶的处决，嘉庆先派出御前大臣、军机大臣和刑部堂官一起将英纶监提，重责二十板，然后再派御前侍卫富瀚和刑部侍郎景禄一起将英纶"押赴市曹"，目的就是"以为奉差官员不念职守，败检贪婪，罔顾廉耻者戒"②。

面对初政时的社会状况，刚亲政的嘉庆需要摆脱乾隆统治的阴影，确立自己的帝王权威。铲除和珅首先为嘉庆提供了这样的一个机会，也让他体会到维护统治的不易。然前朝留下来的不仅仅是旧的思维和行为方式，更多的是一些严重社会问题。乾隆后期的不良风气影响到嘉庆朝统治的各个方面，其中积弊相因、危机重重的漕运就是一个典型的例子，所以嘉庆四年（1799）富纲案的处理不但体现了嘉庆整饬漕务的决心，而且从另一个方面让漕运体系中的甚至是全国的官员看到他统治下的漕运必须按照其思路运行，他的命令和意见必须是无条件遵行。富纲的重典处罚在某种程度上也是不可避免地带有统治者个人动机，因此从这一层面来看，富纲未尝不是一个政治的牺牲品。另外，政策或命令的效用也会因为时间和空间的因素而大打折扣，特别是"由于命令从上到下通过层级体系的各个层级进行传递的过程中都会出现某些权力流失，如果组织的层级很多，这种流失就会产生累积性效应"③。也就是说，皇帝的权威会因为权力的流失而遭到损害，所以才有了"山高皇帝远"的说法。十四年（1809）英纶案和通仓胥吏舞弊等案后，漕运还是问题重重，其中很大的原因就是许多大臣罔顾法律和政策，朝廷颁布的许多政策措施并没有得到执行，必须

---

① 《清仁宗实录》卷145，嘉庆十年六月戊寅。
② 《清仁宗圣训》卷81，第6243页。
③ ［美］安东尼·唐斯：《官僚制内幕》，郭小聪等译，中国人民大学出版社2006年版，第135页。

给予警示以避免皇帝权威性流失。

虽然嘉庆的重典惩治对一些官员起到了震慑的作用,但也不可避免地带来很大的负面作用。这种重典处罚只是出于统治者的要求,并没有按照法律规定来办,也就是说统治者的个人意志决定了法律的尺度,这必然会导致惩治贪污腐败的任意性,对贪污腐败者的惩罚也必然畸重畸轻。嘉庆朝积弊重重,贪污舞弊的现象更是层出不穷,虽然嘉庆在其统治期内重惩了不少贪官污吏,但也由于他的个人好恶,也宽宥了不少重罪之人,使这些重罪之人游离于法律规定之外,有些大贪之人更由于有了他的庇护依然如故,重典惩治的效果及预防作用大大减少。另外,与重典惩治呈现相反趋势的却是法律对贪污腐败处罚规定的减轻。四年(1799),将官员贪污罪的"监守盗"进行了修改,删除乾隆年间设立"完赃不准减免"的规定,将之改变成"完赃免罪之法"①。原来规定最高可以判处死刑贪污罪,经过嘉庆对律文进行修改后,变成了"永远监禁",即若贪污的钱财在"三年限外不完,死罪人犯永远监禁"②。而对于相当于受贿罪的"枉法""不枉法"赃的处罚,在十一年(1806)也被放宽,最高处罚也被规定成无期徒刑。十六年(1811),又删除了法律中关于州县胥吏犯罪"不准折赎"的规定,又进一步从法律上放松了对贪污受贿的惩罚力度。

总之,嘉庆惩贪所体现出来的任意性及其与法律规定的脱节,进一步体现了当时"有治人无治法"的统治方式。虽然"人治"社会具有极强的灵活性,可以适时调整统治政策,但同时也具有强烈的任意性,最终也会导致腐败的产生。虽然嘉庆想通过严酷于法律规定之上的处罚以达到"杀一儆百"、最终防止腐败的目的,然他在严厉施法的同时,却也是最大的违法者,他在极力制止别人违法的同时,却无法阻止他的同盟者的舞弊,这也是"有治人无治法"社会无法避免的宿命。另外,嘉庆朝法律上普遍宽宥对腐败的惩罚力度,也在一定程度上放纵了贪赃腐败的产生。这些因素最终决定了嘉庆无法圆他通过"辟以止辟"的手段达到整饬漕务的梦想。

二 肃官箴与财政制度的缺陷

吏治从乾隆中晚期开始败坏,风气日下,这在学术界已是一个公认的事实,因此在漕运体系中甚至全国发生贪污腐败案件也就不足为怪了。虽

---

① 参见《钦定大清会典事例》卷781,《续修四库全书》本,第573—574页。
② 《大清律例汇辑便览》卷23《刑律·贼盗上》,台湾成文出版社1975年版。

然富纲的劣迹主要不是在其实际统治下发生的，但嘉庆四年被揭露出来的许多贪污案件，不得不让嘉庆考虑怎样来预防类似情况发生。处理完富纲案后，嘉庆明确表示必须要整饬吏治，严肃官箴。"整饬吏治以清廉为本，盖必有守然后可责以有为。若操守先不可问，则一切措施皆属昏瞆，不能治己，焉能治人？此贪墨之风首当严惩也。"① 何为官箴？官箴是指统治者对官员的道德规范和行为准则所作的规戒。康熙时就明确确立官员需要遵守的标准："清、慎、勤"，圣祖还"御书'清慎勤'三大字，刻石赐内外诸臣"②。在统治者的大力提倡和推行下，康熙朝所确立的官箴在当时取得了不少的成效。自从这一个官员的标准确立之后，以后各朝对官员的衡量都是基于这三条标准，嘉庆朝自然也不例外。

如何肃官箴？嘉庆通过很多办法试图达到吏治澄清，严肃官箴的目的。他不但时时告诫、大力地提倡并执行官员选拔标准，甚至还以身作则。无论是日常的官员觐见，还是还在臣工的奏折及所颁布的谕旨中，嘉庆都会向大臣们强调清廉的重要性，甚至提出"居官清正者为国之宝"③，并告诫他们不但要自己廉洁自律，而且要督促下属各官保持清廉。在官员的选拔上，嘉庆希望尽量确保选拔上来的官员基本是清廉的，所以要求在保送举荐官员时，必须"察其心术，访诸舆论，以操守端洁、尽心抚字者为上"④。"有操守端洁"是第一位的，其次才是"才猷干济"⑤，选拔的官员绝不能"带病任职"，以减少贪污发生的概率。另外，嘉庆表示，如果有些官员平时操守清廉，即使犯了一些错误也会得到宽宥，他在谕旨中说："服官奉职首尚清廉，果能自励清操，即身蹈愆尤，尚可仰邀末减。"⑥ 这样的例子在《清仁宗实录》中记载了不少，如松筠在处理新疆巴哈台蒲大芳等人"谋逆案"中，未能事先预防，事发后奏报"既属含糊"。而且在将此一百多"谋逆"之人提至伊犁审讯的途中，松筠带领官兵"忽于半途山谷中截杀"，"然案关多命，措置未免失当"。本应该对他进行处罚，就是因为"姑念松筠平日操守尚好，熟悉新疆情形"，不但没有处罚，还授予其他官职。⑦ 广西容县县民黎树等结拜天地会，而知县冉

---

① 《清仁宗实录》卷75，嘉庆五年十月乙亥。

② 王士禛：《古夫于亭杂录》卷1《御书赐臣》。

③ 《清仁宗实录》卷82，嘉庆六年四月辛酉。

④ 《清仁宗实录》卷55，嘉庆四年十一月戊寅。

⑤ 《清仁宗实录》卷53，嘉庆四年十月辛亥。

⑥ 《清仁宗实录》卷71，嘉庆五年七月丙戌。

⑦ 《清仁宗实录》卷210，嘉庆十四年四月戊申。

基安因仅拿获"会匪首夥"七名,按照规定吏部议定照例将二级调用,经查明"该员实系操守廉洁,能留心整饬地方,民情爱戴",因此加恩"准其捐复原官"①。为了体现"清廉"的重要性,嘉庆总是在案件的处理中有意突出"清廉"的作用,以达教化,起到杜绝贪污腐败的作用。

另外,奢靡与贪污犹如一对孪生怪胎,两者如影相随,嘉庆明白此中彰彰甚明的关系。如果提倡官员清廉,必须在官员之中去除奢靡之习,树立节俭之风。因此,嘉庆在亲政后,"尤以崇俭黜华"②,并以"躬行节俭为天下先"的精神树立榜样,以身作则,希望能起到带头的作用。但是当时社会的奢靡之风已日益滋长,奢华之习蔚然成风,官员们醉迷于奢靡的享受之中,如两广总督那彦成署内每月宴会唱戏有三四次之多,除此之外,他还要到别处听戏,每月也有几次。类似的奢靡活动在各个省都很普遍,更重要的是"各省督抚两司署内教演优人及宴会酒食之费并不自出己资",也就是说都是"公款消费"。因此,下属官员为了"供大吏之娱乐,辗转苛派"③。这种奢靡之风是可怕的,其造成的后果必然是官员们耽迷于声色犬马之中,导致旷废公事,而且"大吏不能洁己率属,费用奢靡,取给无度。上司既有欲不刚,属员遂有恃无恐。种种弊端,皆由此起"④。针对类似的奢华现象,嘉庆于四年(1799)五月颁布上谕规定:"天下停止宴会……京城内开设戏馆,亦令永远禁止。嗣后各省督抚司道署内,俱不许自养戏班,以肃官箴而维风化。"⑤此外,嘉庆总是苦口婆心地劝诫各个官员:"节用不但能养身,并能养人。上行下效,其功立见。"⑥而那些身罹重罪者"每由于贪黩,前车已覆,后辙相循",仔细分析其犯罪原因,"总由恣情糜费日事奢华,以致廉俸所入不足供其挥霍,因而败检踰闲,多方婪索。伊等岂不知得受赃款,律有明条,而利令智昏,遂自蹈重谴而不顾"⑦。希望这些犯罪原因能够警示中央官员和"地方大吏惟当俭以养廉,不可从事奢华"⑧。并能够明白他的"不得已之苦心,洁清自矢,俭以养廉,以期吏治澄清,闾阎安堵"⑨。

---

① 《清仁宗实录》卷234,嘉庆十五年九月庚申。
② 《清仁宗实录》卷50,嘉庆四年八月丙申。
③ 《清仁宗实录》卷45,嘉庆四年五月丁丑。
④ 《清仁宗实录》卷41,嘉庆四年三月戊子。
⑤ 《清仁宗实录》卷45,嘉庆四年五月丁丑。
⑥ 《清仁宗实录》卷58,嘉庆五年正月癸未。
⑦ 《清仁宗实录》卷75,嘉庆五年十月乙亥。
⑧ 《清仁宗实录》卷45,嘉庆四年五月丁丑。
⑨ 《清仁宗实录》卷75,嘉庆五年十月乙亥。

为了严肃官箴煞费苦心，统治者通过许多办法试图在整个国家官员群中培养起清廉简朴的风气，结果却是徒劳的，奢靡之风仍盛，侵贪之案仍层出不穷，究其原因颇多，但其中有一些最重要的因素是不容置疑的，除了上述所阐述的社会风气外，清朝财政制度存在缺陷也是一个重要原因。

清代文武官员的俸禄极其微薄，如此低的收入无法支付官员的各种开支，官员们不得不想方设法来弥补，各种弊端也因此而产生。雍正深知这一问题的严重，于是对这一套俸禄制度进行了彻底的改革，实行"火耗归公"的制度，各省督抚将全省各州县所征收的耗羡集中在藩库中，由督抚统一支配。其中要拿出一部分发放给各官员，用来贴补各官员微薄的俸禄，这就是养廉银制度。其余的用于支付各级地方政府的日常开支以及弥补地方财政的亏空。然而这一制度经历了乾隆朝的争论，到嘉庆朝时已被彻底改变了，也可以说是"火耗归公"的政策已经失败。五年（1800）统治者正式确认了火耗与正项钱粮的一致性："各省耗羡银两系随正项征收，即与正项钱粮无异，不得任意支销。"① 正式将原归属于各省支配由户部监督的耗羡银两完全划归王朝中央，由国家按照需要来统一分配。而且规定各省如果确需动用款项，必须先使用各省所存留的闲款，然后才能奏请动用耗羡。这就要求各省在奏请动用耗羡的时候必须有一个让统治者满意的理由，而且即使有合理的借口，户部对动用的耗羡也要实行严格的审查和事后核销，因此对各省来说，奏请动用耗羡变成了一项极其困难和烦琐的事，更谈不上私自动用。

嘉庆朝各省的亏空日益严重，类似的亏空在雍正朝时都是使用全省的火耗来弥补的，"从不允许动用官员个人的养廉"。而嘉庆朝此时耗羡已收归中央政府，官员除了自己的养廉银外没有其他的任何银两可以支配了，官员又不能直接以"弥补亏空"的名义向统治者奏请动用耗羡，因为这会直接阻碍官员的仕途，唯有摊扣各个官员的养廉以归还甚至不属于自己造成的亏空。虽然嘉庆也几次否定了这种弥补亏空的办法，但是由于镇压白莲教以后国库空虚，财政紧张，加上每年在河工上还有巨大的支出，中央财政无法弥补各省亏空，在这种无奈中统治者也渐渐默认了这种弥补亏空的方式，而且各省为了避免不必要的麻烦，也会悄悄地将亏空在本省内部慢慢地消化掉，"到了嘉庆末年，摊扣养廉弥补亏空似乎已经制

---

① 《清仁宗实录》卷62，嘉庆五年三月丁丑。

度化"①。虽然在这期间嘉庆也设法来缓解这一情况，但最终却没有什么效果。富纲对帮弁的勒索就是为了赔补应缴公项，从某种程度上来看，这种勒索未尝不是一种变相的摊派。而"上官每扣以为摊捐各项之用，署事者仅领半廉，一经扣存，所得无几"②，下属官员只能设法增加收入，种种弊端由此产生。

另外，乾隆晚期以来人口膨胀、物价飞涨以及税收日趋减少等问题，不但困扰着统治者，同样也让各级官员非常窘迫。官员们做官的成本大幅上升，而收入却没有丝毫的增加，为了弥补飞速提高的政治成本，他们只能通过贪污、勒索、摊派等非法手段以增加收入。面对时代所带来的变化，僵化的财政制度无法应对，相关的各种财政制度依然如故运行，如官员的俸禄制度、中央财政与地方的分配以及支付制度等。然而，本可以应付这些问题的耗羡归公也改变了原来的初衷，最终也归于失败，统治者也就失去了缓解中央与地方行政之间紧张关系的调节器和预防腐败发生的屏障。

总之，"经济基础决定上层建筑"。面对经费上的种种困境，官员无法做一个儒家理想中的清官。对此，嘉庆也有清楚的理解："今则或困于亏缺，或困于民欠，或困于摊捐，有此三困，难为清官矣。"③ 不管有多少伦理道德的说教，都无法抵制现实中的压力。无论是严肃吏治还是整饬漕务最终都是如梦幻泡影，见到的只是付出的努力，永远看不到的却是希望。正如美国学者所说："合理的财政管理的失败预示着地方行政腐败，官僚道德堕落，以及对于中国农村无效控制的一个新时代的到来。"④

三 另一种观点：中国传统官僚政治中的职责权力化现象

自从德国著名社会学家马克斯·韦伯提出"官僚制"或"科层制"理论以后，国内学术界大多接受并引入这一理论来研究中国传统社会体制或形态，可以说在一定程度上使我们的认识水平提高了一个层次。一般来说，中国传统社会主要是由专制君主和封建官僚两个基本因素构成的一种

---

① [美]曾小萍：《州县官的银两——18世纪中国的合理化财政改革》，董建中译，中国人民大学出版社2005年版，第280页。
② 陈其元：《庸闲斋笔记》卷8《官方与生事之关系》。
③ 《清仁宗实录》卷281，嘉庆十八年十二月丁巳。
④ [美]曾小萍：《州县官的银两——18世纪中国的合理化财政改革》，董建中译，中国人民大学出版社2005年版，第287页。

封建官僚政治。① 虽然对官僚制的认识各有不同，但无论从技术层面还是从社会层面来看，对中国官僚政治的理解至少在以下三个方面是得到共识：①政治体制和官僚机构；②官僚机构的运行机制；③官僚。② 这也构成了认识和研究中国官僚政治的主要内容。由此，当我们把中国的官僚政治看成一种社会体制的时候，更多的是关注它的社会层面的意义，而"在此种政治下，'政府权力全把握于官僚手中，官僚有权侵夺普通公民的自由'，官僚把政府措施看成为自己谋利益的勾当"③。因此，我们可以说封建官僚政治是一种权力形态，④ 官僚制国家的政治实现也就是权力运行的过程。而在这一方面，中国各个封建王朝具有与众不同的特色。官僚政治在实行统治的过程中总是强调权力的正确使用，却忽视了在行使权力以履行职责的过程中职责向权力转变的趋势，这就是本节所要讨论和关注的问题，即在中国传统的官僚政治中，统治者在实行统治的同时，总是存在着一种状态或者说是一种现象——职责的权力化。

当然，官员权力都是统治者所授予的，目的是让官员们承担起管理下属和地方的责任，以帮助统治者实行统治，所以权力来源于职责，因为职责"控制着信息、尊严或其他别人渴望的东西并形成垄断"，而且这些所掌控的资源又是"重要的、稀缺的且不可替代的"⑤。在如上嘉庆所惩办的三个案子中，我们可以很好地理解这种职责所掌控的资源所体现出来的"重要、稀缺和不可替代"的特性。漕运总督和巡漕御史作为漕务体系中的两个关键职务，其职责都有明确的规定，无论担任职务的人是谁，其承担的职责总是不会改变，也就是说这个职位的设置就是为了某种目的，不可能再有一个与其一模一样职责的职位。同样，仓场甲斗书役也是一样。不管职务级别大小如何，其职责都会有面对的对象，也就是职责所指。不管是谁，处于职责所指的对象必须满足这一职责所形成的规定和条件，遵行正常的统治秩序，决不能绕开这一职务的管理。

对漕运总督富纲和巡漕御史英纶来说，他们有监督、稽查和管理漕粮

---

① 参见李治安、杜家骥《中国古代官僚政治——古代行政管理及官僚病剖析》，书目文献出版社 1994 年版，第 3 页。

② 参见吴宗国主编《中国古代官僚政治制度研究》，北京大学出版社 2005 年版，第 1 页。

③ 王亚南：《中国官僚政治研究》，中国社会科学出版社 2005 年版，第 2 页。

④ 参见李治安、杜家骥《中国古代官僚政治——古代行政管理及官僚病剖析》，书目文献出版社 1994 年版，第 5 页。

⑤ ［美］斯蒂芬·P. 罗宾斯、［美］蒂莫西·A. 贾奇：《组织行为学》，中国人民大学出版社 2008 年版，第 401 页。

的职责。在淮安检查漕粮米色是漕运总督的一个重要职责,如实检查、公平对待当然也是职责的体现和要求。但是富纲在检查浙江帮船的粮食时却认为米色不好,并且还要参办,但实际上却是浙江粮船所装运的米与各帮米色一样。对装运同样米色的各个帮船施行不同的对待,或者是对某些帮船故意刁难,盘查米色的职责就被改变了,其职责也就消失了。漕运总督富纲已失去了承担防止漕米米色不纯的职责,而是在行使任意挑剔的权力,这样做的目的无非是要勒索银两,如果不满足他的要求,他会按照米色不好的标准进行处理。在这一过程,富纲已经卸掉了漕运总督盘查漕粮的责任,只留下了任意行使的权力,这样职责悄悄地转变成了权力。

按照规定漕运帮弁在通过某一个特定地方时,必然呈送巡漕各种漕粮文书,以便巡漕进行稽查核对,然英纶到任后就明确说:“各帮船若是不送我银子,他来投文时我保不收,他飞不过去。”① 对巡漕这一职务来说,收文稽查是其赋予的职责。而英纶却明确表示如果得不到利益,他就不履行职责。因此,在帮弁前来投文时,他不收文书或者故意刁难的行为已经背离了设立巡漕这一职务的目的,同样也扔掉了责任。于是各帮弁不得不送给英纶银两,以达到正常履行职责所达到的效果,因此通过利益的交换,英纶将职责完全变成了权力。于是英纶在查勘泉源时候的勒索也就变成了职责向权力转变的催化剂。

同样,通仓各胥吏的舞弊行为也是如此。无论他们的职位或者地位如何卑微,他们照样利用手中的职责来谋私。当然职责是无法获取利益的,但将职责悄然变成权力后就可以谋取私利了,因为权力是一种依赖关系,只有通过利益的交换才能真正达到行使权力的目的。通仓胥吏高添凤等索取了使费后,在收米或发放白米的时候就可以每石少收或多收斛面二三升,他们原来的职责就是按着原额来收取,收取好处后,他们将职责变成了权力,可以在多收或者少收斛面。

嘉庆皇帝虽然没有认识到这一状态的存在,但在他要求官员尽职尽责的谕旨和规劝中已不知不觉地证明了这一现象,以及由其带来的巨大危害。对于漕运来说,这种现象更是突出,因为漕运中可以谋取的利益更多。当然对嘉庆来说,他所知道的只是职责向权力转变的催化剂——谋取的利益,所以他总是在其谕旨中要求在漕运征收中“有漕各督抚务须督

---

① 《录副奏折》,嘉庆十四年五月初三日东河总督马慧裕、巡视济宁漕务御史赵佩湘奏,档号:03－2457－030。

饬所属，留心查察，毋使州县藉端勒掯，朘削累民"①。在漕粮运输过程中各种弊端未尝不是职责的放弃所导致的："向年漕艘北上时，官驳船不敷轮转，添雇民船协济，地方官遂封留民船，胥吏藉端勒索卖放，以致船户畏惧避匿。"② 而这些弊端已经让嘉庆深深明白，官员所承担的职守最终已被用来牟取私利，他必须禁止这种行为："其总运官员，该省漕粮自开行以及抵通皆其职守，不得藉图沾润，隐忍误公。"③ 当然，清嘉庆无法理解职责向权力转变的内在秘密，看到的只是这一转变所带来的后果，因此除弊的方法无论如何都是一种"治标不治本"的"止疼药"，无法从根本上消除产生于官僚制度内的根源。只要这一制度存在，这种职责权力化现象就不会被消灭，甚至有的时候会更加严重，正如伯特兰·罗素所说："国家是官员的集合，因不同的目的做不同的事，只要能维系现状，那就会有可观的收入。在这一现状中，他们可能所企求的唯一变化就是强化官僚政治，增加官僚的权力。"④ 因此，嘉庆无论付出多么大的努力，采取何种措施，都无法彻底消除漕运中的腐败乃至整个国家的腐败贪污，只要职责权力化现象不被消除，这一现象所具有的牟取私利的目标自然也就不会改变，"治标"的药方最终都会失灵。

---

① 《清仁宗实录》卷40，嘉庆四年三月丁卯。
② 《清仁宗实录》卷287，嘉庆十九年三月癸巳。
③ 《清仁宗实录》卷348，嘉庆二十三年十月乙酉。
④ ［美］丹尼尔·B. 贝克：《权力语录》，王文斌、张文涛译，江苏人民出版社2014年版，第1页。

第七章 救治危机的尝试：议办海运

漕运危机重重，嘉庆朝君臣想方设法试图解决漕运困境，然提出的许多办法经过实践证明并没有多大效果，漕运弊端依然如故，漕运危机不减。在万般无奈的情况下，有些人提出了漕粮海运的方案，试图通过这个办法彻底解决漕运困境。因为元明两朝实行的海运为他们提供了一个参照物，他们相信通过借鉴前朝海运经验和教训，完全可以制定海运章程，实行海运，解决漕运危机。

元朝建立后，作为当时经济中心的江浙一带，主要承担为统治者提供大量赋税和漕粮的任务。由于当时的京师大都与江浙都离海较近，在南由江、浙下海洋，在北则由海至京师，有便利的水路，因此创行海运。至元十九年（1282），元朝命上海总管罗壁、朱清、张瑄等造平底船六十艘，运粮六千余石从海道至京师，第二年"罢新开河，颇事海运，立万户府二。二十四年又增万户府二，总为四府。二十八年并四府为都漕运万户府二，令朱清、张瑄掌之，其属有千户、百户等官，分为各翼，以督岁运"[1]。海运方式不但起到了"转输便捷，国家省经费之繁，抑亦货物相通，滨海居民咸获其利"的作用[2]，更重要的是"民无挽输之劳，国有储蓄之富"[3]，以及会通河"岸狭水浅，不能负重，岁运仅数十万石"的原因，"故终元之世，海运不废"[4]。

明代海运承元之旧制。朱元璋定都南京后，漕粮运输以海运为主，陆运为辅，即"海运不给，以陆运济之"。明成祖迁都北京后，一方面依靠海运将漕米中的一部分通过海路运至京师，另一方面也通过河运和陆运相结合的方式运送漕米。永乐十二年（1414），"由江入海，出直沽口，由

---

① 俞樾：《上海县志》卷7《田赋下》，同治十一年刊本。
② 郑若曾：《郑开阳杂著》卷9《海运图说》，转引自倪玉平《清代漕粮海运与社会变迁》，上海书店出版社2005年版，第26页。
③ 《元史》卷93《食货志一·海运》。
④ 高培源：《海运论》，《清经世文编》卷48《户政二十三·漕运下》。

白河运至通州"，将四十八万石四千八百一十石漕米通过海运的方式运抵通州，另一方面从"江入淮、黄河至阳武县，陆运至卫辉府，由卫河运至蓟州"，将四十五万二千七百七十六石的漕米通过这种水路运结合的方式送达目的地。① 次年，宋礼开会通河成，河运漕粮逐渐取代了海运。隆庆以后，屡有河患，梁梦龙、王宗沐等人请旨要求复行海运，但"因海洋风涛险恶，运艘每致漂没，人米俱失"，"不独漕粮有误，且伤人甚多"②，特别加上"台谏诸臣各有所见，是以议格不行"③，"自是海运不可轻议，所议者河运而已"④，最终"开放性的海运通道却从此堵塞"⑤。

第一节 嘉庆朝以前有关海运的相关问题

清承明制，漕粮的运输也是由运河运抵京师，以供各种需用。虽然清朝厉行海禁，对私自出洋贸易处罚颇重，即使是这样，海运漕粮的议论并没有停止。天庾正供关系重大，不允许有一点的耽搁迟延，而事实上漕运经常出现问题，天庾正供时常受到威胁，为了解决这一问题，以及遇到灾害粮食短缺的问题，海运得到许多官僚士绅的支持。

这里需要区别一个概念，即海运不仅仅只是局限于每年几百万石的漕米，除此之外每年还有大量的粮食通过海路运抵特定的地区。如东北与山东、直隶等地通过海运进行的粮米贸易⑥，特别是奉天的豆米基本上都是通过海路运到京师和山东，这在中国漕运史上产生了重大影响，也为后期漕粮海运改革提供了充分的依据和丰富的经验。⑦ 虽然清朝一直秉承禁海的政策，但为了解决粮食短缺和维护统治的稳定，清政府也被迫放开海禁，这不仅仅只针对商人私贩，还包括了官方的行为。很明显的一个例子是如果某个地区遭灾或者出现粮食短缺的问题，清政府从产粮省份海运粮食去救济是经常的事情。从江苏、浙江、江西等省海运粮食去福建解决粮

---

① 俞樾：《上海县志》卷 7《田赋下》，同治十一年刊本。
② 《康熙起居注》，康熙二十一年九月初三日丁未。
③ 高培源：《海运论》，《清经世文编》卷 48《户政二十三·漕运下》。
④ 任源祥：《漕运议》，《清经世文编》卷 46《户政二十一·漕运上》。
⑤ 张岩：《包世臣与近代前夜的"海运南漕"改革》，《近代史研究》2000 年第 1 期。
⑥ 参见刁书仁《略论清代东北与内地的粮米海运贸易》，《清史研究》1993 年第 4 期。
⑦ 参见谢景芳《论清代奉天与内地间粮食海运贸易》，《辽宁师范大学学报》（社会科学版）1989 年第 3 期。

食短缺和平抑粮价的情况就是很明显的例子,而这样的情况可以从《清实录》中找到大量证据。

而从漕粮方面来说,清政府却表现得非常谨慎,即使在万不得已的情况下也还是不愿试行海运。康熙朝早期,关中著名学者李因笃针对当时的漕运状况,提出了一整套漕运治理的思想。他指出,一旦河道阻塞,漕粮无法按时运抵,影响巨大。为此,他提出在正常的漕粮河运之时并行海运,"求元人海上故道,与海漕并行,万一漕渠中滞,挹此注彼"①。李氏专作《海运》一文专论海运之策。这可能对一直以来非常推崇李氏的康熙产生了一定的影响。

康熙二十一年(1682),清王朝在治河问题上不仅花费了大量银两,更重要的是河工总是此处筑好,他处冲决,直接关系到国计民生,极大地阻碍了漕运,因此康熙提出了海运的建议,并让九卿科道讨论。最后大臣们覆奏"黄河运道非独有济漕粮,即商贾百货皆赖此通行,实国家急务,在所必治。至海运先需造船,所需钱粮不赀。而胶莱诸河停运年久,谅已淤塞。若从事海运,又当兴工开浚,其费益大。据臣等之议,似属难行"②。三十九年(1700),黄淮运交汇处清口淤垫,南北阻隔,运道不同,"来岁粮船难必无误",漕运堪忧,此种紧急情况下,康熙提出了海运漕粮的办法,防止可能出现的危机状况。但"由海运直抵天津道远甚险",为了漕粮的安全,他更是在建议中把海运路程缩短,"若以粮载杪船自江入海,行至黄河入海之口,运入中河,则海运之路不远"③。康熙将其可能会改变后世漕政体制的设想向大臣们征求意见,最后河督张鹏翮表示不同意,其理由有三:①改载杪船,雇募水手人夫,恐糜费钱粮。②且由江入海,从黄河海口进中河之处潮汐消长,水势不一,风涛不测,实属难行。④ ③"明岁运粮船只照常可行,并无阻滞,如此则海运亦不必行。"⑤ 不久,清口淤垫被疏通,海运之议遂罢。

经过康熙朝对河工的集中治理后,运河较好地保持了一段时间的通畅。但康熙末年以后,同样的问题又重复出现。运道从淮安以北开始不断阻滞,对漕运的通畅形成了威胁。雍正元年(1723)八月,户部尚书田从典针在漕运"思之久无其策"的情况下向世宗上奏,建议试行海运。

---

① 李因笃:《漕运》,《皇朝经世文续编》卷47。
② 《清圣祖实录》卷106,康熙二十一年十一月庚申。
③ 《清圣祖实录》卷199,康熙三十九年五月丙子。
④ 《清圣祖实录》卷200,康熙三十九年七月壬寅。
⑤ 《清圣祖实录》卷201,康熙三十九年九月甲寅。

他的建议是基于以下三点：第一，元朝时就有海运之法。第二，福建有海船从海上贩卖来京，而且还有应试的举子搭乘海货船来京参加科考，况且关东之米都是由海运来京的。第三，海船商通过海上贩卖货物无非都是为了利润。因此，田从典提出：招徕海船商，在米价的基础上给他们再加上脚费，如此所得之利与贩卖货物相差无几，海商们会乐于从事。如果试行的效果不佳，也没有什么损害。如果效果很好，就可以如此办理以后的漕粮之事。而且海运之法"既行，亦可借以观海运之利弊，以备参酌"①。次年，朱轼也提出了开胶莱运河，试行海运的建议。雍正还派内阁学士何国宗前往山东，与山东巡抚陈世倌一起考察这一提议的可行性。不久，他们经过实地考察后认为开胶莱运道不可行。② 最后，由于工程量巨大，需要耗费大量银两等因，没有再继续讨论就作罢了。有"经世之良材"称谓的蓝鼎元自幼生长在沿海，对海运情况知之颇详，他看到漕运"为力甚劳，为费甚巨"的情况后提出了"海运之法，在今日确乎可行"的建议，③ 希望朝廷能够听取他的办法，并先拨苏、松二府中的十万石漕米进行试验，但这一建议最终也没有被采纳。总的来说，虽然这些海运的建议颇有可采之处，但对雍正来说这些办法都是冒险之举，而且所付出的制度代价太大。更何况经过雍正的严厉整饬，整个王朝正处于上升阶段，各方面都呈现出一派欣欣向荣的景象。对漕运来说虽然也时有问题，但运行还是基本正常，因此雍正也没有必要去尝试难以预料的海运。

经过雍正统治十三年雷厉风行的整饬，乾隆即位后，政治相对晴明，漕务虽然也是经常出现一些问题，但基本上还算正常运行。因此，在这样的情况下，乾隆朝没有出现大的关于漕粮海运的讨论。此时关于海运的议论主要集中在三个方面：①江广米石和截留漕粮闽通过海路接济闽省和内河不通之沿海州县；②奉天黑豆米麦通过海路运至京津等地区；③非官方海运是否禁止。其中也有人认为漕粮"河运花费过大，建议招募闽广商船进行海运"④，但没有引起统治者的注意，最后也是不了了之。

总之，海运作为元朝漕粮的主要运输途径发挥了巨大的作用，明代的海运虽实行的时间不长，但离清朝最近，因此都为后世海运提供了可以借鉴的丰富经验。清代前期虽然因为运河的原因也出现过海运的议论，但人

---

① 户部尚书田从典奏，雍正元年八月十五日，《雍正朝汉文朱批奏折汇编》第 1 册，第 841—842 页。

② 何国刚：《勘复胶莱河疏》，《清经世文编》卷 48《户政二十三·漕运下》。

③ 蓝鼎元：《漕粮兼资海运疏》，《清经世文编》卷 48《户政二十三·漕运下》。

④ 李文治、江太新：《清代漕运》，第 432 页。

数较少，呼声较弱，始终没有得到支持。因为当时的漕运无论河工多么糟糕都还是在艰难中跋涉前进，还没有达到绝境的程度，在这样的情况下，突破制度所付出的代价远远超过海运所带来的收益，加上制度的惯性，打破一种制度而进行改革是十分困难的。

第二节　议办海运

自嘉庆朝开始，运河日趋失修，漕运在艰难中跋涉，举步维艰。但作为"国家大计"的漕运"必得如期抵通，断不可稍有迟误"，而河工"因河湖多故，此冲彼漫，逐处淤垫，以致运道节节梗阻，有碍船行。继又因漕务紧要，不能须臾停待，每年回空重运相继而行，催趱不遑，更无修防之暇"。所以"无一日不言治河，无一年不虞误运"①。漕河俱困，陷入了恶性循环，"河工因漕运之失时而无暇修治，漕运因河工之梗阻而益复艰难"②。但作为"军国大计"的漕运"必得如期抵通，断不可稍有迟误"③。为了解决这个难题，嘉庆皇帝及其臣僚们进行了艰辛的探索，也进行了不少筹划，海运便是他们考虑最多的一个方案。

嘉庆朝关于漕粮海运的议论共出现过两次：第一次是嘉庆八年开始的讨论；第二次是嘉庆十五年。之所以出现这两次漕粮海运的议论，已经有不少方家进行了精辟的论述，此处不再赘述。但最重要也是最直接的原因就是遇到了不可逾越的困境，即当时运河严重阻浅，漕运无法进行，至于其他的一些原因分析更多是一种深层次的理性反思，也是站在史学高度的一种理论关照。

一　"以防万不得已"：议办海运的尝试

嘉庆八年（1803）八月，黄河河南段水势开始盛涨。从八月下旬开始已经涨水三四尺不等，九月初三四日又涨水"三尺六七寸不等至四尺四五寸不等，势甚涌激"，在这种情况下加上初九日大雨昼夜不停，黄河水势更加紧张，"卫粮厅属封丘汛衡家楼向无埽工之处，外滩原宽五六十

---

① 《嘉庆道光两朝上谕档》，嘉庆十五年二月二十七日。
② 《朱批奏折》，嘉庆十五年十一月初十日两淮盐政阿克当阿奏，档号：04 - 01 - 05 - 0120 - 022。
③ 《朱批奏折》，嘉庆十六年正月十四日户部尚书托津奏，档号：04 - 01 - 35 - 0214 - 047。

丈至一百一二十丈，内系积水深塘。今因河时忽移南岸，生滩挺峙河心，逼溜北趋，河身挤窄，更值初八九日西南风暴塌滩甚疾，两日之内将外滩全行塌尽，浸及堤根"，署理东河总督秵承志立即赶赴河南封丘衡家楼工地抢修，然而"风涌溜急，塌滩刷堤，片刻甚长，危在呼息"，十二日夜间又复风雨交作，溜势更紧。而且此处堤工都是沙土，经过上淋下泡后更加酥松，十三日未时"堤身忽然蛰陷，埽上绳□俱断，外跨□镶大船随埽压"，"其势甚猛，人力难施。登时过水三十余丈，河溜分入，尚在塌卸"①。而封丘与直隶大名一带毗连，其下游就是山东曹州等各属。不久颜检奏报"黄水自西南而来，流入该县（长垣县）之沙河"，已经"漫入直隶境内"②，接到奏报后的嘉庆立即传谕东河总督及相关人员"悉心察勘，上紧堵筑矣"。而最让嘉庆担心的是漫口黄水是否影响到漕船在运河的通行。封丘决口之黄水不久全面漫入山东境内，"黄水自西南而下，由范县直达张秋运河"③。而"运河一经黄水冲灌必有淤垫，于运道大有关系"。嘉庆意识到这一问题的严重性，立即降旨"著铁保督率大员，亲往履勘运河回空漕船行走有无妨碍？"而铁保的回报更是让嘉庆寝食难安，情况堪忧，"封丘漫口大溜全掣，漫及直隶、长垣、东明、开州并东省曹、濮、菏泽等州县，至张秋地方穿过运河汇注盐河入海，其江南下游水势日见消涸，该省清黄交汇处所为漕艘必经之路，今黄水断流，恐运河不无浅阻"。特别是黄水一涨一落，大量泥沙淤积河道，严重阻碍了来春重运北上，"黄水骤至自不免漫溢，将来河水一落又恐运道淤浅"，特别是杨庄以北至台庄一带中运河，更是依赖黄水顶托，才能济运。④ 黄水一旦穿张秋运河，从盐河下海，肯定没有黄水顶托中运河，运道必致干涸。运河不通，漕粮就无法运抵京通。情况的危急促使嘉庆一方面要考虑加紧修治，确保漕运；另一方面他也要考虑一旦运道不通，如何解决漕粮运输的问题。

　　正当嘉庆皇帝筹商解决漕运困境的时候，给事中萧芝上奏，提出了一个解决京师仓储困境的办法：

　　　　今浙江之靖江、崇明、乍浦等处皆海口之大通舟楫者也。闻向来

① 《朱批奏折》，嘉庆八年九月十五日署理东河总督秵承志奏，档号：04 - 01 - 05 - 0266 - 003。
② 《清仁宗实录》卷121，嘉庆八年九月下壬子。
③ 《清仁宗实录》卷121，嘉庆八年九月下丁巳。
④ 《续行水金鉴》卷107，第6607页。

海壖泊户以其泊船运米出洋久经官为禁止，今思渔户私运固干属禁，若以官办采买之米选雇殷实渔户领以文武官弁押运好米，如属可行，示立海运之名。但办采买之事行之数月不为永制，于国家政体一无纷更，或者以为海道险远不如江淮漕运稳便，臣思海面船只往来何日无之，事有因时制宜，固当利涉大川之计。昔者周文著《易》，特标斯义，岂故领人于险，而强天下后世以难哉？今海无恶氛，巡哨兵弁□□严密，加以粤南修职尽心协捕，意外之警尤可以无虞。惟乞天恩救谕江浙大吏酌量情形，妥协办理，趁来年春月东风之便，诹吉扬帆，务令京师储积充盈，一应支放，倍觉裕如矣。臣以京通仓储关系重大，不揣冒昧披例愚忱。[1]

　　萧芝的奏折主要有两层意思：①在南方产米的地方由官府出钱采买漕米；②通过海路北运至京通各仓。他的上奏为因衡家楼决口而忙于寻找解决漕运阻滞办法的嘉庆提供了一个可以参酌的选择。事实上，在当时已经有一些开明士大夫积极主张海运，以解决漕运困境，其中当属包世臣最为突出。早在七年（1802），包世臣"游海上，比物察情，以为举海运则公费大省，而居官之困于丁与民之困于官者可以小纾"[2]。这种看法当然首先归于包世臣自己个人的经世之才，另外元、明海运成功的经验和前四朝关于海运的议论也是他形成这种看法的参考，但当时这种想法并没有形之于文，更没有向统治者反映。直到嘉庆八年河南衡家楼河决，黄水穿张秋运河，对运河产生了极大的威胁，为此朝廷不得不积极地筹划办法，以预备运河不通漕粮如何北来的问题。看到朝廷开始讨论萧芝所奏建议的时候，包世臣将上一年形成的想法写成揭帖，呈送给当时的江苏巡抚汪志伊，[3] 希望统治者能够采纳他的建议。

　　接到给事中萧芝的奏报后，嘉庆立即下谕旨：

---

① 《录副奏折》，嘉庆八年十一月二十日吏科给事中萧芝奏，档号：03-1841-082。

② 包世臣：《安吴四种》卷1《中衢一勺目序》。

③ 张岩在《包世臣与近代前夜的"海运南漕"改革》（《近代史研究》2000年第1期）一文中认为，《海运南漕议》是包世臣在嘉庆七年就写成了。这种说法不科学，包世臣在嘉庆七年并没有写成《海运南漕服议》，而是在游海上时形成海运漕粮省费的想法，但当时并没有形成文字。嘉庆八年，河南衡家楼河决，朝廷在积极议论解决漕运困境的时候，包世臣将自己的想法写成文字，呈送江苏巡抚汪志伊，最后海运的建议没有被采纳，嘉庆九年才正式写成《海运南漕议》一文，这在《安吴四种》目录中明确标有"嘉庆九年苏州作"的字样，且《中衢一勺目序》中也予以清楚的说明。

　　给事中萧芝奏请于南方产米之乡官为采买由海道北运一折，著该督抚体察情形，如所奏尚可办理，即将各本省可以采买若干及各由何处海口出运，可以运至何处，登岸后如何办理，如何分派，官弁如雇觅民船，俱妥议章程奏闻。如果窒碍难行，亦即据实具奏，不必预存成见也。

面对萧芝提出带有"颠覆性"的办法，嘉庆也不敢贸然决定，只能把这个方案公开让大臣们共同讨论，以备判断是否可行。

不久，浙江巡抚阮元首先上奏，就萧芝提出的建议提出了自己的看法。他首先驳斥了萧芝提出在江浙产米之地由官府采买米石的建议：

　　臣即于藩司清安太暨在省司道连日在（再）三商议，并细查外间实在情形，缘浙西杭、嘉、湖三府频征漕粮一百余万石，地狭民稠，盖藏不足，向皆仰籍楚、皖客米接济民食。浙东诸县多系连年一隅歉收之后均有赈粜，查缺仓谷，现在采买□补，且山溪阻隔，即各脚浩繁更为不便。今若于浙中再为采买，诚如圣谕必至有妨民食。

接着对漕粮海运的方案提出了自己的看法：

　　今不由海运已数百年，现无北运章程堪以循照，若猝然动支国帑，采购多粮，轻试于素不相习之风涛，以冀幸无误事，似非慎重之道，万全之策。况运米多未能猝办，运米少则于事无济。浙米市价每石需银二三两，再以现在天津、江西往来之商海运船费计之，每石约需运费银二两内外，假如采运浙米十万石，即需米价银二三十万两，又需运费银二十余万两，以五十余万之帑银运米十万石，不及浙省额漕十分之一，是运米为数无多，而糜费已自不可，犹不免赏外耗折之虞。且海运一事即或万不得已而行之，亦只可量分额漕改为海运，即以丁运之费作为海运之费，似未便于额漕外另筹采买，致多糜费，直滋窒碍。所有给事中萧芝陈奏采买海运之处，臣实未敢遽议举行。①

虽然阮元没有直接表示反对，但他在分析了海运的利弊后明确表示了不到万不得已不要实行海运的看法，实际上等于向嘉庆表示"万不敢以

――――――――――

①　《录副奏折》，嘉庆八年十二月二十五日浙江巡抚阮元奏，档号：03-1745-016。

待供之度支,取尝试于一旦"①。既然不能轻易去试行,更不可能将这"天庾正供"冒险海运。

八年(1803)十二月十二日,两江总督陈大文和江苏巡抚汪志伊也联合上奏,共同反对海运。虽然在这之前汪志伊已经收到包世臣关于海运的建议,据包世臣自己所说汪志伊很支持他的这个想法,甚至将包世臣所呈之文"删润三",打算上奏嘉庆。无论真实的情况如何,但最终汪志伊并没有这样做,而是加入了反对海运的行列。或许是陈大文与汪志伊的商讨改变了汪志伊的想法,总之是他们与藩司经过一番商量后达成了一致的意见,对萧芝的提议也是分别进行了批驳:

> 查江苏各州县产米不为不多,然每年应征漕米正耗及行赠兵恤等米计,江藩司所属六府州共米三十八余石,苏藩司所属五府州共米一百八十四万余石,通共二百二十二万余石,而江苏地隘人稠,日食亦属浩繁,倘遇川湖等省商贩稀少市价即不免增昂,且江省每次买补,常平仓谷均系赴外省采买运回,若再加采买,此项米石诚如圣谕经理不善必至有妨民食,其所需粮价运费筹款亦费周章。至若海运,查乾隆五十二年台湾林爽文滋事案内,江南碾运仓谷及接运川米赴闽,曾由上海出口,涉历内洋,彼时雇觅商艘及先期咨询沿海寄泊处所,预饬水师调拨兵船逐程接护,诸多掣肘,核计运脚耗费亦为繁重,是南洋挽运虽有旧章,而仿照循行实系非计,且稽古海运径抵直沽,汪洋巨浸之中风信靡常,洪涛难测,利少害多,历有明证,此采买海运实为窒碍难行之情形也。②

将君臣奏批对照,嘉庆自诩"纳言"之得意形象跃然纸上。虽然嘉庆自称"海运"不可行早已在其洞察之中,但对比前面颁布的谕旨可以肯定其一开始对海运还是寄予了一些希望。经过江浙诸臣的奏对,他心中的天平有了倾斜。然作为一个合格统治者需要"乾纲独断",但绝不能"刚愎自用",特别遇到重大事情时不能毫无成见、优柔寡断,显然嘉庆的朱批就是为了说明这一点,接着颁布的谕旨就是为了进一步证明自己:

---

① 阮元:《海运考跋》,《清经世文编》卷48《户政二十三·漕运下》。

② 《朱批奏折》,嘉庆八年十二月十二日两江总督陈大文、江苏巡抚汪志伊奏,档号:04-01-35-0196-017。

诚以重运北来至关紧要，是以前次不惮烦劳，妥为经理。而外间议论纷然，即有以山东运道难通，宜改为海运者，而给事中萧芝竟以此入奏，朕原知其窒碍难行，若不交议，则无识之徒或疑朕不能虚衷采纳，是以彼时未经降旨将原折掷还，仍发交江浙各督抚妥拟奏闻，并谕令勿存成见。前据陈大文、汪志伊奏事属掣肘，不能办理，而本日阮元折内亦称海道险远，不敢轻试，且现无旧办章程堪以循照，若于额漕之外再为采买，必致有妨民食，实不能轻议举行等语，该督抚等久任封圻，谙习政务，前后所奏不谋而同，是其事之必不可行较然共见，并非朕自矜独断也。所有萧芝原奏著无庸议。①

虽然告诫了督抚们在讨论中"勿存成见"，但偏见作为一种思维意识，谁又能知道？带着偏见认识一个事物，又有谁不能找出几点理由？如果就海运历史来看，虽然有海运成功的经验，但自从明朝废除海运实行河运后几乎再没有实行过海运，海运的议论最终都被统治者所否决。在这种前提下，嘉庆将海运的建议交给江浙督抚讨论，告诉他们"勿存成见"，很显然一直以来认为海运不可行的看法影响深远，已成了许多人的共识。因此，嘉庆在海运问题上的细微变化以及他自己的说明或声称其实是帝王的一种权术手段，也是对制度难以突破的一种无奈，更是官僚政治的集中体现。

最后，那彦宝奏报河南封丘黄河决口堵筑工程合计完成十之七八，剩下的工程办理也有了头绪，同时费淳也前往山东会同铁保设法办理运道事务，在这种形势一片好转的情况下，海运之议便悄无声息了。

二　出路与无奈：第二次筹议海运

十五年正月，吴邦庆向嘉庆奏报"粮船重运回空上年均为迟滞，其故由于到坝交卸，亦由江境邳宿河道浅阻"。而"邳宿运河因上游山水涨发，挟沙下注，每年水过沙留，不免浅涩"②。因此每年年初的时候都需要对其进行截流疏浚，如果回空漕船不能在这之前通过，就会直接影响次年新漕北来。在统治者一再催促下，回空漕船终于勉强通过邳宿运河，疏浚挖浅也终于开工。河工境况让统治者们不得不重新思考漕运的出路。

二月十二日，浙江巡抚蒋攸铦向嘉庆上奏，提出可以考虑试行海运的

---

① 《仁宗起居注》，嘉庆九年正月十六日丙午。
② 黎世序、潘锡恩：《续行水金鉴》卷114《运河水》。

建议:

> 伏念漕与河相表里，近年河工多事甚于往常，每遇运道淤浅，清
> 江扣口挽运即属维艰，自应预为筹处，以备缓急。惟查海运之法始于
> 元时，从江南上海出口，运至天津。明永乐九年会通河成，海运遂
> 止，沿今数百十年，自昔章程不可追溯，海洋沙线亦恐今昔不同，必
> 须计出完全方于运道有裨。浙中惟宁波、乍浦两口可由江苏、山东而
> 达天津、关东等处，两口实有商船若干，每船可载米若干，每石应运
> 费若干，非详细查明难以核办。臣现在确查，容另行筹议具奏。至本
> 年重运业已据报开行，仍应催趱北上，不必酌留洒带，致有迟逾，如
> 海船可以带运，当另为酌办，以免两误。①

蒋攸铦的提议也是模棱两可，他自己也不知道是否可行，还得需要经
过调查后才能确定。嘉庆对他的提议非常不满，在其奏折上批复，说他的
这个建议是"无聊之极思"。在嘉庆眼里，漕粮海运不到万不得已是不允
许讨论的，而且即使需要试行，也只能是暂时的，绝不是"经久之计"，
真正依赖的还是河运漕粮。不久，嘉庆的这种态度就转变了。

十五年（1810）二月十七日，山阳县平桥汛三辅东岸土堤漫塌，塌
陷口门宽至三十余丈，溜注金门，水深达七八尺至一丈二尺，极大影响了
运道的畅通，而此时正是漕粮北上的时候。虽然一再督促河臣及相关人员
加紧堵筑，确保运河安全，但情况不容乐观。八年（1803），运河阻浅已
经让嘉庆焦头烂额了，当然那个时候还算幸运的，因为河道最终还是畅通
了。但不可能总是幸运的，万一运道阻塞，后果将无法想象，此情此景岂
能不让统治者担忧。嘉庆在他所颁布的上谕中对河工进行了反思，更重要
的是再一次主动提出了试行海运的建议:

> 东南数省漕粮上供天庾，是必运道通畅方能源源转输。近年河工
> 散坏，而漕运亦日见阻滞，推原其故，其始因河湖多故，此冲彼漫，
> 逐处淤垫，以致运道节节梗阻，有碍船行。继又因漕务紧要，不能须
> 臾停待，每年回空重运，相继而行，催趱不遑，更无修防之暇。引黄
> 济运，为害滋深。故无一日不言治河，亦无一年不虞误运。欲求两

---

① 《朱批奏折》，嘉庆十五年二月十二日浙江巡抚蒋攸铦奏，档号: 04-01-35-0210-
033。

治，转致两妨，殊为廑虑。从前康熙年间，曾因办理河工停运数次，始能经理获效。然彼时京通各仓储积充裕，足备数载之需，非如目下情形每年仅敷支放可比。揆之事势，欲仿照办理，盖有所难。但先事之虞，岂可漫无筹划。前吴璥曾有由清江陆转之议，而费重事繁，碍难经理。溯查元明时本有海运之法，后因积久弊生，遂议停止。然其始转输利赖，未尝不有裨国计。此时亦非轻言改易，惟未雨绸缪，不得不作为万一之想。设竟须计出于此，若不先为试办，岂可冒昧径行？闻江浙各海口本有商船赴关东一带贩运粮石者，每年络绎不绝，其船只习于风涛，熟于沙线。该二省均有出海之路，着松筠、章煦、蒋攸铦体察情形，或将本年漕米就近酌交商船洒带若干，先为试行以观成效。不妨使商船略沾微利，俾各踊跃承办，一面仍催趱重运北来，总期于运务有备无患。是否可行？该督抚即熟筹妥议，据实具奏。①

或许是情况危急的原因，嘉庆这次做法和以前很不同，不但按照行政惯例那样让督抚"熟筹妥议"海运，更是主动提出让督抚们设法试行，以观成效。虽然嘉庆在海运问题上已经迈出了一步，但他还是有所顾忌，不忘给自己找一个合理的借口，一个政治根据。按照嘉庆的要求，江浙的督抚们需要负责调查海运是否可行；如果可行，如何试行。江浙的大员们也按照统治者旨意纷纷行动起来。两江总督松筠在其上奏中说：

运河漫口本非常有之事，如果办理得宜，仰赖圣天子洪福，自可不误重运。近年运道之梗阻盖由黄河不治之所致，第河底日淤日高而不为疏浚，仅于河堤加高帮厚，不特靡费钱粮，办且日形危险。以故黄河倒灌，清口淤垫，遂致运河常有漫决，上烦圣廑。奴才身任地方，实为日夜焦灼。仰蒙皇上朱谕，教奴才言行相□，惟有实心体察情形，设法委办，务期于实有裨益，断不敢稍存瞻顾，附会河臣以难办之辞冒昧入告，除即日驰赴清江浦督催赶办济运，以冀全漕不误过淮渡黄之限，并访察黄河未治之所，以□与河臣吴璥、徐端商榷整饬妥办。仍一面恭录谕旨，知会江苏抚臣章煦、浙江抚臣蒋攸铦，各就该省情形熟筹妥议具奏。②

---

① 《清仁宗实录》卷226，嘉庆十五年二月下壬子。
② 《录副奏折》，嘉庆十五年三月初三日两江总督松筠奏，档号：03-1753-048。

有趣的是,松筠的奏折除了前半部分重申了嘉庆要求江浙督抚们确查海运的谕旨内容外,① 丝毫没有表明他关于海运的意见或看法。嘉庆要求江浙督抚们就海运的事情进行调查,而松筠却没有如其他大员们那样做详细的调查。在奏折中松筠极力说明他是如何筹划河工,以确保漕运的畅通,企图改变最高统治者关于试行海运的意见。根本不同意海运的松筠将嘉庆关于调查海运的任务扔给了苏抚和浙抚,他自己要求和河臣一起整饬河工,速漕保运。嘉庆完全明白了他的意思,在浙江巡抚蒋攸铦奏折中点破了松筠的想法。

既然松筠不同意海运,那么其他大臣的意见又如何? 随后,其他大臣的意见也先后提出来了。浙江巡抚蒋攸铦在其上奏中明确提出了反对意见:

漕粮为国家积储所关,至为紧要。近年河工时形浅阻,如果海运可行,自应仍照元、明时办法先事预筹,以为有备无患之计。并据杭嘉湖道祝曾宁、绍兴道陈廷杰履勘查覆,臣又密加访察,浙省惟嘉兴乍浦、宁波甬江二口通达海洋。乍浦内河外海中隔石塘之外有铁板沙潮来漫,盖潮退成途,商船不能收泊,故内惟东洋船闽□红头艍、同安等船寄控大洋,用小船驳载货物登岸,并无闽东等处船只来乍贸易,本处亦无出海商船无可代运至甬江一口,每年霜降时有买东豆船乘北风而至,间亦有天津船进口收泊,约六七十号,一名三(不)像,一名弹船。视船身大小每只装豆一千石,或二千石不等,运费因风靡常,迟速难定,每石约需钱二千文,该处与运河水道不通,自杭州省城西与曹娥梁湖、上虞节二堤坝均系起岸盘驳,易换内河小船始达宁郡,计程四百余里。应起驳换船者五处,层递搬运,不但折耗甚钜,所需夫价费用先已不资,迨运至海船又需每石二千文,是无论长途交商带运远涉堪虞;即就近起运情形而论,通仓未收积储之益,经费亦不啻倍蓰之殊具,宁郡现泊三不像船三只,弹船二只,余船尚未进口。即六七十号全数到宁装运官米,不带客货,按大小船身牵匀计算,亦只装米十万石左右为数,既属上海出口,而盘驳耗费繁重,办理殊多掣肘。溯查元、明海运由上海出口,自亦因乍浦无船,甬江限

---
① 按:前半部分主要是复述嘉庆皇帝所颁布谕旨的内容,故在引用的时候作删除处理,下同,特此说明。

于地势之故。臣悉心筹酌，浙省海运之说难以率请试行（朱批：原
不必行），徒费无益。惟是漕重大，自须未雨绸缪，预为筹计。苏省
上海既为从前出运之路，该处直通内河，并无阻隔，可否仿照元明成
法办理之处现在咨商江苏抚臣确查核办，所有查明浙省海运不能试行
缘由，臣谨据实恭折具奏。①

　　蒋攸铦对浙江的情况做了一番具体的调查，得出的结论是浙江海运不
可行。他在汇报中举出了不少理由，而这些理由中海运需要费用巨大是最
重要的原因。最后蒋攸铦干脆把这个"麻烦"冠冕堂皇地踢给了江苏巡
抚，因为以前的海运都是从苏省下辖的上海县港口出洋的，所以江苏巡抚
最有发言权。而江苏的官员也认为海运不能办，这一点嘉庆已从松筠的上
奏中有了了解。虽然如此，具体的情况还是需要进一步了解。没过多长时
间，江苏的情况汇报也呈报上来，大致情况是：

　　江省通海要道惟吴淞一口为商船聚集之所，除闽广鸟船及浙省蛋
船向载糖货杂件，来苏销售后即行回棹，并不再往北洋外，其余系本
省沙船，有大中小三号，小号不能远涉大洋，中号载货无多，唯大号
约有一百余只，每船可载米七八百石，此内往山东关东者居多，往天
津者不过四五十只，若遇风帆顺利，每年可来往二次，该船户等向载
杂货而去，顺贩黄豆等物而回，并未装过米石。如每船中酌留一半装
米，仍留一半听其载货，不过载运官粮四万石，以每年五十船计之，
可洒带米二万石，若令行装米则倍之，或将大号沙船万余只进行雇
载，亦止运米八万石。并据委员查后，每米一百石约费二百两，以岁
运八万石计之，即需银二十四万两。且商船随风行驶，若遇风不顺
利，即就所泊之处销售货物；若责令尽赴天津沿途亦恐阻滞，设有疏
虞即当照数追赔，兼之货船与专运粮石者不同，难以安设气筒，易受
海水盐潮之气，易致霉变，舵水人等未免畏难。现在吴淞口只有大中
小沙船八十余只，内大号十余只，多包揽载客货，余尚贩货未回。查
本年苏省漕粮业已兑竣交帮，各军船现已挨次开行，一时难以试办等
情，臣等仍详加体访大号商船之外是否另有别样海船，沙船中之能往
天津者实有若干只，其中号沙船可以带米若干石，每石实须雇资若
干，可否专载漕米不装货，其大中号商船能否挽入口内及各水次受兑

①《录副奏折》，嘉庆十五年三月二十七日浙江巡抚蒋攸铦奏，档号：03-1753-071。

以杜奸民影射透漏。再从吴淞口出洋，经由海道，必须遴委熟谙该处洋面沙线之员将道里远近平险情形绘图贴说，以便会同督臣熟筹，妥议章程，另行奏请。①

章煦认真按照嘉庆的要求去办理，派了三位官员调查海运事务，并形成详细的汇报。根据这三位调查官员的调查，章煦留有余地地认为海运"一时难以试办"，但表示会继续访查核实。

两江总督和江浙两位巡抚都一致认为海运不可行，却没有提出解决河工和漕运困境的更好办法，嘉庆不是希望得到这样的结果:

> 海运一事流弊本多，原非必欲如此办理。但年来河道阻滞，重空船只行走诸多不便，万一漕运稍有贻误，自不得不设法筹办。今据章煦查奏海运碍难办理，苏省如此，浙省大略相同，此时竟可无庸试办。然漕粮关系重大，筹办不可不周。现据漕运总督等奏报、本年漕船渡黄，较上年迟至四十余日，万一大汛经临，再有阻滞，势必复议截留，米石既多，一切抛撒徵变，俱不能免。而天庾正供，岁有短绌，成何事体。在河臣经理不善，固当重治其罪，而该督抚等身任地方，亦岂有坐视漕粮贻误不行设法运京之理。该督抚务当未雨绸缪，除海运外尚有何法详加筹划，妥议章程，豫行陈奏，以期有备无患，将此谕令知之。②

河工和漕运相辅相成，一者出问题必然会影响另外一者，嘉庆非常明白这个道理。而此时河工漫口，漕运有阻滞之急，虽然嘉庆自己也承认海运弊端很多，但是在近年来河道日渐阻滞的情况下，也不得不考虑海运这一办法。

江浙督抚的意见基本是一致的，不同意海运，但又无法提出其他更好的办法，在这样一个困境中，统治者倍感无奈和担忧:"河漕本相辅而行，而经权须相济而理。所有试办海运一节既属格碍难行，而欲求河漕两治之道，总不免于两妨，似此年复一年，无日不筹治河，亦无时不虞误运，正不可不随时酌剂，量为变通。"③

① 《录副奏折》，嘉庆十五年四月初九日江苏巡抚章煦奏，档号：03-1753-068。
② 《清仁宗实录》卷228，嘉庆十五年四月壬辰。
③ 《清仁宗实录》卷229，嘉庆十五年五月乙丑。

事实确实正如嘉庆所担忧的那样糟糕。不久，淮扬运河全面告急，邳宿桃清运中河境内上游蒙沂等山水陡发，骤涨八九尺不等，漫水淤成平陆，"淮、扬运河三百里浅阻"①。至十一月初，松筠奏报尚有二千数百只回空漕船未能渡黄，朝廷上下为之忧心忡忡。

朝廷不得不倾其全力对淮、扬运河进行疏浚，海运之事虽然臣僚们都表示试行有困难，但还是按照嘉庆的旨意派人进行详细调查。由于调查需要时间，而且当时全神贯注于对淤阻的疏浚，无暇顾及，所以试行海运之事在十五年（1810）的后半年没有再进行讨论。

除了在统治阶层议论外，许多下层士绅目睹当时的困境也纷纷发表看法。其中青浦县贡生高培源根据自己的调查写出《海运备采》一书，对海运的情况做出了详细的说明，对当时反对海运的议论作了有力的回击，可惜这种下层士绅的呼声并没有得到统治者的重视。

十五年（1810）冬，洪湖水涨，冲开三坝，清水大泄。导致十六年（1811）春季运河干涸，漕粮北上又遭到严重威胁。是年三月，仁宗十分担忧，在其上谕中说：

> 现在黄水高于清水五尺有余，而下游将近海口之大淤尖地方又形浅滞，即使本年粮运尚可勉强通行，日久终恐贻误，不可不豫为之计。

面对此种境况，作为最高统治者的嘉庆必须设计出防止日后漕运迟误的办法，经过反复讨论和权衡后，上年没有讨论结束的漕粮海运的办法又进入了统治者的考虑范围。嘉庆指示江浙督抚：

> 因思海船试运一事，上年据章煦覆奏吴淞一带尚有沙船可雇，果能试行有效，则来年即可踵行，比之拨运截卸一切事宜皆为径捷。惟地方官办理之始，不无畏难，此事全在该督抚实力讲求，认真经理，将此时应洒配若干船只，应拨用何项米石，如何设法交卸及旗丁水手如何安置均即熟筹妥办。今岁不拘粮石多寡，务即赶紧试行，切勿坐视因循。又以海洋涉险为词，率行推卸，仍一面催儹重运北上。至浙省虽向无海运出口章程，其应如何帮雇船只之处，蒋攸铦亦应一体筹

---

① 《钦定八方旗通志》卷 142 《人物志二十二》。

商，互相经理方为不负委任，将此传谕知之。①

虽然上年督抚们表示海运很难试行，但嘉庆并没有因为他们的反对而放弃原来的想法。他充分认识到官僚政治中政令的执行必须依靠地方官认真办理，而实际上许多官员却都是在敷衍，海运的讨论就是一个典型。嘉庆认为官员们都是以海运危险为借口，实际上都是在推卸责任。虽然督抚都说出了海运的困难，但是嘉庆还是抓住章煦奏折中的一些细节，试图以此为突破点来争取海运试行的可能，所以他在谕旨中一再要求当年不论粮米多少，一定要尽快试行海运。

浙江的通海之道有嘉兴乍浦、宁波甬口二处，而乍浦向无商船停泊，甬口限于地势不能出运，这个基本情况早已向最高统治者做了汇报。但这并不意味着海运无法试行，浙江巡抚蒋攸铦通过观察后提出"因思甬口虽不能载运出口，但是否有路可通江南吴淞，能否由浙雇备船只驾苏帮运"，同时派久宦浙江的杭嘉湖道李坦前往宁波，会同宁绍台道景临一起详细察访，以确认他所提的方案是否可行。不久，被派往调查的两位官员都汇报了他们的调查情况：

（甬江海口）彼处船只俱系闽艘居多，不谙北路水程沙线，其往来关东、天津等船止有三不像及弹船二项，梁头宽一丈二三尺至一丈七八尺不等，每船约装豆一千石至二千石为止，霜降后乘北风而来，年多年少，极多之年不过六七十号，现在时已暮春，皆已装载杂货出口无存，仅有三不像二只。查勘该船身系松木成造，易于渗水；若装载米往北，一交夏令，暑气上蒸，米即霉变，此种船只系赴关东贸易，其至天津者甚少。若以欲赴关东之船，令其顺带天津米石，既与船不相宜，且系两路交卸，海中风汛靡常，行往不便，实不免顾此失彼，计自镇海出口，由虎尾礁北去，历大小羊山、东西霍等处，即风顺亦须三四日方抵江南吴淞；若中途风色不顺，则时日难期。许以照商贩给发运费，各俱坚称从未装运米石，不敢受雇。

根据这两位官员的调查，蒋攸铦认为：

浙省向无海运出口章程，而现在甬口之船止得二只，又俱以不能

① 《清仁宗实录》卷240，嘉庆十六年三月己未。

载运，不肯受雇，自未便由浙雇船前往，徒费周折。臣现在飞咨苏省会商，如何试办情形，应作何雇备，如须筹款帮雇，即妥筹办理①

蒋攸铦列出调查的实际情况，无非是要向嘉庆表明海运不可行的想法，但是他还是表示要和苏省抚臣一起继续商量，很明白这是推脱之词，于是嘉庆在蒋攸铦的奏折上很不满地批复，不需要浙江再讨论试行海运的事了。

浙江是这种情况，江苏会不会也一样？嘉庆心里不清楚，此刻他在焦急等待着苏省抚臣的汇报。按照嘉庆的旨意和浙江省的做法，江苏巡抚章煦也委派了熟悉海运情况的官员亲历勘查，得到了更具体的情况。章煦在汇报中说：

> 在昔元、明俱经办理海运，近日商民船只亦多往来重洋，是海运并（非）必不能行之事。前人所著海运诸书原可参考，但海洋沙线时有变迁，若非亲历洋面不能得其实在情形，且商船果否畏难必须细询船户、舵工方为确切。查有新阳县县丞程志忠曾历海运，人甚细微勇往，当同司道商委，该员自上海出洋至天津上岸后，从山东胶州一带察勘回抵吴淞，经历秋冬，登记水程险易远近，绘图面禀，核其内详一路计程三千一百余里，须在莱沙盘过分水岭，另换海船前进，该处尚有河形一道，前代屡经疏凿，迄未通行，约需陆挽三百余里，脚费甚钜，并须成造两分船只断不能行。其外洋一路计程四千余里，可以经达津门，近时出海商船皆由此路。惟重洋巨浸必须船身坚大始敢放行，前查头号河船向赴天津贸易者止有四五十只，每只除装货外约可带米四五百石，曾据司道详议，每石约需运费银三两余，就商船价时约略加增，及经程志忠遍问船户，（而）舵水人等佥称：装载民货，不拘时日；遇有漂失，向不赔价。今若领带官米，诚恐照数返赔，不敢承雇，是其畏难惧累，委系实情。此次臣接奉谕旨后当将前次委员查有海道及商船不愿洒带，应出何设法试行之处札商督臣勒保，兹据覆称本年松江帮船俱已开行，未便截回交商试运，此事重大，必须与臣及浙江抚臣蒋攸铦会筹妥策方可试办，已恭折覆奏等因前来。臣受恩深重，事关太仓积贮，上烦宵旰勤求。如果海运于正供有益，即或流弊稍多亦当斟酌重轻，竭力筹办；倘略存推卸之见，岂

---

① 《录副奏折》，嘉庆十六年三月二十八日浙江巡抚蒋攸铦奏，档号：03-2146-038。

复尚有人心？惟涉历重洋，事属创始，不敢不详情熟商。臣勒保查阅
营伍，不日到苏，臣当面为筹计，或海运之外别有良策，从长定议，
再行会同具奏。①

　　章煦在其奏折中提出了三个不利条件：①海道险远，费用浩大；②海
运船只少；③船户畏难惧累，不愿承雇。除了这些试行海运的障碍外，更
重要的是漕运重船已经北上，不可能再截回来试行海运，嘉庆坚强的决心
在官员们不利海运的奏报下逐渐消退。江苏巡抚章煦虽然没有直接否定试
行海运的建议，但他所罗列的不利条件已经清楚地表明了他的立场。但是
个人的理由毕竟是单薄的，甚至被认为是不负责任的推托之词。为了表达
对君主旨意的服从和尽心政务的态度，臣子们需要更多的证据，而在督抚
大员之间建立一致性同盟则是保护自己最好的盾牌。

　　嘉庆十六年（1811）闰三月二十六日，两江总督勒保、南河总督陈
凤翔、漕运总督许兆椿、江苏巡抚章煦和浙江巡抚蒋攸铦最终就漕粮海运
之事达成一致意见，并联名向嘉庆表明海运不可行的意见，这五位封疆大
吏联合起来的庞大阵营足够让统治者相信他们的观点。他们在奏折中列出
了海运不可行的十二条理由：

　　　　一、查漕运自汉唐以来历代属屡变其法，虽元至元十九年始为海
　　运，至明永乐十三年而罢，然元明虽系海运，而内河漕运仍不废。今
　　议海运原为清交会之水消长靡常，既恐误漕，又虑病河，故欲易河运
　　为海运，俾得专治河淮为一劳永逸之计，若海运与河运则御黄坝仍不
　　能闭，凡漕运官弁以及运河闸坝夫役兵丁一切照旧，不能少减，徒增
　　海运之费，此不可一也。
　　　　一、江南至天津海道据县丞程志忠所呈图说，并据面禀，舟行必
　　从吴淞江出口，绕过崇明南茶山转北，经过大沙五条沙等处，此系岁
　　久结成铁板沙，横亘海中，几及千有余里，海船必绕出沙外，东过山
　　东成山，至绿水大洋。由猫儿岛之北转西过之罘山，复向西北由大沽
　　海口始达天津。其间吴淞口之阴沙黄河口之大沙、五条沙以及山东猫
　　儿岛、沙门岛等处沙礁丛杂，皆海道极险之处等语，是天庚正供非可
　　尝试于不测之地，此不可二也。
　　　　一、海行欲避外洋之险，前代有莱人姚演欲从胶西开凿陆地数百

――――――――――

① 《录副奏折》，嘉庆十六年三月二十九日江苏巡抚章煦奏，档号：03 - 2146 - 041。

里，自东南趋西北，径通直沽海口，可避大洋二千里之险，然当时凿而不成，史称其劳费不赀，迄无成功。本朝雍正初，朱轼亦奏请开山东胶莱运道。惟时派内阁学士何国宗会同山东巡抚陈世倌查勘，以工力难施而止，此其不可三也。

一、旗丁领运，其事已经数百年，一切皆有章程可守，今改海运，若仍派旗丁领运则旗丁不习海洋道路，如不用旗丁，仅责成船户收兑则船户非如旗丁有册编审，必致散漫无稽，又难约束。且督办漕运向有总漕驻淮安适中之地统领全漕事务，又于江南、山东天津通州四处分派巡漕御史四员弹压稽察。沿途既有各省粮道押送，复有地方文武查催，尚不免迟延霉变等事。若改海运断不能设立多官出洋巡视，将来船户偷盗私卖、捏报沈失，甚至通盗济匪等弊皆所必有，甫经肃清之洋面转恐匪类萌生，此不可四也。

一、海行风信靡常。凡商贾市舶往往飘至外洋。在内河可以随地稽查，一出海洋其迟速平险皆非人力可施，其不可五也。

一、海运需筹经费。查至元间每石给中统钞八两五钱，迨及至大延祐间加至十三两，彼时相距不过数十年，而其费已加至三分之一。方今物力昂贵，以古准今其费必甚浩大，是内河诸费既不能少省而又添此海运无穷之费，国家经费有常，不得不通盘筹划，此不可六也。

一、海运即需用船。查元时造船每号用银二百五十两、二百九十两不等，彼时想系官价购料鸠工，故其贱如此。我国家爱民如子，一切工程物料皆依市价采买，计造海船一只，其大可装载二三千石者估需工价不下万金，若以全漕而论，以每船装二千五百石计算，需船一千七八百号，所费便需银一千七八百万两，岂可轻议筹划，此不可七也。

一、造船既不能行，不得已议雇商船，重洋巨浸必须船身坚大始敢开行。查吴淞一带头号沙船向赴天津贸易者止有四五十只，每只除装货外，约可带米四五百石。若不准装货，其数倍之带米亦甚属有限，无益运务，有累商民。且该商等皆畏累，不肯承领。吴淞沙船既不可雇，浙省亦无可雇之船，若闽粤海艘，臣勒保近在江宁面间方维甸，据言台湾贩运糖谷，自鹿耳门至厦门风顺一二日可达，运脚准米核算，即须每石数钱，共运糖北至天津者脚价更重，若漕运照此发价，需费不赀，实难为继。若只给以官价，在官支发之数已多，而船户犹形苦累，即如闽洋剿匪，添船多系随时短雇，大小多寡不等，悉按受载石数每月每石给银七分,截至上年二月已发过官价银十九万余两,船户等除领官价外又得行商津贴仍以赔累为辞,规避官雇。今欲长雇运漕恐船户避匿不前,难于雇觅。且查闽省惟赴津大船始谙北洋水道,而此等大船为数无多,亦属不敷供运等语,所言情节与臣章煦臣蒋攸铦彼此所访相同。至粤省相距更远,其船向不能北行,是闽粤大船亦未可雇用,此不可八也。

一、查元明海运每年必有漂失之米,统计到仓米石欠交者,每石自数合至一斗数升不等。今时生齿日繁,常虑地之所产不敷人之所食,岂堪再有漂失之数,此不可九也。

一、海运即需添设水师防护。若令现有水师分段护送,兵船少而漕船多,遥为声援,鞭长莫及,必致有名无实。若每船配兵一二十名,即须设兵三四万名,所需粮饷又复不赀,兹高培源书中即有多设营汛官兵之说,而事实难行,此不可十也。

一、京师百货之集皆由粮船携带。若改由海运断不能听其以装米之船多携货物,将来京城物价必骤加昂贵。并恐官民日用之物皆致缺少,于生计大有关碍,此不可十一也。

一、运丁所用长工、短纤等项以每船二十人而论,现用者计八九万人,穷民赖以资生。若改海运,此辈皆不谙海性,均需另募熟悉海道之人,而此常年运漕之八九万人一旦失业,万一流而为匪,所关匪细,意外之事也不可不虑,此不可十二也。①

不仅如此,他们还对主张海运较有代表性的言论进行了驳斥。当时有很多士绅商贾都主张海运,如前所说,青浦县贡生高培源还专门著有《海运备采》一书阐述海运之事。这些嘉庆朝的大员们在详阅其书后,认为"所言应行事宜甚周备,无如今昔异宜。凡此书所谓可行之说,皆今日必不可行之事"。

此十二条上奏后,下层士人高培源作《海运论》一文反驳海运不可行的言论,他在肯定海运确实存在风险的基础上强调海运是可行的,而且元明也都有先例了。自称"海角末商"的谢占壬是一个有着丰富海上经历的海商,更是根据自己的亲身实践对这些反对海运的观点进行了有力反击。

---

① 《朱批奏折》,嘉庆十六年闰三月二十六日勒保、陈凤翔、许兆椿、章煦、蒋攸铦奏,档号:04-01-35-0215-056。

然而，反对的阵营如此强大，下层的呼声也无法上达，更不可能被接纳，统治者对这最后的结论自然毫无异议。嘉庆在看过十二条不可行之理由后，完全被说服，深信不疑：

> 前因洪湖上年泄水过多，今春运河浅涸，恐新漕北来阻滞，是以降旨令该督等筹海运是否可行，以为有备无患之荣。至其事之需费浩繁，诸多格碍，朕亦早经计及。今据勒保等往返会商，分款罗陈，以为必不可行，自系实在情形，原系必不可为之事，以后竟毋庸再议及此事，徒乱人意。①

这次的海运讨论历时十四、十五两年，要比第一次在范围、时间、深度等方面大得多。不但从理论上进行论证，还派遣官员亲赴海上调查，更重要的是统治者强烈地希望寻找一个能够彻底解决漕运困境的办法。然而，这一具有突破性的尝试即将迈出步伐的时候，却被一些不利条件和制度所遏制，没有勇气去尝试就被迫终止。最后，嘉庆决定以后再也不讨论海运之事，这样的结局实在令人惋惜。如果当时海运能得到试行，或者按照嘉庆的要求哪怕就是少量的漕粮试行，或许将会是另一种局面，当然历史不能假设。但站在历史和理性的高度来看这个问题，其中的原因值得我们深思。

第三节　海运失败的原因分析——兼论
嘉庆朝漕运治理的困境

嘉庆朝两次海运讨论最终都在督抚的反对下夭折了，本来是一个充满希望的解决漕运危机的机遇，却没有经得起不利条件的挑战，最终在统治阶级自己的反对下错失机遇。漕运仍在困境中艰难跋涉，统治者所期望的漕运治理也没有得到多大改善，还是一仍其旧。之所以得到这样的结局，不是简单的原因所能解释的，而是一个合力的作用，是在诸多限制因素的共同作用下造成的。综合起来，有以下几点原因值得后人深思和借鉴。

---

① 《嘉庆道光两朝上谕档》，嘉庆十六年四月十四日。

一 海运所造成的现实困难无法解决

除了一些深刻的社会根源外,对清朝统治者来说,最重要的也最直接的原因是无法解决实行海运后大量依靠漕运而生存的小民,一旦失业将如何生存的问题。这也是官僚阶层反对海运的一个强有力的武器。

清代漕船是按照交兑漕粮的区域来确定帮别次序的,有漕八省漕船可分为百余帮,每帮船数不等。乾隆朝时规定有漕八省漕船定额共为7120只,① 其后略有减少。嘉庆十七年 (1812),资料记载漕船共6242只。② 初每船有运丁十二人,后裁去门驾二军,统曰什军,每船共十人驾运。清代后期运丁达到65406人。另外,运河有几十处水闸,各闸之间水位差距悬殊,漕船过闸是一件极其困难的事情,在河道水浅之处专设有驳船和纤夫,以备拨运。杨村拨船嘉庆十六年 (1811) 额设1500只,里河拨船50只,黄河口至台庄一带由旗丁自备驳船300只,另外还有临时筹集和需要的不在其内,③ 按照"运丁所用长工短纤等项以每船二十人而论"④,在整个漕运过程中仅需要的各种雇用人员可达10多万人。一旦改行海运,首先受到冲击的就是这些依靠漕运而生活的无业游民。他们别无他业,唯有靠每年漕粮北上时赖以资生,而且施行海运后运丁也要大量减少,形成如此庞大数量的无业人员,清政府无法另外解决他们的生计问题,统治者对此也是讳莫如深,他们害怕这些流民失业,会聚集起来发生如白莲教一样的"暴乱"。嘉庆的担忧在五年关于裁汰驿站夫役的问题上就已经得到明证,当时湖南按察使百龄密请裁汰有名无实之长夫节省经费,嘉庆坚决不同意,因为"裁汰一省,所省仅万余金;合之天下,所省不过十余万金,而每省又添无营运之人二千余名,合之天下,即有数万失业之人。朕岂靳此十余万金,忍令数万人失业乎"。而且有前车之鉴,"前明因裁驿卒,流为大害,殷鉴非遥,岂可踵其覆辙耶,此事断不可行"⑤。

另外,统治者对海上的情况也很惧怕。他们对海上的情况很不了解,长期的海禁政策限制了中国的海上贸易以及海上力量的发展,包括政府的军事力量和民间的流通力量。海运的实行将会给统治者带来一系列的问

① 杨锡绂:《漕运则例纂》卷2《通漕运艘》。
② 席裕福:《皇朝政典类纂》卷53《漕运六·漕船》。
③ (嘉庆)《钦定大清会典事例》卷166《户部·漕运》。
④ 《朱批奏折》,嘉庆十六年闰三月二十六日勒保、陈凤翔、许兆椿、章煦、蒋攸铦奏,档号:04-01-35-0215-056。
⑤ 《清仁宗实录》卷77,嘉庆五年十二月戊午。

题，如统治者所担忧的"洋氛方警，适资盗粮；重洋深阻，漂没不时；粮艘须别造，柁水须另招，事非旦夕，费更不赀"① 等，面对这些难题，"国与民皆患贫，奸伪日滋，祸乱相继，士习益漓，民心益竞"② 的嘉庆朝哪有能力来解决？

二　"成法祖制"的阻碍

清代统治者特别强调"敬天法祖"，并作为祖训一代一代相传。嘉庆在乾隆皇帝去世后立即表达其法祖之意："猝遭皇考大故，苫块之中，每思《论语》三年无改之义，如我皇考敬天、法祖、勤政、爱民实心实政，薄海之内咸所闻知，方将垂示万年，为为家法。"③ 并将其"告子孙以为心传家法"。嘉庆把法祖作为家法来遵守，其重要体现就是要按照既定政纲来守成，这也是嘉庆皇帝一生的主要政治表现。④

嘉庆这种法祖的守成思想集中地反映在他于嘉庆十六年写成的《守成论》一文中。他在该文中首先谈到遵循祖宗成规的原因："列圣所遗之成规也，守者世世子孙守而不易也。盖创业之君，继前朝弊坏之余，开盛世兴隆之业，殚心竭虑，陈纪立纲，法良意美，无不详尽。后世子孙当谨循法则，诚求守成至理，以祖宗之心为心，以祖宗之政为政，率由典常，永绥宝祚，咸有一德，守之不变，丕基至于万世可也。"并特别详细地叙述了自己遵守成法的原因："我大清圣圣相承，度越前古，典章制度钜细毕该，敬守成宪何敢稍易乎？惟百有余年，间有一二庸碌官寮因循怠玩，不遵旧制。予宵旰勤求，殚心修复，永昭法守，仰副训政授宝之深恩于万一。守成大旨，在于勤修欲废之章程，莫为无益之新图，成法不变不坏，屡更屡敝，徒自贻戚耳。况不守祖宗成宪，先不以祖宗为是，其心尚可问乎？若存此念，天必降殃，亡国之君皆由于不肯守成也。守成二字所系至重，敬天法祖、勤政爱民体在是，岂浅鲜哉。"⑤ 嘉庆如此强调守成、法祖的重要性，这就决定了他不能随意对原来的体制、制度、政纲有所改动，进行突破性的修改更是不可能，这一点集中地体现在对漕运的治理上。嘉庆之所以在漕粮海运问题上退缩和害怕，一个最重要的原因就在

---

① 包世臣：《中衢一勺》第一上卷《海运南漕议并序》。
② 金安清：《水窗春呓》卷下《国初爱民》。
③ 《清仁宗圣训》卷75《严法纪》，嘉庆四年正月庚午，北京燕山出版社1998年版（下略）。
④ 常建华：《清代的国家与社会研究》，人民出版社2006年版（下略），第21页。
⑤ 《清仁宗圣训》卷15《法祖》，嘉庆十六年闰三月乙酉，第5117—5118页。

于此。

海运第二次讨论被否决后,嘉庆颁布谕旨,要求以后不允许再讨论海运问题,一定要按照祖宗的成法来做,不能任意改动。他在谕旨中说:

> 河漕二务其弊相乘,其利相因,漕运由内河行走已阅数百年,惟有谨守前人成法,将河道尽心修治。河流顺轨,则漕运按期遄原可行无事,即万一河湖盈绌不齐,漕船不能畅行亦惟有起剥盘坝,或酌量截留为暂时权宜之计,断不可轻议更张,所谓利不百不变法也。①

漕运作为国家大政,牵一发而动全身,嘉庆深知其中的道理。面对漕运陷入危机的困境,他奋力整饬,将突破漕运制度的海运纳入考虑的范围,并在朝堂上进行了两次大的讨论,最终还是在督抚大员们的反对声中结束了。即使海运试行成功,那么能否形成制度化的海运或者完全突破传统重新确立新的海运制度都是让人不敢奢望的。很明显嘉庆试行海运的本意并不是全部将漕粮付诸海运,而是想借助海运为河工争取治理的时间,或者是用海运作为河运的补充,最终还是以河运为主。河工告成,漕粮仍然从由运河输送,只是一个变通的办法。自入关以来漕粮的运输方式就是河运,这是不变的成法,嘉庆无法超越,也不敢超越突破,否则会背上"不孝"的骂名,这是统治者绝不能接受的。正如学者认为,王朝的开拓者多是一代雄才,后世守成的很难超越开创者,多是在既定的制度框架内调整②。

三 思想上的禁锢与消沉

嘉庆朝漕粮海运试行的失败,从意识形态上来说,是因为思想上有强大的禁锢,统治阶级和士人不能开放思想,无法放开眼界,更不会积极地寻求经世之道,大多则是苟且偷安。

乾嘉朴学鼎盛,占据了当时学术文化的主体,引导着当时思想的潮流。这一"美好"的现象背后却付出了极大的代价,"学者士大夫或致力于不触忌讳之考证古书,或醉心于猎取富贵之科举帖括"③,"志节之士荡然无存。有思想才力者无所发泄,惟寄之于考古,庶不干当时之禁忌。其

---

① 《嘉庆道光两朝上谕档》,嘉庆十六年四月十四日。
② 常建华:《清代的国家与社会研究》,第 30 页。
③ 萧公权:《中国政治思想史》(下),台湾联经出版事业有限公司 2006 年版,第 697 页。

时所传之诗亦惟颂谀献媚，或徜徉山水，消遣时序，及寻常应酬之作"①。
而这一切主要是因为清朝一直施行的文化高压政策所造成的。士人思想严
重被禁锢，不允许有任何讨论政事的言论，更不能有反对统治者的言行，
"其后文字狱频兴，学者渐惴惴不自保，凡学术之触时讳者，不敢相讲
习。然英拔之士，其聪明才力，终不能无所用也。诠释故训，究索名物，
真所谓'于世无患、与人无争'，学者可以自藏焉"②。全国一片"万马
齐喑"的消沉局面。到了嘉庆朝虽有一小部分有识之士不甘缄默，但改
变不了全国风气总体上的寂静。清史名家孟森对此评论说："嘉庆朝，承
雍、乾压制，思想言论俱不自由之后，士大夫已自屏于政治之外，著书立
说，多不涉当世之务。达官自刻奏议者，往往得罪。纪清代名臣言行者，
亦犯大薿。士气消沉已极。"③

　　这种消沉的局面最主要的体现就是士风和政风的颓废和败坏，这已是
一个不争的事实。

　　士风败坏，士人们保守狭隘、缺乏创造，追逐利禄、不问民生社稷，
锢蔽思想，缺乏面对现实、解决社会问题的应变能力，他们的目标是
"窃一第，获一官，沾沾焉，以为读书之事如是而止"④。这一代士人的生
存状态消极无为，时人对他们有过精确的描述：

　　　　今则伣伣伈伈，如在云雾之中，始而朝廷之上避之，继而草野之
　　间亦避之；始而章疏之文避之，继而序记碑志之文亦避之。其初由一
　　二公之忌克借语言文字以倾人，其后遂积为千万人之心，传各思敛笔
　　以避祸，士之负聪明才力者无益发抒，各爬梳经义，将古人成说已定
　　者仍复颠之倒之……今人之文，一涉笔惟恐触碍于天下国家，此非功
　　令实然，皆人情望风觇景，畏避太甚。见鳝而以为蛇，遇鼠而以为
　　虎，消刚正之气，长柔媚之风，此于世道人心，实有关系。⑤

　　士风与政风是紧密联系在一起的。这些"口耳之外无学，名利之外

　　①　柳诒徵：《中国文化史》，上海书店 1990 年版。
　　②　梁启超：《清代学术概论》，中国人民大学出版社 2004 年版，第 156 页。
　　③　孟森：《清史讲义》，中华书局 2006 年版，第 366—367 页。
　　④　贺熙龄：《寒香馆文钞》卷 2《张访石读书谱序》。
　　⑤　李堂陶：《迈堂文略》卷 1《与杨蓉渚明府书》，《续修四库全书》，上海古籍出版社
　　　　2002 年版。

无事,妻子之外无人"① 的士子们 "及其一旦窃科第而将入于官,乃始学为仕宦走趋之术,一切官府之仪状品式,而往充位焉"②。士风如此,政风也好不了多少,时人对此也有清楚的描述:

> 窃窥今政要之官,知车马、服饰、言词捷给而已,外此非所知也。清暇之官,知作书法、赓诗而已,外此非所问也。堂陛之言,探喜怒以为之节,蒙色笑,获燕闲之赏,则扬扬然以喜,出夸其门生、妻子。小不霁,则头抢地而去,别求夫可以受眷之法,彼其心岂真敬畏哉?问以大臣应如是乎?则其可耻之言曰:我辈只能如是而已。至其居心又可得而言,务车马、捷给者,不甚读书,曰:我早晚值公所,已贤矣,已劳矣。作书、赋诗者,稍读书,莫知大义,以为苟安其位一日,则一日荣;疾病归田里,又以科名长其子孙,志愿毕矣。且愿其子孙世世以退缩为老成,国事我家何知焉?嗟乎哉!如是而封疆万万之一有缓急,则纷纷鸠燕逝而已,伏栋下求俱压焉者鲜矣。③

政风如此颓废,官员无视国事,不可能提出有益于国计民生的建议,往往是 "一旦国家有急,则环顾公卿有司百执事,几无可以为任使"④。嘉庆朝的漕运治理就是在这样一个氛围下进行的。这群 "置天下大小事不问,惟孳孳焉庇私人殖货利是无"⑤ 的官员们关心的不是国家大事、国计民生,而是他们自己的个人利益。一个政策的提出只要不损害他们的利益,自然不会遭到他们的反对,一旦损害他们一点点利益,就会群起而攻之,千方百计阻挠。施行海运的议论每次都遭到大臣们强烈的反对,但又不能提出能够解决漕运困境的其他办法,只能按照原来的老办法 "过一天,算一天"。虽然有下层士人对海运议论和漕运治理表达一些意见,但这毕竟是寥寥无几的几个有识之士,他们的意见不能形成强大的舆论攻势,更不可能影响到统治者的决策,绝大部分士人只是在朴学的影响下进行考经究史,还没有形成 "经世" 之思想,所以更不可能关心国事。

在这种长期的严酷专制政治和高压政策的驱使下,形成了士人以避免

① 姚莹:《中复堂全集·东溟文集》卷2《钱白渠七经概叙》。
② 转引自任灵兰《嘉道时期士大夫的学术风尚》,博士学位论文,北京师范大学,1998年。
③ 《龚自珍全集》,《论良知二》,第31—32页。
④ 吴嘉宾:《求自得之室文钞》卷8《赠徐心逸序》。
⑤ 沈垚:《落帆楼文集》卷7《记小皮受挞》。

议论朝政、接触现实为立命准则；官僚以苟且偷安、不改成法的为官之道；一般民众以安分守己、逆来顺受，以免不测之祸的社会现状。"这种状况扼杀了知识界和全社会的活力和创造性，阻碍了中国社会的进步和发展。"①

四　官僚政治腐败，行政职能销蚀

传统的社会政治制度在乾隆中期达到顶峰，高宗晚年开始衰落，一切传统政治的消极方面都暴露出来，而作为最能反映官僚政治状况的吏治腐败问题表现得非常突出。嘉庆朝不仅吏治败坏，贪污成风，浪费奢靡，更重要的是整个官僚阶层对国事民生冷漠、麻木②，官僚政治所发挥的行政职能混乱，行政能力在相互倾轧和交织中销蚀。

嘉庆看到了社会的积弊，并期望通过整肃吏治来挽救颓势。他刚刚掌权后，就开始了大规模整顿，然而积重难返，"盛世不能重造，他的意志并没有阻止社会的颓势。更多本来隐伏的问题从罅隙中冒出来了"③。

漕务与河工的腐败最能体现官僚政治的没落。漕与河又是相互紧密联系在一起的，所以古人一直坚持治河即是为了治漕，可见漕与河的关系之紧密。从嘉庆四年整顿漕运开始，整个嘉庆一朝二十多年的时间都在为彻底拯救漕务而奋斗。但"漕为天下之大政，又为官吏之利薮。贪吏之诛求良民，奸民之挟制贪吏，始而交征，继必交恶"④，漕务不可避免地被看作贪夺私利的源泉。地方收漕，州县浮收渔利，漕粮运输，沿途文武各员渔利；京通交仓，仓场坐粮厅渔利，"自州县经征起至运通交兑止，处处陋规，层层勒索"⑤，官员们都把漕运作为取之不竭的源泉，漕运的治理必须以不损害他们的利益为前提，嘉庆一朝漕运的治理如此艰难，是因为涉及各个方面的利益，受到了各方面的阻挠。上面有了政策，地方官员却阳奉阴违，多不执行。为了解决这些问题，嘉庆一直在探索漕运修补的办法，然积弊已深，收效甚微。

嘉庆发起的两次关于漕粮海运的讨论却是嘉庆挽救漕运最耀眼的措施，可惜最终还是夭折了。之所以两次都失败，这与上面所论述的有着密

---

① 黄爱平：《朴学与清代社会》，河北人民出版社2003年版，第189页。
② 此处参考陈连营《危机与选择——仁宗统治政策研究》，博士学位论文，中国人民大学，1999年。
③ 陈旭麓：《近代中国社会的新陈代谢》，上海社会科学院出版社2006年版，第45页。
④ 包世臣：《剔漕弊》，《清经世文编》卷46《户政二十一·漕运上》。
⑤ 《朱批奏折》，嘉庆四年九月十五日江苏巡抚岳起奏，档号：04-01-35-0191-029。

切的关系。突破制度的选择需要大胆尝试的勇气和充分的准备，嘉庆对于海运的建议在某种程度上来说是缺少这两个条件的。首先，嘉庆一朝无论君臣都没有大胆尝试的勇气，他们害怕将“天庾上供”的漕粮“以入溟不测之渊”不免漂溺，后果关系重大。他们固守成法，以停滞的眼光来看待变动中的事物和制度，无法用灵活的观点解决新出现的问题，这一点在前面已经详细讨论过了。其次，没有充分的准备，这里不但有现实物质准备上的缺乏，还包括意识形态上的舆论准备。嘉庆朝的官僚腐败成风，浪费奢靡，唯利是图，他们根本无心政事，对国家大政方政冷漠，处理政务或者拖延，或者因循，更别指望他们能够发挥其应有的行政职能。嘉庆就直接指出这种腐败不堪之景象：“州县惟知以逢迎交结上司为急务，遂置公事于不问，视陋规为常例，以缺分美恶，得项多寡，总思满载而归，视民生如膜外。而督抚司道等亦祇知收受属员规礼，并不随时督察上紧严催。而胥吏等又利于案悬不结，可以两造恣其需索，以致拖累多人，日久尘积，上下相蒙。”① 官员处理本职事务漫不经心，能拖则拖，能挨则挨，即使皇帝交办的案件也是任意迟逾一两年不办的，皇帝交办的事务都是这样，可想而知其他所要行使的职能会是什么样了。

伴随着漕运体系腐败的同时，与漕运密切相关的河工更是污秽不堪。“嘉、道年河患最盛，而水衡之钱亦最糜。……其中浮冒冗滥不可胜计，各河员起居服食与广东之洋商、两淮之盐商等。凡春闱榜下之庶常及各省罢官之游士，皆以河工为金穴，视其势力显晦为得贶之多寡，有只身南行，自东河至南河至扬州至粤东四处获一二万金者。”② 各个官员为了从河工中尽量获得利益，纷纷贿赂大员，营求办理河工，包世臣对这种唯利是图的现象进行了揭露：“至疆场告警、河防为灾而自大吏以及在事人役莫不趋之入骛，岂忠义愤发，输忱自效哉？乘危抢夺，不忍为方。然则民生之所以日蹷，国用之所以不支者，凡皆廉耻道消，见利忘义之所致也。”③ 这群腐败官僚政治肌体的蛀虫天天锦衣玉食，莺歌燕舞，苟且在一片歌舞升平的假象之中，浑浑噩噩，做官无他，“但多磕头，少说话耳”④。中央官员如此偷安，地方州县官僚吏治更是不堪，“近年以来州县

① 《清仁宗实录》卷61，嘉庆五年三月丙辰。

② 欧阳兆熊、金安清：《水窗春呓》卷下《金穴》。

③ 包世臣：《安吴四种·齐民四术》卷29《却寄戴大司寇书》。

④ 朱克敬：《暝庵二识》卷2，岳麓书社1983年版。

（吏治）愈趋愈下，靡所底止，即有纠弹未揭底里"①，可见嘉庆朝官僚体制之萎靡不振，他们虚食主禄，尸位素餐，最终官僚政治所要执行的行政职能在多磕头、少说话的原则下完全消弭了。

官僚体制一旦腐化堕落，必然导致行政职能的销蚀和低效，两者是相辅相成的。漕运和河工的困境作为嘉庆朝所要解决的两个重要的行政职能，在某种程度上，近似于近代西方学术中"公共职能"这一概念，甚至在某些具体的行政方面，两者是相同的，比如漕运和河工。而在这一点上，与西方学者认为"漕运危机是 19 世纪最初几十年公共职能普遍崩溃的一个方面"② 的观点不谋而合了。嘉庆朝的漕运面临着重重危机，这一前所未有的难题无法让统治者有可以效仿的先例，因此在解决这一问题的时候，官僚政治所体现出来的"政府行政的程式化、表面化，沉溺于驾轻就熟的经验方法，在碰到前所未有的问题需要解决的时候，不是束手无策，就是套用旧法予以处理"③，最终以漕粮海运解决漕运危机的尝试被迫夭折。

---

① 《录副奏折》，嘉庆十四年十二月初三日江苏常熟县生员沈旭为缮折恳请代递事呈文，档号：03 – 1752 – 043。

② ［美］费正清、刘广京编：《剑桥中国晚清史》（上卷），中国社会科学出版社 2006 年版，第 119 页。

③ 李宝臣：《文化冲撞中的制度惯性》，中国城市出版社 2002 年版，第 281 页。

第八章 无奈下的补漏：漕运制度内的修补

面对陷入危机后的漕运，统治者试图通过许多比较典型的办法以摆脱困境。然所付出的努力并没有达到彻底解决漕运危机的目的，漕运困境依然如故。统治者需要保证漕粮的按时运输和到达，因此解决漕运困境时的各种措施，与其说是为了一劳永逸地解决危机，倒不如说是为了暂时解决燃眉之急。对统治者来说，他们不会也不可能知道漕运出现危机的根源究竟是什么，因此无论什么样的措施无非都是在漕运制度允许的范围内徘徊，不可能解决基于这种制度上的危机。即使是这样，统治者为了使漕运这台即将崩溃的机器继续运转，不得不想方设法对它进行修补，这也是面对困境时无奈的选择。

第一节 济丁去弊的日常化

嘉庆四年和十四年，清政府对漕弊和运丁费用进行的大规模讨论，主要还是在漕粮、耗米以及陋规上做文章。如前所述，这些对当时最严重的问题进行补救的措施并没有取得很大的成效。更重要的是，漕弊并不只是陋规一端，而增加旗丁费用的措施随后看来是远远不够的。因此，四年之后对于缓解旗丁用费不足的问题，嘉庆君臣提出了很多办法，其中也有很多得到了执行。四年以及十四年进行的大整饬也使这一问题得到了不少缓解。之后，陋规问题虽然没有那么突出，但其他漕运弊端却层出不穷，统治者不得不忙于这些弊端的解决。无论是救济旗丁还是革除弊端，统治者时刻都在筹议解决的办法。

一 济丁

嘉庆四年（1799），关于旗丁用费的问题经过反反复复的商讨，虽然也得出了一个暂时的办法，却不是一个包治百病的灵丹妙药，即使是同一问题也没有完全解决，更何况还有其他原因所导致的问题。因此，四年大讨论之后，统治者并没有停止对旗丁用费拮据问题的关注，也在持续不断地探索解决办法。具体来说，救助旗丁主要有以下几种常用之法：

（一）借拨行月米粮

各帮旗丁最基本的收入是规定发给的行月米粮，除此之外，各省也有数量不等的耗米作为补贴。而在许多情况下，作为旗丁基本收入的行月钱粮会因为歉收等缘故而无法立即给发，从而直接影响到漕运的正常运行。如果有漕州县遭遇水旱灾害或歉收的情况，清政府一般都会对这些地方实行蠲缓。蠲缓等措施虽然解决了当地当时的困境，但对漕运和旗丁来说无异于"无米之炊"，如果不能按时按量领取行月米石，漕粮将无法准时起运。嘉庆君臣对此中关系当然了解甚悉，每当这种情况发生，统治者都会从别处借拨行米石，以便济运，等到下年分征归还。这种情况在江南省比较普遍。嘉庆五、六年，江安粮道仓库额收南屯米石因灾缓征，不敷支放，"在于江安各属征存节年缓漕米内拨抵放给，俟次年分征归还搭运"。七年，江浦、六合、泾县、和州等八州县"因灾缓征行月米一万八千九百八十二石零"，江兴等卫各帮旗丁的行月米石又不能缺少，于是从江宁、扬州二府属常平仓内借用"谷二万八千石"，又"提拨各属节年征存行月米四千五百八十余石，并将东台征存嘉庆三四年暨上元、江宁二县应征嘉庆元年、五年缓漕及赠五米，共八千二百一十四石零，一并通融拨抵，以济支放而速漕运"①。接下来的嘉庆八年也出现这种情况，"六合县被灾，缓缺米三千七百五十八石零。山阳、清河、睢宁、沭阳等县展限缓缺米麦三千石，共计不敷米麦六千七百五十八石零"②。由于这种灾害和歉收情况的大量出现，借拨行月米石的办法也成了一种成规。于是，在遇到类似情况之时，相关大臣都会根据成案奏请从别的州县，或从别的项下进行借拨，同时也要将这些借拨款项造具款册，送户部查核。如十年（1805），苏、松、常、镇、泰五府"计灾缓不敷支用米六千二百余石，应行筹款拨足。""在于熟田漕粮内拨抵支放以济漕运，仍俟明冬按限征还归入缓漕搭运。"③ 十六年（1811），湖北江夏等州县被旱歉收，朝廷颁旨缓征，而"行月等银急需支放"，最后奏准"在于藩库现存地丁项下照

---

① 《朱批奏折》，嘉庆八年闰二月初二日两江总督费淳奏，档号：04 - 01 - 35 - 0194 - 036。
② 《朱批奏折》，嘉庆九年正月二十二日江苏巡抚汪志伊奏，档号：04 - 01 - 35 - 0196 - 036。
③ 《朱批奏折》，嘉庆十年十二月十八日江苏巡抚汪志伊奏，档号：04 - 01 - 35 - 0201 - 047。

数拨补,并照往例先行动支,以济漕运"①。另外,十六年、十九年、二十一年、二十二年、二十三年、二十四年,江南省江淮、兴武等各帮因受兑州县灾缓,其行月米石基本上从附近州县借拨,② 或从地丁项下照数借给。这些借拨之行月米粮都会于分缓起征之日征解还款,如果年成不好,大多数情况下清政府都会同意适当推延归还年限,以减轻旗丁的负担。

(二) 免收行月米粮

江南出运的旗丁每当丰稔之年所领行月米粮要求"酌量收买运通",并且规定以"一两九钱折价给丁,收买行月等米",而这种固定的收买价格在嘉庆朝时明显偏低的。乾隆中后期开始的通货膨胀,使得物价大涨,百物昂贵。嘉庆中期以后粮价更是居高不下。如十四年 (1809),江南各地虽丰歉不等,但"统核各属粮价,每石均在三两内外"③。根据奏报,江南粮价在最高的时候每石可达四两以上,④ 而最低的时候每石也要二两数钱不等。⑤ 如果还是按照原来规定每石一两九钱的价格来收买行月米石,旗丁所得之钱远远"不敷另购食用",甚至"不敷购买次米,日食难免拮据"⑥,更重要的是"易致亏短正粮,且与民食未免有碍"⑦。为此,漕运总督要求暂免收买,以纾丁力,并毫无疑问得到了嘉庆的批准。收买旗丁行月等米"原应视粮价之贵贱分别收买方,不致有亏丁力"⑧。根据

---

① 《朱批奏折》,嘉庆十六年十一月二十二日湖北巡抚张映汉奏,档号:04 - 01 - 35 - 0217 - 047。

② 参见《朱批奏折》,两江总督勒保:奏为酌筹拨给江淮兴武等卫帮丁行月等米事 (嘉庆十六年四月二十六日,档号:04 - 01 - 35 - 0216 - 017);两江总督百龄:奏报酌筹拨给江淮兴武等卫帮丁行月米石事 (嘉庆十九年闰二月初四日,档号:04 - 01 - 35 - 0223 - 001);两江总督百龄:奏为酌筹拨给江淮兴武等卫帮丁行月米石事 (嘉庆二十一年五月初十日,档号:04 - 01 - 35 - 0225 - 035);奏为循例酌筹拨给江淮兴武各帮丁行月粮米事 (嘉庆二十二年三月初七日,档号:04 - 01 - 35 - 0227 - 002);两江总督孙玉庭:奏为酌筹拨给江淮兴武等帮丁行月米石事 (嘉庆二十三年二月二十八日,档号:04 - 01 - 35 - 0229 - 015);两江总督孙玉庭:奏为酌筹拨给江淮兴武等卫帮丁行月米石事 (嘉庆二十五年八月十七日,档号:04 - 01 - 35 - 0236 - 052)。

③ 《朱批奏折》,嘉庆十四年十一月初一日漕运总督马慧裕奏,档号:04 - 01 - 35 - 0208 - 053。

④ 《朱批奏折》,嘉庆二十一年十二月十一日漕运总督李奕畴奏,档号:04 - 01 - 35 - 0226 - 046。

⑤ 《朱批奏折》,嘉庆十八年十一月二十六日漕运总督阮元奏,档号:04 - 01 - 35 - 0222 - 042。

⑥ 《朱批奏折》,嘉庆二十二年十一月初一日漕运总督李奕畴奏,档号:04 - 01 - 35 - 0228 - 032。

⑦ 《朱批奏折》,嘉庆十年十一月十一日漕运总督吉纶奏,档号:04 - 01 - 35 - 0201 - 039。

⑧ 《朱批奏折》,嘉庆十七年十月十五日漕运总督阮元奏,档号:04 - 01 - 35 - 0219 - 060。

现有的档案材料来看，十年（1805）以后，嘉庆朝江南地区的粮价无论丰歉每石的价格都在一两九钱以上，因此收买行月粮米的规定每年都会有漕运总督奏请暂免执行。虽然没有一个漕运总督奏请废除这一规定，但这种每年都要提出并肯定得到批准的暂时性补救措施未尝不是一种"成案"，其目的就是要根据当时的实际情况适当调整救济旗丁的措施。

（三）因丁力疲乏，拨款借给旗丁济运，暂缓积欠

这种情况比较突出，不但各州县在受兑时就有旗丁拮据难以开行的情况，在运输途中费用不敷更是屡见不鲜。一旦遇到运河梗阻或回空守冻，旗丁费用不足和口食缺少更是比比皆是。为了确保漕运的畅行，缓解旗丁费用的不足，嘉庆君臣提出了许多不同的借款办法，其中有恩借，借垫津租，从盐库、河库和沿途各州县等借款等。至于采用哪种办法，需要由相关官员根据各省不同的情况随时奏请。所借银两从下年所领款项中分别扣还，或者"准将应交通仓余米留南变价，限年陆续归补"①。若在规定的时间内无法补还，可以奏请延长归还年限。

恩借银两其实就是清政府将库银以较低的利息借贷给旗丁，这样可以避免高利贷对旗丁的盘剥。浙江漕白二十一帮军丁最称贫疲，"所得领项历有扣款，每多不敷一运之用"②。因此，在乾隆年间漕抚诸臣就已提出：从道库报拨银十万两借给各帮疲丁，以一分输息，按出运六个月扣足息银十万两之数，归还本银，再以息银作本递年酌借，并得到了批准执行。嘉庆十年，因"各丁递年积困，又值今岁春收歉薄"，浙江巡抚清安泰奏请酌复恩借旧例，"于粮道督运北上时动支道库报拨项下银八万两，带赴沿途量为借给"，"于下年运费内扣还，年借年还，照旧一分输息，按出借六个月计算，俟收足息银八万两即将原本归还报拨，仍以息银作本，源源出借，俟各款欠项一律扣足之后，即行停止"，"以免各丁重利私借，庶可积累日轻"③。十四年（1809），浙江省各帮旗丁因历年积欠过多，无法全部归还恩借银两，浙江巡抚阮元"以各帮欠缴递积过多，奏准在于留南余米变价项下分年扣清"。二十年（1815），浙江巡抚颜检为了进一步缓解运丁积困，又奏请借本银"交粮道分别借给扣还，递年辗轳转借"。嘉庆批准后，"丁力赖以支持，颇著成效亦在案"。

---

① 《朱批奏折》，嘉庆十八年二月十五日浙江巡抚高杞奏，档号：04-01-35-0220-035。
② 《朱批奏折》，嘉庆二十五年正月初六日漕运总督成宁、浙抚陈若霖奏，档号：04-01-35-0235-001。
③ 《朱批奏折》，嘉庆十年十一月二十三日浙江巡抚清安泰奏，档号：04-01-35-0201-044。

　　除了恩借各款之外,还有借支道县各库银两,然后"以余米变价分年接扣",或者从藩库中先行垫付,接续扣还。有的时候也会"将津租一项照旧提银赴北借垫"①。如果这些借用银两在规定的年限内无法偿还,可以奏请展延年限。

　　另外,嘉庆朝运河经常出现问题,具体的情况在前面章节中已有详述,此处不再赘述。所以漕船在运输或回空途中一旦出现"运道艰滞"的情况,旗丁用费自然要增加很多,统治者会根据情况的缓急轻重来从江南、山东、直隶、长芦运库、两淮运库等酌借银两给运丁。如果回空因守冻等情况而长时间停留,不但借给银两,还发放口粮,以资食用,而且这种情况在嘉庆朝是最为普遍的,中国第一历史档案馆藏嘉庆朝朱批和录副奏折中有大量例子可以说明这种普遍性。

　　除此之外,修艍船只的费用规定每船只给银七两五钱,远远不够修理费用,所以旗丁每次修艍都会"垫用多至数倍,是以帮丁顾恳借支。历任粮道虑恐误运,不得不权衡轻重,详请拨项接济,仍于该丁等处领款内扣收"。

(四)调整造船费用,停造疲帮,减歇船只

　　漕船的建造主要是政府发给运丁料价,由各丁在当地设厂造船。旗丁每造一船实需银一千二三百两不等,"除给例价二百八两零外,每船实赔银一千余两,穷丁无力赔垫,惟有辗转借抵,以完公事,日积月累,逋欠益深,起运艰难"②。而"江南、浙江各帮军船因向并非产木之乡,旗丁每逢大造赔累多金"③。而两江、楚、豫、山东等省造船料价除了有政府给付的二百八两外,每船有从十余顷至二三十顷不等的屯田可以接济,而浙省的屯田按船额平均,"每船止得屯田一顷有零,较他省不及十分之一,且江西、湖广每船除例价外,尚拨给余租三百两至一百两不等"。十二年(1807),浙江巡抚蒋攸铦奏准"照江广置照驳船之例,每船给银八百两,除原给二百八两零外,计应添给银五百九十余两",并于"道库减存行月备料等款余银内支给领办","虽较之赔垫之数尚属不敷,但得此添补,丁力自可渐纾"④。之后,浙省旗丁造船费用也按照蒋攸铦所奏准

①　《朱批奏折》,嘉庆十五年三月十四日漕运总督许兆椿奏,档号:04 - 01 - 35 - 0211 - 010。
②　《录副奏折》,嘉庆十二年八月二十六日浙江巡抚蒋攸铦奏,档号:03 - 2138 - 015。
③　《朱批奏折》,嘉庆十七年四月十八日漕运总督许兆椿奏,档号:04 - 01 - 35 - 0218 - 052。
④　《录副奏折》,嘉庆十二年八月二十六日浙江巡抚蒋攸铦奏,档号:03 - 2138 - 015。

的办法执行。虽然其他省份的造船费用要比浙省稍多，但还是不够。如十年（1805），江西建昌所各丁因额给造船费用不敷，呈请增加造费银两，嘉庆予以批准。

而对于有些疲乏之帮，由于造船实在赔累很重，酌量停造，减歇船只以纾丁力。早在七年（1802），漕运总督铁保就因浙江温州后等五帮旗丁疲乏奏准"停造船十八只，将所有粮米洒带本帮，其应领钱粮即照洒带米数分给各丁。俟十年后察看情形，如果丁力渐殷，再行成造"。然嘉庆十七年（1812）的情况与十年前仍然一样，"丁力仍属拮据，承金造船实属不易"①，而且"本帮出运各丁近年来幸得增领洒带钱粮，藉资调剂。刻下如照旧成造，其现运各船无米洒带，即应划出摊给银米，于现运丁情复形拮据"②。最后，嘉庆决定永远停其成造。

（五）为了缓解旗丁费用的窘迫，清政府也另外提出了不少办法以增加旗丁收入

首先，增加土宜数量。五年，嘉庆将土宜的携带额度由原来的一百二十六石上调为一百五十石，并一直遵循不变。其次，对江广产木地区的漕船，准许跨带木植获利，以资济运。清政府允许江广重运粮船可以携带天篷竹木，而且规定不得高于二尺为度。其中对于跨木一项并没有明确说明，而在运输过程中，旗丁会携带跨木获例，清政府对此也没有明确的反对。十八年（1813），湖南巡抚广厚奏准"船身两旁均准跨带木植"，从而确认了携带跨木的合法性。但广厚并没有确定携带的数量和标准，所以以致后来"各帮运丁逐年增带，较从前多至五六倍"③。极大地影响了漕运的正常进行。二十四年（1819）规定"嗣后江广出运粮船跨带木植，著即照天篷竹木之例宽不得过二尺，以示限制。各帮运弁于未开行之前先行查禁。到关时，该监督随时查验。如有违例多带者，分别参惩，以杜隐漏"④。再次，将晒飏米石划给旗丁和从漕粮征收过程中分给州县的耗米中酌量划给旗丁折银，前已详述，此处不再赘述。最后，旗丁兑剩余米准许就近在通州附近售卖，"但不得卖与别帮挂欠之丁"。九年以后，规定

---

① 《清仁宗实录》卷259，嘉庆十七年七月壬申。
② 《朱批奏折》，嘉庆十七年六月二十五日漕运总督许兆椿奏，档号：04－01－35－0219－018。
③ 《朱批奏折》，嘉庆二十四年十一月初七日九江关监督广惠奏，档号：04－01－35－0234－021。
④ 《清仁宗实录》卷365，嘉庆二十四年十二月庚寅。

兑剩余米按照市价"俱系官为收买"①。

二　去弊

陋规是漕运中最大的弊端，四年、十四年中，这一问题已在嘉庆君臣之间进行了详细的筹议，并要求有漕各省对各种陋规进行革除。但漕运中的弊端不止陋规一端，虽然对于其他弊端，统治者没有掀起如陋规问题那么大的议论，但在日常行政中统治者并没有放松对漕运中其他弊端的关注，而是积极探索解决的办法。

（一）禁止漕船夹带私盐，筹议各种杜绝措施

盐是清政府垄断的重要物资，绝不允许私自买卖。盐的买卖必须通过专门的商人，否则就会被认为私盐而受到严厉的处罚。但回空粮船为了牟私利，往往夹带私盐。而且漕私的一个特点就是数量大，② 这就严重地影响到官方盐引的销售，"以致病商误课，则关系尤重"③。因此，漕船回空时都要在扬州一带由江南总督和漕运总督檄委官员带领弁兵协同盐政委员稽查，并于搜盐厅逐船搜验放行。除此之外，回空途中各押运员弁、沿河文武各员等都有稽查之责。十四年（1809）之前，统治者对夹带私盐的行为没有采取积极的态度，主要是处罚了一些得受旗丁贿赂，纵放夹带私盐漕船的官弁。十四年之后，嘉庆朝的注意力不再只局限于某一个弊端上，而是普遍地关注漕运中的各种弊端。因此，对夹带私盐的问题自然也加大了注意力，除了加大稽查和处罚力度外，还在积极地筹议各种预防措施。除了沿河文武官员于帮船回空之际实行巡查外，在淮安、扬州、龙江、芜湖和九江五关还要进行集中稽查，许多省份为了杜绝夹带的发生，还另外设立了卡隘进行查验，同时加大稽查力度。山东省除了照例于回空入境之柘园地方派有专人盘查外，"又选派明干道府厅员，面加叮嘱，令其会同营员专驻临清关口，俟回空粮艘到时实力严查，毋许透漏前进。仍饬沿河员弁，两岸随地稽巡，以防东盐私载之弊"。而且对于涉及私盐的案件，"毋论大小，均当切实跟求，照例惩处"④。江西省"在湖口县梅家洲及北姑塘分别设卡，派委员弁，遇有粮船随查随放。仍令该盐道亲往督查"⑤。湖广省也议定了章程，"遴委文武大员，选带兵役，驻扎湖北黄

①　《清仁宗实录》卷133，嘉庆九年八月壬戌。

②　张小也：《清代私盐问题研究》，社会科学文献出版社2001年版，第100—101页。

③　《清仁宗实录》卷231，嘉庆十五年六月甲辰。

④　《朱批奏折》，嘉庆十五年八月十七日山东巡抚吉纶奏，档号：04-01-35-0490-017。

⑤　《清仁宗实录》卷343，嘉庆二十三年六月辛未。

梅县属小池口地方，遇有回空漕船如境即令停泊候验，给照放行。仍于武昌省城外漕船经过停泊之处，派委丞倅一员、都守一员查收验照，以杜偷越之弊"①。

　　在产盐地区加强预防、稽查和打击的力度，尽量从源头上杜绝弊端。清代北方产盐的盐场主要集中在天津一带，重运北上时往往于"天津公口岸等处预行定买私盐，回空装载销售。此外山东、江南地方亦有载私之处，各帮皆然"。按照规定，天津盐政每年都应"扈跸热河"，嘉庆因为漕船夹带私盐问题的日益严重，从嘉庆十五年之后，天津盐政"无庸前往"热河，"责令在天津专心查办此事，无许军船装带私盐"。② 同时，要求"直隶、山东、江南漕运各督抚暨天津、济宁巡漕御史、天津镇道转饬沿河文武员弁一体严拿，并檄饬长芦、山东运司督同分司场所各官及巡防委员认真查缉"③。稽查虽严，而且盐法也有详细的规定："粮船旗丁水手南北往返，必须食盐，准其于受兑上船处，每船带盐四十斤，于交卸回空处亦准其带盐四十斤，多带者同私盐例，从重治罪。"④ 但是旗丁还是可以设法绕过这些规定和稽查。如对于每船只准购买和携带四十斤的规定，因为每船丁舵水手不下数十人，旗丁们往往轮流赴店买盐，"商人无从识别，积少亦可成多。况自天津以及山东、江南沿河各州县盐价本贱，较之江广减至倍蓰，军船唯利是图"⑤。为此，十五年（1810），在长芦盐政嵩年的奏请下确立了预防规定：帮丁"于帮船回空之日，如果食盐短缺，给予该旗丁印照一纸，令其持照赴店照例置买"⑥，"无印照者不准卖给，仍严饬运弁随时稽查，不得多给印照"⑦。

　　另外，嘉庆要求对于押运官弁包揽纵容私带，地方文武及总运催趱各员弁得规卖放等事必须加以厘剔，规定"如有胥役兵丁得钱包庇，查明严惩"。此外，嘉庆还要求对于"平素著名窝囤处所设法访拿，缉获若干，随时具奏"⑧。特别是"天津产盐处所及安徽枞阳大通等镇有积惯匪

　　① 《朱批奏折》，嘉庆十五年七月十九日湖广总督汪志伊奏，档号：04 - 01 - 35 - 0213 - 029。
　　② 同上。
　　③ 《朱批奏折》，嘉庆十五年七月十五日长芦盐政嵩年奏，档号：04 - 01 - 35 - 0490 - 010。
　　④ 《清会典事例》卷 231，中华书局 1991 年版。
　　⑤ 《朱批奏折》，嘉庆十五年七月十五日长芦盐政嵩年奏，档号：04 - 01 - 35 - 0490 - 010。
　　⑥ 《清仁宗实录》卷 232，嘉庆十五年七月辛未。
　　⑦ 《朱批奏折》，嘉庆十五年七月十五日长芦盐政嵩年奏，档号：04 - 01 - 35 - 0490 - 010。
　　⑧ 《朱批奏折》，嘉庆十五年八月十七日山东巡抚吉纶奏，档号：04 - 01 - 35 - 0490 - 017。

徒开设盐店,窝囤私销,著该管官严拏究办"①。嘉庆后期更是加大了打击力度,即使是失察,事后一旦发现,也要将"该管及失察出境、入境员弁,照例参处"②。

(二)严禁浮收、折色和盗卖漕米

有些州县在开仓征收漕粮时任意浮收,以牟取私利。甚至设立了漕余名目,公然浮收,提取归公,使百姓"额外输将",赋外加赋;③或者"虚报满廒",不收取花户所缴纳的米粮(本色),而是私自强制花户折算成银两缴纳,是谓折收。然后用这些银两从当地买来丑米,充当漕粮挨交。嘉庆认为这些弊端危害巨大,"蠹国病民,莫此为甚"。因此命令"有漕省分各督抚督率司道等官严行查禁。"而"浮收、折色二弊相连而致",彼此难分,百姓对此更是抱怨不暇。对于浮收,统治者一直以"州县征收漕粮不准浮收颗粒"的规定来要求有漕各省严格遵守;为了预防和打击私自折收,也制定了严厉的规定:"嗣后州县官征收漕粮概以本色兑收,无得仍前私收折色,倘敢仍前弊混,一经查出,即照枉法治罪。"④虽然制定了严厉的章程,嘉庆还是时刻提醒官员要实力革除,不要只是空言,并不时惩罚一些浮收、折色之人以达警示之效。

漕粮运输过程中盗卖漕米是属于比较常见的弊端,这不仅有漕运官吏的贪索,也有物价昂贵、旗丁牟利等因素所导致。在漕粮运输途中,旗丁、水手或雇工等通过种种手段,将漕米盗出售卖。因为旗丁在重运北上的途中,可以将所携带的土宜在一些地方售卖,因为有些旗丁假借售卖土宜之际将漕粮偷出售卖。或者是"旗丁串同船户盗卖官米,于驳船暗造夹舱夹梁",在拨运漕粮时,将漕米偷放于其中。特别是通州杨村河西务一带,由于盗卖漕粮频繁,此地更是聚集了大量奸商所设立米店,"贩运牟利,于粮船经行处所豫为囤贮"⑤。统治者进一步重申"不准漕粮颗粒上岸,并于城市闸坝处所遍行晓谕,俾知遵守"。同时"于河西务杨村一带密拏回漕囤户"⑥,并敕令"山东、天津、通州粮艘经过及停泊地方,著各该巡漕御史实力稽查,毋任运丁等致有盗卖米石之事,以清积弊,毋

---

① 《清仁宗实录》卷311,嘉庆二十年十月壬戌。
② 《清仁宗实录》卷334,嘉庆二十二年九月庚午。
③ 《清仁宗实录》卷98,嘉庆七年五月庚寅。
④ 《清仁宗实录》卷96,嘉庆七年三月庚寅。
⑤ 《清仁宗实录》卷170,嘉庆十一年十一月壬子。
⑥ 《朱批奏折》,嘉庆十一年十一月十六日漕运总督吉纶奏,档号:04-01-35-0204-012。

存畏难之鄙见，毋存消弭之恶习，各矢天良，尽力追究，据实具奏"。还有一些盗卖行为在漕船受兑之前就已经发生了，这种现象在江广省份比较多。如江西漕粮须在省城水次受兑，所以州县的漕粮需要雇用民船装运，抵达省城水次受兑。在运送的过程中，不法船户往往偷盗漕米，卖给奸商在水次或省城所开设的米局牟利。因此，统治者一再重申："南粮为天庾正供，颗粒皆宜慎重，岂容旗丁盗卖，致滋亏短。"[1] 命令相关省份督抚务须认真查禁，从重惩处。为了杜绝盗卖漕粮的行为，六年（1801）统治者定下了严厉的处罚规定："拨船船户盗卖漕粮过一百石以上者，绞监候；为从及知情盗卖者，于绞罪上减一等，各杖一百，流三千里。其盗卖在一百石以下者，发极边四千里充当苦差，面刺盗卖官粮并烟瘴改发字样，虽亲老丁单不准留养。以上军流各犯均先于犯事地方枷号一个月，月满发配。卖米脏银及卖米转售所得余利一并照追入官，米石查追归仓；押运及沿途失察文武各官照例议处。"[2] 随后，十一、十二、十三、十四、十五等年，统治者进一步补充和完善了对侵盗漕米的惩罚规定。各有漕运总督抚及相关官员遵照统治者的要求和相关规定，严格强调"天庾正供，米石颗粒不许偷卖，倘敢不遵，一经访拿定行参劾，请旨从重治罪"[3]。

（三）严禁漕粮掺和霉变

漕粮的盗卖和私折往往导致发生漕粮掺和沙水的问题，因此严禁盗卖和私折漕粮在一定程度上也是减少了漕粮掺和的发生。掺和漕粮的办法主要有两种：一是将短少的漕粮中掺入杂物或不合格的漕米，如沙土碎石、石灰、糠秕、米麦碎屑等；另一种主要是将水或发胀药水拌入米中，使米粒鼓胀。另外，由于漕米征收时的潮嫩或者中途受潮等原因，经过长时间的运河行程，如果不及时风晾、通风或者遇到长期阴雨天气等原因漕粮极容易发生霉变。清政府特别关注漕粮的标准，一直要求征收的漕粮必须一律干圆洁净，不能夹杂杂质。为了确保漕米的质量，征收时有监兑官员检查米色；漕船过淮时，有漕运总督盘验，如果发现漕粮米色不纯，总漕便可以将漕粮驳回；最后到仓交兑时，如果米色不纯，根据情况的不同由旗丁、押运官弁或州县赔补。除了事后经济上的赔偿外，嘉庆朝统治者在原来严格章程的基础进一步加强了对这些弊端的预防和处罚。顺、康、雍、

---

① 《清仁宗实录》卷212，嘉庆十四年五月壬午。
② 载龄等：《清代漕运全书》卷81《侵盗折干》。
③ 《录副奏折》，嘉庆十四年六月十七日巡视东漕工科给事中赵佩湘奏，档号：03-1751-057。

乾四朝对漕粮掺和霉变的情况都有详细的处罚规定，嘉庆朝在此基础上进行了补充，这些措施不但强调事后的惩罚，更是进一步注重了主管官员的连带责任，试图使官员的被动作为转变成积极行政，以杜绝类似弊端的发生，而事实上嘉庆朝的许多措施都带有这种潜在意识的痕迹。

为了杜绝漕粮霉变，嘉庆朝统治者分别对相关责任人指定了明确的处罚规定。如果因年岁气候缘故，并事先呈报，旗丁和州县则分别承担责任。州县赔补十分之六，帮丁赔补十分之四。如果州县收兑时漕米并无不纯，过淮时如果发现有霉变米色不纯的情况，则经收州县、监兑各官、押运领运官员革职，粮道降级，巡抚议处。同时，还需要各责任官员赔补相关损失，漕运总督、巡抚共赔一成、粮道赔补一成，州县、帮丁各赔四成。如果只是到通时发现霉变，则责令旗丁赔补，押运同知、道员也将革职降级。而漕粮的霉变在很多情况下都是由于掺和所造成的，因此对掺和的行为处罚更重。如果"水次交兑之时，米色稍有搀杂，即应责令监兑之员立时驳回"，"倪抵淮时经总漕验出搀杂丑米，即将该州县据实严参"①。如果是掺杂杂物，则要分别筛扬，旗丁赔补缺额。此外，旗丁还要被杖笞，领运千总、押运通判也要被参处。如果将驳回霉变之米复行掺入，私运至坝，粮道押运等官均比照掺和漕粮例加等议处。如果是掺水或药物涨米，导致漕米霉变，则要从重治罪。其中，嘉庆对用药掺和涨米的行为非常痛恨，认为"其情可恶已极"，并进行了彻底根究。十四年（1809），嘉庆针对活跃在天津一带买卖药物涨米之人进行了彻底的清查和追究，不但对这种行为在刑事上和经济上进行了严厉处罚，也对制药、卖药之人进行根究，务求彻底根除。统治者"密派能事妥员，将卖药之人一并拿获。将此药如何制配，系何药物，及平日如何串通舞弊之处彻底讯明"。对拿获之人药"严行审讯定拟"②，并对办案官员表示，如能拿获匪徒，破除积弊，必立加奖励。嘉庆的这次行动取得了非常大的效果，经过这次打击之后，在所能见到的史料中没有再出现过关于用药涨米的奏报。从这一点来看，至少可以肯定，十四年（1809）以后漕运中的这种舞弊手段基本上被革除了。

（四）剔除包漕的弊端

漕务之所以被称为"利薮"，是因为从漕粮征收一直到交仓这一过程中处处都可以有利可图。其中把持漕务中的某个环节，利用垄断优势来牟

---

① 《清仁宗实录》卷220，嘉庆十四年十一月庚申。

② 《清仁宗实录》卷214，嘉庆十四年六月丙午。

取私利的情况在嘉庆朝为数很多，如州县衿绅或衙役包揽漕粮，闸官包揽关缆，奸丁、官弁或地棍包揽人夫，等等。其中以包揽漕粮最为突出，也最为严重。有漕州县每年开仓受兑漕粮时，往往“即有本地绅衿包揽同姓花户，附入己产，上仓交纳，图占便宜”。“其中举贡生监及在籍之京外乡宦俱以前程之大小定包揽之多寡，该绅士等既敛赀入己，又得地方官私贿，竟以此为每年自然之利，相率效尤，恬不为怪。”① 这种情况在“江浙尤甚，缘漕粮多而绅士较众之故”。当然，也不仅仅只局限于绅衿，很多时候仓役与刁衿劣监勾结，州县官府与绅衿串通，也会包揽花户漕粮，以牟私利。例如，江西有漕各县仓廒多设省城，而“该县并不将所收米石解省，只令积惯包漕之家人携银赴省，向米铺贱价购买低潮米石，搀水和糠”②，然后交兑。这些“渔利包漕”之事“辗转相因，竟成锢习”。早有明文规定不许刁衿劣监包揽漕粮，这些弊端本应该在“各州县开仓之先该督抚等出示严禁，随时查察”，将弊端革除在漕船未开行之前，这也是各督抚州县“分内应办之事”③，本不应该让统治者费很大精力。但事实上却是，关于包漕引起的呈控经常出现，让统治者大费苦心。时人对嘉庆朝刁劣生监包漕的情况有过具体的描述：“刁劣生监恃有护符，包揽漕粮，视为利薮。始则仅包本族之粮，代为交纳，继则辄包他姓，多至数十至百余户。向花户抬价折收，并加盘缠饭食等费，及至赴仓交纳，又以贱价籴买丑米搀交，纠众把持，几至花户亲身上纳者甚属寥寥。乡愚又被其诱惑，多有听从包揽，州县因其米色潮碎不纯稍加驳饬，动以刁难勒折为词控告挟制，并藉具控为由，名为敛钱作费，实则渔利肥己，以致告案日繁，征收日难。此等告漕之人一经回县，即明目张胆在城包揽，名曰漕口子，几同世产，日积日多，实为漕务之蠹棍，殊堪痛恨。此历年兑开之迟，固由于回空稽延，亦由于州县征漕不能迅速所致也”④。嘉庆对此一再表示“此等浇风实不可长，亟宜严行整顿”，并定下了处罚的基调：“如尚有不肖绅士敢于受贿包漕，习为民蠹者，一经查实，如系职官，即指名严参，若系生监，即行斥革究治。”⑤ 甚至对士人包漕的现象，统治者还特别注意从思想上进行教育。嘉庆江苏学政刘镮之的奏报中

---

① 《清仁宗实录》卷52，嘉庆四年九月癸未。

② 《清仁宗实录》卷211，嘉庆十四年五月癸亥。

③ 《清仁宗实录》卷98，嘉庆七年五月庚寅。

④ 《朱批奏折》，嘉庆二十五年十月三十日湖南巡抚李尧栋奏，档号：04－01－35－0236－064。

⑤ 《清仁宗实录》卷158，嘉庆十一年三月甲戌。

特别指出:"江省文风固佳,士习不堪。包漕包讼,刁诈异常,留心整饬为要。"① 对其"犯而后惩,曷若正其趋向,迁善远罪而不自知"②。因此,一方面嘉庆从教化上进行预防,另一方面也一直不遗余力地"饬令有漕运总督抚严禁州县家人包漕、贿兑及头伍刁丁等敛费包交"③,如有违例包漕,定当重处。

(五)除了上述比较突出的且存在时间较长的漕弊外,漕运中还有很多次要弊端

虽然它们在漕运中存在范围不大,但有些时候却会对漕运产生很大的阻碍,因此统治者也不敢忽视。如例外私自多带货物、虚报漕船开行日期、将船身加修宽长、官员玩忽职守等,曾任两淮盐政的阿克当阿曾对这些弊端的危害有过说明,"军船虚报开行日期,迟至多日始行解缆,以及私带货物过多,尽行装贮舱底、舱尾,复携带木筏,以致挽运不前,吃水太重,甚至军船每修一次,辄加宽长一次,以为私带货物地步,此等弊窦实皆到通迟误之源"④。旗丁等例外多带货物,就会导致漕船吃水过重,行走纤缓,"甚至停泊售卖,到处稽迟",最终必然导致漕粮抵通迟误。嘉庆命令漕运总督及沿途催趱各员在漕运中要时时申明定例,"毋得多带货物,任意停留"。并对这些弊端"概行饬禁","著交各督抚等实力查办",如有违反,查出严处。⑤

漕务官员对确保漕运畅行有至关重要的作用,相关官员如果能尽职尽责,或是积极行政,在某种程度上完全可以避免一些漕运弊端所造成的负面影响。反之,如果漕务官员怠玩因循,不留心漕务,有的时候会给漕运增加许多阻碍因素。实际上,重运北上时漕运官弁经常因循怠玩,不能积极地保证漕运的通行。在回空的途中,押运员弁更是漫不经心,甚至是"沿途无故停泊,任意逗遛,经委员向催,犹复抗违不遵"。对这些玩误的行为,"若不严行惩治,恐各帮相率观望,攒挽不前,有误归次"⑥。因此,无论是重运北上还是空船回次,沿途对各运弁的监督都有严密的布

① 《清仁宗实录》卷234,嘉庆十五年九月辛巳。
② 《清仁宗实录》卷123,嘉庆八年十一月戊戌。
③ 《清仁宗实录》卷210,嘉庆十四年五月癸亥。
④ 《朱批奏折》,嘉庆十五年七月十九日湖广总督汪志伊奏,档号:04-01-35-0213-029。
⑤ 《清仁宗实录》卷189,嘉庆十五年六月甲辰。
⑥ 《朱批奏折》,嘉庆二十三年十月二十日江苏巡抚陈桂生奏,档号:04-01-35-0231-012。

置，不但有漕运系统官员的监督，还有各该省督抚以及沿途省份督抚等大员的监督，一旦发现玩误行为，随时具奏革职惩处，毫不留情。中国第一历史档案馆所藏嘉庆朝档案中有大量关于漕运官弁因玩误而受到惩罚的朱批和录副，虽然都是一些不算太大的行政因循问题，嘉庆也非常重视，都会要求相关官员认真调查、及时上奏，如果确实，惩处不贷。

第二节　预防和处理突发性事件

数量巨大的漕粮在长途运输中不可避免会遇到一些突发的问题，统治者在处理这些意外事件时也会根据不同的原因分别对待。

一　漕船遭遇风火

漕船北上，江广重船要经过危险的鄱阳湖、洞庭湖，然后进入长江，横渡黄河，在淮扬运河这一段河程上还有几个大的湖泊；如果遭遇风暴、雨雪、火灾，或者水流湍急，随时都有覆没的危险。而实际上，这样的事故在嘉庆朝是屡见不鲜。由于这些突发事件具有不可预测性，一旦发生往往会造成巨大的损失，漕船沉没、漕粮漂淌以及人员伤亡都会无法避免。在处理这些意外事件的时候，嘉庆严格区分自然和人的因素所产生的影响。由于人力难施的自然原因而导致的意外事件，根据自然因素影响的大小以及所处河段的情况清政府会分别给予部分或全部宽免。如果有伤亡人员，也会加恩酌情给予一定的赏恤。一般来说，在大江大河中遭风沉溺而导致漕粮的损失，都会给予全部宽免。四年（1799）五月，江西袁州帮旗丁易梁李、邓宾和、潘王二驾驶的三只漕船渡黄时，猝遇风暴，"行至黄河中溜，遭风沉溺，漂失米三千三百十二石，淹毙水手三名"，因为这种情况是"人力难施，并非抢救不力"，所以嘉庆加恩将所有漂失的米全部豁免。而且对伤亡人员也给予抚恤。① 如果漕船也被漂没折损，则所损失的漕船也由"官为修造"。在内河发生的事故，定例规定不予宽免。定例虽然如此规定，但一般情况下，统治者也会根据实情，给予不同程度的宽免，以体现统治者的"宽仁"之心。如六年（1801）六月，通州河水盛涨，"北运河一带军白空重各船猝遇涨溜冲逼，人力难施"，致使漂失米1674.7石，并淹毙18人。对于"因雨水涨发，人力难施"的情况而导

---

① 《清仁宗实录》卷44，嘉庆四年五月辛未。

致的这种损失,因为"尚非疏玩所致",情有可原,所以宽免损失的粮米800石,剩下874.7石仍由"该丁买余抵补",伤亡人员给予一定的抚恤。"如果漕船甫经一运而失风后,赔米赔船丁力难以承受,准其暂行雇募一次。"①

漕船遭风后的修造也有不同的处理办法。漕船遭遇风火后,先将遭风沉溺各船受伤最严重者照例拆卸,并根据规定变卖,所得银两作为照办新船费用。然后查出该船的造办时间,根据出厂时间的长短来确定官府补助数目,不足部分由旗丁负担。如果遭遇风火之漕船当年"已届十运满号,应请照例给价成造"②。由于嘉庆朝漕运状况的恶化,旗丁和帮船行漕费用普遍拮据,在这样的情况下,在得到漕船遭遇风火的具奏后,嘉庆会主动要求相关官员"查明帮丁有须抚恤之处奏闻,候朕施恩"③。如果系其他船只撞击而导致漕船沉溺,则由其他船只全部赔偿。

对于有些不是由自然原因引起的事故,都要对相关人员进行处罚,特别有些事故如果发挥人的能动性是可以避免的,对于这种情况,嘉庆要求必须对相关官员进行处罚,目的不但是为了惩前,更是为了毖后。为了预防官弁的疏忽、怠玩、不作为等消极行为,嘉庆在嘉庆六年(1801)规定,"漕船因风火而遭到损失,领运千重照例降一级调用,销去任内寻常加一级,抵免降调"。八年(1803)规定,"回空漕船因风失火,押运通判降一级留任,地方文职照例罚俸一年"④。之后,又规定:"拨船如果在内河失风,则照例将失风三只以上之领运千总降一级调用,把总照例每只罚俸一年。"虽然这些事故有以上的原因,但嘉庆认为其中也有可能存在官弁、旗丁等谎骗漕船遭风火事故而私吞漕粮的情况,"恐旗丁借此生奸,希冀摊派众丁米石"⑤,或者旗丁"因米石本有短缺,借遭风为由,隐饰捏报"⑥。而漕船遭遇风火事故的奏报往往过于简单,有的地方甚至在事故发生后很长时间才上报。为了改变这种状况,九年(1804)嘉庆规定:"各省漕船凡遇失风事故,于咨报户部时即一面分咨兵部,将失风

①　载龄等:《清代漕运全书》卷80《风火事故》。
②　《朱批奏折》,嘉庆十一年五月初七日漕运总督吉纶奏,档号:04-01-35-0203-002。
③　《朱批奏折》,嘉庆十六年十二月二十一日浙江巡抚高杞奏,档号:04-01-35-0217-057。
④　(光绪)《钦定大清会典事例》卷210。
⑤　《朱批奏折》,嘉庆十二年五月二十八日漕运总督吉纶奏,档号:04-01-35-0205-051。
⑥　《清仁宗实录》卷236,嘉庆十五年十一月癸亥。

地方、月日、船只数目及运弁职名详晰叙明，以便核办。"① 对嘉庆来说，这样不但可以及时得到确切的信息，更是为了确保漕粮安全。即使突发事件发生了，各相关人员也可以尽量降低损失。而实际上，每当发生这种情况，有些地方文武官员因为与他们无涉或关系不大，他们就疏于防守或者救护不力，对于这样的官员必须"即行据实参办"②。因此，嘉庆一再重申"漕船受兑水次，倘有疏于防范之处，该管官均难辞咎，自应查明照例办理"③。

二　漕运中的暴力事件

漕粮从征收到交仓这一过程中往往会发生许多暴力事件，其中有些是由于漕粮征收中矛盾的激化而导致的闹漕事件，也有漕粮运输中由于水手或各种雇用人员勒加身工银两而引起的聚众闹事，以及不法人员抢夺漕船的行为，种种行为都对漕粮的运输安全产生了很大的阻碍。川楚白莲教起义已让嘉庆耗尽心血，财政也因此陷入困境。面对漕运中越来越多的暴力事件，嘉庆非常担忧和害怕，因此在重申原来对类似事件处罚的规定外，还对漕运中薄弱环节加强监督。

从乾隆中后期开始的通货膨胀已使漕运显得非常拮据，而漕运中的大量水手都是按照以前的规定领取身工银两。在通货膨胀的影响下，受雇水手所得身工银两的实际购买力却在下降，物价的上涨让水手的生活水平在降低，因此他们经常发生勒加身工银两之事。而且很多情况下，经常会在漕船经过的地方有"无赖棍徒勾串水手勒加身工银两，甚至打船滋事"，而且还呈上升趋势，此种情形却没有引起地方官的重视。五年（1800），漕运总督铁保上奏说明情况，并要求"严饬地方官查办"。铁保的意见得到了嘉庆的重视，立即颁布谕旨，痛斥了这种弊端："此等棍徒勾串漕船水手，沿途滋事，皆缘漕船经过之文武地方官因循姑息，兵役废弛，即有滋事之案，又复任意弥缝，化大为小，以至肆无忌惮。现当漕务肃清之除，不可不严行稽查。"要求"沿途文武地方官于漕船经过时，即多派兵役，认真查拏，务令棍徒知所畏惧，豫为敛迹。倘此后仍行疏纵，致棍徒水手，再有勾串滋事之处，著漕运总督即将该处文武地方官严参治罪，决

<hr/>

① 载龄等：《清代漕运全书》卷80《风火事故》。
② 《朱批奏折》，嘉庆十二年九月二十六日直隶总督温承惠奏，档号：04-01-35-0207-009。
③ 《清仁宗实录》卷228，嘉庆十五年四月辛亥。

不宽贷"①。除了确立对地方文武官员疏于防范的行为进行处罚外，还有一个情况值得重视，即这些滋事案件"历年总在江南境内者多"，而在山东、直隶两省却比较少，其原因何在？漕运总督铁保在督运北上时经过观察，找到了其中的原因，"山东、直隶两省均有专派总兵大员驻扎河干，亲督沿河文武往来弹压查催，声势足以震慑"，所以在这两省境内类似的事件比较少。而江南与山东、直隶两省的情况却不一样，"江南镇臣驻扎太远，势不能照依山东直隶一律催漕，是以自台庄以下至苏州平望，直接浙江杭、嘉、湖一带，仅有沿途营汛照例接催，并无专员统率督办，易致疏虞"。为了改变这种状况，预防类似事件的发生，嘉庆采纳了铁保等人的建议，规定："嗣后重运粮船过境时浙江分作一段，江南分作三段，于沿河营汛例催之外每段添派副参大员一员就近酌带兵役亲驻沿河，专司防护查催，往来弹压，仍将派出职名送臣衙门查核，以期各帮水手知所顾忌，不致酿成事端，一俟重运过竣立即撤回，仍可不误营务。"② 如此规定以后，漕船在江南、浙江等省境内的运河上行走时，对其监督得到了加强。

在运输途中，从南到北两千余里的水程，需要水手等各种雇用人员不下十余万人，稍有聚众就会激起骚动，甚至引发暴力冲突。虽然嘉庆一再要求地方文武官员加强监视和监督，而这种"欲弥患于未萌"的想法却没有取得好的效果，"该犯等憨不畏法，故智复生"③，滋事案件还在继续发生，这让嘉庆君臣意识到必须强化对滋事人员的惩罚。在《漕运则例》中对此类人犯规定的处罚是："漕船水手因小事起衅，聚众打降，生事不法，殴差拒捕，将为首之犯拟绞，为次发烟瘴少轻地方充军，虽有亲老，不准留养，其跟往赶殴之犯分别徒杖治罪。"而在实际办理水手滋事的案件中，很多情况下都是将"为从减一等拟流者，俱改发黑龙江，给披甲人为奴，并将军流各犯先于犯事处所枷号三个月，再行发配"④。即使这样的处罚也不算轻，但滋事案件还是时有发生。五年（1800）浙江绍兴前帮水手的滋事成了嘉庆加重处罚的起点。浙江绍兴前帮水手白文奎等向旗丁索增身工钱文，争闹起衅，拒伤官役，打损漕船。漕运总督铁保根据相关规定对其中情节较重之犯分别定罪：水手张湖广因纠集多人助势，执

① 《清仁宗实录》卷59，嘉庆五年二月丁亥。
② 《朱批奏折》，嘉庆五年五月十六日漕运总督铁保奏，档号：04 - 01 - 35 - 0192 - 044。
③ 《朱批奏折》，嘉庆五年闰四月十八日漕运总督铁保奏，档号：04 - 01 - 01 - 0476 - 033。
④ 同上。

械拒捕，掷伤官弁，打伤民人，定拟斩枭，请旨批准；白文奎因打损漕船二十六只之多，并拒伤差役，问拟绞候，请旨批准。仁宗认为铁保的处理稍轻，对水手张湖广"即当恭请王命办理，何必再行请旨"。对白文奎"仅问拟绞候，殊属轻纵"。因此，仁宗颁布谕旨将水手"张湖广即处斩，传首枭示，白文奎著处绞，俱在犯事地方办理，以昭炯戒。并著铁保通行传知各帮，令水手等共知儆惕"。同时为以后类似事件的处理定下了规定："此后如有拒捕伤者，即照张湖广办理；打损漕船者，即照白文奎办理，决不宽贷。"① 对于雇用的短纤，"如有棍徒勒价聚众攒殴等事，将为首及下手伤人之犯俱问发近边充军，余俱杖一百，枷号两个月，于河岸示众"。有的也要"满日折责四十板，分别递回各原籍安插"②。嘉庆一再告诫各相关官员，对于"水手恃众抗顽，逞凶滋事，实属藐法"，一定要"严饬查拿，按律惩办"。而且"不可任听属员隐讳消弥，致长刁风，将此谕令知之"③。

运输途中除了水手滋事外，漕船还有可能被劫夺。在漕船北上或回空南下"往来经由之地"常常有不法棍徒"纠集多人在沿河岸上执持兵器肆行劫夺，并敢私行锁禁诈勒财务"。而且有的时候非常猖獗，如直隶浦口一带在嘉庆八年（1803）七月所发生的抢夺漕船案件"一月之内已多至五案"。这些"殊属大干法纪"的不法行为"若不严行究办，恐盗风日炽，无以安行旅而肃漕务"④。因此，在这些抢夺事件发生后嘉庆要求对这些"憨不畏法"之人一定要"选差干捕勒限严缉，务获究办，不任远扬漏网"，一定"按名严拿，尽法惩办"。如果"该地方文武各官并不严密巡缉，致有粮船失事之案"，其疏于防守的责任无法逃脱，并要被奏请交部议处。⑤

另外，在征收或者交兑漕粮的过程往往因为矛盾的激化而导致闹漕的发生。⑥ 对于闹漕的处理要分不同的情况，由于导致闹漕的原因不同，处

---

① 《嘉庆道光两朝上谕档》，嘉庆五年闰四月二十三日。
② 《朱批奏折》，嘉庆五年七月十七日仓场侍郎达庆奏，档号：04 - 01 - 35 - 0193 - 021。
③ 《朱批奏折》，嘉庆二十四年九月十三日漕运总督成宁奏，档号：04 - 01 - 35 - 0233 - 057。
④ 《朱批奏折》，嘉庆八年八月十四日仓场侍郎达庆奏，档号：04 - 01 - 35 - 0195 - 035。
⑤ 《朱批奏折》，嘉庆二十三年七月初三日直隶总督方受畴奏，档号：04 - 01 - 35 - 0230 - 043。
⑥ 对于"闹漕"的界定，学术界有不同的看法。如果还原历史场景，我们可以很清楚地看到，所谓"闹漕"，就是在漕运过程中公开的激烈的抵抗，也即在漕运征收过程中具有明显暴力倾向的抗粮争斗。这也是本文闹漕的界定。

罚也会有异。导致闹漕的原因很多,如浮收、包漕图利不遂、挪交丑米、交兑不公以及抗纳不交等。但综观来看,无论是在前四朝还是在嘉庆朝,大部分闹漕案件都是因为浮收和包漕而导致的,因此对这样问题的处理,嘉庆一方面要从制度上杜绝浮收以及包漕,另一方面要根据实际情况分别重惩犯事之人。前者已在前文中有所阐述,此处不再赘述。对于后者,嘉庆处理闹漕案件时虽然分别对待,但其总的原则是重惩。特别是对那些煽动抗粮的首犯更是毫不留情,即使有功名的人员也要革除其功名,然后再进行严惩。对于某些"刁劣绅衿"有把持漕务滋生事端的"一经查出即当奏明从严治罪,决不宽贷"①。"如实系县民聚众闹漕,即按例从重惩办。"②

总之,在漕运过程中所发生的各种暴力事件,无论是漕船被劫夺,还是水手滋事,抑或者闹漕,嘉庆一方面要求官员加强监督,重惩以儆刁顽,另一方面还要真正执行各种颁布的谕旨和规定。"各省帮船水手纤夫恃众滋事,漕委员弁需索闸费,地方胥吏朋比分肥及丁舵人等盗卖米石等事",嘉庆要求各督抚大员要实力稽查,虽然"严饬各粮道运弁等实力查禁,有犯必惩,自能渐戢刁风",但还必须"饬属实力奉行,勿得视为具文,有空言而无实效也"③。

三　治理漕运中的帮会结社

清代漕运的运输每年约需旗丁和水手④不下十万人,他们长途挽运,从起征地到通州来回动辄八九个月,甚至有的长达一年之久。虽然如此辛苦,但他们所得却非常少,加上物价的昂贵,他们所得身工银两更是难以养家糊口,因此投充水手舵工者皆是走投无路难以存活之辈。这些应募水手的成分异常复杂,有破产的农民和手工业者,也有各种无业游民、乞丐,甚至还有地痞流氓和逃犯等,他们大多无籍无贯,游食四方,"聚散无常"⑤。这些贫苦的水手舵工聚集在一起,"过着共同的流浪生活,遂紧

---

① 《清仁宗实录》卷144,嘉庆十年五月己酉。
② 《朱批奏折》,嘉庆二十年十一月二十三日山东巡抚陈预奏,档号:04-01-35-0224-045。
③ 《清仁宗实录》卷365,嘉庆二十四年十二月丁酉。
④ 南开大学曹金娜的博士论文《清代漕运水手研究》对清代漕运水手作了较为详细的专题研究,提出了自己的观点。但论文的不足是或许因为史料等原因,对嘉庆朝的漕运水手等相关问题几乎没有涉及。
⑤ 中国第一历史档案馆:《道光十六年整顿漕务史料》,《历史档案》1990年第4期。

密联系在一起，或因地域，或因帮船关系，而互相结合"。在这种窘迫的境遇下，一方面他们为了生计需要而开始拉帮结社，企图通过众人的力量来保护自己，改变现状；另一方面为了寄托他们的精神需求，在漕运水手中逐渐形成了一些秘密教门，如罗教、大成教、无为教等。① 民间秘密教门与水手结社帮会逐渐融合，使这种教门逐渐有了行帮化倾向，② 同样也使水手帮会逐渐宗教化倾向。

嘉庆时，罗教已经普遍流行于水手舵工中间，水手帮会活动日益频繁，其影响更深入漕船内外，形成了无船不入"帮"、无人不入"会"的局面。③ 但行动方式变得更隐秘了，其活动中心也由庵堂转移到了老堂船。④ 在高度集权的社会里，统治者对于各种民间组织十分敏感和恐惧，有着一种本能的防范心理。⑤ 白莲教起义后，嘉庆皇帝更加严密监视各种秘密教门的活动，千方百计地进行限制和打击。然而作为水手舵工精神寄托的罗教虽然也受到了很大的限制，但在水手舵工中间的秘密传播并没有停止。时人描述罗教的情况是："粮船水手多设立罗祖教名目，其教首谓之老官或一帮各有老官，或数帮共一老官，众水手皆为其徒，有事敛钱则悉归老官主管，其畏押运员弁转不如畏老官，于沿途加纤盘浅等事多恃众势刁难运丁，运丁力疲者更受其挟制而不敢谁何。"⑥ 而这种情况在江浙帮船内更是严重："江浙帮内有一种人名曰老官，演习拳棒，辗转传徒，盈千累百，呼之为师父老官，并供有老官神像，朝夕礼拜，船中刀枪绳鞭白蜡杆等项器械，无一不备，托名防贼，一遇有酗酒、赌博打降之事，老官一呼众人百诺，其势最为凶横。"⑦ 入教后的水手要服从管教和约束，教中的权力机构有着生杀予夺的大权。对于不服从管理违反教规帮规的水手，"轻者责罚，重者立毙，沉入河中"⑧。为了保证组织的严密性和对外

---

① 李文治、江太新：《清代漕运》，第 272—273 页。

② 周育民：《漕运水手行帮兴起的历史考察》，《中国社会经济史研究》2013 年第 1 期。

③ 陈峰：《清代漕运水手的结帮活动及其对社会的危害》，《社会科学战线》1996 年第 2 期。

④ 吴琦：《清代漕运水手行帮会社的形成：从庵堂到老船堂》，《江汉论坛》2002 年第 12 期。

⑤ 吴琦：《漕运与民间组织探析》，《华中师范大学学报》（哲学社会科学版）1997 年第 1 期。

⑥ 《录副奏折》，嘉庆二十年十月十一日掌陕西道监察御史胡承珙奏，档号：03-1761-047。

⑦ 《录副奏折》，嘉庆二十五年七月二十六日兵科给事中喻士藩奏，档号：03-1765-054。

⑧ 《清宣宗实录》卷 163，道光九年十二月壬午。

行动的一致性，罗教以及各帮都建立了其本组织的各种联络信号和严厉的奖惩帮规会规，这种权力体系使得水手这种秘密组织的整体力量在逐渐加强，特别是对漕船的控制越来越严密，经嘉庆至道光初时，旗丁运弁已经普遍遭到水手组织的挟制，处于"无权"状况，其权力渐移至水手头目及其帮会组织。① 由这些组织"党羽既众，弊痼遂深，一经滋事，官弁等畏其人多，亦遂佯为弗知，畏葸不前"，导致"案愈大，则讳匿愈深；讳匿愈深，则藐法者益众"②。在这一时期，漕运水手开始独立地结成一种秘密结社。安徽安庆府的漕运水手结合在一起，组成了一个秘密会社，称作"安庆道友"，又称"安庆帮""庆帮""安清帮"等③。

为了防止水手舵工能够秘密组织起来，爆发类似于白莲教的起义，嘉庆也执行了严密的法律，"卫所运弁正丁雇觅头船水手俱开明姓名、籍贯，各给腰牌令前后十船互相稽查，取具正丁甘结，十船连环保结，如一船生事十船连坐"④，以此来进行预防。规定虽然如此，但入教传徒之风在水手中间依然不减。因旗丁入教没有发生大的问题，加上水手舵工秘密传授的缘故，统治者也没有在这个问题上过于计较。十八年（1813），林清起义发生后，统治者被惊醒了。嘉庆意识到秘密传教会给他的统治带来巨大的威胁，因此林清事件后对于传徒入教的问题不敢再等闲视之了，开始严格限制。林清事件后，统治者制定了"传习邪教治罪条例"，加重了对为首传教之人的惩罚。⑤ 虽然这一规定不是针对漕运中传教授徒的事情，但总的来说对漕运中秘密教门的限制和约束还是具有一定的影响。因此在"严惩"的原则下，统治者加紧了对水手等人的监视，"粮船水手人数众多，全在约束严明，俾令安静行走"。漕运总督在淮安盘验漕粮时，"着令按船取具丁伍互保切结送查，并严谕重空帮弁慎密稽察，不使稍有懈弛疏纵"。"若借习教为名倚众逞刁，必应亟为查禁，认真查察，如有倡立教名传徒惑众之事，即将为首之人严拿惩办，俾群知儆惧，以熄刁风。"并且谕令"各粮道申明例禁，认真查察，如访有前项倡教传徒之

① 吴琦：《清代漕运水手行帮会社的形成：从庵堂到老船堂》，《江汉论坛》2002 年第 12 期。

② 转引自吴琦《清代漕运水手行帮会社的形成：从庵堂到老堂船》，《江汉论坛》2002 年第 12 期。

③ 曹金娜：《清代漕运水手研究》，博士学位论文，南开大学，2013 年。

④ 《录副奏折》，嘉庆二十年十月十一日掌陕西道监察御史胡承珙奏，档号：03 - 1761 - 047。

⑤ 《清仁宗实录》卷 281，嘉庆十八年十二月庚戌。

事，即将为首之犯立拿严办，其余分别重轻驱逐惩治，以昭炯戒而杜邪妄"。同时各相关漕务官员也在平时管理漕务的过程中加强了监督。如漕运总督也"檄行押运道厅转饬该道领运千总将各船头舵水手逐一点验，造具花名细册呈送，仍随时严加管束，毋任恃众滋事"[1]。各帮押运文武官弁也要"随时弹压，遇事稽查，以昭严肃"[2]。

第三节　非正常漕粮运输

漕粮的运输每年都必须在一定的期限内完成，但正如前文所述，很多情况下有很多意外发生，使得漕粮无法按时运抵京通各仓。面对这种情况，统治者需要通过一些特殊的办法来解决漕粮的运输困难，达到统治者的最终目的。

一　搭运洒带

各有漕州县每年都要按照固定的额度缴纳漕粮，定制虽然不能更改，但也有例外的情况。如果遇到地方受灾、歉收、漕船遭遇风火、河道淤塞、漕粮霉变等意外情况时，统治者往往根据实际状况对地方百姓或旗丁进行蠲免、缓征或者要求次年赔补。蠲免自然无须再交漕粮，而对于缓征或者赔补则需要分年进行补交，少则一年必须交完，多则可以数年陆续缴纳。一般情况下，这些需要补交的漕粮不会另外雇佣船只，而是将这些漕粮平均分配到各个开行的漕船，由当年的漕船进行搭运或洒带。若漕船遭遇风火而受损严重或者沉溺，其损失的漕粮除了宽免之外，则需要旗丁赔补，这种情况常常是由旗丁或者该省立即买粮搭运。如果数量巨大，也会由漕船搭运或洒带一部分，剩下的由当地委派旗丁雇船出运。如七年（1802），江西由于有些州府因旱歉收，统治者施恩缓征漕粮。次年秋天，征收当年漕粮的同时也要带征上年缓征的漕粮，因此八年（1803）江西等于需要缴纳两倍的漕粮。所增加一倍的漕粮，漕船肯定无法完全搭运。最后嘉庆准许七年缓征之漕粮分作两年缴纳，"先尽额设漕船酌量均匀派

---

① 《朱批奏折》，嘉庆二十年十月二十一日漕运总督李奕畴奏，档号：04-01-35-0224-037。

② 《录副奏折》，嘉庆二十五年七月二十六日兵科给事中喻士藩奏，档号：03-1765-054。

搭外，其余剩米石照向例令旗丁雇船足运"①。或者是漕船减歇，本应该是其负责承运的漕粮可以派搭到其他漕船。有些地方因为漕帮丁力实在疲乏，为了纾缓丁力，嘉庆允许有些州县帮船永远停造，并将其应装运的漕粮洒带于本帮其他漕船搭运。②

各省由于漕船大小、多少以及漕粮的征收额度不同，各省漕船在进行搭运或洒带时都会在数量上有一定的额度限制，而且各省都不一样。一般来说，江苏、安徽、浙江三省帮船在满额转载漕粮的情况，若要搭运米石，其洒带额度在数十石至百余石不等。③ 而江西、湖北、湖南三省漕船少，漕粮也较多，漕船造办也相对较大，可以装载漕粮达一千余石，这样的漕船也搭运漕粮较多，一般可以洒带二百余石。④ 当然这些漕船不能洒带过多，否则不但漕船吃水过深，严重影响漕船的通行，而且也会造成旗丁等人的用度拮据。

对于所搭运的漕粮，统治者会给予一定的运脚费用。对于这种补助性质的运脚应如何发给，各省"有议给负重、漕赠、席片等银者；有议给一五耗米，照依时价折银，并酌给运脚加给行月等项者"。由于各省距离京通各仓的路程远近不同、河道的状况以及途中费用的多少等因素，所以很难有一个普遍性的规定，因此也很难"彼此会商，而每省情形本自不同，其势断难画一"⑤。八年（1803），对于上下两江漕船搭运漕粮，就如何给予旗丁搭运费用的问题定了一条规定："搭运行月等项米石，照依搭运减存行月米石之例验分五米给丁，其余作为平米派搭运通，苏属给与十银，江属给与五银，同负重席片银两按米支给。"⑥ 如果是由于漕船停造而需要洒带搭运，这种情况下，"将停造各船应得行月、赠剥等款银米即以分给带运之帮"，并且也另外给予一定的补助，这些"所需米价运脚统俟事竣，取造实用册结咨部核销"，这样"于丁力亦有裨益"⑦。

二　截留

漕粮的截留可以从两个层面上理解：一种是由于某种外界因素的影

---

① 《清仁宗实录》卷110，嘉庆八年三月戊戌。
② 《清仁宗实录》卷259，嘉庆十七年七月壬申。
③ 《朱批奏折》，嘉庆十年正月十七日漕运总督吉纶奏，档号：04-01-35-0199-035。
④ 《朱批奏折》，嘉庆八年六月二十七日漕运总督吉纶奏，档号：04-01-35-0195-024。
⑤ 《朱批奏折》，嘉庆十年正月十七日漕运总督吉纶奏，档号：04-01-35-0199-035。
⑥ 载龄等：《清代漕运全书》卷12《搭运收买》。
⑦ 《朱批奏折》，嘉庆十二年十二月初一日江西巡抚金光悌奏，档号：04-01-35-0207-041。

响，漕粮无法按时运抵京通各仓，为了使漕运畅行，将漕粮暂时存放在某地，次年由路过漕船搭运，在这一层意思上与"截卸"通用；另一种是将漕粮直接截住，留作他用。本书主要关注由于特殊因素的影响而导致漕粮受到阻碍的情况。在这种情况下，为了确保漕运的畅通，嘉庆朝统治者是如何运用"截留"这一权宜之计来缓解当时漕运的困境。漕粮的截留可分为三种：①在运河某些地方漕船遭遇阻碍，如果守候即会延迟到通，影响次年新漕的装运，在这种情况下就会将漕粮截留，并于当地进行平粜；②或截留漕粮后并不出卖，而是暂时存贮在当地，稍后驳运或等到下年新漕到来时进行搭运；③在水大之年，运河一线州县经常受灾，同时也阻碍漕运，此时统治者就会将漕粮就地截留，作为朝廷赈济之用。无论是哪种情况，其目的就是利用权宜之计来弥补漕船的迟延，以速漕运。

漕粮受兑开行后，首先面对的问题就是漕河运道。河工和漕运紧密联系在一起，河工的好坏直接影响到漕运。虽然突发性自然因素或不可抗力无法预测，但作为有规律的季节性变化还是可以掌握的，因此在"漕运则例"中就有对漕船在每段河道上都有详细的时间限制，一方面是为了催趱漕船，另一方面是为了避开季节性气候和水源变化的影响。如长江、黄河、淮河、洪泽湖等都有固定的汛期，而且每当此时，河水都会涨发很多。特别是黄、淮、运交会之处清口一带，"如果能于七月初十日以前扫数渡黄，长途并无阻滞，尚可原船到通交卸，不致有误回空"。"万一重运全渡之期已在七月二十以外，或竟至八月初旬，纵彼时勒限起催，在后帮船恐难一律抵通回空，设再冻阻，必致逐□递压，关系匪轻。"① 因此，漕船应该在当年七月二十日之前渡黄北上，而"此时湖水既不能畅出，河水又复倒漾，军船挽渡艰涩。若不及早筹办，势必贻误回空"。即使这个时候能够将漕船催趱渡黄，"将来回空濡滞水次。多渡一帮又多受一帮之累，且恐彼时运河水落，未能依限归次，有误冬兑冬开，所关匪细"②。所以嘉庆要求"此时尚未渡黄，自应分别截留囤卸"。对于这些截留下来的漕粮，如果有歉收之州县，嘉庆会把这些漕粮于各歉收之区"量为平粜，所收价值即著于各该藩库内存贮报拨"。这样可以平抑歉收地区的物价，也为当地提供了充足的粮食。然后于截留漕船的所属省份采买新米，并随同新漕搭运。③ 或者直接在淮扬一带暂贮，下年搭运北上。直隶近畿

① 《录副奏折》，嘉庆十二年六月二十四日两江总督铁保等奏，档号：03-2076-018。
② 《清仁宗实录》卷183，嘉庆十二年七月乙巳。
③ 同上。

一带运河一旦六月以后雨水较多,南粮重运在后各帮因杨村迤北河水就会盛涨,漕船"俱在天津以南连樯停泊,未能即时挽运抵坝"。对于此种情形,嘉庆认为"与其日久守候,致回空稽延时日,莫若酌量截留,既可备赈恤之需,兼可令军船及早归次,实为一举两得"①。所以常常将漕粮在北仓截留。

此外,南粮中的粳稄漕粮需要漕船直接运至京仓,然通州至京师的通惠河也是水浅难行,如果漕船将漕粮运至京师很大程度上就会影响漕船回空,所以这一部分漕粮运至通仓时一般就不再继续北行,而是将所装载粳稄等漕米暂行寄贮通仓,然后南漕赶紧回空,并于当年用剥船赶运京仓。② 当然,漕粮的截留暂贮并不局限于以上所说的地方,由于嘉庆朝严峻的运河状况,处处阻滞的情况经常出现,极大地阻碍了漕粮的运输。一旦出现"粮船挽运稍艰"的情况,嘉庆就会担忧"恐致回空稽缓",而事实上这种情况经常出现,处理的办法一般是将在渡过黄河的漕船所装漕粮截留,存贮在北仓,未渡黄河的漕船一般在淮安、扬州一带截留存贮,最终漕粮如何处理将由统治者来决定。③

另外,因为运河河程漫长,漕船在运河中行走,遭遇风火、沉溺、触礁等意外情况是比较常见的现象。一旦遭遇,如果只是漕船损坏,并没有导致漕粮的损失,漕船的修理会立即开始,如果漕船损毁太严重,则会直接影响漕船南下回空。这种情况一旦出现,嘉庆一般都会对这些漕粮另外处理。如果在黄河以南的运河途中,一般都会搭运洒带,上文已有详述;如果在山东运河段,就会将这些漕粮就近截留,存贮北仓。

三　驳运

漕船过了长江后,从高宝运河开始一直到通州,随时都会因为河道淤浅等原因而被迫停滞,无法通行。统治者除了设法解决河道的问题外,为了节省漕粮被耽搁的时间,驳运漕粮,分装前进是解决漕船阻碍这一难题最常用的办法。

"运河水势,天津迤北浅阻处多。"④ 因此,重运漕船行抵直隶杨村,由于河水很浅,无法再继续前进,只能用驳船进行驳运,"南粮重运向于

① 《清仁宗实录》卷197,嘉庆十三年六月癸亥。
② 《清仁宗实录》卷232,嘉庆十五年七月甲寅。
③ 《清仁宗实录》卷198,嘉庆十三年七月己巳。
④ 《清仁宗实录》卷343,嘉庆二十三年六月丁卯。

行抵杨村即在该处用驳船分装米石，随同大船直抵通坝受剥归船，令驳船仍回杨村，以备别帮起剥之用"①。当然，在这样的原则下，嘉庆朝统治者也有相对灵活之处。由于北运河之来源"潮白、温榆两河涨发靡常，挟沙带泥，忽大忽小，遂至河无中泓，军船不能到坝"，如果仅仅依靠挑挖疏浚，虽然有时能暂时缓解漕船稽迟，然而"河势由来已久，骤难更易，若事挑挖一遇暴涨仍行淤垫，则于事无益而徒费金钱，势难办理，若岁岁因循，终虞迟误"②，所以嘉庆同意根据实际情况"均须随时起剥"，如果"所有官设驳船不敷分运"，"一面添雇民船帮同驳运，并飞饬沿河附近各州县酌量催攒，解往杨村、蒲沟一带协济应用"③。十九年（1814），吴璥等人奏请将漕船三进帮船的一部分漕粮用杨村的驳船运送至通州，或者在北仓囤贮，再为运通。④ 另外，南运河如遇"水浅之年，亦准临时酌调"，以对在南运河中稽迟之漕船进行驳运，⑤ 为了能够使剥运不致累民和顺利进行，对官驳船进行了规定："四月以后不准远离，会泊河干，待剥漕粮，即禁止封雇民船。"⑥

除了杨村北运河一带的剥运作为定例外，其他的河段也经常有随时起剥的情况，当然这种剥运必须得到嘉庆的批准，而且也要花费巨大的费用。由于"黄河水性靡常，自清江至台庄一带每多浅滞，粮船往返非起剥不能浮送"。当然运河中最容易出问题的地方还是清口一带，其作为漕粮运输和河工的症结所在，几乎每年都要对漕粮北上和南船回空造成阻碍，每当河口淤浅之时就难以通过，特别是江广漕船船身笨重，"吃水最深，一遇河口淤浅之时即难挽运"，此种状况必须用剥船来进行剥运，嘉庆动用白银一百余万两，造剥船1500只，"停泊御黄坝外，以备剥运"⑦。之后，河道总督吴璥也"奏请打造剥船，在黄河彭家马头住泊，将江广军艘粮米盘坝，由剥船接运抵通"，并得到嘉庆的允准。同时，对河口一带漕船剥运的问题确立了一个规定：十六年（1811）以后，"江广重运定以五月为限，如五月中旬尚未渡黄，即须办理盘坝，倘五月内均渡黄河，

① 《朱批奏折》，嘉庆十六年四月初十日东河总督李亨特奏，档号：04-01-35-0216-003。
② 同上。
③ 《朱批奏折》，嘉庆朝（阙具题与时间）（阙具题者），档号：04-01-35-0238-026。
④ 《清仁宗实录》卷292，嘉庆十九年六月丙戌。
⑤ 《清仁宗实录》卷343，嘉庆二十三年六月丁卯。
⑥ 《清仁宗实录》卷162，嘉庆十一年六月乙酉。
⑦ 《清仁宗实录》卷229，嘉庆十五年五月丁丑。

仍令原船迅趱抵通"①。大约共有 2000 只剥船在河口一带备用,一旦漕船受阻,"若径用剥船分截,则全漕抵通较易,而江浙回空得免江广阻压之虞,自可递年赶早"。剥运完毕,"即将此项剥船分交北河之天津、杨村、东河之临清、汶上、南河之邳宿等处,以备剥浅之用"②。

过了清口一带,进入邳宿运河之后也有古浅之处,"邳宿运河猫儿窝一带每年水浅,亦须起剥",而"往返拨调剥船有稽时日",并对这一带的剥船进行适当调整,这样可以"就近剥运,可省雇觅民船,致滋扰累"③。特别是江广帮船船身笨重,通过这一段河程时"必致层层浅阻,待剥需时",需要剥船也多,一般都会"一俟河口渡黄全竣,即将所有官民剥船赶解邳宿浅处济用,庶几轮转迅速"④。

但是,漕粮在剥运的过程中也经常出现弊端,如盗卖漕粮、勒索工价等,撇开这些漕弊不谈,征用剥船就会连累很多百姓。由于"各省有漕地方前因帮船阻滞,俱经封雇民船,豫备剥运,此事商民等均不免滋累",嘉庆要求"一俟某省某帮船只将次渡竣,即先行知照该省地方官停止封雇船只,以杜扰累"⑤。虽然剥运能够暂时缓解漕运稽迟的问题,但终究不是长久之计,嘉庆非常清楚这只能作为暂时的权宜之策,并告诫众大臣"借船剥运一事皆因趱运不及,不得已为此下策"⑥。

四　改折、改征与抵兑及其他

清代漕粮的征收可分为稻米、粟米和豆类,各有漕州县所征收的漕粮种类都有一定的规定,不能随意改动。规定虽然严格,但在特殊的情况下也有可以回旋的余地。由于漕粮运输的困难造成运输的不便,或因土地贫瘠生产不足,或因自然条件发生变化不再宜于种稻等诸如此类原因时,⑦嘉庆朝统治者提出了一些通融办法,其中主要是改折和改征。漕粮的征收与田赋一样,都是征收粮米。改折就是将额定粮米按照一定的价格折成银两交纳。改折也有两种情况:一种是永折,顾名思义就是将漕粮永远折成

---

① 《朱批奏折》,嘉庆十六年三月初十日两江总督勒保奏,档号:04-01-35-0215-020。
② 《清仁宗实录》卷229,嘉庆十五年五月乙丑。
③ 《朱批奏折》,嘉庆十一年七月初一日两江总督铁保奏,档号:04-01-35-0203-023。
④ 《朱批奏折》,嘉庆朝(阙具题与时间)漕运总督吉纶奏,档号:04-01-35-0238-002。
⑤ 《清仁宗实录》卷137,嘉庆九年十一月戊申。
⑥ 《清仁宗实录》卷293,嘉庆十九年七月甲午。
⑦ 李文治、江太新:《清代漕运》,第117页。

银两交纳，变成定制，不再恢复本色；另一种是暂时改折，由于州县临时的特殊情况无法征收漕粮本色，只能暂时将本色改为折色征收，过一段时间就会恢复本色征收。改征就是将原来征收的漕粮品种用其他种类的作物代替，有的以麦代豆，有的以粟米替稻米，造成这种情况的原因除了与导致改折的因素类似外，据学者研究表明还有许多其他的原因，如当地作物类别的改变、政府的特殊需求等。

　　统治者深知折色漕粮的弊端，对此非常反对，因此嘉庆朝的折色活动不是太多。但有些州县为了从征收漕粮中牟利，所收漕粮未到三分之一时就宣称"本色已足"，然后设法"变而收折色。小民不肯遽交折色，则稽留以花消其食用，呈验以狼籍其颗粒，使之不得不委曲听从；虑上司之参劾也，则馈送之；又虑地方讼棍之控告也，则分饱之"①。甚至"有于开仓之始即先行折色，虚报满廒，自用贱价买补"。嘉庆严厉要求禁止各州县私自征收折色，"传谕有漕省分各督抚督率司道等官严行查禁，嗣后州县官征收漕粮概以本色兑收，无得仍前私收折色。傥敢仍前弊混，一经查出，即照枉法治罪"②。嗣后私自折色"当永行禁止"③。然面对困难局面，嘉庆也不得不进行折色。八年（1803），江苏泰兴县地方本不产米，而且"漕仓远在泰州，不通舟楫"，嘉庆准许该县漕征准改为民折，但折价以后必须由官府于秋收后从产米最多之州县采买，然后按数收兑。④ 但总的来看，嘉庆还是极力禁止折收漕粮的行为，所以在嘉庆一朝，以官方的名义进行的漕粮折收寥寥无几。

　　由于嘉庆严格限制折色，在遇到漕粮征收困难时常常采用改征的方法予以变通。如八年（1803），山东东阿、平阴、东平、阳谷等十三州县由于当年豆禾布种较迟，豆收歉薄，嘉庆要求变通征收办法，要求将东阿等十三州县所额征豆23165石改换成同样数量的粟米交纳。同时泰安等十六县带征七年（1802）豆共29495石，也"准其一体改米抵征，俟下年仍照旧额征豆"。而且同年"应买一半之截漕米石、应买豆一万七余石，并著先以粟米买补"⑤。十八年（1813），山东历城等二十五州县麦子又歉收，漕粮额征无法完纳，嘉庆又将"应征麦石暂行改征粟米"。次年，河南省黑豆收获短少，额征黑豆155950石无法征收完全，嘉庆也将额征中

① 《清仁宗实录》卷40，嘉庆四年三月丁卯。
② 《清仁宗实录》卷96，嘉庆七年三月庚寅。
③ 《清仁宗实录》卷98，嘉庆七年五月庚寅。
④ 托津等：（嘉庆朝）《钦定大清会典事例》卷165《户部·漕运》。
⑤ 参见《清仁宗实录》卷120，嘉庆八年九月丁未；《清代漕运全书》卷8《改折抵兑》。

的一半黑豆改成粟米征收。对于改征的行为,嘉庆并没有太多的限制。改征只是以物易物,简单方便,易于操作,基本上在操作中没有产生新的弊端,所以这一办法在有关大臣具奏后都予以批准。

此外,在漕粮运输和征收中还有抵兑、迎兑等,在某种程度上也缓解了漕运的困境。抵兑是湖北省某些州县每年都要采用的征收兑运方式。湖北上游江陵等州县有一定额度的漕粮任务,但上游州县距离兑漕水次较远,路途遥远,挽运维艰,不能赶赴冬兑冬开之限。而下游州县有应解荆仓之南米,每年"由大江逆流而上,道路绵远",因此上游漕米与下游州县南米抵兑极为方便和节省,这也是一直以来遵行的定例。① 但其中有些州县因灾歉收,需要带征漕米。而这些带征漕粮的上游州县又"距兑漕水次较远,必先经由小河,又复远历大江,挽运不易,恐难赶赴兑限",最需要与下游逆流交兑的南米抵兑,当然经过巡抚的具奏,嘉庆每年都会批准这样的请求。但每年兑运带征漕粮的时候,湖北巡抚都要事前具奏嘉庆批准,然后再咨会户部,这样往返数次,既浪费时间又麻烦。十九年(1814),湖北巡抚张映汉上奏嘉庆,要求改变这种麻烦的流程。因为上游带征漕米与下游南米互相抵兑,这些都是每年根据惯例应办寻常之事,所以张映汉请求:嗣后遇有此项应抵米石,可否由湖北巡抚核明,专案咨明户部办理,这样似可毋庸每次渎奏,以省繁文。之后,上下游一些州县漕粮和南米之间的抵兑主要是由巡抚负责,报户部备案,以省去其中的麻烦,提高漕运的效率。② 迎兑的情况主要是针对路途遥远省份的帮船,如湖北、湖南、江西等省,由于归次稍迟,而且船只又不是太多,为了不延误受兑开行的时间,地方政府雇用民船装载漕粮开行,于路途中与回空漕船会合处交兑。有的也规定固定的交兑地点,如湖南迎兑一般规定在田家镇,湖北在岳州水次。无论如何,为了确保漕船按时受兑开行,新漕不致迟误,嘉庆也会很灵活地要求"其有需迎兑者亦赶紧料理周妥"③。

---

① 《朱批奏折》,嘉庆十七年十一月二十六日湖北巡抚张映汉奏,档号:04-01-35-0220-009。

② 《录副奏折》,嘉庆十九年十二月十七日湖北巡抚张映汉奏,档号:03-1760-100。

③ 《清仁宗实录》卷224,嘉庆十五年正月癸酉。

余　论

　　清代统治者"以京师之重，而仰给于遐方"，以故，一直视"漕运最为重务"①。从顺治朝恢复和重建清代漕运制度开始，至漕运危机四伏的嘉庆朝，清代统治者丝毫没有放松对漕运的重视和治理，然漕政状况却与统治者的努力之间呈出极大的落差，尽管统治者使尽浑身解数，却仍无法阻止漕运的日益恶化，更不可能使漕运摆脱危机。值得肯定的是，嘉庆皇帝在漕运治理问题上并不含糊，通过以上诸章的探讨我们可以很清楚地看到嘉庆朝统治者在漕运治理上所付出的种种努力，但最后的成效却是甚微，令统治者非常失望。其中的原因为何？值得我们仔细探究和思考。从对嘉庆治理漕运过程的梳理分析中，笔者渐渐形成了一些粗浅的看法，正文中未及详细叙述，现于余论部分稍作讨论，以求证于方家。

一　作为政治意识形态的儒家思想与传统中国的走向

　　我们在研究中国历史诸问题时，始终有一个问题萦绕周围，无法回避：为什么传统中国没有突破旧有框架像西方那样走上资本主义发展道路？而探讨清代这一段历史时，嘉庆中衰后为何没有找到一条与众不同的新道路？或者我们具体而微来看，漕运制度已经陷入危机之中，为何没有突破这种旧制度的窠臼？围绕这些问题，一直以来学术界产生了很多不同的见解，众说纷纭。但综合起来看，有一点是共同的，那就是儒家思想是其中一个主要原因。诚然，但在具体的分析中似有可商榷之处。张灏先生通过对中国传统文化，尤其是对儒家思想进行分析和梳理后提出"幽暗意识""超越意识"等概念，为我们开辟了审视传统中国为何无法突破原有窠臼的新视角。

　　在古代中国，确保政治统治秩序得以维持和继续的意识形态便是经过各朝各代的修饰而"层垒"起来的儒家思想。其中作为儒家思想之核心

---

① 陆陇其：《漕运》，《清经世文编》卷46。

的"内圣外王"的理想一直是中国古代社会（尤其是知识分子）所追求的最高目标。而对这种理想的追求包含着两个前提：一是人（或人性）与生俱来是有缺陷的，有黑暗面，即"幽暗意识"。二是这些缺陷和黑暗面可以通过自我的内在超越予以弥补，即"超越意识"。最后所达到的目标就是由成德的人领导与推动政治以建造一个和谐社会。内化超越可以产生批判意识和权威二元化思想，若任其发展，传统中国的发展模式或许会被改变。然而，内化超越思想与"君权神授"之思想始终缠结在一起，因此批判意识不能得到畅行，权威二元也不可能得以实现。这些批判意识充其量只能针对帝王的个人行为及施政措施发挥一些抗议作用。因此我们就会发现，明末清初之时，出现了一些具有批判意识的大儒，他们甚至对传统制度或传统儒学提出了一些批评，然而却没有形成潮流，更没有对当时的君主体制产生冲击。不仅是因为传统知识分子绝大多数因"例行化"而成为"师儒"，他们只是经典学术的研究者、维护者、阐释者和塑造者，不参与对政治和社会的批判。乾嘉学派的兴盛便是其中最典型的案例。还因为这些为数不多具有批判意识的大儒，"他们的思想并不是中国将要产生科学之内在趋势的征兆"。他们虽然是"真诚批判者"，但这些批判"仍是中国传统世界内部的分歧，它证明的是传统的稳固性，而非传统转化的象征"①。

　　正因如此，两千年来儒家的政治思想就顺着"人可以内圣外王"这一个基本观念的方向去发展，因此其精神世界是贯注在如何培养那指导政治的德性，②而不是培养批判意识。职是之故，传统中国的各个王朝无论如何更替，社会期待的是一位"内圣外王"的"明君"出现，而不是设法打破这种旧藩篱期望一种新体制。在一个王朝之内，"为了确保政治决策的公正和明智"，中国传统依靠的是最高统治者的"内圣外王"和"为官者的个人素质，而不是依靠规则或体制结构"③。因此，我们就会发现，在中国的历史上这样的场景循环不竭：一个王朝无论多么黑暗和腐败，总是有人期待帝王通过"内心超越"而拯救岌岌可危的王朝，或者期待另一位"圣王"的出现。

　　如果把上面的观点运用到嘉庆朝的分析上，我们会很清楚地明白：嘉

---

① ［美］约瑟夫·列文森：《儒教中国及其现代命运》，郑大华、任菁译，广西师范大学出版社 2009 年版，第 8 页。

② 本小节未标注之处皆参见张灏《幽暗意识与民主传统》，新星出版社 2010 年版。

③ ［美］詹姆斯·R. 汤森、［美］布兰特利·沃马克：《中国政治》，顾速、董方译，江苏人民出版社 1994 年版，第 42 页。

庆朝漕运之所以无法摆脱困境，其实行的各种治理为何最终都回到了原点的原因所在，除了制度的路径依赖并进入锁定状态（后面有详细探讨）这一因素外，传统社会所怀有的终极乐观精神也是一种阻碍因素。因此，在面对漕运危机时，嘉庆所能做到的就是期望和依靠社会中每个人的"成德"，尤其是官员们内在道德的提升，来达到除弊治漕的目的，而不是从制度上寻找突破口。无论嘉庆如何努力治漕，最后他也只能"惟在该抚等严饬各地方员弁随时实力查禁，庶漕务日有起色，于恤丁爱民之道两有裨益。勿徒托之空言，视为具文也"①。只能一再希望大臣们能够"忠心体国"，"尽心除弊，有犯必惩"，"实心办理，不在空言"，等等。然而这种将漕务治理寄托于官员们的主动性和他们所谓的"忠君爱国"之心的无奈选择，却在日益腐败的官僚制度前显得那么苍白无力。秉持"有治人无治法"统治原则的嘉庆始终无法跳出旧制度的束缚，只能在制度窠臼中拼命挣扎，这也正是"圣王"理想和"大学"模式的极佳体现。

二　帝王品行与封建王朝的兴衰

如上所述，传统政治思想决定传统中国需要一个具有"内圣外王"式的帝王来实行统治。当然，"内圣外王"是传统中国社会对统治者最理想化的设计和期盼，也是社会中的个人对自身境遇的一种道德参照。因此，在"家天下"的传统中国，最高统治者的才能德性如何将最终决定王朝、国家或社会的兴衰成败。

传统中国社会发展至18世纪末19世纪初的嘉庆朝，这个时候的中国社会出现了诸多乱象，"变起一朝，祸积有素"。对于嘉庆及其一朝的统治，《清史稿》有如下的总结性评价："仁宗初逢训政，恭谨无违。迨躬莅万岁，除奸登善。削平逋寇，捕治海盗，力握要枢，崇俭勤事，辟地移民，皆为治之大原也。诏令数下，谆切求言。而吁咈之风，未遑睹焉，是可慨已。"② 这67字的总结中，有54字评价嘉庆，皆是赞美之词；而对嘉庆一朝的衰落之景只用了13字，只将当时朝廷衰落的原因归结为当时社会的风气，力求卸去嘉庆皇帝作为最高统治者的责任。当然作为《清史稿》编纂者的这些遗老们，他们这种浓厚的"大清"情结是可以理解的，但却影响了他们对历史教训的总结。近年来随着对嘉庆朝研究的深入，对嘉庆及其一朝统治的评价有了很大的深化，学术界也基本形成了一

---

① 中国第一历史档案馆编：《嘉庆道光两朝上谕档》，广西师范大学出版社2000年版。
② 《清史稿》卷16《仁宗本纪》。

致的总体看法，即嘉庆作为一个守成的帝王，在王朝鼎盛的余晖下循规蹈矩，按照旧框旧条来维护统治，因此根本谈不上有所突破和创新。正如有的学者所指出的那样："与他的父、祖相比，嘉庆是一位既没有政治胆略又缺乏革新精神，既没有理政才能又缺乏勇于作为品格的平庸天子。平庸两字是嘉庆皇帝的主要特点。"① 然通过对嘉庆治理漕运危机进行的研究和分析，我们发现这些从结果推演出的结论未免过于武断，或者说不甚公平，其中的一些客观因素却往往被忽视。于是，在研究嘉庆治理漕运的过程中本文渐渐得出了一些新的体会和看法，或许这将有利于更加全面地认识嘉庆及其25年的统治。

乾隆统治六十年，后又作为太上皇临御三年多时间，与嘉庆一起生活了近四十年。在这么长一段时间的影响下，嘉庆被塑造成一个不折不扣的"平和"之人。在实行统治的过程中，以其父乾隆的统治政策为依据，不敢做出突破传统的方针措施，力求确保自己统治的风平浪静。因此，嘉庆在实际掌权后就明确表示要按照其父乾隆的政策进行统治，这一点在其所撰写的《守成论》中就很明确的体现。长期的环境熏陶让掌权后的嘉庆一直在其父乾隆的阴影下，在施政过程中不自觉地沿着其父、祖的施政路线前进，极大地制约了他个人的创新精神。

嘉庆面对刚从乾隆手中接过来的这样一个"百病缠身"的王朝，他生怕一不小心会让困难重重的统治濒临瓦解，在他行政施政时总是百般小心，从而畏首畏尾。犹如一个参加比赛的运动员，越是想要赛出好成绩，越是不能得出好结果。嘉庆正是这样的一个"运动员"，在他心中康乾鼎盛及其父"十全武功"的辉煌始终在萦绕，他生怕一个不当的措施就会造成统治不稳。带着这一沉重的心理负担，嘉庆在筹商政策方针时总是患得患失，束缚太大太多，以致在面对稍有不同于传统统治的方针、政策、措施，或者遇到反对意见太多时就不敢去尝试，这一点清楚地体现在讨论漕粮海运的问题上。

虽然掌权伊始的嘉庆还是很有信心，试图去改变当时的颓势，恢复昔日的辉煌，并进行了一些整顿，也颁布了一些值得肯定的措施，但大量经过长期积累起来的矛盾纷纷爆发，国家机器全面出现问题，令统治者顿时手足无措。统治者面对如此境况，首先要解决影响统治的关键性问题。但是每当提出办法时，新的问题却又出现。办法的提出总是要远远落后于问题的出现，嘉庆在治理问题的过程中总是无暇进行长远的打算，只能力求

① 　[日] 稻叶君山：《清代全史》，但焘译，吉林大学出版社2011年版，第246页。

通过最立竿见影的办法解决当时之困境，即使是饮鸩止渴也在所不惜。漕运治理的过程中，有很多类似的情况，但为了使漕运顺利通行，不得不采用以解决当前困境换取暂时稳定的应急性措施。其中最明显的当属借黄济运，前文已有详细论述，此处不再赘述。

如上所述，由于这些因素和当时的社会境况，决定了嘉庆及其统治只能在平稳中求发展，在试图改变颓势的努力下力求有所改变。守成并不是他的目的，而是统治的方法，更是诸多因素共同作用的统治结果。当然其中也有如前辈学者所说的统治者个人能力的因素，但在清代严格的皇家教育制度下，将统治衰落的原因完全归结为统治者个人能力的欠缺显然是不合适的。面对当时漕运危机日趋严重、统治日趋衰落的境况，嘉庆首先要确保其统治的稳定，为了这个目的，在应对困境时总是表现得很软弱，提出的措施和办法经常是"遇强则退"，统治政策也经常是朝令夕改，其统治犹如钟摆一样，总是摇摆不定。最终，面对诸多矛盾和严峻的困境，如漕运问题，嘉庆显然是苦于无法应对，虽然他自始至终都期望能够解决漕运困境，最终也只能是"心有余而力不足"。

三　路径依赖与传统中国的制度变迁

一个国家、一个帝国或者一个王朝的衰落，其原因繁多，"但是最为重要的根源还是东西方研究家所共同认可的政治制度因素"[1]，即一个朝代衰落，其根本原因在于政治制度不适合时代的发展。对于清朝，或者更具体的嘉庆朝来说也是同样如此。那么，我们不禁要问，既然制度不合适了，为什么不进行改革，以使制度适应时代发展？

作为清代"军国大计"的漕运制度经过顺、康、雍、乾四位统治者发展，已经牢牢地确立起来。然世界上不可能存在只有好的方面而没有弊端的制度，因此在制度发展的过程中，制度的负面作用所带来的弊端也在逐渐积累。至"康乾盛世"之后，"清帝国大厦在乾嘉之际的砰然倾倒，败相毕露"，究其原因主要是由于制度的负面效益所带来的弊端，经过长期积累后，"长期潜伏的尖锐的民族矛盾和社会阶级矛盾总爆发的结果"[2]。既然某种制度随着时间推移，其弊端越来越大，在出现诸多弊端后统治者

---

① 杨光斌：《制度的形式与国家的兴衰——比较政治发展的理论与经验研究》，北京大学出版社 2005 年版，第 77 页。

② 姚念慈：《"康乾盛世"与历史意义的采择》，国学网·中国经济史论坛，http://economy. guoxue. com/comment. php/21935？ action＝view。

为何还要坚持这种制度？这就是路径依赖的结果。嘉庆朝漕运陷入危机后，最高统治者仍然在传统的漕运制度内苦苦地寻求治理的办法，嘉庆通过"先存的心智构念"来处理和辨识漕运问题，并解决所面对的漕运困境。对嘉庆来说，这种"先存的心智构念"则来源于其祖父辈给他所创造的"康乾盛世"及其之下的制度"报酬递增"。因此，嘉庆作为历史的参与者，他的这种"心智构念"不仅要型塑他在漕政治理上的选择，而且还将演化成一种意识形态，这种意识形态不仅能为他所处的社会结构辩护，还能为诸如已经陷入危机的漕运制度这样的绩效找到理由。① 于是，在面对漕运危机时，"政府行政的程式化、表面化，沉湎于驾轻就熟的经验方法，在碰到前所未遇的问题需要解决的时候，不是束手无策，就是套用旧法予以处理"。最终，王朝政府、统治者及其封建官僚阶层"越来越丧失一种制度创新的精神"②。因此，一种制度一旦确立，继任者不会轻易地去改变，"一朝之内的每一位登基皇帝都必须恪守开国皇帝定下的典章制度"③。

更准确地说，至嘉庆朝时，传统中国的社会制度——如漕运制度——已经"被设定在一个特定的进程上，网络外部性、组织的学习过程以及得自于历史的主观模型，就将强化这一进程"，从而使这一制度进入了锁定（lock-in）状态，更加难以打破。④ 这种路径依赖和锁定效应让统治者明白改变一种制度所要付出的成本和代价更加巨大，而这些无论是从意识形态还是从现实世界中都无法承担的。更何况，对统治者来说一种新制度或方式给王朝能否带来好处具有极大的不确定性和高风险性，是不可预测的。嘉庆至少明白，以当时蹩脚的漕运还可以将漕粮运到目的地，虽然效率非常低下，危机重重。而一旦改变这一漕运制度，所产生的巨大代价和成本未必比保持蹩脚的漕运要少，或许还会危及他的统治。职是之故，清朝统治者经常对制度经行边际修补，绝不会动其根本。就像嘉庆治理漕运那样，总是在制度内提出各种办法对制度进行修补，却没有采用动其根

① ［美］道格拉斯·C. 诺思：《制度、制度变迁与经济绩效》，杭行译，格致出版社 2008年版，第 131—137 页。
② 李宝臣：《文化冲突中的制度惯性》，中国城市出版社 2002 年版，第 281、284 页。
③ ［美］吉尔伯特·罗兹曼主编：《中国的现代化》，国家社会科学基金"比较现代化"课题组译，江苏人民出版社 2003 年版，第 53 页。
④ ［美］道格拉斯·C. 诺思：《制度、制度变迁与经济绩效》，杭行译，格致出版社 2008年版，第 136 页。

本的办法。正如钱穆先生说，清代政治"全只有法术，更不见制度"①。
当这种解决问题的统治法术所产生的积极作用已经无法抵消制度所带来的
弊端时，矛盾的爆发和危机的呈现是不可避免的。清朝统治者就是沿着这
条路前进的，而且越到后来，统治法术的效果越来越难以解决所出现的问
题。嘉庆始终跳不出原来漕运制度的旧框框，面对日益严重的漕运危机，
他千方百计在漕运制度内寻找解决的办法，结果还是令他非常失望，无法
解决面临的困境。最终，延续的制度消磨了统治法术的有效性，在解决问
题时只能"治标"，而不能从根本上解决。不久，弊端又会重现。

---

① 钱穆：《中国历代政治得失》，生活·读书·新知三联书店 2006 年版，第 127 页。

参考文献

一 档案文献

中国第一历史档案馆藏：《宫中档朱批》。

中国第一历史档案馆藏：《军机处录副》。

中国第一历史档案馆编：《康熙朝满文朱批奏折全译》，中国社会科学出版社 1996 年版。

《宫中档乾隆朝奏折》，（台北）故宫博物院 1982 年印行。

《清世祖实录》《清圣祖实录》《清世宗实录》《清高宗实录》《清仁宗实录》，中华书局 1985—1987 年版。

《清东华录全编》，学苑出版社 2000 年版。

《康熙起居注》，中华书局 1984 年版。

《高宗起居注》，广西师范大学出版社 2002 年版。

《仁宗起居注》，广西师范大学出版社 2006 年版。

《嘉庆道光两朝上谕档》，广西师范大学出版社 2002 年版。

《清仁宗圣训》，北京燕山出版社 1998 年版。

傅维鳞：《明书》，《四库全书存目丛书》本。

赵尔巽：《清史稿》，中华书局 1977 年版。

《清国史》（嘉业堂钞本），中华书局 1993 年版。

《国朝名臣奏议》，北京大学出版社 1993 年版。

嵇璜、刘墉等：《清朝通典》，浙江古籍出版社 2000 年版。

嵇璜、刘墉等：《清朝通志》，浙江古籍出版社 2000 年版。

允禄等：（雍正）《大清会典》，台湾文海出版社 1991 年版。

托津等：（嘉庆）《钦定大清会典事例》，台湾文海出版社 1991 年版。

崑冈等：（光绪）《钦定大清会典事例》，上海古籍出版社 2002 年版。

席裕福：《皇朝政典类纂》，台湾文海出版社 1983 年版。

托津等：《钦定户部漕运全书》，台湾成文出版社 1969 年版。

载龄等：《清代漕运全书》，北京图书馆出版社 2004 年版。

魏源、贺长龄：《清经世文编》，台湾文海出版社 1972 年版。

葛士濬：《皇朝经世文续编》，台湾文海出版社 1972 年版。

饶玉成：《皇朝经世文续编》，台湾文海出版社 1972 年版。

穆彰阿、潘锡恩：《大清一统志》，上海古籍出版社 2007 年版。

顾祖禹：《读史方舆纪要》，中华书局 2005 年版。

《大清律例汇辑便览》，台湾成文出版社 1975 年版。

裴宗锡：《抚皖奏稿》，全国图书馆文献缩微复制中心，2005 年。

叶梦珠：《阅世编》，上海古籍出版社 1981 年版。

李大镛：《河务所闻集》，中国水利珍本丛书。

黄之纪：《河工摘录》，国家图书馆藏。

王凤生：《浙西水利备考》，中华山水志丛刊，线装书局 2004 年版。

凌介禧：《东南水利略》，中华山水志丛刊，线装书局 2004 年版。

宗源瀚：《浙江全省舆图并水路道里记》，光绪二十年石印本。

武同举：《淮系年表全编》，台湾文海出版社 1969 年版。

陆耀：《山东运河备览》，海南出版社 2001 年版。

蔡绍江：《漕运河道图考》，国家图书馆藏。

胡宣庆：《皇朝舆地水道源流》，中华山水志丛刊，线装书局 2004 年版。

赵尔巽：《清史河渠志》，台湾成文出版社 1969 年版。

傅泽洪：《行水金鉴》，台湾成文出版社 1969 年版。

黎世序、潘锡恩：《续行水金鉴》，台湾成文出版社 1969 年版。

董恂：《江北运程》，线装书局 2004 年版。

张鹏翮：《治河全书》，天津古籍出版社 2007 年版。

汪为熹辑：《鄂署杂钞》，齐鲁书社 1997 年版。

杜诏等：《山东通志》，《四库全书》本。

夏之蓉等：《高邮州志》，道光二十五年范凤谐等重校刊本。

吴怡等：《东阿县志》，道光九年刊本。

鲁一同等：《邳州志》，咸丰元年刻本。

杨履泰等：《丹徒县志》，光绪五年刊本。

俞樾等：《上海县志》，同治十一年刊本。

金鳌：《海宁县志》，乾隆三十年刻本。

潘秉哲等：《昌化县志》，民国十三年排印本。

高鹏年：《湖墅小志》，光绪二十二年石印本。

王文炳：《富阳县志》，光绪三十二年刻本。

张吉安等：《余杭县志》，民国八年重印本。

褚成博：《余杭县志稿》，光绪三十二年刻本。

赵民洽、许琳：《临安县志》，乾隆二十四年刻本。

董运昌：《临安县志》，宣统二年刻本。

聂心汤：《钱塘县志》，光绪十九年刻本。

沈朝宣：《仁和县志》，光绪十九年刻本。

樊维城、胡震亨：《海盐县图经》，乾隆十三年刻本。

彭润章、叶廉锷：《平湖县志》，光绪十二年刻本。

江峰青：《重修嘉善县志》，光绪二十年刻本。

疏筤、陈殿阶：《武康县志》，道光九年刻本。

侯元棐、王振孙：《德清县志》，康熙十二年刻本。

黄之隽：《江南通志》，乾隆二年重修本。

孙星衍等：《松江府志》，嘉庆二十三年刻本。

王显曾等：《华亭县志》，乾隆五十六年刻本。

钱熙泰：《金山县志》，咸丰八年钞本。

裴大中等：《无锡金匮县志》，光绪七年刻本。

秦瀛：《无锡金匮县志》，嘉庆十八年刻本。

阮升基、宁楳山：《重刊宜兴县志》，嘉庆二年刻本。

李景峄等：《溧阳县志》，光绪二十二年刻本。

汪士铎等：《上江两县志》，同治十三年刻本。

王有庆、陈世镕：《泰州志》，道光七年刻本。

江景桂：《天长县志纂辑志稿》，同治八年刻本。

金元烺等：《安东县志》，光绪元年刻本。

刘崇照等：《盐城县志》，光绪二十一年刻本。

阮本焱等：《阜宁县志》，光绪十二年刻本。

卫哲治等：《淮安府志》，乾隆十三年刻本。

吴昆田等：《淮安府志》，光绪十年刻本。

张兆栋等：《山阳县志》，同治十二年刻本。

蔡复午等：《东台县志》，嘉庆二十二年刻本。

姚文田等：《扬州府志》，嘉庆十五年刻本。

钟泰、宗能微：《亳州志》，光绪二十一年刻本。

于振江等：《重修蒙城县志》，民国四年铅印本。

徐锦：《英山县志》，民国九年活字本。

叶兰等：（乾隆）《泗州志》，乾隆五十三年修钞本。

郭起元：《盱眙县志》，乾隆十二年刻本。

姚鸿杰：《丰县志》，光绪二十年刻本。

于书云：《沛县志》，民国九年铅印本。

石杰：《徐州府志》，乾隆七年刻本。

吴世熊、朱忻：《徐州府志》，同治十三年刻本。

李德溥：《宿迁县志》，同治十三年刻本。

刘如旻：《睢宁县志》，康熙五十七年刻本

侯绍瀛：《睢宁县志稿》，光绪十二年刻本。

唐仲冕：《海州直隶州志》，嘉庆十六年刻本。

朱肇基：《太平府志》，乾隆二十三年刻本。

余谊密：《芜湖县志》，民国八年石印本。

曹德赞：《繁昌县志书》，道光六年增修本。

朱成阿、史应贵：《铜陵县志》，民国十九年铅印本。

赵灿：《含山县志》，康熙二十三年刻本。

邬正阶、郑敦亮：《宿松县志》，道光八年刻本。

钟音鸿：《赣州府志》，同治十二年刻本。

褚景昕：《赣县志》，民国二十年重印本。

谢煌：《抚州府志》，光绪二年刻本。

杨文灏等：《金溪县志》，乾隆十六年刻本。

李云：《金溪县志》，道光三年刻本。

札隆阿：《宜黄县志》，道光五年刻本。

胡芳杏：《乐安县志》，同治十年刻本。

邵子彝、鲁琪光：《建昌府志》，光绪五年刻本。

李其昌、张树萱：《莲花厅志》，同治四年刻本。

定祥、刘绎：《吉安府志》，光绪二年刻本。

刘坤一、赵之谦：《江西通志》，光绪七年刻本。

项珂：《万年县志》，同治十年刻本。

锡德、石景芳：《饶州府志》，同治十一年刻本。

李树藩：《广信府志》，同治十二年刻本。

黄大承：《新昌县志》，同治十一年刻本。

黄廷金：《瑞州府志》，同治十二年刻本。

白潢等：《西江志》，康熙五十九年刻本。

盛元等：《南康府志》，同治十一年刻本。

顾长龄：《江西全省舆图》，同治七年刻本。

鲁王孙：《都昌县志》，康熙三十三年补刊本。

邓琛：《黄州府志》，光绪十年刻本。

黄璟等：《续浚县志》，光绪十二年刻本。

孙灏等：《河南通志续通志》，光绪八年刻本。

嵩山等：《东昌府志》，嘉庆十三年刻本。

黄其勋：《直隶南雄州志》，道光四年刻本。

董恂：《凤台祗谒笔记》，同治九年刻本。

王念孙：《王石臞先生遗文》，《续修四库全书》本。

铁保：《梅庵年谱》，《续修四库全书》本。

赵慎畛：《榆巢杂识》，中华书局 2001 年版。

法式善：《陶庐杂录》，中华书局 1997 年版。

王士禛：《古夫于亭杂录》，中华书局 2001 年版。

陈其元：《庸闲斋笔记》，中华书局 1989 年版。

张集馨：《道咸宦海见闻录》，中华书局 1999 年版。

郑若曾：《郑开阳杂著》，台湾成文出版社 1971 年版。

包世臣：《安吴四种》，台湾文海出版社 1968 年版。

贺熙龄：《寒香馆文钞》，道光二十八年刻本。

李祖陶：《迈堂文略》，《续修四库全书》本。

姚莹：《中复堂全集·东溟文集》，台湾文海出版社 1974 年版。

龚自珍：《龚自珍全集》，上海古籍出版社 1999 年版。

吴嘉宾：《求自得之室文钞》，台湾鼎文书局 1973 年版。

沈垚：《落帆楼文集》，台湾新文丰出版社 1989 年版。

冯桂芬：《显志堂稿》，宣统元年印本。

金安清：《水窗春呓》，中华书局 1984 年版。

朱克敬：《瞑庵二识》，岳麓书社 1983 年版。

朱偰：《中国运河史料选辑》，中华书局 1962 年版。

《山东道试监察御史焦荣议陈漕政除弊酌利题本》，《历史档案》1984 年
　　第 3 期。

《户科史书顺治十八年十月初五日谌名臣题本》，《历史档案》1999 年第
　　3 期。

故宫博物院掌故部编：《掌故丛编》，中华书局 1990 年版。

［英］雷蒙·道森：《中国变色龙》，常绍民等译，时事出版社 1999 年版。

［美］E. A. 罗斯：《变化中的中国人》，公茂虹、张皓译，时事出版社
　　1998 年版。

［法］亨利·柯蒂埃：《18 世纪法国视野里的中国》，唐玉清译，上海书店出版社 2006 年版。

［英］亨利·埃利斯：《阿美士德使团出使中国日志》，刘天路等译，商务印书馆 2013 年版。

李必樟编译：《上海近代贸易经济发展概况：1854—1898 年英国驻上海领事贸易报告汇编》，上海社会科学院出版社 1993 年版。

《中国丛报》（*Chinese Repository*），广西师范大学出版社 2008 年版。

二 今人著作、论文

康有为：《康有为政论集》，中华书局 1981 年版。

梁启超：《清代学术概论》，上海古籍出版社 2005 年版。

柳诒徵：《中国文化史》，上海书店 1990 年版。

孟森：《清史讲义》，中华书局 2006 年版。

钱穆：《中国历代政治得失》，生活·读书·新知三联书店 2006 年版。

萧公权：《中国政治思想史》，台湾联经出版事业公司 1982 年版。

孟德斯鸠：《论法的精神》，商务印书馆 2009 年版。

萧一山：《清代通史》，华东师范大学出版社 2006 年版。

郑肇经：《中国水利史》，上海书店 1984 版。

李文治、江太新：《清代漕运》，中华书局 1995 年版。

王业健：《清代田赋刍论（1750—1911）》，人民出版社 2008 年版。

李治亭：《中国漕运史》，台湾文津出版社 1997 年版。

史仲文、胡晓林主编：《世界全史》，中国国际广播出版社 1996 年版。

史仲文、胡晓林主编：《中国全史》，人民出版社 1994 年版。

倪玉平：《清代漕粮海运与社会变迁》，上海书店出版社 2005 年版。

李穗梅主编：《近代名人手札书翰选》，花城出版社 2003 年版。

常建华：《清代的国家与社会研究》，人民出版社 2006 年版。

黄爱平：《朴学与清代社会》，河北人民出版社 2003 年版。

［美］罗兹曼主编：《中国的现代化》，陶骅等译，江苏人民出版社 2003 年版。

李宝臣：《文化冲撞中的制度惯性》，中国城市出版社 2002 年版。

杨光斌：《制度的形式与国家的兴衰——比较政治发展的理论与经验研究》，北京大学出版社 2005 年版。

［美］安东尼·唐斯：《官僚制内幕》，郭小聪等译，中国人民大学出版社 2006 年版。

［美］曾小萍：《州县官的银两——18 世纪中国的合理化财政改革》，董
　建中译，中国人民大学出版社 2005 年版。

王亚南：《中国官僚政治研究》，中国社会科学出版社 2005 年版。

张灏：《幽暗意识与民主传统》，新星出版社 2010 年版。

李治安、杜家骥：《中国古代官僚政治——古代行政管理及官僚病剖析》，
　书目文献出版社 1993 年版。

吴宗国主编：《中国古代官僚政治制度研究》，北京大学出版社 2004
　年版。

陈旭麓：《近代中国社会的新陈代谢》，上海社会科学院出版社 2006
　年版。

张小也：《清代私盐问题研究》，社会科学文献出版社 2001 年版。

梁方仲：《中国历代户口、田地、田赋统计》，上海人民出版社 1980
　年版。

赵文林、谢淑君：《中国人口史》，人民出版社 1988 年版。

姜涛：《中国近代人口史》，浙江人民出版社 1993 年版。

何炳棣：《明初以降人口及其相关问题（1368—1953）》，生活·读书·新
　知三联书店 2000 年版。

葛剑雄：《中国人口史》，复旦大学出版社 2005 年版。

张岂之：《中国历史》（元明清卷），高等教育出版社 2001 年版。

李伯重：《江南的早期工业化（1550—1850）》，社会科学文献出版社 2000
　年版。

李尚英：《清代政治与民间宗教》，中国工人出版社 2002 年版。

朱诚如主编：《清代通史》，紫禁城出版社 2003 年版。

高德步、王珏：《世界经济史》，中国人民大学出版社 2001 年版。

周宁：《天朝遥远：西方的中国形象研究》，北京大学出版社 2006 年版。

王开玺：《清代外交礼仪的交涉与论争》，人民出版社 2009 年版。

张灏：《幽暗意识与民主传统》，新星出版社 2010 年版。

林举岱：《英国工业革命史》，上海人民出版社 1979 年版。

郝侠君等主编：《中西 500 年比较》，中国工人出版社 1989 年版。

刘子明：《中国近代军事史研究》，江西人民出版社 1993 年版。

中国军事史编写组：《中国历代军事装备》，解放军出版社 2007 年版。

申漳：《简明科学技术史话》，中国青年出版社 1981 年版。

［美］费正清、刘广京编：《剑桥中国晚清史》，中国社会科学出版社
　2006 年版。

［美］马士：《中华帝国对外关系史》，张汇文等译，生活·读书·新知三联书店 1957 年版。

［美］斯蒂芬·P. 罗宾斯、［美］蒂莫西·A. 贾奇：《组织行为学》，李原、孙健敏译，中国人民大学出版社 2008 年版。

［美］丹尼尔·B. 贝克：《权力语录》，王文斌、张文涛译，江苏人民出版社 2008 年版。

［美］彭慕兰：《大分流：欧洲、中国及现代世界经济的发展》，史建云译，江苏人民出版社 2004 年版。

马立博：《虎米丝泥：帝制晚期华南的环境与经济》，江苏人民出版社 2012 年版。

林满红：《银线：19 世纪的世界与中国（1808—1856）》，江苏人民出版社 2011 年版。

［美］魏斐德：《大门口的陌生人》，王小荷译，新星出版社 2014 年版。

［美］王国斌：《转变的中国：历史变迁与欧洲经验的局限》，李伯重、连玲玲译，江苏人民出版社 2010 年版。

［美］韩书瑞、［美］罗友枝：《18 世纪中国社会》，陈仲丹译，江苏人民出版社 2009 年版。

［英］道格拉斯·C. 诺思：《制度、制度变迁与经济绩效》，杭行译，格致出版社 2011 年版。

［美］李中清、王丰：《人类的四分之一：马尔萨斯的神话与中国的现实（1700—2000）》，生活·读书·新知三联书店 2000 年版。

［法］费尔南·布罗代尔：《15—18 世纪的物质文明、经济与资本主义》，顾良、施康强译，生活·读书·新知三联书店 2002 年版。

［英］安格斯·麦迪森：《世界经济千年史》，伍晓鹰等译，北京大学出版社 2003 年版。

［德］贡德·弗兰克：《白银资本：重视经济全球化中的东方》，刘北成译，中央编译出版社 2008 年版。

［美］帕尔默、科尔顿：《近现代世界史》，孙福生等译，商务印书馆 1990 年版。

［美］斯塔夫里阿诺斯：《全球通史——1500 年以后的世界》，吴象婴、梁赤民译，上海社会科学院出版社 1999 年版。

［美］费正清、赖肖尔：《中国：传统与变迁》，张沛译，世界知识出版社 2002 年版。

［美］孔飞力：《中华帝国晚期的叛乱及其敌人》，谢亮生等译，中国社会

科学出版社 1990 年版。

［日］稻叶君山：《清代全史》，但焘译，上海社会科学院出版社 2006 年版。

［美］菲利普·李·拉尔夫等：《世界文明史》，赵丰等译，商务印书馆 1998—1999 年版。

［法］佩雷菲特：《停滞的帝国——两个世界的撞击》，王国卿等译，生活·读书·新知三联书店 1993 年版。

［美］史景迁：《追寻现代中国——1600—1912 年的中国历史》，黄纯艳译，上海远东出版社 2005 年版。

［美］列文森：《儒教中国及其现代命运》，郑大华、任菁译，广西师范大学出版社 2009 年版。

［美］汤森、［美］沃马克：《中国政治》，顾速、董方译，江苏人民出版社 1994 年版。

《清史译丛》（第九辑），浙江古籍出版社 2010 年版。

《清史译丛》（第十一辑），商务印书馆 2013 年版。

江太新、苏金玉：《漕运与淮安清代经济》，《淮阴工学院学报》2006 年第 4 期。

刘凤云：《试析乾隆惩贪屡禁不止的原因》，《清史研究》1992 年第 1 期。

郭成康：《18 世纪后期中国贪污问题研究》，《清史研究》1995 年第 1 期。

张岩：《包世臣与近代前夜的"海运南漕"改革》，《近代史研究》2000 年第 1 期。

刁书仁：《略论清代东北与内地的粮米海运贸易》，《清史研究》1993 年第 4 期。

谢景芳：《论清代奉天与内地间粮食海运贸易》，《辽宁师范大学学报》（社会科学版）1989 年第 3 期。

吴义雄：《鸦片战争前英国在华治外法权之酝酿与尝试》，《历史研究》2006 年第 4 期。

任灵兰：《嘉道时期士大夫的学术风尚》，博士学位论文，北京师范大学，1998 年。

陈连营：《危机与选择——仁宗统治政策研究》，博士学位论文，中国人民大学，1999 年。

姚念慈：《"康乾盛世"与历史意义的采择》，国学网·中国经济史论坛，http：//economy.guoxue.com/comment.php/21935？action＝view。

袁飞：《论嘉庆时期漕政的腐败》，《社会科学战线》2012 年第 9 期。

袁飞：《略论嘉庆朝漕运治理的困境》，《淮阴工学院学报》2011 年第 2 期。

徐滨：《18—19 世纪英国劳工生活水平的变化》，《世界历史》2005 年第 2 期。

黄启臣：《中国在贸易全球化中的主导地位——16 世纪中叶至 19 世纪初叶》，《福建师范大学学报》（哲学社会科学版）2004 年第 1 期。

金梅：《18 世纪末，欧洲开始轻视中国》，《环球时报》2008 年 12 月 4 日。

［英］斯当东著，侯毅译：《1816 年英使觐见仁宗纪事》，《清史研究》2009 年第 2 期。

陈峰：《清代漕运水手的结帮活动及其对社会的危害》，《社会科学战线》1996 年第 2 期。

吴琦：《漕运与民间组织探析》，《华中师范大学学报》（哲学社会科学版）1997 年第 1 期。

罗国辉：《近十年来秘密社会史研究综述》，《社会科学评论》2008 年第 2 期。

曹金娜：《清代漕运水手研究》，博士学位论文，南开大学，2013 年。

曹金娜：《清代粮船水手中的罗教》，《宗教学研究》2013 年第 2 期。

后　记

本书是在我的博士学位论文《嘉庆朝漕运治理研究》基础上增补、修改而成的。

人总是喜欢回忆美好的过去，但我的回忆却是苦涩的，也是无奈的。出生在农村的我，从小便深切地体会到生活真的很不易。面朝黄土背朝天的父母虽然没日没夜地劳作，也没有改变我家贫困的状况。就是在这样的境况下，七岁（实际为六周岁）的我背负着父母的期望开始了学生生涯，虽然从小基本上不知道何为零食，口袋里也从没有过零花钱，但那时的我基本上是"少年不识愁滋味"。父母为了让我对"农门"有刻骨铭心的印象，经常用"苦肉计"。每当暑假，他们总是让我跟着他们下水田耙草（双腿跪在水田里，用手像耙子一样在每行的稻秧间抠水草），夏天的早晨还能凑合，不多久稻田里便又闷又热，小孩子难以忍受，于是便大叫大喊要回家，父母要的就是这种效果，他们并不理会我，而是漫不经心地问我："种地累不累？上学好不好？"从小学开始，一直到我初中结束，这样的"苦肉计"持续了很多年。

父母的辛劳只能勉强支持我的初中和妹妹小学的开支。等我要上高中，妹妹也小升初时，费用一下子增加了太多，这对我家来说完全力不从心了。最后，万般无奈下，十二岁的妹妹选择了辍学，让我继续读下去。三年后，为了减轻父母的负担，为了我能好好读书，不满十六岁的她毅然外出打工，用羸弱的肩膀分担着家庭的重担。平时，父母总是节衣缩食，即使生病也不会去看医生，总是强忍着。记得有一次，母亲在地里浇水，扁担一头的水桶掉下来，扁担一端跷头，重重地砸到了脸上，顿时半边脸肿了起来，即便这样也没有去看医生，自己强忍着。后来消肿之后半边脸呈青紫色，好几个月才恢复。最困难的时候是在我高二那年：上半年我因意外而造成大腿粉碎性骨折。下半年，父亲动大手术。当时，可以说求告无门，母亲流着泪对我说：你若没出息，钱都借不到；不是人家不借，人家是怕我们还不起。在最困难的时候，是姐姐姐夫无私而及时的帮助让我们渡过了难关。

俗话说"穷人家的孩子早当家"。父母的辛劳不但看在眼里，也铭记在心里。初中开始，虽然不住校，因为学校在镇上，离家有点远，要在学校里吃午饭。菜饭都可以从学校买，但大多数人是把米送到学校，交一些加工费后换成饭票。午饭售给学生的菜就一种，每顿五毛钱。为了省下每顿的五毛钱，从初一开始我基本上没有花钱从学校食堂买过菜，都是每天早上来校时用玻璃杯从家带些，其中最常吃的就是辣椒酱炒咸菜，耐存放，特别是进入6月后天气变热，装在玻璃杯里不容易馊。别人都是因为家里有了好吃的才带菜，我是为了省下每顿的五毛钱，不得不天天如此。到县城上高中后开始住校，一般是开学时从家带两大罐自家做的黑酱，里面放些豆干丁和父母省吃俭用买来的肉切成丁，这样就可以吃好几个星期了，算下来也省下不少花费。吃完后，父亲来送米或者中间回家时再带。天气热的时候，酱虽然很咸，也不能保存很长时间，这种情况下不得不一天三顿都用黑酱就饭。即便如此，黑酱也会很快变味或者长白毛，大多情况下也不得不吃下去。虽然过得有点艰苦，但我没有饿过肚子，还能如期上学，这些又算得了什么？

每次看到父母为我的学费愁眉不展时，我真的很想就此辍学，不想再给家庭增加负担。每次父亲来县城给我送米和菜时，看着他那远去的背影，眼睛里的泪水总是止不住地流下来，我不能更不敢去辍学。我明白：父母需要的不是他们负担的减轻，而是他们儿子将来有个好前程，不要再像他们那样"面朝黄土背朝天"的吃苦受累。"跳出农门"，是父母对我的期待，同样更是他们省吃俭用、起早贪黑的动力。三年的高中生活，磕磕绊绊地过来了。虽然没有进入名牌大学，但总算也没有辜负父母的殷切期望。

2001年大学毕业后，乘着国家外向型经济大发展的潮流，学英语专业的我来到了广东，找到了一份待遇不错的工作。然而从小在内心深处埋下的跳出"农门"的种子让我始终不能安于现状，内心的躁动让我做出了一次重大选择：辞职，考研。在接下来的一年中，备考成为我生活的中心和主线。现在回想起来，真不知道那一段时间是怎么熬过来的。功夫不负苦心人，经过一年没日没夜的备考，我终于以较高的成绩如愿以偿地考上了中国人民大学清史研究所的公费研究生，拜入了刘凤云教授的门下，成了她的又一位跨专业的硕士生。然而，研究生的学习并不像自己想象中的那样轻松和有趣。我是跨专业的，没有科班的锻炼和系统知识的积累，因而研究生阶段的学习非常累，不仅有不少学分要修完，而且还有大量的基础知识需要恶补。即便硕士期间也算刻苦，却一直不能入"研究之门"，直到最后的硕士毕业论文仍不得要领。所以在毕业论文写作那一段时间，最怕的就是室友告诉我说：你导师来电话了。其实，刘老师每次都会很耐心地教导我如何如何写，从标点符号到文章框架构思，不厌其烦地讲解。而不得要领的我总觉得对不起导师的那份苦心，所以每次刘老师来电话找我谈论文，心中都很忐忑不安，担心的不是老师的批评，而是老师的不批评。

2005 年硕士毕业后，我并没有立即攻读博士学位，而是选择了工作。直到两年后的 2007 年，由于高校工作的需要我才继续深造，仍然拜在刘老师的门下。攻读博士学位期间，深深地体会到"板凳要坐十年冷"的艰辛和不易，更体会到当前社会环境中传统专业所需要的坚持和忍耐。读博的三年期间，有档案书籍查阅、抄录、转录的忙碌和艰辛，有图书馆、食堂、宿舍"三点一线"的单调和重复，也有面对传统专业"不景气"的无奈，但无论怎样，我没有气馁，更没有放弃，而是一直坚持用"十二分"的态度和努力来做。经过三年的努力，终于完成了博士学位论文的撰写并顺利通过答辩。博士论文是我多年学习生涯最重要的总结，更是我人生中的一个重要节点。2014 年 12 月，经过大幅修改后，又有幸获得了国家社科基金后期资助项目立项资助，并于次年 5 月顺利结项。

书稿的最终完成，不仅凝聚着自己的努力和汗水，也饱含了师友、亲人的教诲、支持、帮助和期望。值此书稿即将付梓之际，谨表达我内心对他们的敬仰和感激。

恩师刘凤云教授是我学术科研的启蒙者，也是我成长、进步的帮助者、支持者和鼓励者。从硕士到博士，从工作到生活等方方面面，都凝聚着刘老师的殷切教诲和无私帮助。书稿完成后，刘老师又欣然提笔作序，鼓励和鞭策着我继续努力前进。师恩如海，无以言表，唯有铭记在心。

衷心感谢北京大学历史系徐凯教授、吉林社会科学院李治亭研究员、中国社会科学院江太新研究员、中国人民大学何平教授、中国社会科学院李尚英研究员、紫禁城出版社陈连营编审、中国人民大学祁美琴教授等诸位老师，分别在我的博士论文评审和答辩时给予的教诲、指导和鼓励。

在求学期间，清史所的成崇德教授、黄兴涛教授、杨念群教授、黄爱平教授、夏明方教授、祁美琴教授、华林甫教授、董建中副教授、刘文鹏副教授、孙喆副教授、叶柏川副教授、王奇民老师、黄玉琴老师给予了特别的关心、指导和帮助。特别是刘文鹏老师，他推荐我到国家清史编纂委员会秘书组兼职，不但让我有机会近距离地接触这些学术大家、名家，更为我解决了生活上的燃眉之急。中国社会科学院经济研究所图书馆王砚峰副研究员、清史所资料室王绪芬老师、国家清史编纂委员会图书资料中心谢军老师、计红老师，为我查阅资料提供了热情的接待。在此谨向各位老师致以最诚挚的谢意。

孟姝芳、赵亮、魏淑民、和卫国、孙守朋、孟繁勇、方兴、郝英明、阮山民、万静、江晓成、黄荣、许静等同门兄弟姐妹，关系融洽，情谊深厚，给了我生活、学习和工作上很多帮助。参加工作后，部门领导和同事经常给我关心和帮助；此外，因研究而认识进而熟悉的一些校外同行，他们既是良师、也是益友，鼓励我在学术研究的道路上不断攀登，此处不再一一列举。谨此表达我最衷的谢意。

申报国家社科基金项目时，得到了中国社会科学出版社郭沂纹副总编辑的大力支持和帮助，责任编辑宋燕鹏先生为本书的出版做了大量细致而又繁重的编辑工作。同时，还要感谢国家社科基金项目五名匿名评审专家为本书质量的进一步提高而提出的宝贵修改意见。在此一并深表感谢！

最后，我要深深地感谢我的父母和姐姐、妹妹！二老之恩山高海深，难以回报。姐弟、兄妹之情言语难表。感谢爱人，当时的我十分"窘迫"，但她并没有嫌弃，而是给了我莫大的支持和鼓励，并一如既往到现在。特别是5岁的女儿袁苡恒，经常会有一些让人惊讶或啼笑皆非的问答，为我枯燥的学习和研究增添了莫大乐趣，让家庭生活充满了阳光和色彩。

尽管生活中有各种坎坎坷坷，有时也感到心力交瘁，咬一咬牙也就过来了。一路走来，学到不少，更重要的是自己在一点点地成长，慢慢成熟起来。

谨以此书献给各位老师、朋友和我的家人！

袁飞

2017 年 2 月于蚌埠

补记：

"树欲静而风不止，子欲养而亲不待。"谨以此书献给远在天堂的父亲。在本书付梓之际，父亲因重病而回天乏术，离开了这个世界，离开了他最不舍的儿孙。虽已有心理准备，但真到了阴阳两隔之时却变得那么无助。本以为还有时间让我去报答"天恩"，却不知生命原来如此脆弱，生死就在一线间。那个瘦小的身躯，曾经为我撑起了一片天地，无论多么艰难，从不言语半声；那张沟壑纵横的脸，侵染了多少烈日风霜，流尽多少血汗，无论多么苦累辛酸，总是咬牙忍着。直到最后，你还在惦记着。纵有万般不舍，你却没有和我们再说一句话。等我回到你身边的那一刻，你终于艰难地咽下了最后一口气，带着苦痛走了，把无尽的思念留给了我们。直到此时，才真正明白相聚原来真的就是弹指一挥间。无论多大，如果还有个人让你喊着"父亲"，那是一种多大的福分。自此之后，再没有机会让我叫一声父亲了，只能眼巴巴地羡慕别人；相隔万里，相见无期，再聚只能在梦里。

2018 年 3 月 12 日午夜泣记于蚌埠